U0109821

中國青年黨
研究論集

陳正茂/著

民國 8 年 8 月少年中國學會上海同仁歡送曾琦、羅益增赴法留影;前排左起:康白情、左舜生、曾琦、陳劍翛、魏嗣鑾,後排左起:周炳琳、沈怡、羅益增、宗白華、趙曾儔、張夢九。

曾琦於民國 8 年與少中友人合攝於上海。

自左至右前排：李璜、曾琦、王光祈。後排：宗白華、陳登恪、魏嗣鑾、沈怡、張夢九，同聚於德國法蘭克福（民國 11 年）。

民國 12 年攝於里昂中法大學（中）曾琦（右）劉厚（大悲）。

民國 35 年春曾琦出席政協會議與青年黨代表合影。

民國 35 年 11 月留滬政協代表合影於吳鐵城寓所前。前排左起：張君勱、陳啓天、沈鈞儒、邵力子、周恩來、左舜生、郭沫若、李維漢、曾琦、吳鐵城。2 排左起：黃炎培、楊叔明、祕書、章伯鈞、余家菊。3 排左起：羅隆基、胡霖、蔣勻田、李璜、祕書。

民國 35 年 12 月 20 日中國青年黨全體出席制憲國大代表在南京國民大會堂前攝影留念。前排（右 10）陳啓天、（右 11）鄭振文、（右 13）李不韙、（左 8）余家菊、4 排（左 1）左舜生。

民國 35 年 2 月曾琦（中）與劉泗英（前排左 2）、何魯之（左 5）、余家菊（左 6）、李璜（左 7）、陳啓天（右 6）攝於陪都重慶。

民國 35 年曾琦（左 2）與劉東巖（中）、張伯倫（右 2）、陳啓天（右 1）攝於南京。

民國 36 年 4 月曾琦參加改組後之國民政府委員會紀念攝影。

民國 36 年行政院全體政務委員合影。前排（左 2）鄭振文、（左 5）王雲五、
（中）張群、（右 2）陳啓天、（右 3）朱家驊、（右 4）王世杰、2 排（左 1）
左舜生、（右 1）白崇禧。

民國 36、7 年間，南京市長沈怡招待少年中國學會會友：前排右 1 左舜生先
生、右 2 劉泗英先生、右 3 余景陶先生、右 4 沈怡先生、右 7 曾琦先生。後
排右 4 陳啓天先生、右 6 何魯之先生、右 8 王師曾先生、右 10 李璜先生。

中華民國

國

中國青年黨

黨員證

年

中央黨部頒發

中華民國卅七年十月一日發

中青體字第370001號

注意事項

（一）本證須慎密攜帶不得損壞或轉誤

（二）如有接洽黨務或轉移登記須持此證呈驗補實誤別

（三）加有函呈等件須註明黨證字號

（四）本證由中央頒發偽有損壞或遺失應即聲請更換補發

年 月 日 到往	年 月 日 到往	年 月 日 到往	年 月 日 到往	年 月 日 到往
年 月 日 到往	年 月 日 到往	年 月 日 到往	年 月 日 到往	年 月 日 到往

移轉登記

（住）（到）上由各該營黨部負責人簽註地名并加蓋私章

年 月 日 到往	年 月 日 到往	年 月 日 到往	年 月 日 到往	年 月 日 到往
年 月 日 到往	年 月 日 到往	年 月 日 到往	年 月 日 到往	年 月 日 到往

姓名　曾琦

別字　慕韓

性別　男

年齡　五十七歲

籍貫　四川省隆昌縣院轄市市

登機　中央黨部

記期　十二年十二月二日

民國 37 年曾琦之黨證。

民國 46 年左舜生與（左）李璜攝於香港。

民國 46 年左舜生與友人攝於香港，前排（左）李璜、後排（左）劉泗英、（右）易君左。

自　序

　　本書是筆者長期研究中國青年黨史的論文結集，全書反映了筆者長期持續觀察和思考的學術發展歷程，以及筆者個人對此一研究課題的特殊關懷重點。

　　特別值得一提的是，本書的內容最具原創性和新開拓的幾篇研究論文，都是近年來連續撰出的。而它們的內容和觀點，也自然構成本書的編輯架構和學術思維體系。所以藉此篇幅，將本書出版緣起，略述於後。

※　　　　　※　　　　　※

　　民國 12 年（1923）12 月 2 日，於法國巴黎成立的中國青年黨（以下簡稱「青年黨」），在民國政黨史及政治史上，無疑是有其一定的歷史地位。[1]青年黨的前身，最早可以追溯到五四時代的「少年中國學會」之國家主義派。

　　其後因山東臨城劫案的發生，引起國際共管中國鐵路之議；兼以旅歐中共黨團的崛起，為謀與之對抗，乃由曾琦聯合旅歐愛國青年如李璜、何魯之、胡國偉、張子柱等人，於巴黎近郊的玫瑰城共和街所發起。[2]其成立宗旨為：「本國家主義之精神，採全民革命的

---

[1]　陳正茂，〈中國青年黨史料叢刊序言〉，《醒獅週報》第 1 冊（台北：國史館印行，民國 82 年 12 月台再版），頁 1。

[2]　曾琦，〈旅歐日記〉，載陳正茂等編，《曾琦先生文集》（下）（台北：中央研究院近代史研究所出版，民國 82 年 11 月初版），頁 1383。

手段，以外抗強權，力爭中華民國之獨立與自由；內除國賊，建設全民福利的國家。」[3]

在大陸時期，青年黨曾是國、共之外的第三大黨。[4]四〇年代，更是「民主同盟」成立的催生者及主要構成政黨。[5]以標榜「第三勢力」和國、共鼎足而三。[6]

來台後，其聲勢實力雖已不及從前，但在民進黨成立之前，仍不失為國民黨以外，台灣較具規模的在野黨，所以頗值得吾人探討。

※　　　　※　　　　※

過去學界論述青年黨與台灣政治的關係，通常可舉著名的台籍青年黨人，像李萬居、郭雨新之輩的政治參與，因彼等曾參與民國49 年（1960）雷震所籌組發起的「中國民主黨」活動，故生平事跡亦廣為人知。[7]

其次，則為該黨在言論宣傳上，對台灣的民主政治發展頗具貢獻，如李萬居主持的《公論報》，報導詳實，立論公正，有台灣《大公報》的稱譽；而朱文伯所創辦的《民主潮》半月刊，也曾與雷震的《自由中國》、民社黨之《民主中國》等刊物，並列為台灣當時

---

[3]　《中國青年黨黨史·政綱》（台北：中國青年黨中央宣傳組輯印，民國74年 6 月出版），頁 17。

[4]　左舜生言：「青年黨在中國是國民黨和共產黨以外最大而且最有歷史的大政黨。它在民盟三黨三派中當然是最大的一個黨派。」見羅隆基，〈從參加舊政協到參加南京和談的一些回憶〉，《文史資料選輯》第 20 輯（北京：中國文史出版社，1986 年），頁 210-211。

[5]　林可璣，〈從「中國民主政團同盟」到「中國民主同盟」的一段回憶〉，載《民主潮》，第 34 卷第 12 期（民國 73 年 12 月 16 日），頁 4-9。

[6]　周淑真，《1949 飄搖港島》（北京：時事出版社，1996 年 1 月 1 版），頁 288-309。

[7]　傅正主編，《雷震全集》（40）（台北：桂冠圖書股份有限公司出版，1990年 8 月初版），頁 389。

最具反對性質的雜誌。[8]所以其啟蒙戰後台灣民眾的民主意識，實功不可沒。[9]

另外，就個別政治事業的成就或問政風格而言，來自北台宜蘭地區的郭雨新，以其率直敢言的問政風格，馳騁縱橫於省議會，不但為他贏得省議會五虎將及議壇「小鋼砲」的美名，其流風所及，也深刻影響當代宜蘭籍重要的政治人物，如林義雄、陳菊、游錫堃等。[10]

※　　　　※　　　　※

但從另一角度來看，青年黨雖自民國 12 年創立迄今，已歷經八十餘年之久，並且可謂集愛國、民主、反共於一身的有代表性政黨。可是，綜觀半世紀來有關青年黨之研究，除去青年黨人在黨辦刊物的文章外，研究成果可謂並不豐碩。即便自八〇年代以降，台、港、大陸地區已陸續有青年黨之研究作品問世，但在質量及深廣度上仍嫌不夠。所以該黨所扮演的在野黨角色，迄今為止一直不曾真正被國人所了解，也流傳著不少負面的苛評。[11]

※　　　　※　　　　※

8　朱文伯，〈有感於時與潮雜誌停刊〉，見其《懷舊集》（台北：民主潮社出版，民國 63 年 12 月初版），頁 241。

9　謝德錫，〈辦報論政的魯莽書生──李萬居〉，見張炎憲、李筱峰、莊永明編，《台灣近代名人誌》第 2 冊（台北：自立晚報出版，民國 77 年 5月 2 版），頁 167。

10　李筱峰，〈議壇「小鋼砲」──郭雨新〉，見張炎憲、李筱峰、莊永明編，《台灣近代名人誌》第 1 冊（台北：自立晚報出版，民國 76 年元月初版），頁 234-250。

11　不必諱言，以往研究者對青年黨的評價，不管是大陸的「反動」、「反革命」、「反人民」的負面評論，或海外及台灣的「政治花瓶」、「國民黨的附庸」等譏諷評語，雖不能說都是錯誤的，但其中持黨派的政治立場所發出的評論，仍是佔主要的部分。

　　事實上，做為五四時代的知識份子，青年黨的領袖菁英，對彼時的中國有著一分深刻執著的關懷與愛國之情。青年黨的國家主義，簡單的講就是愛國主義。

　　而愛國的方法有很多管道，例如早期梁實秋與聞一多在美國所組織的「大江社」，即主張「文化的國家主義」運動。[12]彼輩試圖從發揚中國文化入手，來闡述國家主義的真諦，藉以激發國民愛國的熱誠。[13]

　　再以左舜生和常燕生兩者為例，左舜生為青年黨的主要領袖，故世人常以「曾、左、李」三巨頭相稱。而左氏於民國政局最大之影響，為與國民黨總裁蔣介石交換信函，此舉不僅使青年黨獲得政府合法的承認，更促成青年黨與國民黨合作之契機。[14]其後，左氏參與「民盟」，擔任「民盟」秘書長，以第三方面立場，在調停國、共紛爭期間，扮演積極活躍的角色，此為左氏人盡皆知的政治活動。

　　然除此之外，左氏其實為一頗具遠見的史學家，早在二〇年代，即以提倡近代史的研究有聲於時，他個人也有若干研究近代史的成果問世。其後，左氏更是強調研究「日本史」的重要性，亦頗具慧眼與遠識，所以本書即以左氏史學為探討主軸，透過梁任公「英

---

[12] 梁實秋於《大江季刊》〈發刊辭〉說到：「國家主義乃中國人民謀中華政治的自由發展，中國人民謀中華經濟的自由抉擇，中國人民謀中華文化的自由演進」之謂。見《大江季刊》第 1 卷第 1 期（1925 年 7 月 15 日）。又見陳正茂，〈梁實秋與國家主義派〉，《傳記文學》第 85 卷第 2 期（民國 93 年 8 月），頁 18-30。

[13] 本書選擇討論梁實秋與聞一多二氏，主要原因為此二人早年均與「國家主義派」淵源甚深，梁氏一度曾加入青年黨；聞氏後來雖為「民盟」要角，並遭國民黨所暗殺。但彼二人早年均信仰國家主義，且身體力行的去實踐其理想。惜國人對此一段經過知之甚少，故特以梁、聞二氏為研究對象，相信對探討其時代關懷是有其特殊歷史意義的。

[14] 陳正茂編著，《左舜生年譜》（台北：國史館印行，民國 87 年 12 月初版），頁 124-136。

雄史觀」及章太炎「民族史學」對左氏之影響,來剖析身為史學家
的左舜生之史學思想及其特色與貢獻。

　　至於常燕生其人,則一向以青年黨的理論大師聞名於時。早在
二、三〇年代,他即以提倡「生物史觀」聞名,並與國民黨的「三
民主義」及共產黨的「共產主義」鼎足而三。[15]但其對「全民教育」
理論的闡述,提出諸多新穎、前瞻性的見解;有些主張甚至與當今
教育主張相吻合。這不能不說其眼光超越那個時代,卻很少被研究
青年黨的學者所重視,[16]所以本書亦對常氏的此一教育思想詳加探
討。至於青年黨的創黨二公曾琦與李璜,其早年政治運動與對民國
政局之影響,本書也做了完整系統的論述。

　　而以上所述,梁實秋、聞一多、左舜生、常燕生、曾琦、李璜
等六人,平情而言,他們對社會、時代的關懷是多面向的。他們從
政治、文化、教育、歷史的角度出發,提出對國家社會人民的建言。
此時的他們政治色彩較淡,理想主義濃厚——他們也許沒有能力挽
狂瀾於既倒,然其以在野的聲音,發出對時代真正的關懷,體現了
五四時代知識份子真正的風骨,他們是「公共型知識人」的典範。
所以吾人可以將其視為皆屬青年黨人對時代關懷的另一層面表
現,並且,這也是過去學界很少涉及的課題。

　　　　　　　※　　　　　　※　　　　　　※

　　問題在於,青年黨人的屬性,畢竟是政黨的成員,所以其政治
參與的情況為何?也是長期研究在野的青年黨學者所必須追問的
重要課題,本書亦不例外。所不同的是,青年黨與戰後中國政局及
其來台之後,長期紛爭和沒落,特別是本書所要追問的。

15　許冠三,〈常乃德:生物法則支配一切〉,見氏著,《新史學九十年
　　1900——》(下冊)(香港:中文大學出版社出版,1988 年),頁 41-58。
16　常乃德,《全民教育論發凡》(上海:商務版,民國 11 年)。

　　以前者來說，抗戰勝利前後的中國政局，是最詭譎多變的，先是抗戰期間國共的磨擦，青年黨人毅然決然與共產黨及「民盟」共同肩負推動民主憲政的重責大任。戰後國共的軍事衝突，導致有「政協」的召開與「制憲行憲」的實施，在野勢力的分合等，均需朝野政黨協商，共同戮力解決的大事。而值此歷史的轉振點，青年黨以一自命「第三大黨」的角色，亦積極的參與其中。先是參加「政協」，並提出一套對國是的具體主張；復次，與民社黨共同參加「制憲國大」，制定「中華民國憲法」，為此甚至不惜退出「民盟」以示決心，居功至偉。

　　以後者來說，因國府於內戰失敗遷台，青年黨亦追隨來台，惜當時該黨中樞無主：黨魁曾琦病逝美京，另外兩位領導人左舜生、李璜滯留海外，未能來台。兼以內部的種種原因，導致爆發了該黨有史以來最大的分裂危機「天馬茶房事件」。此事件造成青年黨真正的分裂。[17]至六〇年代後期，隨著國民黨的分化及介入，尤其是「反共抗俄宣傳費」的豢養，更使青年黨喪失一獨立政黨的角色，而淪為國民黨的「政治花瓶」。而最慘痛的代價為，解嚴後，該黨一無人才，二無錢財，政治訴求又不能貼近台灣的主流民意，終使青年黨凋零沒落，在當今台灣政壇形同消失瓦解，想來不禁令人噓唏不已。

　　有關這一段經過，外界始終不清楚其中真相的歷史公案，本書即能以大量的第一手資料，首次清楚和完整將其披露出來，使其真相大白。

---

[17] 期間國民黨及黨外賢達，雖然積極斡旋，然芥蒂已深，心結難解，黨內依舊派系林立，攻詰對立，即使表面取得團結，也是貌合神離，鴻溝已深，此由《雷震日記》可得應證。

　　當然五〇年代青年黨在台灣最值得大書特書的，為青年黨曾積極參與雷震的組黨運動，該運動雖以失敗收場，但至少可以肯定青年黨堅持民主憲政的在野風範

　　除此之外，秉持青年黨的愛國、民主、反共政治理念，五〇年代青年黨曾在香港擎起反共、反蔣的大旗，此即當年於香江喧騰一時的「第三勢力運動」。時第三勢力最具代表性刊物，即為青年黨人謝澄平所辦的《自由陣線》週刊，本書對於該刊所闡述的第三勢力理論也有一番詳評。當然，以筆者浸潤青年黨史料二十餘年，對半世紀來青年黨的研究概況相當熟稔，故本書亦作若干評述，以利有志研究青年黨同道參考。

※　　　　　　　※　　　　　　　※

　　因此，本書《中國青年黨研究論集》的研究進路，就是從該黨的時代社會關懷及其政治參與的兩個主要面向出發，展開對其重要黨人在政治、教育、史學、文化或思想史各領域的參與探討，以期對青年黨或青年黨人的歷史角色，可提供一個更寬闊視野的歷史圖像和同情的理解。[18]

　　總之，隨著中國大陸及國內政治環境的逐步開放，大批有關青年黨的史料也不斷的輯錄刊行，在如此有利的社會條件下，至盼研究者對青年黨史實的建構，能朝向多元理性的方向去思考及發展。本書只是個人二十年來研究青年黨的區區成果，期盼未來還有更好的研究青年黨論著問世。最後，感謝亦師亦友的秦賢次先生，當年

---

[18] 在內容編排上，本書刻意有別於以時間為經，人物史事為緯的傳統黨史寫法，而是以文化與政治兩條基線，去探討「國家主義派」或言青年黨知識份子的時代關懷，藉以凸顯在野的聲音。另外再就從戰後迄於來台這半個多世紀間，論述分析青年黨參與實際政治的利弊得失始末，並藉由此參與，進而詳論何以一個純以知識份子政治理念相結合的政黨，為何在中國現代政治文化中，不僅無法取得政權，且最終淪落到銷聲匿跡的悲劇下場。

引領筆者投入「少年中國學會史」的研究，開啟筆者探討青年黨之先聲。期間已故的沈雲龍師；青年黨前輩李璜、黃欣周等的厚愛提攜；陶英惠、陳三井師的教誨指正；畏友江燦騰兄的提供意見；內子張鳳慧的悉心校正等，都令筆者銘感在心。尤其秦賢次先生的推薦，蔡登山先生的慨允接納，才能使本書順利問世。而作者任職的北台灣科學技術學院，提供一個良好的研究環境，對此，本人也謹致最深之謝忱。

陳正茂 謹序於士林

2008 年 5 月

目　次

緒 論 篇

近五十年來有關中國青年黨之
研究概況與述評

一、前言

在近代學術研究的高度分工之下，究竟筆者在本書中的研究成果，有多少是純屬個人新開拓的獨到探討？或有多少是舊課題的重新再反思？這都是按學術研究的規範必須有所清楚交代的。

因此，本篇「近五十年來有關中國青年黨之研究概況與述評」，就是介紹海內外的學界同行（包括筆者在內）在本書出版前的研究概況，以方便閱讀本書的讀者，能了解本書的真正學術貢獻之所在。

二、研究概況與述評

迄今為止，對青年黨的研究成果，首推中國大陸周淑真博士所寫的《中國青年黨在大陸和台灣》（北京：中國人民大學出版社，1993 年）一書為最具代表性之著作。[1]該書為其博士論文修訂出版，書中對青年黨的全貌作了較全面的論述，也對青年黨在大陸和台灣這七十餘年的歷史進行較系統的研究。

---

[1] 吳國樑，〈國共以外的選擇：中國青年黨之研究（1923-1949）〉（香港：香港中文大學研究院歷史學部哲學碩士論文，1998 年 5 月），頁 9。

　　作者雖仍以政黨是「階級鬥爭」的產物之觀點出發,來闡述青年黨與國民黨、共產黨之間政治觀點的差異與衝突。[2]但對於青年黨人的階級屬性,此書也有修正的意見,本書指出青年黨的階級屬性「多變」和「複雜」,它代表著小地主階級和民族資產階級右翼的利益,既反共反工農,亦反帝反封建,反對國民黨的一黨專政,積極參與抗日,充份表現其多變的一面。[3]

　　全書以「鬥爭」為主軸,重點交代青年黨成立以來鬥爭的對象和情況。但對青年黨本身的發展、黨務的拓展及理論宣傳,反而有所忽略,著墨不多。[4]又若干史事的評論,作者也有所偏頗,例如以李守黑、周濟道等人之言論,即斷定部分青年黨員投向汪精衛是「兩面適應」、「三方布置」的策略。[5]片面之辭,孤證之事即入文,以嚴謹學術觀點論之,終究欠妥。

　　又全文以反中共為軸心,來論述青年黨之成立動機,此點頗有可議之處。因為青年黨成立之動機,受其時山東「臨城劫車事件」的刺激,與知識份子感於國內政治腐敗欲組黨以救國之決心甚有關係,但周著卻少提及。至於青年黨曾致力參加抗日、勦共之事亦未見敘述,顯見仍以共產黨之立場主觀判斷,避重就輕,誠為美中不足處。[6]但總的來說,此書對青年黨的評價雖以負面居多,然仍不失為目前研究青年黨最完整之著作。

　　在日本,有菊池貴晴著《中國第三勢力史論》(東京:汲古書院,1987 年),本書以交代各黨派的發展及其代表人物為主,附以一篇縱論第三勢力發展的引言,全書以唯物觀點討論各黨派的發

---

[2] 孫承希,〈民國時期國家主義思想的演變〉研究大綱,孫承希贈筆者之手稿本,頁 2。

[3] 周淑真,〈作者的話〉,載氏著,《中國青年黨在大陸和台灣》(北京:人民大學出版社,1993 年 11 月 1 版),頁 1-5。

[4] 同註 13。

[5] 同註 15,頁 151。

[6] 同註 15,頁 137、142。

展，而忽略知識份子致力救國的理想，另若干論點也有待商榷，如以民國 17 年（1928）鄧演達的「第三黨」成立作為第三勢力的濫觴。然在此之前，青年黨及黃炎培的「職業教育會」或已組黨、或已結社，究竟怎樣才算第三勢力，何以從鄧演達組「第三黨」作開始，此皆有問題而作者未交代的地方。[7]

在西方，八〇年代有 James D.Seymour，《China's Satellite Parties》（中國的衛星黨派）（Armonk: M.E.Sharpe Inc, 1987）本書重點在敘述民國 38 年後，中國大陸民主黨派的發展，於民國時期的少數黨派只作背景式的淺介，算不上是青年黨的研究專著。[8]Roger B.Jeans 主編的《Roads not Taken: The Struggle of Opposition Parties Twentieth——Century China》（二十世紀中國在野黨）（Boulder: Westview Press, 1992 年）是一部真正闡述中國少數黨派的力作，該書為在美國舉辦的「二十世紀中國在野黨研討會」之論文集。[9]全書共輯論文 15 篇，另附以編者一篇極有份量的引言及易社強（John Isreal）的總結。本書是西方（美國）探討民國時期少數黨派的首本著作，文章見解獨到，其中收錄青年黨的研究兩篇。[10]

以上是簡述和評論以專書出版的研究青年黨；或與青年黨相關之著作。至於在研究青年黨的論文上，也是乏善可陳，此現象尤以

---

[7]　菊池貴晴，《中國第三勢力史論》（東京：汲古書院，1987 年），頁 25-30。

[8]　James D.Seymour，《China's Satellite Parties》（Armonk: M.E.Sharpe Inc, 1987），P21-22。

[9]　此書是 1990 年 9 月，於美國維吉尼亞州 Washington and Lee University 一個有關「二十世紀中國在野黨研討會」提交的論文輯集。見 Roger B.Jeans，"Conference Report"《Republican China》14.4（Oct, 1994），P98-100。

[10]　分別是林如蓮（Marilyn A.Levine）的 "Zeng Qi and the Frozen Revolution" 及馮兆基（Edmund S.K.Fung）的 "The Alternative of Loyal Opposition: the Chinese Youth Party and Chinese Democracy, 1937-1949" 二文。見 Roger B.Jeans，《Roads not Taken: The Struggle of Opposition Parties in Twentieth——Century China》（二十世紀中國在野黨）（Boulder: Westview press, 1992），P225-265。

八〇年代以前為最。台灣方面，學位論文有楊翠華之〈非宗教教育
與收回教育權運動〉（台北：政大史研所碩士論文，1978 年），其
中對青年黨人在反宗教時期之反教立場及在收回教育權運動上的
主張與貢獻，有簡單清楚的闡述。其後盧國慶的〈抗戰初期的黨派
合作〉（台北：政戰學校政研所碩士論文，1984 年），亦提及青年
黨於抗戰初期與國民黨之合作歷史。

　　然真正以青年黨為研究專題的，當屬陳雲卿之〈中國青年黨
的創建與初期發展（1923-1929）〉（台北：師大史研所碩士論文，
1988 年）。[11]本文重心旨在探討青年黨於創黨之初，面對國、共兩
黨夾擊，如何以國家主義為號召，吸引知識青年的響應。並在惡劣
的政治環境下，怎樣突破困境以立足。因此本文以相當多的篇幅在
交代青年黨的宣傳策略與組織的確立工作。結語中，作者指出青年
黨雖未成功，但其對政治理念的堅持仍值得肯定。唯本文雖著重青
年黨建黨初期的發展，但卻忽略當時環境對青年黨的影響，時代背
景介紹不夠，特別是與國、共兩黨之關係、其與軍閥之關係、其本
身的發展與外在環境的關係等皆未見詳述，誠不足之處。[12]

　　除上述學位論文外，關於青年黨之研究論文尚有李璜，〈中國
青年黨之反共與中華民國之關係〉（台北：中華民國建國史討論集
第 2 冊，1981 年）、陳正茂，〈李璜早年的政治活動（1919-1923）〉
（台北：中國歷史學會史學集刊第 24 期，1992 年）、〈曾琦與民國
政治〉（台北：近代中國歷史人物論文集，1993 年）、〈聞一多與國
家主義派〉（台北：傳記文學第 54 卷第 6 期，1989 年）。[13]遲景德

---

[11]　此論文由沈雲龍、張玉法兩教授指導，是台灣以青年黨為研究專題的首本
　　之作。另陳正茂之《少年中國學會之研究（1918-1925）》（台北：國立政
　　治大學歷史研究所碩士論文，民國 77 年元月）亦間接有提及青年黨之處，
　　也一併可供參考。

[12]　同註 13，頁 10。

[13]　另筆者對青年黨人物撰述之文章尚有〈左舜生在民國三十五年〉、〈曾琦
　　與五四運動〉、〈記憶深處有餘哀──懷李幼老〉、〈從李璜先生想到「少

有〈曾琦政治思想論述〉（台北：中華民國史專題第 1 屆討論會，1992 年）、〈中國青年黨建黨研述〉（台北：國史館館刊復刊第 21 期，1996 年）論文兩篇，亦可參閱。

　　大陸方面，除周淑真的〈中國青年黨在大陸和台灣〉，人民大學博士論文已出專書外，還有苑學武的〈論「醒獅派」的國家觀──兼論「國家主義」學說在思想史上的意義〉（上海：復旦大學歷史學系碩士論文，2000 年），尚在撰寫中有孫承希，〈民國時期國家主義思想的演變〉（上海：復旦大學歷史學系博士論文）。[14] 期刊論文則有趙德教，〈國家主義派在第一次國內革命戰爭時期的反革命活動──兼談共產黨人對國家主義派的鬥爭〉（史學月刊，1982 年第 2 期）、張聲衛，〈第一次國內革命戰爭時期中國共產黨對國家主義派的鬥爭〉（歷史教學，1979 年第 10 期）、王永祥、孔繁豐，〈中共旅歐支部反對國家主義派的鬥爭〉（天津：南開學報，1981 年第 6 期）、李義彬，〈少年中國學會內部的鬥爭〉（近代史研究第 2 期，1980 年）[15]、李義彬，〈國家主義派的形成及其在第一

年中國學會」〉、〈翁照垣──一位值得表彰的青年黨人〉、〈西南保衛戰的擎天一柱──唐式遵將軍〉、〈盧作孚其人其事──一位以「實業報國」的青年黨人〉、〈風趣儒雅一書生──張夢九先生〉、〈簡介楊效春先生〉、〈革命情侶、湖南雙傑──記李不韙、童錫梐伉儷〉、〈李璜與少年中國學會〉、〈李璜與現代中國〉、〈曾琦與「超黨派救亡運動」〉、〈魏時珍先生學術思想片斷〉、〈驚天地泣鬼神──苗可秀抗日殉國記〉、〈巴蜀豪傑魏時珍〉、〈記一位青年黨籍的史學家──陶元珍〉、〈戲劇家番禺侯曜的一生〉、〈記一顆早逝的彗星──鄧孝情〉等，以上文章登載於《古今藝文》、《廣東文獻》、《東北文獻》、《民主國家》、《中外雜誌》、《現代國家》、《歷史月刊》、《傳記文學》、《近代中國》、《全民半月刊》等刊物。

14　該博士論文由姜義華教授指導，姜義華於〈政治保守主義九十年演變透析〉曾言及陳啟天所代表的「新法家運動」，見氏著，《百年蹣跚》（台北：書林出版有限公司出版，民國 83 年 4 月 1 版），頁 250-251。

15　關於少年中國學會內部之鬥爭，大陸研究者尚有舒新城，〈少年中國學會的幾次年會〉（文史集萃第 1 輯，1983 年 10 月）、周淑真，〈少年中國學會述評〉（社會科學研究第 4 期）等文章。

次國內革命戰爭時期的反動活動〉（歷史研究，1965 年第 5 期）、張圻福，〈論醒獅派〉（蘇州大學學報，1982 年第 1 期）、馬功成，〈國家主義派的形成及其沒落〉（四川師範大學學報，1990 年第 1 期）、宋貴喜，〈簡論蕭楚女對國家主義的批判〉（載共青團中央青運史研究室編），《第一次國共合作時期的共青團專題論文集》（出版資料缺，1985 年）、羅隆基，〈從舊政協到參加南京和談的一些回憶〉（北京：文史資料選輯第 20 輯，出版時間不詳）。[16]伊建民，〈論抗戰時期的中國青年黨〉（呼蘭師專學報，1997 年第 1 期）、葉志方，〈探索中的迷誤，前進中的曲折——談談聞一多與國家主義派〉（華東師範大學學報，1985 年第 2 期）、袁柏順，〈關於中國青年黨研究的幾點思考〉（湘潭師範學院學報，1998 年第 4 期）、孔繁豐，〈旅歐期間周恩來同志同國家主義派的鬥爭〉（天津學報，1980 年第 3 期）[17]。余建新，〈惲代英在反對國家主義鬥爭中的貢獻〉（杭州師範學院學報，1992 年第 1 期）、趙德教，〈試論青年黨在抗日戰爭時期的政治活動〉（鄭州大學學報第 4 期，時間不詳）、趙文莉，〈淺談第三次國內革命戰爭時期的中國青年黨〉（河南師範大學學報哲社版，1992 年第 3 期）、鄧才良，〈第二次國內革命戰爭時期的中國青年黨〉（西南民族學院學報社科版，1986 年第 3 期）、聞洁，〈余家菊鄉村教育思想述評〉（武漢：華中師範大學學報人文社會科學版 39 卷第 3 期，2000 年）、汪潛，〈青年黨——國家主義派前期反動活動〉（四川文史資料選輯第 12 輯，出版時間不詳）、廖上柯，〈解放前夕的中國青年黨革命同志會〉（成都文史資

---

[16] 關於青年黨在「政協」及以第三方面立場與國共和談之事，除羅隆基之文外，另以曾是當事人之一的梁漱溟最重要，梁氏曾回憶撰寫相當多這一時期青年黨之資料，詳情可參閱梁漱溟，《憶往談舊錄》（北京：中國文史出版社，1987 年）、汪東林著，《梁漱溟問答錄》（香港：三聯書店，1988 年）及中國文化書院學術委員會編，《梁漱溟全集》（濟南：山東人民出版社，1993 年）等書。

[17] 此文亦曾刊載於《天津日報》（1980 年 3 月 24 日）。

料第 2-3 合輯，1989 年）、馮英子，〈四人幫和國家主義派〉（《文匯報》，1978 年 9 月 3 日）等。

　　上述除汪潛及廖上柯為青年黨員，述其個人所了解的青年黨史實、羅隆基文則側重於「民盟」及「政協」時期與青年黨領袖互動共事的回憶外，其他皆為研究論文。唯觀點多以「反動組織」、「反革命」、「反人民」、「違背歷史潮流」等攻擊性、情緒性字眼評論青年黨，有失學術研究應有的客觀平實之立場。

　　對青年黨的研究，香港無疑是較早起步的，民國 61 年，香港大學亞洲研究中心即出版陳劉潔貞（Chen Lau Kit-Ching）的《The Chinese Youth Party（1923-1945）》（中國青年黨 1923-1945）一書。[18]本書簡單敘述青年黨前期之歷史，並直陳青年黨雖是政黨，但無論在理論、組織、策略及領導人物四方面的表現均未如人意，所以並非一有效之政黨，以致未能挑戰國、共二黨之地位。[19]本書完成於七〇年代初，由於史料匱乏，立論只一梗概而已。

　　另陳敬堂之〈留法勤工儉學會與中國政治黨派〉（香港：珠海大學史研所碩士論文，1978 年），由李璜指導，文中主旨內容在介紹留法勤工儉學會與共、青兩黨成立及鬥爭之經緯，敘述詳實，頗有參考價值。

　　而李金強之〈中國青年黨人與五四愛國運動關係之探討（1918-1919）〉（台北：中國歷史學會史學集刊第 23 期，1991 年）、〈國共兩黨之外：曾琦及其《國體與青年》〉（香港：二十一世紀雙月刊第 15 期，1992 年）。[20]〈民國史學南移──左舜生生平與香港

---

[18] 本論文有中文節錄翻譯本，載於《中國青年黨建黨五十週年紀念特刊》（台北：中國青年黨中央黨部印行，民國 62 年），頁 219-225。

[19] Chen Lau Kit-ching（陳劉潔貞），《The Chinese Youth Party (1923-1945)》（Hong Kong: Centre of Asian Studies, University of Hong Kong, 1972），P43。

[20] 本文亦刊載於劉青峰編，《民族主義與中國現代化》（香港：中文大學出版社，1994 年）一書中。

史學〉（香港：中國近代史學會會刊第 3 期，1989 年）、〈李璜與香港華文史學〉《華僑日報》（1994 年 10 月 2 日）。[21]對青年黨領袖曾、左、李其人、其思想，尤與香港史學教育的關係均有所介紹。

至於許冠三之〈生物史學觀念──常燕生〉載其著《新史學九十年》（香港：中文大學出版社，1988 年）下冊，對青年黨理論大師常燕生之生物史觀有番臧否評論。陳敬堂的〈五四時期四川青年在法國的組黨活動〉（台北：東亞季刊 21 卷第 3 期，1990 年）則以地緣關係突顯川籍青年在法參與共、青兩黨之組黨活動經過，觀點頗具特色。

民國 87 年，香港中文大學研究生吳國樑的〈國共以外的選擇：中國青年黨之研究（1923-1949）〉（香港中文大學研究院歷史學部哲學碩士論文，1998 年）可謂一篇對青年黨研究較有系統的論文，本文清楚交代了青年黨自民國 12 年創黨到 38 年大陸淪陷為止的一段歷史，對青年黨的行動方針，各個時期政治立場改變的緣由，及國家主義與其政治活動的關係皆有詳述，最後並分析限制青年黨發展的內外緣因素，評論尚中肯，唯稍欠深入。[22]

美、日地區對青年黨之研究相當稀少，目前僅見日本有菊池貴晴，〈曾琦的國家主義青年黨〉收入氏作之《中國第三勢力史論》（東京：汲古書院，1987 年）。另美國林如蓮博士（Marilyn A.Levine）的〈Zeng Qi and the Frozen Revolution〉、馮兆基博士（Edmund S.K.Fung）之〈The Alternative of Loyal Opposition: the Chinese Youth Party and Chinese Democracy, 1937-1949〉兩篇文章均收入 Roger B. Jeans 編訂的《Roads not Taken: The Struggle of Opposition Parties in Twentieth──Century China》（二十世紀中國在野黨）（Boulder: Westview Press, 1992）一書中。林如蓮指出曾琦及其領導的青年黨

---

[21]　此二文，李氏著重於從史學方面探討青年黨領袖對香港學術文化的影響。
[22]　同註 13，頁 1-12。

表現出激進右派（Radical Right）的思想，故稱其為法西斯主義者（French Fascists），作者從曾琦所主張的反共、反階級鬥爭，強調民族主義等特點得出上述論點，但作者亦補充其雖為法西斯主義者，但青年黨人並不反對民主政治。[23]

　　馮兆基一文則主要探討青年黨對民主憲政的理解，認為青年黨希望在中國形成多黨政治，並相信青年黨即可處於一個與執政黨合作的局面（Loyal Opposition），而所謂民主政府乃一個包含著人治與法治理論的開明政府，作者強調青年黨此種概念除受英美思想影響外，亦有儒家德治的觀念。此論文只簡介了青年黨對民主理念的解釋，但未涉及如何實踐的問題，這可能是政治環境使然，也是青年黨本身的缺憾所致。[24]

三、今後的研究展望

　　從以上的研究史回顧和檢討，吾人已可以發現，兩岸對於青年黨的研究視野和歷史評價，都長期存在著以政黨史為主流、並持傾向於負面評價的偏頗立場。但對於這樣的研究取向，我們都知道，其受制於現實的因素之影響，可謂由來已久。茲分兩點說明：

　　其一，就對岸大陸學者的研究來說，對青年黨所定的評價基調，其黨的領導者毛澤東，早於二〇年代，即將「國家主義派與國民黨右派劃歸同類」，故青年黨自此被視為代表「大地主階級和大

---

[23]　Marilyn A.Levine（林如蓮），"Zeng Qi and the Frozen Revolution"，同註22，頁 225-240。

[24]　Edmund S.K.Fung（馮兆基），"The Alternative of Loyal Opposition: The Chinese Youth Party and Chinese Democracy, 1937-1949"，同註22，頁 241-265。

買辦階級」，是始終站在「帝國主義一邊」的極端反革命派。[25]而毛澤東的拍板定調，即成為九〇年代以前大陸史學界對青年黨的基本論斷。換言之，即持全盤否定或負面評價的居多。[26]

其二，在台灣方面，有關青年黨的研究，同樣不受重視，成果也相當有限。揆其因有二：一為青年黨來台後的紛擾不斷，給予外界的觀感不佳；二則史料嚴重厥如，對研究者造成不便。這種現象一直要到八〇年代中期以後，海峽兩岸關係解凍，資料蒐集較易後方有所改善。職係之故，對青年黨的研究，無獨有偶的，也是以八〇年代中期後較有成績，並陸續有著作問世。

以上為本文對兩岸三地（台、港、大陸）及海外近五十年來的有關青年黨之研究，提出相當扼要和完整的說明及檢討，則今後的研究展望，其最可行的途徑之一，就是本書內容各章所展示的新歷史圖像和不同於過去的歷史評價。還希望閱讀本書的高明讀者，不吝指教是幸！

---

[25] 毛澤東，〈中國社會各階級的分析〉，見《毛澤東選集》（北京：人民出版社，1990 年 5 月），頁 4。

[26] 苑學武，〈論「醒獅派」的國家觀——兼論「國家主義」學說在思想史上的意義〉（上海：上海復旦大學歷史學系碩士論文，2000 年 6 月），頁 2。

「第三勢力運動」史料述評

——以《自由陣線》週刊為例

一、前言

　　民國 38 年前後，正值國府於大陸挫敗，國命如絲，國家在危如累卵、風雨飄搖之際，有一部份堅持民主自由的人士，在美國和李宗仁的支持下，雲集於南天一隅，首揭反國、共兩黨大旗，標榜反蔣且反共、不作左右袒的一股勢力正在滋長著，這一股力量曾經在五〇年代的香港盛極一時，甚囂塵上，喧騰不已，它就是一般人所通稱的「第三勢力」運動。[1] 第三勢力運動在當時以張發奎、顧孟餘、張國燾、許崇智、伍憲子、李微塵、童冠賢、邱昌渭等人為首，也曾組織了「自由民主大同盟」和「自由民主戰鬥同盟」兩個主要機構。[2] 其後，以青年黨的謝澄平和程思遠、羅夢冊、董時進等人為主的「民主中國座談會」亦加入第三勢力的行列。[3] 一時間在香港的第三勢力運動搞的好不熱鬧，而各種以第三勢力為政治訴求的團體也如雨後春筍般的出現，最多時曾達百餘個。[4] 然未幾，

---

[1]　陳正茂，〈宣揚第三勢力的自由陣線〉，《全民半月刊》第 12 卷第 10 期（民國 80 年 11 月 25 日），頁 4。

[2]　程思遠，《政海秘辛》（香港：南粵出版社，1988 年 1 月 1 版），頁 231-236。

[3]　周淑真，《1949 飄搖港島》（北京：時事出版社，1996 年 1 月 1 版），頁 305。

[4]　陳運周，〈從香港看「第三勢力」〉，《新聞天地週刊》第 6 年第 40 號（民國 39 年 10 月 7 日），頁 4。

隨著韓戰的爆發、國際情勢的丕變，美國基於防共策略的需要，重拾與台灣的國府修好，在國府的抗議反對及第三勢力自身之內鬨下，美國終究放棄扶植第三勢力的努力。這股在五〇年代初期曾想躍躍欲試，大幹一場的第三勢力運動，卒在頓失所倚的情況下，不得不日趨窮途末路而終歸風流雲散。[5]

第三勢力運動雖有如曇花一現的乍起旋滅，在政治上可說是以淒涼悲劇收場，但在宣揚民主反共的言論上，則有一定的貢獻。原因是當時的張發奎、顧孟餘等人，尚能利用美援，糾集了一批文化學術界人士，以言論從事民主反共，闡述第三勢力運動，出版了若干相當不錯的書籍刊物。[6]專書有民社黨人孫寶毅《第三勢力必興論》、王厚生《中國之路》一名《第三勢力與中國前途》、司馬璐《平民政治》、李微塵《中國局勢的必然發展》、于平凡（按：即許冠三）《中國民主自由運動史話》等。[7]刊物較著者如《大道》、《獨立論壇》、《中國之聲》、《再生》、《中聲日報》、《中聲晚報》、《民主與自由》、《主流月刊》、《前途》、《今日半月刊》及《自由陣線》等。[8]其中尤以《自由陣線》最為重要。《自由陣線》是第三勢力運動刊物中，發行最久、立場最堅定、內容最明確、旗幟最鮮明的喉舌先鋒。是以本文即以《自由陣線》週刊為代表素材，述評第三勢力之理論，兼亦評論第三勢力在中國當代政治挫敗之因素所在。

[5] 程思遠，《我的回憶》（北京：華藝出版社，1994 年 12 月 1 版），頁 234。
[6] 李璜，《學鈍室回憶錄》（下）（香港：明報出版社，1982 年元月初版），頁 723-724。
[7] 同註 4，頁 6。
[8] 虞初行，〈試論「第三勢力」〉（上），《自由陣線》第 8 卷第 4、5 期合刊（民國 40 年 12 月 14 日），頁 32。

二、《自由陣線》週刊簡介

《自由陣線》週刊，創刊於民國38年12月3日，負責人先是左舜生，後為謝澄平。[9]創刊時初為週刊，中間一度改為半月刊，後又恢復週刊形式。[10]該刊由民國38年12月問世到民國48年6月停刊止，共發行了40卷6期，時間將屆滿十年，在所有第三勢力刊物中，可說是一支獨秀且絕無僅有的。至於該刊緣起之由來，據熟稔內情的郭士提及：

> 遠在一九四九年李宗仁代總統時代，當時國民政府大勢已去，李宗仁在離國以前，紛紛對有關的政治人物和政治團體，大放交情，拚命拉攏，有的送錢，有的送官，有的送護照，自己則希望去美國取得美援後東山再起。青年黨也就透過總統府邱昌渭的關係（邱早年為青年黨黨員），分到了四萬銀元券，這一筆錢即由謝澄平經手，以團體名義領到，分了一部份給台灣青年黨總部，其餘的便在九龍牛池灣的一個村落，租了一塊地皮，修了一些房屋，作為香港青年黨人的落腳地，也就成為後來「自由出版社」的大本營所在。一方面由於錢的數目太少，粥少僧多，無法分配；一方面也由於青年黨人參政的時間較短，鬥爭意志尚未完全淘汰腐朽，所以便將這一筆錢創辦了《自由陣線》週刊。[11]

而刊物取名為《自由陣線》之因，由其封面的「沒有自由絕無生路；聯合起來才有力量」的標語可知，它是含有深沉的時代

9 　陳正茂，〈左舜生傳〉，《國史擬傳》第6輯（台北：國史館編印，民國85年6月初版），頁13。
10 　同註1，頁5。
11 　郭士，〈「自由出版社」滄桑史〉，《醒獅月刊》第1卷第1期（民國52年1月1日），頁8。

意義。[12]至於該刊立論宗旨，在〈我們要向新生的大道邁進〉一文中提到，該刊之企圖，「在鼓吹正確的思想，推動第三勢力的力量，抱著戰鬥的人生觀，努力復國運動，摧毀專暴的、反動的、黑暗的、賣國的統治，以建立國家獨立、政治民主、經濟平等、生活自由的新中國，進一步，促進實現和平繁榮康樂的新世界。」[13]而這一新中國的營建；新世界的未來，依《自由陣線》而言，只有積極鼓吹第三勢力運動，才是唯一的希望及力量。因此，基於順應時代潮流，負起歷史使命，推動第三勢力運動，《自由陣線》義無反顧提供了闡述、討論的空間。

在〈本刊的動向〉文中，《自由陣線》自陳：「檢討過去言論，第一卷提出『第三勢力』這一名辭，肯定中國第三勢力的存在，而展望其前途的發展，這一階段可以說是醞釀時期。第二卷，各方人士響應第三勢力運動，熱烈討論第三勢力的使命、任務乃至組織與領導等等問題，這一階段可以說是廣泛討論時期。今後，第三勢力運動必然進展到理論建立時期和組織表現時期。」[14]換言之，身為第三勢力之代表性刊物，《自由陣線》有必要隨著不同階段之第三勢力運動需求而調整其言論立場。既使到了民國40年，第三勢力運動已逐漸沒落式微之際，《自由陣線》仍一本初衷，聲嘶力竭的為第三勢力搖旗吶喊，且在外界攻擊第三勢力缺乏理論系統之批判聲中，明確的提出第三勢力的歷史使命，其言：「『自由陣線』是倡

---

[12] 刊物取名《自由陣線》的由來，據盛超言：「作為個人言論自由的一種刊物，它是在中共氣燄最高的時候，中國大陸上人民全失了自由而逃亡到香港的人們敢怒也不敢多言的時候，一群愛自由生活而認定『不自由，毋寧死』的朋友，大家來作自由的呼聲，自由的呼聲雖然薄弱，總叫中國人民自由的生路之一線不致完全斷絕。」見盛超，〈自由陣線在爭鬥中〉，《自由陣線》第3卷第6期（民國39年12月1日），頁24。

[13] 〈我們要向新生的大道邁進〉，《自由陣線》第2卷第1期（民國39年4月16日），頁2。

[14] 〈本刊的動向〉，《自由陣線》第3卷第1期（民國39年9月16日），頁2。

導第三勢力的革命運動，這種運動的基本目標，在于『政治民主』、『經濟公平』、『文化自由』，根據此三種目標，為樹立『理論的體系』，及訂定『政治的綱領』、『經濟的政策』之準繩，而作建設新中國的藍圖。」[15]然形勢比人強，在第三勢力運動已偃旗息鼓後，《自由陣線》仍堅持到底，直到民國 48 年 6 月，才走完它的歷史任務。

　　平情而言，在五〇年代香港複雜惡劣的環境下，《自由陣線》的表現可謂相當了不起的。它呼籲自由人大聯合，結成廣大的自由陣線，並樹起第三勢力的大纛，以期建立民主自由的新生力量，對新舊極權勢力，作殊死的鬥爭。[16]尤其在第三勢力的醞釀、溝通、推廣以及在反共建國的立論和報導等等作用上，實有其不可數量的功績。[17]其價值誠如郭士所言：「當時大大小小的官僚逃來香港後，都忙著開飯館開舞廳，效法白俄路線，他們（按：指《自由陣線》）在這樣的氣氛中，能首先燃起自由反共的火炬，這不能不說是非常難能可貴的事情。」[18]

15　午潮，〈讀「試評自由陣線」後的我見〉，《自由陣線》第 6 卷第 8 期（民國 40 年 8 月 10 日），頁 16。

16　〈卷頭語〉，《自由陣線》第 7 卷第 1 期（民國 40 年 9 月 14 日），頁 3。

17　虞初行，〈試評「自由陣線」〉，《自由陣線》第 6 卷第 4 期（民國 40 年 7 月 13 日），頁 15。

18　同註 11，頁 8。另張葆恩亦言：「自由陣線，樹立了反奴役、反暴政、反極權的大纛。正值紅朝新貴們彈冠相慶，自由陣線在東方之珠，帶頭發出了：『沒有自由絕無生路，結成陣線才有力量』的反共怒吼。其時，避居港、九的人多如恆河之沙，號稱反共的民主人士，亦大有人在。可是他們對沐猴而冠的新仕版，卻都噤若寒蟬，沒有半點斥責與批判。他們有的做寓公，閉門謝客；有的做生意，專探商情。而自由陣線能從事於一般謂為『不識時務』的民主自由運動，這不能不說是異數、是壯舉。」見張葆恩，〈大時代的悲劇人物（上）——悼念謝澄平老哥〉，《全民半月刊》第 14 卷第 7 期（民國 81 年 10 月 15 日），頁 27-28。

三、第三勢力理論述評

五〇年代於香港的第三勢力運動，《自由陣線》無疑是其宣傳的主要刊物。第三勢力運動日後被譏評之最大缺點，乃為缺乏理論體系的建立，而事實上亦如此。然吾人仍可由《自由陣線》上有關介紹第三勢力之文章，分別就定義、源起、組織、領導、目標與任務；及其和第三方面的分野等面向，來描述勾繪第三勢力之理論架構。

（一）第三勢力之定義

何謂「第三勢力」，此為最基本之正名，然由《自由陣線》上宣揚第三勢力的文章看來，對於第三勢力一詞，在定義上是有各種不同的解讀。有言第三勢力並不是黨，一定要以黨名之，則可謂「沒有黨的黨」。[19]或謂第三勢力是中國人民爭生存、爭自由的新生力量。[20]通俗的說，第三勢力是真正信仰自由與民主的勢力。[21]眾說紛紜中，較具體的歸納有四：

　1、代表民主自由的勢力，史農父於〈中國第三勢力究竟在那裡？〉言：「第三勢力名詞的又一由來。在極右的政治法西斯作風之下，人民沒有民主自由。在極左的布爾希維克政治之下，人民也沒有民主自由。然而爭民主爭自由是人

---

[19]　洪明，〈第三勢力與中國前途〉，《自由陣線》第 1 卷第 8 期（民國 39 年 3 月 1 日），頁 13。

[20]　盧一寬，〈第三勢力與勞工〉，《自由陣線》第 2 卷第 2 期（民國 39 年 5 月 1 日），頁 6。

[21]　孫誼，〈第三勢力與工商界〉，《自由陣線》第 2 卷第 2 期，頁 13。又虞初行亦言：「今日的所謂第三勢力，只是中國民主自由運動的俗稱而已。」見虞初行，〈試論「第三勢力」〉（上），同註 8。

民的共同要求，爭民主爭自由的勢力便是第三勢力。」[22]
但由於國、共兩黨亦標揭民主自由的招牌，為免魚目混
珠，王厚生以為「區別國共的民主自由和社會上民眾所要
求的民主自由有所不同，我們要把民眾所要求的民主自由
勢力稱呼為『第三勢力』。所以確實地言，第三勢力就是
民主自由勢力，第三勢力是民主自由勢力的代名詞，不過
必須弄清楚，這個以『第三勢力』之名為代表的民主自由
勢力是由民眾的民主自由要求所匯合而成的力量，而不是
掛羊頭賣狗肉的少數勢力。」[23]

　　民主自由的勢力既然是真正的第三勢力，那麼其信念
為何呢？盛超說：「第三勢力運動既以真正的民主自由的
新中國之創建做它的最高信念，我們運動的方向當然是以
中國人民最大多數的最大幸福為指歸。第三勢力不僅在國
共兩黨之外尋求出路，它也在資本主義和社會主義之間另
闢新道，更在自由世界對極權帝國主義的戰鬥勝利之中創
建新中國，以拯救中華民族於水深火熱之中。」[24]

　　由上述言論分析，可知《自由陣線》相當堅持只有第
三勢力才是自由民主理念的正統，國、共兩黨的民主自由
只是虛有其表，以民主自由為名，行專制獨裁之實的幌子
而已。也因如此，在國、共兩黨缺乏民主自由的信念下，
能給中國人民真正幸福，挽救中國人民於水火中，只有第
三勢力一途了。

22　農父，〈中國第三勢力究竟在那裡？〉，《自由陣線》第 1 卷第 10 期（民
　　國 39 年 4 月 1 日），頁 1。
23　王厚生，〈什麼是第三勢力？〉，《自由陣線》第 2 卷第 3 期（民國 39
　　年 5 月 16 日），頁 10。
24　盛超，〈我們應有的信念和動向──創造中的第三勢力運動〉，《自由陣
　　線》第 2 卷第 8 期（民國 39 年 8 月 1 日），頁 5。

2、為象徵中國人民的自覺運動。胡雪情說：「第三勢力運動是中國人民的自覺自救運動。這是中國人民對腐敗自私的國民黨政權已經絕望，對專制賣國的共產黨有了深切體驗與認識之後，迸發出來的自救運動。」[25]而這種人民的自覺自救運動表現於軍事上，為大陸上各地農民武裝抗暴運動；在政治上，則為自由民主人士的聯合運動；在文化上，即係否定舊勢力、反抗共產黨、開拓新生道路的言論及反馬列主義的運動。《自由陣線》言：「這些自發自覺的運動，雖然在國共兩黨不斷的打擊與壓制之下，仍能繼續滋長發展，足以表示潛在力量之強大。」[26]是以肯定第三勢力運動，即中國人民廣泛普遍的自發自覺的更生運動。它是所有反專制、反極權、反暴力、爭民主、爭自由、爭生存的諸種力量之總和。[27]不是外界力量可以輕易摧毀的。

3、為民主中國運動。《自由陣線》負責人謝澄平曾提：「『自由陣線』創立之初，我們就明確指出中華民族面臨有史以來的空前危機，我們立願推進民主中國運動（先名第三勢力運動，後稱新勢力運動），以期搶救中華民國。」[28]而此民主中國運動，就其基礎和動力來說，可以說是中國人民自救運動，就它必須經歷的過程和階段而言，可謂為聯合反共運動，但終極目標仍是民主中國運動的實現。[29]

---

[25] 胡雪情，〈現階段第三勢力運動的檢討〉，《自由陣線》第 2 卷第 8 期，頁 5。

[26] 同上註。

[27] 〈樹立堅強的文化陣線〉，《自由陣線》第 2 卷第 4 期（民國 39 年 6 月 1 日），頁 2。

[28] 謝澄平，〈為中華民族獨立自由民主而加強奮鬥〉，《自由陣線》第 25 卷第 5、6 期合刊（民國 44 年 12 月 5 日），頁 22。

[29] 胡雪情，〈論民主中國運動〉，《自由陣線》第 4 卷第 1 期（民國 40 年 1 月 1 日），頁 4。

4、為綜合性的運動。勞乃人在〈第三勢力與知識份子〉文中說到：「第三勢力運動應該是一個全中國被奴役被壓榨的同胞的自覺運動。它不僅是一個政治運動，而且是一個社會運動、文化運動。第三勢力，不只要否定政治上的第一第二勢力；同時要否定社會，文化方面的第一第二勢力。」[30]黃新民則云：「第三勢力運動，消極方面是反專政、反侵略、反飢餓、反殘暴、反貪污的運動，積極方面是爭獨立、爭民主、爭自由的運動。前者的目的是在推翻專制王朝，是革命性的行動；後者的目的是在創設一個人人安樂的國家，是積極性的行為。所以第三勢力運動，統括說來，是革命建設的運動。」[31]總而言之，第三勢力是一個非常的政治運動，是一個革命運動，同時也是一個新的思想鬥爭運動。這個運動在中國是創舉，是一個偉大的歷史性的創舉。[32]

綜觀《自由陣線》上有關第三勢力之定義，可知第三勢力基本上應該只是革命過程中一個暫定的名詞。[33]至於此一名詞沿用時間之久暫，端視客觀形勢的推移而定。由於第三勢力一詞之定義，並無明確的界定，所以此一名詞甫提出，即頗具爭議性，也遭至各方不少批判。李璜說，「『第三勢力』四字不通，在今日用之，尤其不通，因第三之上，必須有第一、第二；如果假定中共是第二，則三者之間已有是非善惡之分，何況反共與共，勢難兩立，如何能

30　勞乃人，〈第三勢力與知識份子〉，《自由陣線》第2卷第2期，頁10。
31　黃新民，〈華僑──第三勢力的支柱〉，《自由陣線》第2卷第2期，頁16。
32　竺以，〈展望第三勢力運動〉，《自由陣線》第6卷第8期（民國40年8月10日），頁7。
33　〈對第三勢力的熱望〉，《自由陣線》第2卷第8期（民國39年8月1日），頁2。

相提並論，故爾不通！」[34]《民主評論》社論亦言，「第三勢力的所謂『第三』，假如是一個單純的數目字的涵義，則近乎不通；因為一個國家，出現幾個政治勢力，是一種自然的演進，並非可以人力預先用數目字來加以限定的。」[35]

陳啟天則評論：「我們以為第三勢力這個名詞，含意過於含糊，不足標明一種運動的特徵。我們以為現在世界的大勢，只有兩大勢力的對抗：一方面是共產勢力，又一方面是自由勢力。除此兩大勢力外，並無所謂第三勢力存在的可能。……所謂第三勢力既以反共抗俄為號召，則一切反共抗俄的力量，無論在大陸、在台灣、在海外，也無論是國民黨、非國民黨，均應聯合起來一致反共抗俄。所謂第三勢力這個名詞易於使人誤會；不但反共產黨，而且反國民黨，不但反大陸，而且反台灣。其實中國自由勢力的基地在台灣。沒有台灣，自由中國便無立腳的基地。……我們以為在台灣以外，在國民黨以外，從事反共抗俄的自由運動，是必要的，但不必標名為第三勢力，致分散了自由勢力。」[36]

語云：「名正言順」，陳氏之論，可說為這個在邏輯上陷入不可存在矛盾中的「第三勢力」一詞，下了最佳之註腳。

（二）第三勢力之源起

凡是一種政治勢力的崛起，必須具備客觀環境，本身條件和外在機緣等因素。五〇年代初期國內及國際間的特殊時代背景，為第三勢力提供了一個相當好的成長空間。日本政治學家古島一雄曾

---

[34] 李璜，〈談第三勢力〉，《聯合評論》第49號（民國48年7月24日）。

[35] 〈變態心理下的第三勢力問題〉，《民主評論》第2卷第9期（民國39年11月5日），頁2。

[36] 陳啟天，〈評第三勢力〉，《新中國評論》第2卷第4期（民國40年9月），頁2。

言：「當政治發展到某一階段，再加上國際環境的演變和需要，一個力量自然而然就要產生的。」[37]五〇年代初期的國際和國內環境有何演變呢？其對第三勢力的興起有何影響呢？辛念渠在〈第三勢力的領導問題〉一文中，提出了清楚的說明，他說：「今日中國客觀環境促使第三勢力成長的基本因素有三：一為極權統治者與被壓榨的人民之間所存在著的對立形勢。二為國際情勢的急劇轉變，已使反侵略、反極權的民主自由陣線日益顯明而堅強。三為覺悟份子正期待一個真正民主的新生力量的成長。」[38]關於上述所言的第一點，同為第三勢力刊物的《再生》曾有很好的補充，《再生》在〈論我國的第三勢力〉文中提到：

　　國民黨統治大陸時代，只有人民與政府之間的矛盾，亦即官僚、豪門與人民之間的矛盾，今日共產黨統治大陸，情形亦復如此，也只有人民與政府之間的矛盾。人民要自由，共產黨不給；人民要民主，共產黨不准；人民要和平，共產黨要戰爭；人民要國家獨立於國際社會之林，共產黨要一面倒；人民要與一切以友好善意待我之國家合作，共產黨偏聽命於莫斯科，排斥西方民主國家。這是中國社會當前面臨的另一個特殊形勢──人民之間沒有矛盾，人民與政府之間卻存在著尖銳的衝突。[39]

　　這種人民與政府間的尖銳衝突，有朝一日終將爆發，在中國人民了解只有從共產黨鐵蹄之下再解放出來，才有生路；而台灣的獨裁政權與其特務統治和腐敗政治，又不能當此大任，於是一個新勢

---

[37] 〈古島一雄談中國第三勢力〉，《自由陣線》第 5 卷第 10 期（民國 40 年 6 月 1 日），頁 12。

[38] 辛念渠，〈第三勢力的領導問題〉，《自由陣線》第 2 卷第 6 期（民國 39 年 7 月 1 日），頁 7。

[39] 〈論我國的第三勢力〉，《再生》香港版第 2 卷第 24 期（民國 40 年 9 月 16 日），頁 2。

力的產生就是理所當然而勢所必至的了。[40]至於第二點,《自由陣線》以為,要構成一個世界自由民主陣線的整體,便不能缺少中國人民爭生存、爭自由的新生力量。世界自由民主陣線正急切的期待著中國新生力量的成長,好把東西兩方面的自由陣線連接起來;如此對冷戰有個全面的安置,對熱戰也才有一個善後的準備。[41]所以說,第三勢力的源起並不是一件偶然的事,它是有其內在生長的社會條件和外在大時代的要求所致。

是以《自由陣線》樂觀的認定:「歷史經驗告訴我們:二十世紀的後半期,極端的個人資本主義固應成為過去,但反資本主義的極端反動的極權共產主義,經過一度狂瀾之後,也開始走向下坡路去;代之而起的應該是這個既不代表資本主義也不代表共產主義的新興的第三勢力運動的時代了。中國第三勢力運動便是這新時代的產物,亦即是這個世界性運動的一支生力軍。」[42]最後在第三點方面,當整個大陸同胞陷於水深火熱的時候,人民在對國民黨已厭惡失望,對共產黨更加痛恨絕望的同時,自然都渴望有一股力量,能引導中國走向新生大道,因之第三勢力就應運而生。[43]

易言之,《自由陣線》以為:第三勢力的興起與展開,是由於全國普遍的要求與企盼,而這股要求與企盼的心聲,是隨著國、共的不得人心所產生。誠如魏沐塵所言:「人民對第一勢力已感絕望,所以才盼望第二勢力為他們的救星,怎奈第二勢力倒向新帝國主義,行動乖謬更甚,致無數的良民被迫上梁山,這些被迫上梁山的善良百姓,他們既領略夠了往昔的壓榨,復遭受如今的奴役,事實

---

[40] 石貫一,〈六年來的台灣〉,《自由陣線》第 25 卷第 5、6 期合刊(民國 44 年 12 月 5 日),頁 33。

[41] 同註 38。

[42] 同註 32,頁 6。

[43] 午潮,〈試論第三勢力的前途〉,《自由陣線》第 6 卷第 11 期(民國 40 年 8 月 31 日),頁 4。

的教訓使他們瞿然憬悟，自救的責任應當及時負起，只有把自己武裝起來才是自衛的不二法門，這個為了自衛的團體，就是第三勢力。」[44]

綜上所言，可知《自由陣線》亟力強調第三勢力運動，是中國近代政治發展的一個必然之勢，它並不是一個已經成熟的力量，它只是一種基於客觀條件所催逼所造成的結果，它是一種不期而然，不約而同，直接產生於中國近代政治發展的中心原則，它是一種時代的脈動。[45]也因此，在當時眾多懷疑第三勢力背後有不單純因素存在的批判聲中，《自由陣線》以第三勢力的興起乃是國內時勢演變之必然，現實環境演變之結果，人心自發自覺之歸向，給與外界抨擊者有力的回應。

（三）第三勢力的組織

第三勢力在確立了意識型態，有了行動的靈魂後，接下來的步驟，就要談到行動的基本形式。換言之，也就是組織形態的問題。針對外界批評第三勢力缺乏組織，《自由陣線》原先不以為意，還說：「所謂組織不必就是形式上的機構，第三勢力在目前也不需要形式化地設立總部分部支部一套機構。」[46]第三勢力是基於民主自由的信念所凝成，凡是民主信徒、自由鬥士，都是同一陣線的成員，凡是反共的機構，都是同一陣線的組織。[47]其後由於客觀環境的日益迫切需要，第三勢力分頭努力各不相謀的散漫情形也亟需改進，《自由陣線》不得不調整態度，開始重視檢討組織的重要性。最早

---

[44] 魏沐塵，〈第三勢力的基礎〉，《自由陣線》第 2 卷第 1 期，頁 13。

[45] 張丕介，〈論第三勢力〉，《民主評論》第 1 卷第 17 期（民國 39 年 2 月 16 日），頁 17。

[46] 岳中石，〈我對第三勢力的希望〉，《自由陣線》第 2 卷第 3 期，頁 12。

[47] 同註 22。

提出此問題者為辛念渠，他說：「中國被壓迫的人民唯有在民主的原則下，自動的組織起來，並且產生一個真正代表民意的領導重心，然後才能有計劃、有步驟、有效果的展開反抗極權統治者的鬥爭。」[48]而歷史上任何一個運動，必須有了組織和領導，才能發揮它巨大的力量。因此如何來組織和領導呢？辛念渠提出了四點主張：「一、集結獨立自覺份子商訂共同行動綱領。二、實踐共同行動綱領，深入廣大群眾。三、透過廣大群眾的意見，配合國內外的情勢，舉行全國代表性的會議。四、成立常設機構，指導自由民主運動的全面開展。」[49]

上述意見雖嫌空泛，但終歸已是第三勢力運動想要步入組織化的開始。至於領導人物問題，辛念渠說的也很明確：「真正的領導者，必需是在廣大的運動開展中長成的。它並不是某個人，或者某少數的人……我們解決第三勢力的領導問題，不是去覓求某些權威，或者去發現某些英雄；而是要在第三勢力的平面上，從集結和組織的過程中建立一個民主的重心。」[50]故第三勢力運動理想的領導者，應該從根本上忘記自己是一個領導者，否定領導者傳統的優越感與自我意識，全心全意的確立一新的領導方針，回到人民中間，把自己當做一個真正的平民。

所以第三勢力運動，就領導人言，應該是一個下級運動，或者叫做還原運動。來自民間的領導者，仍然回到民間去。唯有站在人民中間，才能懂得什麼是民主自由；才能堅持自己的立場，為民主自由奮鬥到底。[51]既然第三勢力運動的領導者不能有英雄氣質，也不可有「超人」偏向，要徹頭徹尾是個平民化的領導者，此領導者的任務是艱鉅的，責任是重大的，故他必需具備有恢宏的襟度、壯

---

[48] 辛念渠，〈第三勢力的領導問題〉，同註38。
[49] 同上註。
[50] 同上註。
[51] 同註30，頁11。

闊的意志，律己從嚴，責人從寬，眼光遠大，負責而不居功，果敢而不償事，體格強壯，神志清明，刻苦任勞任怨，知人容人用人，打破名利生死關。[52]能符合上述所舉之各項條件，才配成為第三勢力運動的領袖。

　　繼辛氏之後，對第三勢力運動組織發表最具代表性文章者，當屬冷生的〈第三勢力組織問題的關鍵〉一文了，該文對第三勢力由誰來組織說到：「要組織的人便來組織。我可以組織，你可以組織，他也可以組織。集合許多『我』、『你』、『他』，自不難走上組織的道路。」[53]而且第三勢力的組織結構形態，應該要採取單一式的組織，不是混合式的組織。也就是說，每一第三勢力的成員，均以個人的身分，參加組織，從事組織。不是以任何黨派任何團體的全部或一部來參加的。第三勢力的結構實質，應該有可以共同信守的某種限度的約束性與相當嚴格的紀律，應該有原則上可以共同遵行的基本信念和主張，以作行動的標的。這是有鮮明個性的革命組織，不是個性不鮮明甚至沒有個性的普通政團。[54]

　　上述之言，簡單的說，即第三勢力的組織結構，不想再重蹈當年「民主政團同盟」或「民盟」的悲劇。由冷生之文可看出，《自由陣線》對第三勢力組織結構之基調乃是：第三勢力的組織形態必須是一個革命政黨的組織，而不是一盤散漫的政治團體、或派系集團。組織必須走群眾路線，而不能關門自守的與群眾隔離、架空。另外，基於組織是群眾政治理念相結合的最高形式，為要正常的行動和有計劃的領導群眾，必須要有統一的綱領和嚴明的紀律，唯此紀律的規範是可以透過自覺的、民主的原則來形

---

[52]　冷生，〈第三勢力組織問題的關鍵〉，《自由陣線》第 2 卷第 10 期（民國 39 年 9 月 1 日），頁 5。

[53]　同上註，頁 4。

[54]　同上註。

成。[55]最後，則為組織的性能，不應該只是一個黨的性能，或政治性同盟的性能；第三勢力以為它應該是要具有全面改造社會的機能。[56]

（四）第三勢力的使命（目標及任務）

任何一種革命運動，均有其奮鬥的目標、努力的使命和最終的任務。第三勢力運動亦不例外。冷生說：「第三勢力的使命，就國內言：應該在國共兩黨之外，以絕對超然的地位，別樹一幟。打破暴君統治的鐵牢，開闢國家民族新生的大路。就國際言：應該在民主國家集團與極權國家集團的對立之下，在資本主義與社會主義的矛盾之中，另闢蹊徑，尋求世界和平的坦途，導引人類歷史趨於合理正常的發展，謀取人類生活的繁榮康樂，長治久安。這是人類歷史的遠景，中國第三勢力者應當勇敢的負起加速此種遠景實現的責任。」[57]

冷生之言，或許陳義過高，然基本上，它只是第三勢力運動一個長程的使命與希望，至於近程的奮鬥目標，《自由陣線》言：「第三勢力努力的指標，不僅在摧毀舊的，黑暗的，更著重於新的光明的建設。我們的努力不是衝動的，盲目的，而是有明顯的目標和確實的途徑。我們的基本信念，就是新中國建設的遠景。」[58]而此一遠景之藍圖，即求中國與世界之臻於「政治民主」、「經濟公平」、「文

---

[55] 張炬人：〈論第三勢力〉，《自由陣線》第 4 卷第 3 期（民國 40 年 1 月 19 日），頁 3-4。

[56] 〈第三勢力運動的現階段〉，《自由陣線》第 5 卷第 1 期（民國 40 年 3 月 30 日），頁 5。

[57] 冷生：〈第三勢力的幾個基本問題〉，《自由陣線》第 2 卷第 8 期，頁 7。

[58] 倪惟一：〈地方政權的重建〉，《自由陣線》第 6 卷第 2 期（民國 40 年 6 月 29 日），頁 6。

化自由」的理想社會。[59]故具體言之，吾人可歸納第三勢力運動的使命有三：近程：摧毀中共政權，恢復祖國獨立。中程：確立民主制度，還我人民自由。長程：打倒極權主義，永建世界和平。[60]

　　客觀說來，僅就上面三點而言，第三勢力之訴求，其實與國民黨的反共主張大同小異，但對於國民黨當局極力封殺第三勢力運動，《自由陣線》頗為不解的提出〈國民黨不必怕第三勢力〉，原因為第三勢力不但不危害國民黨，且對國民黨有許多利益。理由如下：

> 第一：現在大陸上的人民，被共產黨殘害得生存無路，憤激反抗的情緒日漸高漲，但是他們想到國民黨過去的腐化無能，又覺無所寄託。如果有一個不危害國民黨的新生勢力出現，這些反共而不滿意國民黨的人們，就會集中起來，成為最堅決的反共力量，這就有助於國民黨的反共戰爭。第二：共產黨由於奴事蘇俄，出賣國家，實行專制，殘害民主，在共產黨內部業已存在著深刻的不滿情緒，但是對國民黨又感到絕望的，因此他們在理想和組織上又無路可走。如果有一個新理想新形態的第三勢力，就會使這些愛祖國愛民主的份子，脫離共產黨，投入反共陣營。這樣便能分化瓦解共產黨的組織。這個力量是國民黨所絕無的，而是第三勢力所能有的。第三：如果國民黨能真誠與第三勢力合作，承認其平等地位與民主權利，這樣一來，「自由中國」才能名符其實。才與「鐵幕中國」成為善惡是非的鮮明對照。才使有良知的人，勇於抉擇。因為自由中國不止於民族獨立的意義，而是在內部真正能實行自由民主制

---

[59] 午潮，〈試論第三勢力的前途〉，同註43，頁4。

[60] 張一之，〈第三勢力的歷史使命〉，《自由陣線》第2卷第2期，頁5。

度。國民黨如果能這樣做，也唯有這樣做，才能挽回人民的信心與國際的同情。[61]

這段話，坦白說，平實中肯，頗具意義。第三勢力運動之使命，既與國民黨努力目標大致相契，何以反共力量無法團結，左舜生說：

> 散居在中國大陸和台灣以外的中國人，其數目在一千萬以上，大多數都是反共的。台灣沒有方法運用這股力量以加強反共的陣容，這股力量的自身，也無法加強團結以發揮更大的作用。為許多人所驚怕有的所謂「第三勢力」，僅僅只有這麼一個傾向，說真有人可以提挈這股力量，而加以像樣子的組織，截至現在為止，這樣一個或者若干個理想的人物，確實還沒有為世人所發現。把這種零星的力量分別附益於台灣，對台灣未必有益；把這種零星力量組織起來以與台灣相呼應，也許反而可以相得益彰。可是留在台灣的人們，具有這種認識的人也不太多，或許這也就是這種力量難於形成的原因之一。[62]

陳啟天亦云：「我們以為政府當局對於所謂第三勢力的態度，宜用自由勢力的聯合陣線，融化許多各自為謀的所謂第三勢力份子，不必因其曾經從事所謂第三勢力便過度疑忌。我們深信：如果自由勢力的聯合陣線能早日建立起來，便可融化一切反共勢力，並團結一切反共勢力，而不必以第三勢力自詡了。」[63]可是台灣當局，計不及此，乃使雙方分道揚鑣，殊途而無法同歸。

---

[61]　秦秋帆，〈國民黨不必怕第三勢力〉，《自由陣線》第 2 卷第 2 期，頁 19。

[62]　左舜生，〈反共形勢在延宕中〉，《自由人三日刊》第 17 期（民國 40 年 5 月 2 日）。

[63]　同註 36。

（五）第三勢力與中間勢力

　　第三勢力最令外界質疑的，即為第三勢力乃是「中間勢力」、或謂「第三方面」、「第三黨」等稱呼。而在《自由陣線》上，關於第三勢力與中間勢力的區別，也是人言言殊，各不相同的。有贊成第三勢力即中間勢力者。[64]有承認「中間路線」存在者。[65]然更多的文章是反對將第三勢力與第三方面或中間路線劃上等號。魏沐塵即說：「第三勢力既為隨著國共的沒落而產生，所以他在先天性上負有艱鉅的使命，其歷史任務在承擔起國共所不能解決的問題，並剷除國共兩大之間的一切惡勢力，因此第三勢力決不是徘徊於國共兩大之間的騎牆份子，更不是倚靠於兩大之間的中間路線。」[66]易言之，第三勢力，它不是跨於國共兩黨之間，而是超出國共兩黨之外，它不是調和折衷於國共兩黨之間，而是對國共兩黨有所否認與批判。[67]

　　因此，第三勢力絕對不是國、共兩黨左右兩家之分店。持此論者，在當時不僅存在於《自由陣線》，張丕介在《民主評論》亦發出相同的論調，他說：「所謂第三勢力者，決不是國民黨加上共產黨的混合體，也不是寄生于國共之間的中間路線，更不會是某些野

---

[64]　如農父言：「第三勢力是基於民主自由的共同要求而漸漸凝成的，並不藉國際背景的提攜，或者實力分子的拉攏雜湊──拉是拉不來，湊是湊不攏的。對國共而言，它是第三勢力（以前國是第一勢力，共是第二勢力。目前共是第一勢力，國是第二勢力）猶之國共談判時候之有第三方面。這是第三勢力名詞的由來。再，國代表右的勢力，共代表左的勢力，其代表中間不左不右的勢力就是第三勢力。所以第三勢力也可以叫做中間勢力。這是第三勢力名詞的又一由來。」見農父，〈中國第三勢力究竟在那裡？〉，同註 22。

[65]　如洪明言：「我們承認『中間路線』的存在，相信第三勢力即將成長。」見洪明，〈第三勢力與中國前途〉，同註 19。

[66]　同註 44，頁 12。

[67]　〈展望第三勢力〉，《自由陣線》第 3 卷第 6 期（民國 39 年 12 月 1 日），頁 38。

心政客軍閥的封建力量。它是以全民族全社會為基礎的，超越於今
天國共之上的新勢力。」[68]其後，同為宣揚第三勢力刊物之《再生》
亦言：「你們走中間路線？不，我們拒走中間路線，也反對走中間
路線。在民主與獨裁、自由與奴役、理性與瘋狂之間沒有中間路線
可走。想走中間路線的人，一定是掛羊頭賣狗肉，不是投機、取
巧份子，定是騙子。」[69]語鋒犀利，以示第三勢力絕不同於中間
路線者。

　　由上觀知，彷彿第三勢力之「第三」，除了是出諸暫時的權宜
之計外，它不僅不是標榜中間的「第三」，甚至還含蓄著代表排斥
左右兩極端之意義。[70]是故王厚生說：「第三勢力，它與極左極右
都勢不兩立，所以，第三勢力具有一個特徵，即它不是一種消極的
被動的因素；相反的，它是一種積極的主動因素，它不與極左極右
的勢力妥協，也不為極左極右的勢力拉攏，起調和作用，是故第三
勢力又可視為辯證法中的『合』的勢力，辯證法中的『合』，不
是調和『正』、『反』而成，乃是摧毀『正』、『反』以後奠立的新
的『合』。」[71]

　　除了和中間路線有所不同外，第三勢力和「第三方面」也有明
顯的歧異。冷生對此有簡要的說明：「第三勢力既不同於共產黨人
所說的『中間路線』，亦不同於國共和談期間人所慣稱的『第三方
面』。中間路線易流於政治上的機會主義者，而成為騎牆派。第三
方面原是兩者之間的『和事佬』，上焉者左右逢源，沒有主張，也
不能表現主張。下焉者變形易質，竟完全一邊倒了。兩者充其量只

68　同註45。

69　〈論我國的第三勢力〉，同註39。

70　王厚生，〈回首年話〉，《再生》香港版第24期（民國39年9月16日），
　　頁4。

71　王厚生，〈第三勢力與憲政〉，《再生》香港版第13期（民國39年4月
　　1日），頁4。

是沒有個性的政治團體，自不能與具有革命特質的第三勢力等量齊觀。」[72]

　　呼應冷生之文，而能真正對第三勢力與第三方面提出更具體區分的為王厚生，王氏在〈什麼是第三勢力？〉文中明白描述到二者的分別，他說：第三勢力與第三方面是不同的，就組織內容言，「第三方面」是除開國共兩黨之外，各黨各派和一部分社會人士形成的，所以它的範圍局限在一些政團和民主人士，比較上是社會的少數力量。而第三勢力在組織內容上則完全與「第三方面」不同，因為它本身就是全國四億民眾的組織，它的範圍遍及全國，不分老少男女農工商學，都是「第三勢力」的組成分子，所以，它是社會上的絕大多數力量。職係之故，第三方面只能建築基礎於「第三勢力」上面，沒有「第三勢力」，那裡來「第三方面」？沒有第三勢力即無第三方面，有了起來了的第三勢力，然後才會產生堅強有力的「第三方面」。[73]至於「第三黨」與第三勢力之分野，亦是如此。王厚生言：「今日國內，倘果有第三黨之組織，亦決不能以民眾的第三勢力自居，因為第三勢力為民眾的勢力，果有合乎民主精神與標準之第三黨組織，並只能認為第三黨在民眾要求民主的環境中，基礎上，適合時代的需要而成立，但絕不能讓第三黨『獨占代表第三勢力』的資格。」[74]

　　整體觀之，五〇年代的第三勢力運動者，大多數的人顯然在態度上是不承認第三勢力與第三方面有任何關連的，除了極力撇清二者之間的不同外，也不願意外界對其與「政協」時代之第三方面產生聯想，甚至亦怕重蹈戰後國共對峙期間第三方面走中間路線之悲劇。

---

[72] 冷生，〈第三勢力組織問題的關鍵〉，同註52，頁4。
[73] 王厚生，〈什麼是第三勢力？〉，同註23，頁10-11。
[74] 同註71。

四、結論——兼論第三勢力之挫敗

　　大凡一種革命運動的成功，需要多方面因素來配合，五〇年代的第三勢力運動之所以只能造成一股狂熱，但形成不了氣候，基本上是由多種原因所致。就客觀情勢而言，第三勢力運動，在遭受國、共兩黨的左右開攻打擊，其環境之惡劣，可想而知。[75]但就運動本身的條件論之，其所具備的條件不夠充分，亦是一大關鍵。如缺乏正確的思想領導，光有空洞的政治理想，是不能成為事實的；領導人物的不足，不能領袖群倫，人心無法昂揚；組織的鬆弛，未能將散漫的意志與力量集中起來，運動自然無法達到預期的凝聚作用。[76]

　　此外，理論體系的闕如，無完整周詳嚴密的實踐計劃，亦為第三勢力運動的一大敗筆，從事運動者認識含糊，觀念上缺乏進取精神，舊式的政治觀念，沒有與時俱進，信心不夠，對第三勢力運動欠缺真正的認識與瞭解。也是第三勢力一份子的孫寶毅批評的很好，他說：第三勢力迄今何以還沒有成為一具體的強大政治力量之因為，若干人太重視美援，認為美援不來，一切都無辦法。且大家太重視於現成領袖與現成力量，而決心赤手空拳，自己站起來幹的，簡直鳳毛麟角。又在思想上，雖反共抗俄的前提是一致的，但在內容上，則五花八門，無法統一；在方法上，有的主張從百年大計的文化與教育入手，有的則迫不及待最好在五分鐘內即開始軍事行動。[77]

---

[75] 伯平，〈何以不能造成狂熱？〉，《自由陣線》第 25 卷第 5、6 期合刊（民國 44 年 12 月 5 日），頁 30-31。

[76] 同上註。

[77] 孫寶毅，〈第三勢力如何團結起來？〉，《再生》香港版第 19 期（民國 39 年 7 月 1 日），頁 7-12。

　　檢視五○年代的第三勢力運動，孫氏所指出的缺失，無可諱言，是確實存在於第三勢力陣營中的。不僅孫氏批評，第三勢力運動大將之一的左舜生指責更是露骨，左氏說：

　　「在今天要構成一個『第三勢力』之所以難於有成，其原因也不複雜：一、領導無人，不得已而思其次，以為可以藉組織來作集體領導，此即無異表示並無任何人確有自信並確有把握，敢於挺身出來多負責任。二、今天的青年也確實不容易領導，許多的老年人和中年人在多數青年的眼中，不是已經人格破產，便是思想落伍，要他們輕於接受這樣一種人物的領導而效命於國家，實在是難之又難。三、今天這個局面確實是太艱難也太複雜，要提出一個釐然有當於人心，而又切合於事實需要足以解決當前難題的良好辦法，有什麼個人或集團真正可以提出？四、這個運動的起來既雜得有國際因素，甚至可以說大部是由於國際因素，而今天的國際情勢又確實是微妙難知，變化莫測，假定『第三勢力』因今天國際的情勢如此而起來，萬一明天國際的情勢如彼，又如何求得一足以自存之道？古今中外原有不少借助外力的政治運動，但如果完全依靠外力，這豈不是過於危險？五、此外還有一個更基本的難題，便是由於一般精神的墮落，與新生機的梏亡，因之使人處處感到新人才的缺乏，在這一點上『第三勢力』之不容易形成，也正猶之台灣之不能作有力的表現一樣。一言以蔽之，實由於問題太大太難，而人才太少太不夠標準而已。」[78]

　　總之，五○年代的第三勢力運動，吾人可以很客觀的說，其「勢」是有的，但「力」則談不上。《工商日報》曾評「力」之主觀內容有七個基本條件，分別是：一、要有足以號召群倫的領導人物。二、要有堅強刻苦的幹部。三、要有廣大支持的群眾。四、要有切合此

---

[78] 左舜生，〈對復國建國的一個期待〉，《香港時報》（民國 40 年 8 月 4 日）。

時需要的綱領主張。五、要有嚴密的組織。六、要有深入廣泛的行動。七、要有國際的同情與援助。[79]準此七點而言，第三勢力運動顯然是夠不上標準的，故其失敗之因亦就不言而喻了。

五〇年代的第三勢力運動雖告失敗收場，然其起落在中國現代政治史上，仍有其參考取向的價值。何以在中國政治史上，以知識份子為主體的第三勢力常扮演一政治核心的邊緣角色，很難取得主流的地位，其故何在？吾人以為除了外在因素外，第三勢力在先天上也有其侷限性，以致於其能發揮的影響力有限，第三勢力的侷限性有四：

第一：角色的模糊，第三勢力雖然標榜有別於國、共兩黨，甚至亦強調其非「中間路線」。那到底其飾演何種角色呢？以民主自由勢力自詡，基本上，民主自由只是很空洞的口號，如何能因此口號而定位其屬性，且以「第三」自居，本身意涵已頗堪玩味，誠如《民主評論》批評甚是：「『第三勢力』並不是一個政黨的名稱，而是一種第三人的稱謂。一個人可以自稱為是甚麼政黨，或甚麼主義，但無法稱自己是第幾勢力。」[80]孫抱貞亦說：「第三勢力何以不能形成為我國一個具體的政治力量，並且何以會前後變質，這不能不歸根於這個名稱很不妥當。所謂第三勢力的怪現象，如含糊、不堅定，易於引起一般國人的錯覺，和便於引起政治野心家的幻想與混水摸魚或偷天換日的勾當，都是由此而來。」[81]試想，所謂第三勢力，顧名思義，應該是在第一勢力和第二勢力之外，另行建立一支勢力。換句話說，即在極權與反極權之外，再來一個也極權也反極權的集團，這在邏輯上如何能說的通呢？所以，角色的模糊可以說是第三勢力運動之最大致命傷。

---

[79] 〈評所謂「第三勢力」〉，《工商日報》香港版（民國39年6月8日）。
[80] 〈變態心理下的第三勢力問題〉，同註35。
[81] 孫抱貞，〈「第三勢力」的思想背景〉，《再生》香港版第13期（民國39年4月1日），頁7。

　　第二：政治資源缺乏，第三勢力運動可謂完全靠美援起家，打通國際路線，有美國奧援，運動就搞的頗像個樣子，生龍活虎，一旦國際情勢有變，美援不來，士氣就土崩瓦解，無以為繼。針對這種完全倚賴外力的情況，也是當時海外第三勢力運動之精神領袖張君勱，曾專函在香港的謝澄平（按：謝即《自由陣線》負責人，是搞第三勢力運動最有成績者），提到「不依傍實力」的精神條件，張說：「第三勢力倘稍存依傍瞻顧之心，自己動機不正，勇氣為之減少，此為第三勢力所不可不大大覺悟者也。」[82]然言者諄諄，聽者藐藐，第三勢力的政治資源可謂完全建立在美援之上，其後美援不來，第三勢力運動也旋即拆台。

　　第三：結構的脆弱，第三勢力的結構型態是以派系聯盟式的組織為主，衡諸五〇年代的第三勢力運動，這種聯盟式的組合方式，先天上有其脆弱性，因為容易造成分離主義或山頭主義。雖說在《自由陣線》上，從事第三勢力諸君亦提出第三勢力的結構型態，應以單一式的組織為佳，而不是混合式的組織。[83]然形勢比人強，最後第三勢力的組織仍是以派系聯盟的方式為之，這種多派系的聯盟組合，內部統合不易，凝聚共識困難，對於其特定的內容與所代表的事實則尚未範型，所以其角色較模糊不清。

　　這種模糊不清的角色，使第三勢力在拓展社會基礎上遭遇很大的困難，因為它缺乏公共政策，目標不明確，缺乏決定政策之一貫性及統一性，美國密西根大學政治系教授（Samuel T. Eldersveld）說：「政黨最重要的功能是決定政策，隨著民主化的發展，民意的塑造對政黨選舉時獲得選票有著密切的關係。政黨政治即是民意政治的意涵，而表現在民意政治上最具代表的指標即為公共政策的制

82　張君勱，〈致謝澄平書論第三勢力之精神條件〉，《再生》香港版第 17　期（民國 39 年 6 月 1 日），頁 9。
83　冷生，〈第三勢力組織問題的關鍵〉，同註 52，頁 4。

定。」[84]以此而言，第三勢力顯然尚未符合政黨的條件，也因如此，第三勢力要由一個菁英式的結盟轉化成平民性的政黨，在社會基礎上似嫌薄弱。其結果亦肇下第三勢力在參與政治和社會事務上影響力的不足，而這種不足，有一大部份的原因，與第三勢力在先天上組織結構的脆弱性有關，此亦第三勢力侷限性之所在。

第四：屬性的限制，第三勢力基本上是以知識份子為主體的，知識份子在中國常扮演一個「關心他個人身處的社會及時代的批評者與代言人」的角色。[85]此角色尤以表現在政治的批評上最明顯。如果知識份子在社會上有立足之資，他就有較大的批判自由；如果在政治之外，尚有抗衡政治的憑藉，則其批判的自由將更大。[86]此種政治批判自由的權力，外緣因素來自社會對知識份子超然性、客觀性、中立性之角色期待；內緣因素則來自當一群知識份子所秉持的思想觀念遙遙領先社會的發展進度時，他們即很容易成為傳統文化和社會現象乃至於政治現實的批判者，甚至革命者。[87]

職是之故，就政治立場言，知識份子在傳統政治中常以「第三勢力」或「中間勢力」的角色出現。但在中國現代政治舞台上，知識份子卻常遭到「同化」的命運，何故？那是因為知識份子在政治上雖然獲得了參與的機會，在政治與社會事務上扮演某種角色，但是，並不意味政治權利的分配，或者，雖然獲得政治權利的分配，也不意味參與理想的實現。在這種情況上，知識份子的參與成了分沾一些政治權力而遷就於現實。這有兩種形態，一是成了政治現實

---

[84] 轉引自陳正茂，〈第三勢力在兩岸交流之角色分析〉，《第二屆海峽兩岸關係研討會》（香港：1992 年 7 月 8 日-11 日），頁 16。

[85] See Crane Brinton, The Anatomy of Revolution (N.Y.: Vintage Book, Revised & Expanded, 1965), p.42.

[86] 金耀基，《中國現代化與知識分子》（台北：時報文化出版事業有限公司出版，民國 70 年 11 月初版），頁 62。

[87] 陳國祥，《青年呼聲》（台北：四季出版公司出版，民國 68 年 9 月 1 版），頁 172。

結構的一份子，一是成了對政治現實的妥協。這兩種形態，都是知識份子參與的被政治現實同化。

　　當然，這種同化並不是毫無積極意義的，可慮的是，知識份子在被同化的過程中嚐到了權力、權利與名譽的滋味，而放棄了對於參與理想的追求，當知識份子在現實政治社會中，因此而享受到權力、分配到權利，進入統治階層或成為現實政治與社會的利益既得者後，知識份子便會查覺到，這些收穫，事實上是一種妥協的代價，是一種交易；有所得必有所付出，有所妥協。否則，這些獲得的便會立即喪失。

　　因而，所謂「權力常使人腐化」的現象與後果產生了。知識份子不只耽於權力、權利與名望而放棄了參與理想，甚至為了保持所獲得的，進一步擴大與升高所獲得的，而成了「新階級」，既寄附於現實政治權力，復成為辯護與維護者，知識份子的參政理想性至此早已蕩然無存了。其實，中國的知識份子一直強調某種參與而保持獨立人格與理想的信念。但是，除非排斥的反應特別強烈而無可妥協，否則，知識份子被同化倒成了常態。[88]由過去的「民盟」及五〇年代的第三勢力運動，可以清楚的檢驗出第三勢力在中國當代現實政治挫敗之因素所在。

---

[88] 楊選堂，〈知識份子的政治參與〉，《中國論壇》第 15 卷第 1 期（民國 71 年 10 月 10 日），頁 4。

人物篇

「大江會」的國家主義運動

──以梁實秋、聞一多為探討對象

一、前言

　　二〇年代是個民族主義風起雲湧的年代,「巴黎和會」的屈辱,不僅激發五四愛國運動的爆發,更深層的意義是逼使中國的知識份子,去嚴肅的思考國家民族未來的路向;及如何有效的救國途徑。彼時對救國路線的主張,約有三派思潮,一為國民黨的「三民主義」;再為共產黨之「共產主義」;三為青年黨的「國家主義」。[1]這三派主張,均蔚為風潮,也吸納不少知識份子的信仰。

　　在此氛圍下,梁實秋(以下簡稱梁氏)與聞一多(以下簡稱聞氏)也不例外,在二〇年代成為中國千百個激進愛國青年之一。他們同在清華讀書,又先後赴美留學,由於在國外受到不公平的歧視,因此更能深刻體會到弱國的悲哀。所謂「寒天飲冰水,點滴在心頭」,基於此,他們不約而同的在美國發起愛國團體──「大江會」,鼓吹「大江的國家主義」運動。[2]

　　大江會曾在美國網羅了一批以清華為主體的知識份子,這些知識菁英回國後,表現傑出,出類拔萃,成為各個領域的頂尖份子。

---

[1]　柳下編,《十八年來之中國青年黨》(成都:國魂書店發行,民國 30 年 12 月出版),頁 1。

[2]　聞黎明,〈關於大江會〉,《傳記文學》第 70 卷第 6 期(民國 86 年 6 月),頁 45-52。

基本上，大江會成立的兩根台柱為梁、聞二氏。若無梁、聞二氏，大江會的國家主義運動，是否有如此的影響力，恐怕是值得懷疑的。

　　大江會的國家主義運動，奠基於梁氏透過《大江季刊》的言論宣傳，鼓動風潮；與聞氏歸國後和「醒獅派」合作所發起的一連串反帝愛國行動。吾人咸知，梁氏以後為著名散文家，以研究莎翁聞於世，其政治立場與主張似不明顯；而聞氏早年即以詩人爆得大名，晚年則為「民盟」骨幹人物，以嚴辭批判國民黨遭到殺害。[3]

　　一為名聞遐邇的散文大家；一為激進之知識份子，無獨有偶的，他們早年均為篤信國家主義的愛國知識份子。梁、聞二氏曾加入過青年黨，這點可由青年黨領袖陳啟天（1893-1984）的《寄園回憶錄》得到證實。在書中陳氏曾記載：「知行學院於本年（按：民國 18 年）初創設，集中訓練各省青年同志，原由李璜（1895-1991）主持，任課者有左舜生（1893-1969）、常乃德（1898-1947）、鄧孝情（1900-1929）、張君勱（1887-1969）、張東蓀（1886-1973）、羅隆基（1896-1965）等人。羅隆基、梁實秋（1903-1987）、聞一多（1899-1946），均曾於本年加入本黨。」[4]

　　梁氏確實曾加入過青年黨，且任教該黨黨校——「知行學院」之英文教師。[5]並與「醒獅派」諸領導人左舜生、李璜甚熟稔。[6]聞氏早年亦為國家主義的信徒，其組織大江會後，對國家主義信仰之狂熱，甚至超越曾（琦）、李（璜）諸輩。

[3]　鄭振鐸，〈悼李公樸聞一多二先生〉，見方仲伯編，《李公樸紀念文集》（雲南：人民出版社出版，1983 年 6 月 1 版），頁 163-168。

[4]　陳啟天，《寄園回憶錄》（台北：商務版，民國 54 年 12 月初版），頁 29。

[5]　紀彭年，〈憶知行〉，《青年生活半月刊》第 18 期（民國 36 年 7 月 1 日），頁 9。

[6]　沈雲龍言：「梁曾一度加入提倡國家主義之中國青年黨，現尚存有入黨登記表。」見沈雲龍，〈追憶抗戰前陳啟天先生二三事〉，《陳啟天先生紀念集》（台北：中國青年黨中央黨部印行，民國 74 年 8 月出版），頁 182。及見梁實秋，〈悼念左舜生先生〉，《左舜生先生紀念集》（台北：中國青年黨中央執行委員會編印，民國 60 年 7 月出版），頁 47。

　　國人僅知梁、聞二氏以散文家、詩人聞於世，殊不知在早年的他們，均為情感熾熱、憂時愛國的「國家主義派」份子。[7]研究梁、聞二人文學成就的作品已很多，但對他們早年的政治主張與政治立場，卻鮮少人著墨，也了解不多。

　　故本文之作，筆者即嘗試以大江會為主軸，再配合若干原始史料，來論述梁、聞二氏早年與國家主義派的一段淵源，並藉此淵源，探索其早年之政治思想。

　　全文除（一）前言外。重點為：（二）以梁、聞之生平為經，學、經歷環境與時代背景為緯，探索其國家主義思想之萌芽。（三）敘述梁、聞與「大江會」之成立；及梁氏主編《大江季刊》的經過。（四）論述梁、聞二氏的文化國家主義觀及其基本要點。（五）探討梁、聞二氏與青年黨之關係；兼述其國家主義的政治思想。結論則以時代氛圍所致，闡明梁、聞二氏國家主義政治思想之必然性。

二、梁、聞之生平與國家主義思想之萌芽

　　梁氏，原名治華，字實秋，號均默，以字行。清光緒 28 年（1903）12 月 8 日生於北京。[8]民國元年夏，入京師公立第三小學。4 年夏，高小畢業。是年秋，考進清華學校中等科一年級，同級有顧毓琇

---

[7]　即以其早期參加五四運動而言，梁氏五四運動時，年僅 18 歲，就讀初中四年級，就參加了示威遊行。見小島久代作，丁祖威譯，〈梁實秋與人文主義〉，余光中編，《秋之頌》（台北：九歌版，民國 77 年 2 月 3 版），頁 46。又見侯健，〈梁實秋與新月及其思想與主張〉，侯健，《從文學革命到革命文學》（台北：中外文學月刊社出版，民國 63 年 12 月出版），頁 148。而聞氏亦曾參與五四運動，任文書工作。見〈聞一多（1899-1946）〉，劉紹唐主編，《民國人物小傳》第 1 冊（台北：傳記文學出版社印行，民國 64 年 6 月初版），頁 245。

[8]　劉紹唐主編，《民國人物小傳》第 2 輯第 13 冊（台北：傳記文學出版社印行，民國 81 年 12 月初版），頁 256。

（1902-2002）、梁思成（1901-1972）、翟桓、王國華（1900-1973）、王化成、徐宗涑（1900-1975）、張忠紱（1901-1977）、孫立人（1899-1990）、齊學啟（1901-1945）、吳景超（1901-1968）、熊式一（1902-？）、李先聞（1902-1976）、吳大鈞、吳文藻（1901-1985）等九十餘人，皆爾後國內一時俊彥之士。[9]

民國 8 年，五四運動爆發，清華學生積極響應，罷課罷考，梁氏亦參與其中。有人言其為五四運動的健將，其實不然。梁氏晚年自己曾戲言，那只是「拿著小旗，到處瞎跑罷了。」[10]雖說如此，但五四的時代氣圍，對他因愛國而主張國家主義思想之萌芽，仍起了一定的作用。

五四對梁氏之影響，按照其後來之理解，認為五四運動最根本的意義在於中國人，尤其是中國青年人某種自覺意識的甦醒，在重新認識自身價值、重建人性方面，邁出了艱難而又關鍵的第一步。[11]

對此他有更確切的表述：「五四運動原是一個短暫的愛國運動，熱烈的，自發的，純潔的，『如擊石火，似閃電光』，很快的就過去了。可是年輕的學生們經此刺激震動而突然覺醒了，頓時表現出一股蓬蓬勃勃的朝氣，好像是蘊藏壓抑多年的情緒與生活力，一旦獲得了迸發奔放的機會，一發而不可收拾，沛然而莫之能禦。」[12]

---

[9]　胡百華，〈梁實秋先生簡譜初稿〉，余光中編，《秋之頌》（台北：九歌版，民國 77 年 2 月 3 版），頁 509。

[10]　如宋益喬言：「學運從一開始，他就是一個積極活躍分子積極參加遊行，積極向街頭講演。」宋益喬，《梁實秋傳》（台南：文國書局出版，1999年 6 月 1 版），頁 75。又見朱白水，〈梁實秋教授的八十個春天〉，余光中編，《秋之頌》，同註 6，頁 455。

[11]　宋益喬，《梁實秋傳》，同上註，頁 72。

[12]　梁實秋，《秋室雜憶》（台北：傳記文學出版社印行，民國 74 年 3 月再版），頁 34-35。

誠然，梁氏正是在五四風起雲湧的時代浪潮中，基於愛國義憤，而逐漸培養出其國家主義思想的。民國 10 年 11 月，「清華文學社」成立，梁氏與聞一多、時昭瀛（1901-1956）、王繩祖、朱湘（1904-1933）、翟桓、張忠紱、孫大雨（1904-？）、謝文炳、楊子惠等均加入。11 年秋，他擔任《清華週刊》文藝編輯，與吳景超共同負責。

12 年 8 月，梁氏赴美留學，9 月，抵珂泉，入科羅拉多大學英文系四年級。未幾，摯友聞一多亦自芝加哥轉學珂泉，並與其同住。梁氏和聞一多的交情甚篤，基本上是由於清華特殊的求學環境所造成的。

清華學校是一所留美預備學校，大多數學生從十二、三歲起便長期相處，共度八年的求學時光，這使道同者很容易建立起密切的關係。[13]這層嚶鳴求友、聲氣相投的同窗之情，可謂為清華的傳統。

梁氏的留美經驗，對其國家主義之堅定起了重要的催化作用。宋益喬在《梁實秋傳》曾提到，真正刺傷他民族自豪感之事，為五四運動中清華學校學生領袖陳長桐在美招到歧視被拒絕理髮一事，只因為陳長桐是中國人。

梁氏聽聞此事後，深深感受到了作為弱國子民的那種民族屈辱感。他就此事發表評論說：「一個人或一個國家，在失掉自由的時候才最能知道自由之可貴，在得不到平等待遇的時候才最能體會到平等之重要。年輕的學生到了美國，除了極少數喪心病狂、甘心媚外、數典忘祖的以外，大都懷有強烈的愛國心。」[14]

---

[13]　同註 2，頁 45。

[14]　梁實秋，《談聞一多》（台北：傳記文學出版社印行，民國 56 年 1 月初版），頁 47。

　　民國 13 年夏，梁氏自科大英文系畢業，進哈佛大學研究所。赴哈佛途中，路經芝加哥，與同學羅隆基、何浩若、聞一多等二十餘人組「大江社」，正式揭櫫國家主義為其宗旨。

　　14 年，其主編之《大江季刊》由上海泰東圖書局出版，共出兩期，行銷甚暢。是年秋，轉學入紐約哥倫比亞大學。15 年夏，獲文學碩士學位，旋返國受聘到東南大學任教。16 年春，與胡適（1891-1962）、徐志摩（1897-1931）、聞一多等人在上海籌設新月書店，10 月並與魯迅（1881-1936）爆發文學論戰。[15]

　　17 年，《新月月刊》出版，梁氏曾擔任編輯職務。[16]19 年夏，應楊振聲（1890-1956）邀，受聘至國立青島大學。21 年，為天津《益世報》辦《文學週刊》。23 年，應胡適之邀，任北京大學外文系教授兼系主任，同事有朱光潛（1897-1986）、周作人（1884-1966）、梁遇春（1906-1932）等。24 年秋，創《自由評論》週刊，以鼓吹愛國提倡民主為宗旨。

　　26 年 6 月，參加盧山談話會。27 年春，膺選為國民參政會參政員。29 年 1 月，參加國民參政會華北視察慰問團，原預定訪延安，因中共反對其與余家菊（1898-1976）而作罷。[17]

　　31 年，毛澤東（1893-1976）在延安文藝座談會上，公開批評：「梁實秋這一類人，他們雖然在口頭上提出什麼文藝是超階級的，

---

[15] 璧華，〈導言〉，見璧華，《魯迅與梁實秋論戰文選》（香港：天地圖書有限公司出版，1979 年）。

[16] 梁實秋，〈憶「新月」〉，見梁實秋，《文學因緣》（台北：文星書店出版，民國 54 年 8 月再版），頁 291-303。而梁氏接受丘彥明女士訪問時亦曾言：「我有過一點編輯經驗。我編過《清華週刊》、《大江季刊》，上海《時事新報》的《青光》，天津《益世報》的《星期小品》，北平的《自由評論》，北平《世界日報》的《文藝副刊》，重慶《中央日報》副刊，以及《新月月刊》。丘彥明，〈豈有文章驚海內〉，余光中編，《秋之頌》，同註 7，頁 392。又見陳子善，《遺落的明珠》（台北：業強版，1992 年 10 月初版），頁 15。

[17] 梁實秋，〈華北視察散記〉，見《秋室雜憶》，同註 12，頁 89。

但是他們在實際上是主張資產階級的文藝，反對無產階級的文藝的。」[18]35 年 8 月，任北京師範大學英語系教授。

38 年夏，因政局日壞，渡海來台，應聘為台灣省立師範學院英語系專任教授兼系主任，從此服務師大 17 年，迄於民國 55 年退休。56 年，其費盡畢生心血翻譯的《莎士比亞全集》40 冊終告完成。76 年 11 月，病逝台北，享壽 86 歲。[19]

聞氏，原名家驊，又名亦多，字友三，一字友山；入學清華時，改名多，筆名一多，後以一多行，筆名另有夕夕等多種。[20]湖北浠水人。清光緒 25 年（1899）10 月 22 日生。6 歲時，啟蒙入學。11 歲，入省城兩湖師範附屬小學就讀。民國元年秋，考入清華留美預備學校，歷中等科四年、高等科四年，11 年始畢業。

在校時，畫圖表現最為突出。平時喜作舊詩，尤擅長古詩排律之類，五四翌年，始轉好新體詩。作品大多發表於學校刊物如《清華周刊》及《清華學報》上，並先後任該二刊之總編輯及編委。[21]民 8，參與五四運動，被推舉為清華學生會書記。9 年 7 月，第一首新詩〈西岸〉發表於《清華周刊》上，其後又發表了許多新詩與詩論。

10 年 11 月，聞氏與同學顧一樵、梁氏等發起成立「清華文學社」。[22]11 年撰〈冬夜評論〉一文與梁氏的〈草兒評論〉合刊一書，名《冬夜草兒評論》，於該年冬，交「清華文學社」出版。（按：〈冬夜〉係北大新詩人俞平伯所作詩集，出版於 11 年 3 月。）7

---

[18] 同註 9，頁 534。

[19] 同上註，頁 553。

[20] 李立明，《中國現代六百作家小傳》（香港：波文書局出版，1978 年 7 月初版），頁 482。

[21] 〈聞一多〉，見彭慶遐、劉維叔編著，《中國民主黨派歷史人物》（北京：燕山出版社出版，1992 年 1 月 1 版），頁 254。

[22] 〈聞一多年譜〉，見《聞一多全集》（上冊）（中國現代文學研究參考資料 1），頁 36。

月，公費赴美留學，先入芝加哥美術學院深造。12 年暑假後，轉學科羅拉多大學，入藝術系任特別生一年，與梁氏同學。同年 9 月，處女詩集《紅燭》由上海泰東圖書局出版，時國內文壇浪漫主義盛行，聞氏常有作品發表於「創造社」的刊物上。[23]

　　其中《紅燭》一書，頗值一提，該詩集有一部分詩是在美國寫的。裡頭有若干主題思想是表現對祖國的熱愛和對家鄉的思念而作的。如他於民國 12 年（1923）發表的〈女神之地方色彩〉即強調「更應了解我們東方底文化。東方的文化是絕對的美的，是韻雅的。」他又說：「我愛中國固因他是我的祖國，而尤因他是有那種可敬愛的文化的國家。」[24]

　　茲舉其在《紅燭》中的〈憶菊〉一詩為例：

> 你不像這裡的熱欲的薔薇，
> 那微賤的紫羅蘭更比不上你。
> 你是有歷史，有風俗的花。
> 阿！四千年的華胄底名花呀！
> 你有高超的歷史，你有逸雅的風俗！
> 阿！詩人底花呀！我想起你，
> 我的心也開成頃刻之花，
> 燦爛得如同你的一樣；
> 我想起你同我的家鄉，
> 我們的莊嚴燦爛的祖國，
> 我的希望之花又開得同你一樣。
> 習習的秋風阿！吹著，吹著！

---

[23] 許芥昱著、卓以玉譯，《新詩的開路人——聞一多》（香港：波文書局出版，1982 年 9 月初版）頁 35-44。

[24] 聞一多，〈女神之地方色彩〉，見《聞一多選集》（香港：文學史料研究會印行，1956 年 10 月出版），頁 102-108。

> 我要讚美我祖國底花！
> 我要讚美我如花的祖國！[25]

　　借詠菊花，澆心中塊壘，菊花為東方底花，等同於中國的國花。經聞氏手筆，把〈憶菊〉提昇到一個崇高的充滿詩意的典型境界，表面上為讚美菊花，實際上讚美的是如菊花般美麗的祖國和祖國源遠流長數千年高超的歷史與逸雅的風俗。於此，聞氏不僅充滿愛國之情，簡直是以詩篇來宣揚其「文化的國家主義」了！難怪李廣田十分中肯的評論說：「他（指聞氏）在給友人的書信中說的，『現實的生活時時刻刻把我從詩境拉到塵境來。』在當時，所謂『詩境』與『塵境』之間是不可調和的，是極端矛盾的。這所謂現實生活中的『塵境』，最重要的乃是民族的歧視，於是民族主義的情緒激動起來，生長起來，他變成了一個愛國主義者。」[26]

　　確是如此，如在美國感受到華僑洗衣所受之歧視，寫成了《死水》中的〈洗衣歌〉，在在均刺激了他的國家主義思想。但除此之外，尚有另一層意義則為，所謂現實生活中的『塵境』，於聞氏而言，最重要的乃是古老的中國文化，在苦難的中國大地，是他時時懷念，魂牽夢繫的。他的「東方色彩說」，原本就是一種愛國的本能，這由上述提及的〈女神之地方色彩〉可見一斑。[27]

　　再舉〈太陽吟〉一詩為證：

> 太陽阿，這不像我的山川，太陽！
> 這裡的風雲另帶一般顏色，
> 這裡鳥兒唱的調格外淒涼。

---

[25] 聞一多，〈憶菊〉，《聞一多全集──詩與批評》，同註22，頁104-106。
[26] 轉引自高國藩，《新月的詩神──聞一多與徐志摩》（台北：商務版，2004年2月初版），頁56。
[27] 同上註。

> 太陽阿，生命之火底太陽！
> 但是誰不知你是球東半底情熱，
> 同時又是球西半底智光？
>
> 太陽阿，也是我家鄉底太陽！
> 此刻我回不了我往日的家鄉，
> 便認你為家鄉也還得失相償。[28]

　　上引這三小段，首先它通過對資本主義的「格外淒涼」來凸顯對祖國的格外親切。其次，把太陽譬喻祖國的化身，充滿對祖國文化之自豪。通篇不僅歌頌對祖國的熱愛；也是一首典型的愛國詩篇。

　　總之，聞氏在《紅燭》詩中，盡情宣洩了他激昂熾熱的愛國國家主義思想。這點，其後的朱自清評論的很貼切。朱氏於序言中說：「他又是個愛國詩人，而且幾乎可以說是唯一的愛國詩人。」[29]我以為朱氏說其為愛國詩人並無誤，但假如應證其早年在大江會的激烈國家主義思想，說聞氏為一國家主義詩人，無寧是更為恰當的。

　　聞氏曾給吳景超信中談到其詩作〈晴朝〉和〈太陽吟〉，他說：「不出國不知道想家的滋味」，「我想你讀完這兩首詩，當不致誤會以為我想的是狹義的『家』。不是！我所想的是中國的山川，中國的草木，中國的鳥獸，中國的屋宇──中國的人。」[30]換言之，聞氏所想所愛的，簡單一句「文化中國」，於是乎，「文化的國家主義」思想油然而生，也就不足為奇了！此亦其與梁氏在以後大江會主張「文化國家主義」聲氣相通之所本。

　　13 年夏，聞氏在芝加哥與梁實秋、羅隆基等清華同學多人組織大江會，提倡國家主義，並於隔年 7 月創刊《大江季刊》，共發

---

[28] 聞一多，〈太陽吟〉，同註 25，頁 102-104。

[29] 朱自清編，《中國新文學大系・詩集》（台北：業強出版社，1990 年 2 月台版），頁 7。

[30] 〈聞一多年譜〉，同註 22，頁 38。

行兩期。14 年 5 月歸國，回國後迅即成為一狂熱的國家主義者。
15 年初，聞氏參與李璜等「醒獅社」諸團體合併組織的「北京國
家主義團體聯合會」，聲勢極為浩大。[31]暑後，任教北京民國大學，
同時應徐志摩的推介，擔任國立北京藝術專科學校教務長，為其
一生服務教育界之始。[32]嗣後又赴滬任吳淞國立政治大學訓導長。

　　16 年 9 月，聞氏任國立第四中山大學外文系教授兼主任。17
年 9 月，轉往新成立的國立武漢大學，就文學院長兼中文系主任
職，至 19 年 4 月因學潮而離職。18 年，另一件大事為聞氏加入了
當時堅決主張國家主義的政黨「中國青年黨」。19 年秋，出任國立
青島大學文學院長兼國文系主任。兩年後，再因學潮離魯，轉赴北
平任清華大學中文系教授。

　　抗戰八年，聞氏始終任國立西南聯合大學教授。33 年暑後，
參加「中國民主同盟」。34 年 9 月，出任「民盟」中執委及「民盟」
雲南省支部宣傳委員，兼「民主週刊社」社長。35 年 7 月 15 日，
因言論激烈，不見容於國民黨當局，遭暴徒槍擊，死於非命，年僅
48 歲。[33]

　　從上述聞氏生平看來，在其不到半百的年歲中，從事教育與政
治活動可謂貫串其一生。且其中變化起伏之大，可以說為他人所絕
無僅有。從早年極右的國家主義派份子，到晚年的左傾思想，與「民
盟」沆瀣一氣，甚至因此而賠上生命。

　　其實吾人不必從「左」、「右」政治立場來簡化聞氏之政治思想。
基本上，聞氏之政治思想，相當大的一部分是來自其詩人澎湃熱情
的個性；與大時代的背景所衝擊而成。其一生的政治思想，嚴格的

---

[31] 陳正茂，〈聞一多與國家主義派〉，《傳記文學》第 54 卷第 6 期（民國
　　78 年 6 月），頁 37。

[32] 秦賢次，〈聞一多〉，見秦孝儀總編纂，《中國現代史辭典——人物部分》
　　（台北：近代中國出版社印行，民國 74 年 6 月出版），頁 500。

[33] 〈聞一多年譜〉，同註 22，頁 88-89。

說並無改變,始終如一是國家主義的愛國思想。只要能愛國,各種法子都可認同,均能接受。在二〇年代,軍閥當政,依附列強之際,他認同了以打倒軍閥為宗旨的青年黨。同樣的,在四〇年代,他以為只有民主、自由的政治,才可以給國家人民帶來福祉,故他反對專制腐敗的國民黨蔣氏政權而參加了「民盟」。[34]

這其中之轉變看似甚大,其實基盤還是其熾熱的愛國思想,或者廣義的說是國家主義思想。所以筆者始終認為與其稱聞氏為自由主義份子、或者同情共產主義的左傾知識份子;不如言,聞氏其實是一路走來,始終如一的狂熱愛國主義份子,或國家主義份子來得恰當。且其國家主義思想之濫觴,實奠基於其早年之學、經歷背景,包括五四運動的狂飆及其留美所遭受歧視的刺激,均在其生命和政治思想上留下深深的烙印。[35]

三、「大江」雙雄──梁實秋與聞一多

梁氏平生常自謂,自己是始終如一的愛國主義者。誠然如此,基本上,他的愛國主義;甚或說國家主義,與其早年學生生涯甚有關係。其中在美留學期間,因受民族歧視的刺激,故其愛國熱情不減反增。基於共同的經驗和共同的感受,他們這輩五四時代青年,思想深處早已埋下憂時愛國的種子。

那時散處在美國各地的中國留學生,接觸特別頻繁,或者魚雁往返,或者小規模聚會,認真而熱情地討論中國的局勢與命運。經

---

[34] 同上註,頁 76。
[35] 陳正茂,〈梁實秋與國家主義派〉,《傳記文學》第 85 卷第 2 期(民國 93 年 8 月),頁 18-30。

過一段時間的醞釀後，本來就意氣相投的同學更加團結一致。他們迫切感受到有把全體集結起來之必要。

　　民國 12 年春，在清華學校部分留美學生中，已經存著幾個自發的通信團體，大家以書信形式互相報告消息。如羅隆基、吳澤霖、何浩若、聞氏、浦薛鳳、沈有乾、錢宗堡、潘光旦（1901-1967）、時昭瀛、聞亦傳、劉聰強、陳石孚（1899-1979）、梁氏、劉昭禹等，都是這些通信團體最初的成員。[36]這些成員經過「五四運動」與「六三慘案」的洗禮後，大家患難與共，彼此感情更篤。

　　是年上半年，通訊團體的一些成員，已強烈覺得有必要成立一個組織，以保持青年學生的愛國傳統。故在 6 月中旬，吳澤霖、羅隆基等自威斯康辛到芝加哥，與聞氏、錢宗堡等人就醞釀成立一個學會問題交換看法。接著，他們藉 9 月初美國中部的中國留學生在麥迪遜城舉行夏令營之際，在清華同學中發起了「大江學會」，會員主要以通訊團體成員為骨幹。[37]

　　「大江學會」成立之確實時間，因無原始資料，目前尚不得而知。然其宗旨，吾人可由民國 13 年 2 月 14 日，羅隆基寫給清華學校施晃（1900-1933）同學信中，可窺知一些線索。信中言：「大江的宗旨為『本自強不息的精神，持誠懇忠實的態度，取積極協作的方法，以謀國家的改造。』」[38]

　　羅氏並說前三項是代表「大江學會」對內的性質，而「謀國家的改造」是表明其對外的性質。至於他們的共同信仰，信中也提到

36　同註 2。
37　同上註，頁 46。
38　李璜言：「民國十四年，美國留學生聞一多、梁實秋、羅隆基諸人也不約而同在美國芝加哥發起「大江會」，宣誓為國家主義而奮鬥，會員有三十多人，並寄稿在上海出版《大江季刊》。」時間有誤，大江會成立時間當為民國十三年暑期。李璜，《學鈍室回憶錄》（上卷）（香港：明報月刊社出版，1979 年 10 月初版），頁 189。又見〈關於新清華學會及改組董事會二事的答覆〉，《清華周刊》第 309 期（1924 年 4 月 11 日出版）。

「大江會會員的極大多數是崇奉國家主義（Nationalism）的。說我們是一種國家主義者的聯合，亦未始不可」，只是「我們的國家主義有我們學會裡自己的解釋，歷史上引用的意義只可供我們參考，不能包括大江學會的國家主義」。[39]

「大江學會」最初在美成立時，只是一個鬆散的學會。然隨著時時襲來的民族歧視，大大地傷害會員的自尊心。梁氏曾言，在美國畢業典禮上，按西方的習俗是由一男一女成列上台領取畢業證書，可竟沒有一個美國女生願與黃皮膚的中國學生站在一起。他並以自己親身體驗為例，其駕車去丹佛，被美國人違規撞壞車子，警察卻對其實行強迫罰款。至於見到黃膚色的人就忍不住要問：「你爸爸是洗衣服的嗎？」那種羞辱更是司空見慣。

諸如此類層出不窮的刺激，使大江會員深刻感受到個人榮辱與國家民族地位的依存關係，他們渴望國家的獨立強盛。在愛國心的驅使之下，民國 13 年 6 月，有會員提議正式改組學會，且第一步驟就是鼓吹國家主義，以為革命的基礎。[40]

該年 9 月初，「大江學會」一些會員相約暑期齊集於芝加哥，前來者有威斯康辛州的羅隆基、何浩若；明尼蘇達的時昭瀛、吳景超；科羅拉多的聞氏與梁氏等人。他們在芝加哥大學附近的 Drexel Street 街盡頭一家陳舊小旅館（Drexel Hotel），舉行了大江會的成立典禮。

參與的各個會員，神情肅穆，懷著激動心情，高聲朗誦大江誓詞。梁氏特地帶來五色國旗，懸掛在會場中央，顯得壯觀無比。[41]會議進行到最高潮，許多會員甚至激動得熱淚盈眶，不能自己。

---

[39] 同上註。

[40] 聞一多：〈致家人〉（1925 年 6 月 14 日），見《聞一多書信選集》（人民出版社出版，1986 年 10 月出版），頁 180。

[41] 梁氏言：「我從國內帶來一幅定製的綢質的大國旗，長有一丈。」，同註 14，頁 50。

　　大江會誓詞為：「我誓以我的名譽為誓，願絕對實踐大江的國家主義，遵守章程細則，服從多數，為中華民國犧牲一切。此誓。」[42]熱血奔湧，青春飛揚，從此，「國家主義」成為大江會活動的根本原則。[43]

　　經過為期兩週的討論，大江會提出其宗旨為「本會宗旨為本大江的國家主義，對內實行改造運動，對外反對列強侵略。」[44]為清楚宣示起見，特別強調大江的所謂內部改造運動，並非統一問題、制憲問題、單一制與聯省制問題與裁兵廢督等問題。認為凡此皆政治改造上之末節，也是十餘年來國人所奔走之歧途。大江之所謂內部改造運動者，在促起中華人民對國家之一種自覺心，在提倡中華人民一種成仁取義死節赴難為國犧牲之氣節耳。[45]言簡意賅，正氣凜然，溢於言表。

　　除宗旨外，更重要的是揭櫫了大江會的三大基本訴求為：

1、鑒於當時國家的危急處境，不願侈談世界大同或國際主義的崇高理想，而宜積極提倡國家主義（Nationalism）。

2、鑒於國內軍閥之專橫恣肆，應屬行自由民主之體制，擁護人權。

3、鑒於國內經濟落後，人民貧困，主張國家倡導從農業社會進而為工業的工業社會，反對以階級鬥爭為出發點的共產主義。[46]

---

[42] 見〈大江會細則〉第二十條，《大江季刊》第 1 卷第 2 期（1925 年 11 月 15 日），頁 184。梁實秋於《談聞一多》書中，提到大江會誓詞為「余以至誠宣誓，信仰大江的國家主義，遵守大江章，服從多數，如有違反願受最嚴厲之處分。」同註 41。與〈大江會細則〉略有出入，今當以細則為準。

[43] 同註 11，頁 137。

[44] 〈大江會章程〉第二條，《大江季刊》第 1 卷第 2 期，同註 42，頁 181。

[45] 〈大江會宣言〉，《大江季刊》第 1 卷第 2 期，同上註，頁 24。

[46] 同註 14，頁 49。

　　上述三點為當時他們所謂的「大江的國家主義」。我們仔細評論，目前只看到他們聲明不願侈談大同主義和國際主義，反對共產主義，並強調其不同於普通的狹隘之軍國主義。[47]其訴求流於口號的成分居多，故其內涵是否為原始解釋，不能無疑。

　　但基本上，大江會以國家主義為宗旨，在力求中國強盛而結會，共同努力以遂其目標的前提下，這是當時海內外所有中國知識青年一致的認識和願望，這點當無疑義。[48]

　　宗旨確立後，旋即進入成立團體的階段。大家有志一同欲組織一團體並無異議，唯在名稱上尚無共識，經過幾番討論，乃命名為大江會。據梁氏解釋此名稱其實也沒有什麼特殊意義，只不過是利用中國現成專名象徵中國之偉大悠久罷了。[49]另有一說謂其乃取吾民族歷史久遠、源遠不絕之意。[50]

　　就在大江會成立的當年，還有一事對大江會的崇信國家主義也起了推波助瀾的作用，即彼時恰逢英國哲學家羅素（Bertrand Russell 1872-1970）赴美講學，道經威斯康辛州，梁氏以機會難得，特邀何浩若（1899-1971）、方東美（1899-1977）、劉衡如（1898-1926）等三五好友慕名往訪，羅素為一主張泯除國界之大同主義者，反對激烈之愛國主義。但經梁氏等人陳述觀點後，亦不得不承認在彼時中國的現況下，也只能推行國家主義一途，否則無以自存。[51]

　　在晤談中，何浩若對國內的有些現象不解，他覺得「國家主義最高的要求，也不過是為了民族爭自由平等」，可「偏有人說愛國是偏狹的，中國若提倡國家主義，將來定與大戰前的德國一樣破壞

---

[47]　同上註，頁 50。

[48]　吳相湘，〈大江會與國家主義〉，《傳記文學》第 38 卷第 2 期（民國 70 年 2 月），頁 56。

[49]　同註 14，頁 50。

[50]　浦薛鳳，《萬里家山一夢中》（台北：商務版，民國 72 年 10 月初版），頁 87。

[51]　同註 14，頁 50。

世界和平。」帶此不解，他坦率地問羅素：「你說國家主義萬惡，為什麼還勸我們採取？」

羅素說：「我不僅勸你們採取國家主義，並且勸你們實行武力的國家主義。」因為「英美提倡國家主義，可以增長帝國主義的侵略，中國實行國家主義，可以反抗帝國主義的侵略。」[52]梁氏坦承羅素的一番話，給予他們莫大的鼓勵。從此，其信仰國家主義之立場益發堅定。[53]平情言之，羅素的這一番話，對大江會之選擇國家主義為其信仰是起了一定作用的。[54]

另外，據梁氏的說法，大江會的組成並不是一個政黨，更不是革命黨，也不是利害結合的幫會集團，所以並沒有堅固組織，亦沒有活動綱領，似乎只是個純粹的鬆散「群眾團體」。

不過，道義理念的結合，其所展現的力量反而更大，在兩、三年間，由於梁氏與羅隆基、聞一多、何浩若等骨幹份子的努力，以國家主義為宗旨的大江會還是得以蓬勃發展。很快，大江會的成員增加到三、五十人，在海外，以一個單純的學生團體而言，其成績是相當可觀的。[55]

大江會現存正式會員名單有 29 人，皆為清華畢業生。他們是何浩若、吳澤霖、沈有乾、沈宗濂、浦薛鳳（1900-1997）、聞氏、熊祖同、羅隆基、薛祖康、沈鎮南（1902-1951）、潘光旦、時昭瀛、陳欽仁、陳華寅、張繼忠、黃蔭普、劉聰強、蔡公椿、魏毓賢、王化成、孔繁祈、吳文藻、吳景超、徐宗涑、顧毓琇、翟桓、胡毅、胡竟銘與梁氏。[56]

---

[52] 何浩若，〈只要此心不死我們終有一日〉，《大江季刊》第 1 卷第 2 期，同註 42，頁 79-90。

[53] 同註 14，頁 50。

[54] 同註 2，頁 47。

[55] 同註 11，頁 138。

[56] 〈大江會會員一覽表〉，《大江季刊》第 1 卷第 2 期，同註 42，頁 185-186。

　　從這紙尚不完整的名單可看出，參加者皆一時俊彥。潘光旦、吳澤霖、吳文藻、吳景超為著名社會學家；顧毓琇提出有名的「顧氏變數」；聞一多為新詩開路者之一，蜚聲於時；羅隆基為「民盟」要角；何浩若則為軍事專家；沈宗濂出任國民政府駐藏辦事處主任；浦薛鳳常年服務政府公職，恪盡職責；王化成則為國防最高委員會參事，對國防事務貢獻良多。至於梁氏曾為國民參政會參政員，且獨自翻譯《莎士比亞全集》，更著有百萬字之《英國文學史》，成績更是不遑多讓。[57]

　　總之，大江會為二〇年代在美國所成立的一個主張國家主義之愛國學生團體。當時參與會員羅隆基、何浩若、浦薛鳳、聞氏、吳文藻、吳景超、潘光旦、時昭瀛、顧毓琇及梁氏等清華留美學生，爾後皆為國內棟樑之材。[58]

　　這當中平情而論，尤以梁氏與聞氏對大江會的貢獻最大。大江會成立於民國 13 年（1924），迄今已屆八十年，因其存在時間不長，故現在人們對此社團亦不甚了解。[59]然客觀說來，大江會對中國實有其一定之貢獻與影響，尤以其會員回國後，在國內各個領域均出類拔萃，獨領風騷，秉持大江會的國家主義精神，為國家社會作出卓越成就。

　　大江會成立後，除了積極宣傳鼓吹大江的國家主義外，亦曾出版《大江季刊》以為喉舌。[60]該刊於民國 14 年 7 月 15 日發行，由梁氏主編，委託上海泰東圖書局出版，共出兩期，行銷甚暢。[61]

57　梁實秋另有姊妹篇《英國文學選》約一百二十萬字。胡百華，〈畢生厚實帶玲瓏──側記梁實秋先生晚年生涯與生平〉，見李瑞騰、蔡宗陽主編，《雅舍的春華秋實》（台北：九歌版，2002 年 12 月初版），頁 16。

58　同註 2。又見浦薛鳳撰述，《音容宛在》（台北：商務版，民國 73 年 10 月初版），頁 185、193、245、247、250、259、265。

59　陳正茂，〈聞一多與國家主義派〉，同註 31，頁 38。另見陳雲卿，〈中國青年黨的創建與初期發展 1923-1929〉（台北：國立台灣師範大學歷史研究所碩士論文，民國 77 年 6 月），頁 182。

60　趙聰：《三十年代文壇點將錄》（出版時間地點不詳），頁 127。

　　這其中梁氏撰寫的〈發刊辭〉當發揮不小的影響。宋益喬於《梁實秋傳》中談及,《大江季刊》發行後,有北大校役抄寫、有人粘貼壁間廣為傳誦、民國大學的學生課藝中甚至有全段剽襲者。[62]

　　《大江季刊》問世後,與此同時,梁氏又與聞氏擬策劃辦另一文化刊物,名為《河圖》,亦為一份主張國家主義之刊物。不同的是《大江季刊》倡導全面的國家主義;《河圖》則側重集中宣揚中華文化的國家主義。彼時梁氏與聞氏聲氣相投,兩人都極其努力並積極創作,還到處拉稿。然因其他因素,使得這份內容洋灑,網羅各方精萃的文化刊物卻未能付梓發行,實在極為可惜。[63]

　　《大江季刊》雖僅出兩期即停刊,但其影響仍未可小覷。現由目錄看來,文章除〈發刊辭〉外,主要有何浩若:〈中國之歧途與末路〉、浦薛鳳:〈理性的國家主義〉、沈有乾:〈國家心理略說〉、梁氏:〈詩人與國家主義〉、陳石孚:〈土耳其復興史〉、翟毅夫:〈愛爾蘭新芬運動與國家主義〉、梁氏:〈公理〉(小說)、Driuk Water著,梁氏譯:〈文學裏的愛國精神〉(以上文章發表在第 1 卷第 1 期);大江會:〈大江會宣言〉、潘光旦:〈近代種族主義史略〉、胡毅:〈北美排華略史〉、何浩若:〈只要此心不死我們終有一日〉、吳文藻:〈一個初試的國民性研究之分類書目〉及附錄中的〈大江會章程及細則〉、〈大江會會員名單〉。[64]

　　前文說到,《大江季刊》發行之際,梁氏旋即精心撰寫了一篇情詞並茂、言簡意賅的〈發刊辭〉,對大江會的思想原則,作了最

---

[61] 同註9,頁 521。
[62] 同註11,頁 139。另聞一多致函梁實秋也曾說到:「大江在京行銷甚暢。……大江宣言發表後亦大有影響。友人親見北大校役鈔寫,問之則曰:『好極!好極!』又有人黏貼壁間奉為枲臬者。民國大學學生課藝中竟有全段剽襲者。」同註14,頁 67。
[63] 同註11,頁 139。
[64] 《中國現代文學期刊目錄匯編》(上、下)(天津:人民出版社出版,1988年9月1版),頁 717-718。

準確的說明。他首先揭櫫大江會與《大江季刊》的根本旨趣為：「大
江會同人謹於發行本刊之始，正告國人：我們是一個絕對信仰國
家主義的一個結合，發行本刊的主旨在圖謀國家主義在我中國之
宣傳與實施。」[65]

　　總之，在〈發刊辭〉文中，梁氏簡要而詳實，全面而深刻的點
出國家主義者訴求之重點。另在〈發刊辭〉中，梁氏尚以氣節勉勵
所有大江會的會員，宜對自身行為作嚴格規範，他說：「我們所最
要提倡的一件事，便是氣節。我們所謂的氣節是為主義而死，為國
家而死，為正義而死的那種精神。」[66]其信仰國家主義之堅，愛國
情操之篤，可謂表露無遺矣。

　　《大江季刊》的創刊發行，使一向不喜歡出風頭、總以多做些
實際工作為目的的梁氏，在這方面發揮了舉足輕重的作用。他是這
個刊物的主編。從與國內聯繫出版發行事宜，到組稿、編稿、發排、
校對等各道工序，他無不盡心盡力去做，而且完成得十分出色。[67]

　　除梁氏外，聞氏亦為大江會成立不可或缺之另一支柱。梁氏於
《談聞一多》書中曾有如下記載：「清華畢業留美的學生，一九二
一級二二級二三級這三級因為飽受了五四運動的震盪，同時在清華
園相處的時間也比較長，所以感情特別融洽，交往也比較頻繁一
些。一多和我在珂泉一年，對於散處美國各地的同學們經常保持接
觸，例如在威斯康辛的羅隆基、何浩若，明尼蘇塔的時昭瀛、吳景
超，經常魚雁往還，除了私人問訊之外也討論世界國家大勢，大家
意氣相投，覺得有見面詳細研討甚而至於組織起來的必要，所以約
定在暑假中有芝加哥之會。」[68]

---

[65]　梁實秋，〈發刊辭〉，《大江季刊》第 1 卷第 1 期（1925 年 7 月 15 日），
　　　頁 1-2。
[66]　同上註。
[67]　同註 11，頁 138。
[68]　同註 14，頁 48-49。

　　此芝加哥之會，後來之結果即成立了大江會。而由梁氏之言，似乎這次的芝加哥之會，有可能最早的構想者應是梁、聞二氏。此乃因為梁、聞同處珂泉，近水樓台，互相切磋較易，兼以留美後，受種族歧視之痛，有志一同，感受良深。且因對彼時國內外情形看法接近，深覺基於知識份子的使命感，為提倡愛國、救國主張，有必要將在美留學生組織起來，而此即為日後大江會之由來。準此而言，梁、聞二氏可謂是大江會最早之催生者。

　　大江會成立後，從現有資料看來，毫無疑問，聞氏都是會裡之主要靈魂人物。茲擇錄其致梁氏信，即可略見端倪：「大江前途之發展，有賴於本年中之活動者甚多。本年東部年會中之活動，不但可以宣傳國家主義，而且可以宣傳大江會。大概添加會員，在年會前，很有限。年會中大江政策若能實現，定有同志的願來參加我們的陣列。然後會員增加了，大江的根基便算穩固了……與大神州合併恐不能成事實。因彼等政策太消極，且至如今國家主義的定義還未決定。不過同他們合作總是有益無損的。」[69]

　　所謂見微知著，由這封信函的內容不難看出，聞氏對大江會投入心血之多，及對國家主義信仰之堅了。由於大江會不是個政黨，更非革命黨，也不是以個人利害相結合的幫會集團。所以在組織之初，其基礎並不堅固，兼以欠缺活動綱領，會員增加至三、五十人後便漸告停滯，且又因大部分會員回國後各自謀生，忙於生計，是以團體也就逐漸渙散了。儘管大江會終歸風流雲散，但唯獨只有聞氏繼續扛著大江會國家主義的精神，回國後積極連絡志同道合的團體，艱苦奮鬥，努力以赴。

---

[69]　吳相湘，〈大江會與國家主義〉，同註48，頁54。

四、梁、聞二氏的「文化國家主義」觀

　　大江會標榜所謂的「大江國家主義」，至於何謂大江國家主義？係指「國家主義乃中國人民謀中華政治的自由發展，中國人民謀中華經濟的自由抉擇，中國人民謀中華文化的自由演進。根據這個定義，我們將一面盡力反對一切的國家主義的障礙，例如侵略的帝國主義以及時髦的和平主義等；一面研究國家主義之實施的計劃，例如恢復主權問題，鞏固經濟獨立問題，發揮文化上的國民性問題等」之謂。[70]

　　在上述的主權、經濟、文化等問題上，梁氏無疑是更側重於文化問題。所以他堅決以為「大江的國家主義」中，尚包含著文化方面的內涵。也因此在大江會裡頭，他是少數幾個提倡「文化的國家主義」者之一。

　　所謂中國人民謀中華文化的自由演進，即謀中華文化之保存及發揚。同時且反抗一切以西方文化代替東方文化之運動。一國文化乃民族歷史的產物，一國典章文物綱紀法度之所出。故文化即梁任公所說的國性。

　　文化乃國家之精神團結力，一國的文化遭到摧殘則國家必滅無疑，故求文化的保存與發揚，即國家生命之保存與發揚，換言之，文化之自由演進實為國家生命之自由演進。尤其甚者在五四以後，歐美文化有取而代之中國文化之趨勢，不少國內學者亦附和之謂中國文化不如西方文化。

　　梁氏為此憂心忡忡的說，此非中華文化生命問題，而是中華全國生命問題。因此他堅決認同〈大江會宣言〉中的呼籲，「苟中華人民不欲自絕其國於生命也則已矣，不然者又安得不起而防

------

[70]　同註 65。

禦？故曰，欲求中華全國生命之保全，必謀中華文化之自由演進。」[71]

為凸顯中國在國際上「次殖民地」的悲哀，在《大江季刊》裡，梁氏尚發表一短篇小說〈公理〉，以一件真實遭遇為題材，敘述中國留學生親歷的人為刀俎之悲慘境況。[72]撰此小說之目的，乃梁氏欲以文學宣揚「文化的國家主義」之良苦用心。

其次，梁氏並不認同「百無一用是書生」的說法，在國難時刻，他反而認為知識份子應該以筆當劍，將國家的處境危況，時時透過文學的各種形式表達出來，不管是小說、詩歌、戲劇、散文等等均可。此乃其主張「文化的國家主義」最基本之看法。

梁氏此見，具體表現於其〈詩人與國家主義〉一文，該文刊載於《大江季刊》第1卷第1期。藉由肯定歌頌詩人的愛國情操，來闡述文學及文化人對宣揚國家主義的功用；甚至可以說：文學和文人是發揚國家主義之利器。

在該文中，梁氏說到：「國家主義這個名詞是在法國大革命以後的產物，可是國家主義的思想與精神早就盤踞在人民的腦筋裏了。詩人在他們的行為上或作品裏，直接的或間接的，曾宣示了不少對於國家主義的精神。」

接著梁氏開始考察詩人愛國心之起源，他從古代詩人的謳歌愛國史詩、讚頌凱旋詩歌斷定上古之時，詩人即非常富有愛國心，且詩人的愛國思想，完全是激發自他的情感。梁氏引用 H.L.Mencken 的話說：「在國家顛倒紛亂的時候，一個文明人就會覺到愛國的意義了……在那種時候，他的國家對他的刺激就如同任何倒霉的被制服的東西對他的刺激一樣……。」梁氏認為此乃真理之言，因為在

---

[71] 〈大江會宣言〉，《大江季刊》第1卷第2期，同註45，頁23-24。
[72] 梁實秋，〈公理〉（小說），《大江季刊》第1卷第1期，同註65，頁125-134。

國家風雨飄搖之際，凡是有感覺與自重心的人自然該知所警惕，何況是感覺最敏銳、抱負最高尚的詩人呢？

梁氏為強調透過文學的形式來宣揚其「文化的國家主義」之主張，他又舉英國最偉大戲劇家莎士比亞的一段詩云：「我愛我的國家的福利，較之我愛我的性命，尤為深厚虔誠。」梁氏因此論到，莎氏的戲劇本身，即是極濃厚的國家思想的象徵，莎氏劇裡有一個根本的原理，即是積極勞動的愛國本能可以促成正義的行為。（An active instinct of Patriotism promotes righteous conduct.）梁氏說：這條原理乃是所有的莎氏史劇的中心思想。

除了莎士比亞外，梁氏也以拜倫為例，再一次闡述詩人的愛國之情。最後並痛心的指陳：「我們中國的文化至今已漸漸的要成為歷史上的一個事實，目前只見西方的勢力從各方面侵入。我們的青年詩人還是要賡續我們歷來的詩風而吟風弄月呢？抑是暫且換一個更雄壯的調子來喚醒了我們國人的心，起來鞏固我們中華文化的堡壘，以便後來的詩人還有吟風弄月之餘地呢？詩人的國家主義，不只是政治經濟上的一個主義，而是廣義的自由獨立的精神。國家主義的詩人所誓死抵抗的是侵害與怯懦，他所要求的是正義與忠誠。詩人所最不能忍受的便是看著自己的祖國淪落到不能自立的地步而國人尚不自覺。」[73]

誠如梁氏在〈編輯餘譚〉所言：「我們的國家主義的見解，原不限於政治經濟，關於文學美術各方面我們也力圖國家主義的實現。在文學方面我們尤其感到國家主義的重要。」[74]也因此，梁氏特別於《大江季刊》第1卷第1、2期翻譯Driuk water著：〈文學裏的愛國精神〉以為其宣揚「文化的國家主義」作最佳註腳。[75]

---

[73] 梁實秋，〈詩人與國家主義〉，《大江季刊》第1卷第1期，同註65，頁58-66。
[74] 梁實秋，〈編輯餘譚〉，《大江季刊》第1卷第1期，同上註，頁153-154。
[75] 見《大江季刊》目錄，同註64。

　　基本上，聞氏與摯友梁氏最聲氣相投者，莫過於兩人都非常看重所謂的「文化國家主義」。文化國家主義據聞氏之看法，即透過各種管道，各種方式，將中國不亞於洋人的國粹、文化加以發揚光大。如此做有兩個好處：一為藉中國文化之優美偉大，重振國人之自信心與民族自尊心；再則亦可向洋人彰顯中國文化之燦爛悠久，源遠流長，非西方所能望其項背。

　　民國14年4月，其在致梁氏的信上，討論欲辦一種刊物：「其內容包括各種藝術，而尤注意於印刷精美，以求不負於藝術真旨。」且擬了四期目錄，說：「紐城同人皆同意於中華文化的國家主義（Cultural Nationalism）。」又說：「我決意歸國後研究中國畫，並提倡恢復國畫以推尊我國文化。」[76]

　　從此信看來，聞氏似乎已經抱定以文化為宣揚國家主義的利器之一。而就聞氏本身的條件言，其洋溢之才華在詩與繪畫，故其只能以己之長的詩與畫去宏揚中華文化的國家主義。聞氏此初衷，好像來美不久即有之。民國12年2月15日，他給梁氏信中說到：「我想再在美住一年就回家。我日漸覺得我不應當作一個西方的畫家，無論我有多少的天才！我現在學西方的繪畫是為將來作一個美術批評家。我若有所創作，定不在純粹的西畫裏。但我希望的是作一個藝術宣道者，不是藝術底創作者。」[77]

　　既然希望作一個藝術的宣道者，其所欲宣道的為何方藝術自然不言可諭。所以他又說：「跑到這半球來，除了為中國多加一名留學生，我們實在得不著什麼好處，中國也得不著什麼好處。」於此可探出聞氏對於留洋出國，但卻無助國家的復興強盛，似乎有一股無力感，甚至是罪惡感。也因此其焦躁之情於三天之後，即2月18日又去信梁氏談到：「我所作的詩名〈長城下之哀歌〉。這是我

---

[76] 〈聞一多年譜〉，同註22，頁46。
[77] 同上註，頁40。

悲慟已逝的東方文化的熱淚之結晶。詩長數千言，乃係一詩人碰死於長城之前的歌詞。」[78]詩人聞氏於此，坦承悲慟已逝之東方文化，換個角度言之，其欲透過「詩的力量」，以重振已逝的東方文化，其心態豈不明顯，而此乃他與梁氏所謂的宣傳「文化的國家主義」之職志。

　　基本上，聞氏對自己的素質及東方文化（即中國文化）是相當自豪的。12 年 5 月 29 日，他又給梁氏信說：「芝加哥我也不想久居。本想到波斯頓，今日接到你的信，忽又想起陪你上 Colorado 住個一年半載，也不錯。」又說：「這一年生活苦極了，除了同一位同班的洋姑娘偶爾談談初淺的文學知識以外，竟沒有人共談了。一年已經苦夠了，以後我非拉住你們一個不可。」[79]

　　於此信中，可知聞氏精神生活之苦寂，信上尚顯現出輕微對美國文化之不屑，認為美國大學生無人能與之談者。還是只有志同道合的中國留學生能與之精神相契合。這當中，摯友梁氏當然是嚶鳴求友的最佳人選。所以是年暑假過後，聞氏即轉學珂泉的科羅拉多大學與梁氏為伍，為他們共同理想的「文化國家主義」努力奮鬥。

　　聞氏的「文化國家主義」具體的作法，為用詩歌來表現。用詩來讚美祖國、以詩來發揚愛國精神、將詩當成宣傳國家主義之利器，最後則用詩將詩人的「大愛」盡情的揮灑出來。

　　基於此，聞氏的〈醒呀！〉、〈七子之歌〉、〈愛國的心〉、〈我是中國人〉、〈長城下之哀歌〉、〈漁陽曲〉、〈洗衣曲〉等一系列擲地有聲的愛國詩篇，都發表在梁氏主編的《大江季刊》上。[80]

　　聞氏這些詩強烈的愛國主義思想內容，充分展現其一貫的愛國、愛中華文化的立場。尤其他的〈我是中國人〉等詩，特地在當

---

[78]　同上註，頁 40-41。
[79]　同上註，頁 42。
[80]　同註 75。

時標榜國家主義的《大江》上發表，更無非是表明其主張「文化的國家主義」最佳之寫照。[81]

五、梁、聞二氏與青年黨關係之探討

　　大江會雖成立於美國，然隨著會員的紛紛回國，活動重心亦逐漸移回國內。其中最引人注目的，便是與中國青年黨「醒獅派」的合作。[82]雙方接觸開始於李璜與聞氏，民國 14 年秋，李璜自武昌大學轉至北京大學任教，並在《醒獅週報》刊出發起「北京國家主義各團體聯合會」啟事。聞氏對其中「內除國賊，外抗強權」宗旨與大江會綱領頗相吻合，乃主動面見李璜，並要求代表大江會加入。[83]

　　李璜自表歡迎，且同意其黨人代為銷售《大江季刊》，後來，李璜果真讓人把〈大江會宣言〉貼在北京大學的牆上，並讓《大江季刊》在北京大學流傳。[84]藉由這層淵源，建立了梁氏與「醒獅

---

[81]　王康，《聞一多傳》（湖北：人民出版社出版，1979 年 5 月 1 版），頁 93。

[82]　趙聰言：「因為他們提倡國家主義，後來曾與『青年黨』的前身醒獅社，合組過國家主義聯合會。」趙聰，《新文學作家列傳》（台北：時報版，民國 72 年 5 月再版），頁 269。另一大江會成員潘光旦說：「大江學會的成立，是為了和青年黨的『醒獅社』唱對台戲。醒獅社裡有邱椿，他們也講國家主義。我們看不慣，就成立了一個大江學會。大江學會這些人，對國民黨無好感，對共產主義則怕，政治立場是改良主義的，也提出國家主義，想搞一點勢力。參加的有羅隆基、吳景超、聞一多、梁實秋、顧毓琇和我。」見潘光旦，〈談留美生活〉，楊揚、陳引馳、傅傑選編，《大師自述》（香港：三聯書店出版，2000 年 7 月 1 版），頁 233。唯此說有誤。

[83]　李璜，《學鈍室回憶錄》（上卷）（香港：明報月刊社出版，1979 年 10 月初版），頁 196。

[84]　同上註，頁 189。

派」的初步關係，並在青年黨的機關刊物《醒獅週報》上投稿寫文章。[85]

另外，在大江會與共產黨的激烈鬥爭中，由於聞氏的積極投入，且時時捎信給在美的梁氏，告知其在國內鬥爭的情形，此舉相信對梁氏回國後，與「醒獅派」之合作，甚至參與青年黨事務，當有推波助瀾之影響。

舉例言之，民國15年1月23日，亦即在梁氏返國前數月，聞氏還寫一長信給梁氏說到：「國內赤禍猖獗，我輩國家主義者際此責任尤其重大，進行益加困難。國家主義與共產主義勢將在最近時期內有劇烈的戰鬥。我不但希望你快回來，並且希望多數同志趕快回來。我輩已與醒獅諸團體攜手組織了一個北京國家主義團體聯合會，聲勢一天浩大一天。若沒有大批生力軍回來作實際的活動，恐怕要使民眾失望。醒獅社的人如李璜乃一書生，只能鼓吹主義，恐怕國家主義的實踐還待大江。」[86]

在另一封信裏，聞氏又提及：「大江在京行銷甚暢……前者國家主義團體聯合會發起反日俄進兵東三省大會，開會時有多數赤魔溷入，大肆其搗亂伎倆。」[87]理念的相投，摯友聞氏的鼓吹，這可能是梁氏在民國18年與聞氏同加入中國青年黨的初因。[88]

另與青年黨諸領袖之關係及參與該黨事務，梁氏亦坦承：「我認識舜生先生是在民國十七年左右，那時候我在上海教書，他在中華書局任編輯。有一天，我與羅努生和幼椿先生閒談，我們認為中國青年黨於民國十二年十二月二日在巴黎發表『中國青年黨建黨宣

---

[85]　梁實秋，〈留美學生與兄弟會〉，《醒獅週報》第70號（民國15年2月6日）。

[86]　《聞一多全集》（湖北：人民出版社出版，1993年12月1版），38，庚。又同註14，頁65。

[87]　《聞一多全集》，同上註，40，庚。又同註14，頁67。

[88]　侯健，〈梁實秋與新月及其思想與主張〉，同註7，頁149。

言』，明言其建黨之宗旨：『言乎對外，則以力爭中華民國之獨立與自由為旗幟，……至於對內，則以推倒禍國殃民之軍閥，實現全民政治為信仰』，言簡而賅，甚為得體，但是後來時勢變化，除軍閥以外又有共產黨的崛起，實為世事上一大變局，青年黨的信條就有重加檢討補充的必要了。……我們以為，為青年黨借箸代籌，應該制定黨綱，在政治經濟文化各方面提出更詳盡明確的主張。幼椿先生深韙此言，擇日約我們兩個到舜生先生家裡去長談，他家在哈同路民厚里，一樓一底的弄堂房子，四壁蕭然。當時在座的還有陳啟天先生，慕韓（1892-1951）先生不在上海。長談竟日，我只提出所謂『廢除私有財產』乃是共黨基本信仰，絕對不可作任何形式的附和，此外我沒有多參加意見。」[89]

　　梁氏終生認定私有財產乃人類文明的基礎，故竭力反對共產黨廢除私有財產之主張。另謙言對青年黨之黨綱沒有參加過多的意見，但由青年黨三巨頭中的李璜、左舜生邀請其參與討論，足見梁氏彼時在青年黨領袖心目中之地位，及和青年黨之良好互動關係。

　　「知行學院」為青年黨培養黨務人才的學校，創辦起因為，李璜有感於當時黨人雖在大學任教，但卻未能暢所欲言，宣傳黨義；另一方面又因青年黨無法消融逐漸增加的黨員與團體，因此希望辦一所高級黨務學校，培訓幹部人材，以彌補人力不足。[90]取名「知行」，其旨為「知而能行」、「即知即行」之意。[91]

---

[89] 梁實秋，〈悼念左舜生先生〉，《左舜生先生紀念集》，同註6，頁47。關於梁氏反對「廢除私有財產」之態度，梁氏亦一再強調：「我早年思想即偏向於保守，……我那時即已認定私有財產是文明的基礎，反對財產私有即是反抗文明。此一基本認識迄今未變。」見丘彥明，〈豈有文章驚海內〉，余光中編，《秋之頌》，同註9，頁414。

[90] 吳國樑，〈國共以外的選擇：中國青年黨之研究（1923-1949）〉（香港中文大學研究院歷史學部哲學碩士論文，1998年5月），頁28。

[91] 陳善新，〈記述「知行學院」——「中青」培訓黨務人才的「搖籃」〉，《現代國家月刊》第277期（民國77年2月），頁42。

　　知行學院於民國 18 年（1929）春開學，校長為李璜，後由陳啟天代之。教導的是與黨務及政黨活動有直接關係的學科，至於擔任教授者均為一時之選，梁氏即為其中之一，講授高級英文。[92]

　　有關此事，梁氏亦自承：「十八年，幼椿先生邀我每星期到『知行學院』教一小時的英文，這個學院是青年黨的訓練學校，規模很小，生徒四五十人，但是他們精神很好。」[93]以梁氏之才學，屈就於寂寂無聞之「知行學院」，其與「國家主義派」關係之密切，由此可見一般。

　　另有一事也頗堪玩味，民國 29 年，梁氏為國民參政會參政員，時參政會派遣一支「華北視察慰勞團」到華北各處考察，梁氏亦參加，且欲去延安看看，不料到了西安就遭到擋駕，毛澤東親言：不歡迎國家主義派的余家菊先生和梁氏到延安去。梁氏說：我失去了實地考察共黨施政的機會，自然是很失望。[94]

---

[92] 據陳善新言，當時任教之教授與科目為：張君勱——歐洲政治史、張東蓀——哲學概論、諸青來——經濟學、潘光旦——文化與優生學、梁實秋——高級英文文選、羅隆基——行政學、聞一多——西洋文藝史、李璜——社會學和法國大革命史、陳啟天——政治學與「黨務訓練」、常燕生——西洋近百年史與社會哲學、左舜生——中國近百年史與詩詞精選、張夢九——近代歐洲外交史、劉天予——唯物史觀批判、鄧孝情——法國文化史、夏濤聲——政治學概論、鄧季萱——法文、朱世龍——日文、胡哲敷——國文選讀、王德崇——中級英文、梁佩珍——初級英文等等。同上註，頁 43。又陳啟天，《寄園回憶錄》，同註 4，頁 158。

[93] 梁實秋，〈悼念左舜生先生〉，《左舜生先生紀念集》，同註 6，頁 47。

[94] 毛澤東致參政會電文如下：「國民參政會華北慰勞視察團前來訪問延安，甚表歡迎，惟該團有青年黨之余家菊及擁汪主和在參政會與共產黨參政員發生激烈衝突之梁實秋，本處不表歡迎。如果必欲前來，當饗以本地特產之高粱酒與小米飯。」見梁實秋，〈華北視察散記〉，《秋室雜憶》，同註 12，頁 89。

　　由此可知，梁氏後來雖然由青年黨跳槽加入張君勱的「國家社會黨」。[95]但因其與國家主義派的密切關係，使得共產黨仍視其為國家主義的一份子。

　　北京國家主義團體聯合會，是民國 14 年（1925）12 月 20 日，由六個國家主義團體聯合而成，它們包括：醒獅社、國魂社、國家主義青年團、中國少年自強會、大江會、大神州社。其宣言中指出：任何民族，其國家觀念不發達者，必為強者所滅。而國家主義即是：一國人民本過去共生共榮歷史，懷永久自存自救的決心，一國的主權、經濟、文化均不容侵佔、奪取、干犯。國家主義者即本此原則，求中華領土的完全恢復、政治的自由發展、經濟的自由抉擇、文化的自由演進。其志願在先求促進中國人民的國家觀念，養成中華人民為國犧牲的氣節。其口號則是內除國賊，外抗強權，內不妥協，外不親善，全民革命，全民政治。[96]

　　而大江會之列名為北京國家主義團體聯合會之一，係聞氏在民國 14 年 6 月回國後，任教北京國立藝專時，看見《醒獅週報》國家主義團體聯合會的簡章後，主動找上李璜洽談而成的。關於這一段，李璜在其《學鈍室回憶錄》說到：「民國十四年秋天，一多看見醒獅週報登出國家主義各團體聯合會的發起廣告，與余上沅一同找上門。他一見我旋即說明其代表美國同學主張國家主義者所成立的大江會，特來參加聯合會，而且還慷慨激昂的說：『內除國賊，外抗強權的宗旨不錯，但得要真正的幹一番，你怎麼幹法？』我答：『先行團結愛國分子，大家商量著幹罷。』他說；『好！』停一下，

---

[95] 陳啟天言：「民國十八年，羅隆基、梁實秋、聞一多，均曾於本年加入本黨。兩張似亦有意參加本黨，以本黨內部意見不一致而未果。其後三年（民國二十一年）兩張組織國家社會黨後，羅梁亦脫離青年黨而改入該黨。」見《陳啟天先生紀念集》（台北：中國青年黨中央黨部發行，民國 74 年 8 月出版），頁 44。

[96] 司馬仙島，《北伐後之各派思潮》（北平：鷹山社出版部，民國 19 年 8 月初版），頁 13-15。

他又說：『現在北京的共產黨就鬧得不成話，非與他們先幹一下，唱唱花臉不可！我看老兄是個白面書生，恐不是唱花臉的罷！』我笑道：『花臉就讓你來唱罷！如何？』。」[97]

由李璜這段淋漓盡致的描寫，聞氏那種不畏強權、熱血沸騰、義憤填膺的形象彷如躍然紙上。李璜還說：「一多不是研究政治經濟的人，他是一個重情感的人，在國內面對著那種腐敗痛苦的情形他看不下去，到了國外又親身嚐到那種被人輕蔑的待遇他受不了，所以他對於這個集會感到極大的興趣。一多並不常來閒談，但每次通知開會，他必如時到來，並喜發表他的意見；且對他所編的《大江季刊》（按：李璜在此有誤，《大江季刊》為梁氏所編。）推銷甚力，我囑青年黨大學生同志們為之宣傳並代銷多份，他大為高興。」[98]

其實在北京的國家主義團體聯合會，裡頭的國魂社、國家主義青年團、醒獅社等，均屬青年黨的外圍組織，是故在北京以該聯合會名義所辦的活動，即由青年黨提供最多的人力。而民國 14、15 年間青年黨在北京的領導者，即為李璜（以其時任教北大方便之故）。當時的北京，國、共兩黨分別有相當的勢力，從事青年學生運動。北京國家主義團體聯合會的成立與公開活動，終於與共黨發生多次的激烈衝突，而聞氏均參與其中的鬥爭，且毫不畏懼，勇氣十足。[99]

民國 15 年（1926）的中國政局是，國內環境杌隉不安，國、共合作貌合神離。國民黨正值北伐之際，共產黨則早已摩拳擦掌準備奪權。兼以此時國內政局丕變，所謂「國家主義派」已在被打倒之列，同為國、共兩黨所仇視壓迫的對象，這其中尤以共產黨最為忌恨，於是延續巴黎鬥爭的宿怨，在北京，雙方又大打出手，大幹

---

[97] 李璜，《學鈍室回憶錄》（上卷）（香港：明報月刊社出版，1979 年 10 月初版），頁 207。

[98] 同上註。

[99] 陳正茂，〈聞一多與國家主義派〉，同註31，頁 39。

一場。北京國家主義團體聯合會第一次與共黨發生衝突是在民國15年初，由聞氏主事發起的「反對日俄進兵東三省大會」籌備會，第二次則為民國15年3月10日的「反俄援僑大會」；兩會均以國家主義團體聯合會的名義發出開會通知，兩次均與共黨有正面衝突。

北京國家主義團體聯合會成立之初，李璜估計青年黨的團、社人數約九十餘，加上聯合會人數共一百二十名左右，故主張先發展組織，再公開活動，因此對第一次「反日俄進兵東三省大會」持審慎態度，而此會結果則是「提案竟一無成立者。結果國家主義者與偽共產主義者隔案相罵，如兩軍之對壘然。」[100]

為此聞氏尚在民國15年1月，忿忿不平的給熊佛西及梁氏去信言及：「前者國家主義團體聯合會發起反日俄進兵東省大會，開會時有多數赤魔溷入，大肆其搗亂之伎倆，提議案件竟一無成立者。結果國家主義者與共產主義者隔案相罵，如兩軍之對壘然。罵至深夜，遂椅凳交加，短兵相接。有女同志者排眾高呼，痛口大罵，有如項王之叱吒一聲而萬眾皆瘖。於是兵荒馬亂之際，一椅飛來，運斤成風，僅斷鼻端而已。女士嘗於五卅遊行時，揭旗衝鋒，直搗東交民巷，故京中傳為 Chinese Jeanne Darc 焉。」[101]生動刻劃當時國家主義派與共黨的激烈鬥爭，甚至流血衝突亦不惜代價。而聞氏動輒以憤恨字眼「赤魔」來比擬當時之共產黨，也可見彼時其是如何的痛恨共產黨與信仰國家主義之堅了。

此會的結果雖然失敗，但聞氏於15年1月23日給梁氏的信中，仍是充滿鬥志，毫不氣餒的。此信上文已提及，茲不贅述。總之，此時之聞氏是何等的豪氣干雲，不僅前進，簡直是與共產黨勢不兩立了。

---

[100] 《聞一多全集》，40，庚，同註87。
[101] 同上註。

　　至於民國 15 年 3 月 10 日的「反俄援僑大會」（原名為「反抗蘇俄帝國主義援助旅俄被虐待僑胞大會」），曾事先在《晨報》上以北京國家主義團體聯合會名義刊登開會地點時間的廣告。此會緣起是在北京任教的彭昭賢，請李璜聲援旅俄僑胞。緣蘇俄自十月革命後，對旅俄華僑加以虐待，五卅慘案後，華僑參加救國活動，有數十人遭到逮捕，彭昭賢希望旅俄華僑能得到援助。

　　李璜遂召集座談會（教授及學生參加），隨即召開「反俄援僑大會」籌備會，推定李璜、常燕生、邱大年、羅隆基與聞氏為主席團，李璜為主席團主席。會議前後，青年黨並召集國家主義青年團的主持人，指示必須發動團員及國魂社社員全體與會，並商討會場安排問題等。[102]

　　結果是日到會者三、四百人，除北京國家主義團體聯合會的六個團體外，另有十個團體的聲援，在主席李璜報告後，由旅俄華僑代表伍會卿報告蘇聯虐待僑胞事例，次由彭昭賢講述蘇俄與共產主義。彭演講結束，主席宣布散會時，國家主義團體聯合會的人即與共黨衝突，雙方均有受傷。[103]

　　而由於此次與共黨的會場打鬥，使得國家主義派在北京的活動公開化，國家主義青年團及國魂社因此大為發展。據估計在 15 年 6 月時，國家主義青年團的人數已達兩百六十餘人，而國魂社則近五百人。[104]

　　青年黨經由此次國家主義團體聯合會所辦的活動，而在北京得以建立據點，為日後北方的黨務活動奠定了基礎。但北京國家主義團體聯合會之要角的聞氏，卻在民國 15 年夏，因學校風潮及欠薪

---

[102] 李璜，《學鈍室回憶錄》（上卷），同註 97，頁 197-199。
[103] 〈俄人指揮中國共產黨搗亂北京反俄援僑大會毆傷愛國派之詳情〉，《醒獅週報》第 76 號（民國 15 年 3 月 27 日第 5 版）（上海：醒獅週報社印行，台北：中國青年黨黨史委員會影印，民國 72 年 10 月出版），頁 439。
[104] 李璜，《學鈍室回憶錄》（上卷），同註 97，頁 197。

南下。[105]雖其對聯合會在北京的發展仍有一定的影響力，但基本上，其與青年黨的關係和國家主義派的聯繫，隨著時空及觀念的改變，卻漸行漸遠，最終畫下了休止符。而此乃羅隆基當年常說的：「聞一多有『三變』：從二十年代的國家主義者變為三十年代的書齋隱士，再變為四十年代的革命鬥士。」[106]

六、結論

自晚清以降，由於列強對中國的恣意侵略，割地賠款喪權辱國，使中國淪為「次殖民地」的悲慘境地。傳統以來憂時愛國的知識份子，睹此情境更是悲慟激忿不已。

民國以後，此情況基本上並無改變，甚至有加深的跡象。尤其是處在海外寄人籬下、親身經歷之知識份子，在飽受西方帝國主義的輕蔑、侮辱、歧視之際，其內心之悲憤，真如寒天飲冰水，點滴在心頭。

聞氏曾在一封家書即言：「一個有思想之中國青年，留居美國之滋味，非筆墨所能形容。俟後年年底我歸家度歲時，當與家人圍爐絮談，痛哭流涕，以泄余之積憤。」[107]

也因此，彼時的知識份子在不知不覺中都有股強烈的民族主義及國家主義的傾向，而且他們反西方、反帝國主義的心態也較一般人來得重。可是當他們面對祖國時，國家依舊如此因循不振，政局黑暗，腐敗如故，內心那股悲涼的椎心之痛，使得他們無暇冷靜思

---

[105] 梁實秋，《談聞一多》，同註 14，頁 72-73。

[106] 轉引自許紀霖，〈激情的歸途──重讀聞一多〉，見祝勇主編，《重讀大師》（香港：三聯書店出版，2000 年 7 月 1 版），頁 199。

[107] 龍雲燦，〈新月詩人聞一多〉，見龍雲燦，《三十年代文壇人物史話》（台北：金蘭文化出版社出版，民國 66 年 5 月出版），頁 190。

想應行的方向，只一味的謀求改革之道，豈奈謀求心切，確實的方法就有待實驗而知了。

　　所以在「救國第一」的大前提下，中國成了知識份子推銷各種救國「主義」的試驗場。五四時代是「主義」的競技場；二〇年代則為「主義」的論戰場，梁、聞諸氏早年所篤信的國家主義亦是如此。吳相湘即言：「大江會的信仰國家主義乃是力求中國強盛為結會共同努力的目標。這是當時海內外中國知識青年的一致認識和願望，是針對軍閥只知自私自利毫無國家觀念的反應。」[108]

　　誠然如是，梁、聞二人之國家主義思想，也具體的表現在其愛國行動上，而愛國本是民國前後一切改革與革命思想的中心，也是絕大多數知識份子視為責無旁貸之天職。在此時代氛圍的影響下，梁、聞二氏之國家主義的愛國表現與行動自不例外。

　　然除此外緣因素外，就梁氏而言，他的國家主義思想尚有其內在思想底蘊，此即明顯的保守主義之國家主義思想。吾人知道國家主義常被批評為一種保守、狹隘、守舊的落伍思想。[109]但梁氏不諱言，其早期思想即有這種保守主義傾向，自己也坦承的說到，「我的思想較保守，故即使在二〇年代新舊思想之爭時，自己對於南京一派比較守舊的思潮（指吳宓（1894-1978）、梅光迪（1890-1945）和胡先驌（1893-1968）的《學衡》派），仍抱持著同情之心，並不想把他們一筆抹煞。」[110]

　　又說：「自己在學校裏，別人入青年會，我入孔教會；別人組織聯誼會社，我倡立研習書法的『戲墨社』；畢業留美，我父親堅持要我帶一套前四史，要我課餘圈點一遍。……回國後，我一直在學校講英國文學，可是我內心裏一直眷戀著我們本國的語文和文

---

[108]　吳相湘，〈大江會與國家主義〉，同註 48。

[109]　Joseph R.Levenson 著，劉偉、劉麗、姜鐵軍譯，《梁啟超與中國近代思想》（台北：谷風出版社出版，民國 76 年 9 月出版），頁 187。

[110]　梁實秋：〈清華八年〉，見《秋室雜憶》，同註 12，頁 41-42。

學。有時候我在文字中偶亦流露些『洋腔洋調』，但我竭力避免。我不願在文字中成為『假洋鬼子』、『二毛子』。」[111]

　　就因為梁氏思想中的保守傾向，使其即便主張國家主義時，也較強調重視「文化的國家主義」，主張透過文學的形式，來鼓吹國家主義的精神。職係之故，梁氏乃能免於成為激進的國家主義者。此乃其雖一度加入青年黨，但未幾即脫離之故。後雖參加「國社黨」，然終其一生，也始終維持書生學者本色，不介入政治太深。

　　但幸好如此，梁氏才能在文學上大放異彩，成果豐碩。吾人若評論其一生始終如一的政治思想，梁氏雖自謂為愛國思想，然探討其早年思想之淵源，說是一種國家主義思想，毋寧是更為切確。[112]

　　與摯友梁氏不同的是，聞氏為一鐵錚錚漢子，個性感情較易衝動。然而也因為感情的衝動，使聞氏比較盲目較缺乏分辨政治的能力。此現象不僅出現在聞氏身上，現代的中國知識份子也往往如此。知識份子的這種性格，一方面固然由於百年來民族悲憤的情懷太過濃厚，另一方面也是己身不平衡的心態所造成，悲憤的情懷使他們充滿了仇恨與尖銳的報復意念，不平衡的心使他們面對事情容易衝動，充滿浪漫而不計後果。

　　聞氏就是在此種情形下，由一個與左派拼得頭破血流的國家主義鬥士，而走向參加「民盟」，並極度左傾的激烈份子。這充分說明了聞氏悲劇性的愛國意識，也說明了感情大於理智的知識份子，只知愛國而不得其法，最後終於淪為馬列所欺的政治工具。由聞氏

---

[111] 丘秀芷，〈漫談散文及其他〉，見余光中編，《秋之頌》，同註9，頁430。

[112] 浦薛鳳說：國家主義本無公認之定義。席滿紅（A.E.Zimmern）言：「國家主義為已有國家者，當竭力保守與積極發揚其優美之國性。」又云：理性的國家主義，即羅素所說的愛國精神。準此而言，更符合梁氏之國家主義思想矣！浦薛鳳，〈理性的國家主義〉，《大江季刊》第1卷第1期，同註44，頁33-51。又見浦麗琳，〈水木清華常相懷——追憶父親浦薛鳳教授〉，《傳記文學》第84卷第2期（民國93年2月），頁128。

的下場，對於今日轉形期從事政治活動的知識份子，當有借鏡猛省
的地方吧！

左舜生之史學特點與貢獻

一、前言

　　左舜生（1893-1969），（以下簡稱「左氏」）譜名學訓，字舜生，別號仲平，以字行；另曾以「黑頭」、「阿斗」為筆名，撰寫評論文章。在中國青年黨未公開從事活動前，以「諤公」為黨號，蓋取自趙良對商君言：「千人之諾諾，不如一士之諤諤」之意。[1]左氏，湖南長沙人，生於清光緒 19 年（1893）卒於民國 58 年（1969），享年 77 歲。[2]

　　左氏為中國青年黨之領袖，世人咸以「曾、左、李」三巨頭視之。[3]亦為一頗有成就的歷史學家，尤以在二〇年代初期，左氏即以重視近代史著稱，且有若干研究成果問世。如《近代中英外交關係小史》、《近代中日外交關係小史》、《辛亥革命史》等。[4]而贏得「左舜生為近六十年來，注意研究中國近代史三五先驅之一，與李劍農、蔣廷黻齊名，而各有樹立」之評價。[5]

---

[1]　陳善新，〈敬悼本黨左故主席舜生先生〉，見《左舜生先生紀念集》（以下簡稱《左紀念集》）（台北：中國青年黨中央執行委員會編印，民國 60 年 7 月出版），頁 202。

[2]　見〈左舜生先生行狀〉，《左紀念集》，頁 1-5。

[3]　〈中國青年黨李故主席幼椿先生行述〉，引自《李故主席幼椿先生訃告》（民國 80 年 12 月 7 日）。

[4]　〈左舜生先生傳略〉，《中國一周》第 1019 期（民國 58 年 11 月 3 日），頁 14。

[5]　吳相湘，〈左舜生常懷千歲憂〉，《民國百人傳》第 3 冊（台北：傳記文學出版社，民國 60 年），頁 37。

　　另陳啟天也說：「這幾種書的出版，確立了先生終身研究中國近代史的基礎，也引起了我國學人研究中國近代史的興趣。」[6]誠然，左氏不僅為一政治家，也是一位獨具慧眼，卓識非凡的史學家，其治史之勤，用心之專，由其為蒐集史料，寧捨台灣而就香港可見一斑。[7]

　　至於左氏治史之特色，阮毅成的評論很中肯，其言：「左先生對史料的搜集很勤，分析很明，立論更是很公正。我常懷疑許多史料的正確性，尤其是若干史話，得之於輾轉流傳，未盡可靠。而左先生卻常給我一些批判，說何者應該是真的，何者應該是假的。凡他所說，他皆有堅強的立論根據。我不得不推崇他的博識與他的能信其所信。」[8]

　　左氏畢生致力於中國近代史之研究，著作有《中國近代史四講》、《中國近代史話》初集、二集；《黃興評傳》、《中國現代名人軼事》等。[9]未輯成冊有〈宋教仁評傳〉、〈梁啟超的生平及其思想與著作〉；另編有《中國近百年史資料》初編及續編，由中華書局出版。[10]而《庚子拳亂資料》，則由文海出版社景印出版，列為《近代中國史料叢刊》第37輯。[11]

---

[6]　陳啟天，〈左舜生先生的生平〉，《左紀念集》，頁79。
[7]　方東美言：「三十八年春，舜生來台，寄寓溫州街中華農學會，余勸其定居此地，舜生則謂近代史籍甚多，在香港搜求較易為力，不久遂前往定居。」，見方東美，〈苦憶左舜生先生——因及少年中國學會二三事〉，《左紀念集》，頁46。
[8]　阮毅成，〈追念左舜生先生〉，《左紀念集》，頁62。
[9]　同註3，頁5。
[10]　左舜生編，《中國近百年史資料續編》（上海：中華書局印行，民國22年5月初版），頁1。
[11]　《近代中國史料叢刊一輯至一百輯目錄》（台北：文海出版社，2000年6月），頁30。

　　儘管左氏是史學界有數的著作家之一。[12]但長期以來，學界卻乏對其史學思想或著述有所研究或評論之文。故本文之作，即基此動機為之。而以〈左舜生之史學特點與貢獻〉為題，其由有二：

　　1、左氏雖然撰述不少歷史著作，然這些著作，不是由大學講義整理而成的教科書式專書，如《中國近代史四講》；就是以人物為主的紀傳體式著作，如《中國現代名人軼事》等。兼以左氏甚少言及自己對歷史之觀點或看法，缺乏嚴謹之史學理論，因此甚難爬梳整理其史學思想，僅能就其史學特點與貢獻論述一、二。

　　2、左氏為一感時憂國之史學家，是其所是，非其所非，其畢生關注之焦點在研究近代史及對日本國情之留意，故其不但是首開研究近代史之先驅，也是提倡研究日本史的開風氣人物，其一生雖無夠份量的日本史研究著作，但他對日本之關注重視，仍不失為其治史的特點之一。且其於五〇年代初期，隨著民國史學的南移香港，在香江一隅從事歷史教學，為香港史學貢獻不少，亦足可稱道。

　　本文內容共分四部分，除前言外，分別就左氏史學思想之萌芽，以血緣與地緣因素說明之；史學思想之淵源，以梁啟超及章太炎二氏對其史學之影響論述之；史學思想之特色，針對左氏之著作，簡論其撰史之風格與特色；史學之侷限與貢獻，綜論左氏一生史學觀點及著述之侷限性，然亦肯定其對中國近現代史教學之貢獻，重點放在左氏早年於中央政治學校講學之歷史意義及晚年對香港史學之影響與貢獻；結論則以遠見與侷限為著眼，評論左氏一生之史學特點與貢獻。

---

[12]　陶希聖，〈記左舜生先生〉，《左紀念集》，頁 52。

二、史學思想之萌芽

　　基本上，任何一位卓然有成的史家，必有其史學思想萌芽發軔之過程，左氏亦不例外。左氏之史學思想，可謂啟蒙的很早，其中有地緣背景；亦有血緣因素。以地緣背景言，湘省為近代中國地靈人傑之地，早從太平天國時代起，曾、胡等人領導之湘軍，即縱橫南北，叱吒風雲，為朝廷立下不朽之功，為湖南特質樹立口碑楷模。楊度曾作〈湖南少年歌〉標榜：「若道中華國果亡，除是湖南人盡死」之語。[13]

　　左氏身為湘人，自己亦不諱言：「湖南，確實是一個比較奇怪的地方，……以最近一百一十年的歷史來說，如胡、曾、左、羅、江、彭、楊為維護中華文化而撲滅『太平天國』，魏源、郭嵩燾、曾紀澤之倡率效法西洋，譚嗣同等之於戊戌維新，唐才常、林圭、李炳寰、沈藎……等之於庚子自立軍，黃興、宋教仁、陳天華、楊篤生、禹之謨、劉道一、譚人鳳、焦達峰等之於辛亥革命……，湖南人有一種敢作敢為的幹勁，確實是表現得相當強烈的。」[14]

　　可以說，近代中國諸多歷史大事，如剿滅太平天國、支持變法維新、「華興會」之參與清季革命，民國 5 年（1916）反袁之役，湖南人莫不前仆後繼，全力以赴，每役必舉。如此多的義士豪傑，自然形成湘省有別於他省之氛圍。基於地緣鄉情，這麼多的湘省人物與史事，自然為左氏日後著史，提供大量的撰寫素材。

　　此外，除廣東省外，湘省亦是近代中國開風氣之先的省份，湖南的新政運動，中心人物為陳寶箴，而譚嗣同、梁啟超、唐才常等

---

[13] 楊度，〈湖南少年歌〉云：「中國於今是希臘，湖南當作斯巴達；中國將為德意志，湖南當作普魯士；……若道中華國果亡，除是湖南人盡死。」，見《湖南文獻》卷 5 期 1（民國 66 年元月），頁 97-98。

[14] 左舜生編著，《中國近代史四講》（香港：友聯出版社出版，民國 51 年），頁 111。

人則為新政運動的鼓吹者與推動者。新政之所以能夠幹的十分有聲有色，發生巨大的影響，譚、梁等人物是缺一不可的。[15]

其中尤以光緒 23 年（1897）梁啟超到湖南長沙「時務學堂」任總教習關係最鉅。[16]左氏曾言：梁啟超為其畢生景仰之人，對其思想啟蒙影響匪淺。[17]地緣背景對左氏之感染，在其撰寫〈譚嗣同評傳〉文中可以為證。左氏曾以梁啟超寫過〈世界史上廣東之位置〉一文為例，仿梁氏之理論闡述了湖南這一地區從古至今在中國歷史文化中的地位、演進、重要與影響，並舉眾多鄉賢以為證。[18]

左氏屢言其為一個不喜歡強調地方觀念的人，因其覺得把地方觀念過度提高，對偉大之中華民族的團結，未必有好處。[19]但弔詭的是，左氏在其眾多史學著作中，卻屢言盛道鄉賢及湖南一省之優越性。舉例言之，在〈我的少年時期〉文中即言：「我在十四五歲以後，每到春秋佳日，一個人，或隨著三五同學，上岳麓山玩上半天是有過多回的。民國以前，陳天華、姚宏烈兩烈士，便葬在岳麓山。發動上千的學生、工友為陳、姚營葬的禹之謨，後為岑春煊所殺，也卜葬於此。辛亥湖南首義的焦達峰、陳作新兩都督，為亂兵所戕，都葬在這裏。民國五年十月三十一日，黃克強先生興，嘔血卒於上海，年四十三；同年十一月七日，蔡松坡先生鍔，積勞病歿於日本福岡大學醫院，年三十五；也同以此名山為他們

---

[15] 張朋園，《中國現代化的區域研究——湖南省》（台北：中央研究院近代史研究所，民國 72 年 2 月初版），頁 133。

[16] 張朋園，《梁啟超與清季革命》（台北：中央研究院近代史研究所，民國 58 年 6 月再版），頁 72-73。

[17] 陳正茂編著，《左舜生年譜》（台北：國史館印行，民國 87 年 12 月初版），頁 7。

[18] 左舜生，〈譚嗣同評傳（1865-1898）〉，見《中國近代史話初集》（台北：文星書店，民國 55 年 1 月初版），頁 55-63。

[19] 同上註，頁 57。

的國葬墳地。『青山有幸埋忠骨』岳麓山殆與黃花崗同為中華民國的革命聖地了。」[20]

左氏一生對湘省人士情有獨鍾，尤以對黃興、宋教仁、蔡鍔、陳天華等鄉賢最為崇拜，年輕時的經驗與深刻印象是影響很大的，而藉地緣之便的參訪與遊歷則更是此經驗和印象之不可或缺。[21]

血緣因素的激蕩：在血緣因素上，家庭環境與同儕之間的砥礪切磋是主要的來源。左氏生長在一書香世家，祖父為長沙有名之舉人左莘農，當時有「長沙左莘農，善化楊墨農」之稱，足見其祖在長沙名聲之響亮。[22]

左氏之父為一儒生，兼通岐黃之術，喜交友，常攜左氏與友朋高談闊論，月旦古今，臧否時人。左氏耳濡目染，影響甚大，自己曾舉一例言：其有一次與父於客棧聽友人談到一位梟台衙門李師爺被殺事件，當時年僅8歲，莫名所以。直至其後翻閱光緒26年（1900）唐才常與「自立軍」一幕的史料，才知其名為李蓮航，即為在湖北與唐才常、林圭同被張之洞所殺之李虎生的父親。

左氏言：馮自由於《革命逸史》指李虎生為會黨，不知其人即長沙時務學堂高材生李炳寰；指李蓮航為教員，更不知即李炳寰之父。左氏言：「我從我父親和他朋友聽到這個不完全的故事，還聽我三姐講過與『自立軍』一案有關的舒闓祥（菩生，當時長沙的一位詩人，咸同名將劉培元的女婿）吞金自殺的經過。這些都是我近三十年研究中國近代史一個最早的影子。」[23]語云：家學淵源，兒

20　左舜生遺作，〈我的少年時期〉，《左紀念集》，頁9-10。
21　佛雷克（R. Flack）言：「一個帶動社會及文化變遷的群體運動，必須靠彼此意識的交往，而地理的集中，正有助於這個過程的進行。」這種地緣上的因素，雖不敢說是塑造左氏史學思想的主要部分，但在一向講求地域觀念的中國人來說，多少也是有其心理上的認同。R. Flack 著，區紀勇譯，《青年與社會變遷》（台北：巨流圖書公司出版，民國68年），頁50。
22　同註21，頁11。
23　同註21，頁13-14。

時及童年的影響是最大的，由左氏自述年少之經歷及其歷史興趣的啟蒙，家庭因素可謂相當大矣。

　　除家庭因素外，求學時代朋友之影響亦不可忽視。民國 2 年（1913）夏，左氏赴滬入震旦大學，與同學李璜、黃仲蘇、曾琦等訂交。[24]其中尤以曾琦對左氏的影響最大，李璜說到：「慕韓雖進入當時之所謂『洋學堂』（震旦大學），然對於英法語文與數學物理，乃不甚留意，而對中西史地反鑽研甚勤，早夜與同窗年少，談論國事不絕。我與左舜生兄與之同一寢室，更大受其影響」。[25]李氏所言不虛，「當代吾所師，新會與餘杭」。[26]這是曾琦的兩句小詩，而梁啟超與章太炎又正是左氏畢生景仰之人物。

　　不僅如此，清末的曾、胡，民初的黃克強、宋漁父、蔡松坡等等，也都是曾琦衷心崇仰的人物。[27]而上述這些清末民初之歷史偉人，也是左氏為其立傳，崇拜不已的人物，除英雄所見略同外，相信受曾琦之影響，當不在話下。

　　民國 8 年（1919），左氏結識王光祈，並由王氏與曾琦介紹，加入「少年中國學會」。[28]其中王光祈對左氏影響尤深。[29]9 年（1920）冬，左氏因郭虞裳之介而識陸費逵，入中華書局編譯所任新書部主

24　沈雲龍，〈曾琦先生傳〉，載《中國青年黨建黨五十週年紀念特刊》（台北：中國青年黨中央黨部出版，民國 62 年 12 月出版），頁 63。
25　李璜，〈共禍日彰、思君尤切〉，載《曾慕韓先生逝世三十周年紀念特刊》（台北：中國青年黨中央黨部出版，民國 70 年 5 月），頁 3。
26　全詩為「當代吾所師，新會與餘杭。偶遂登龍頭，寧期附驥彰。」曾琦，〈續雜感二十五首〉（民國 7 年由日本歸國作）。見陳正茂等編，《曾琦先生文集》（下）（台北：中央研究院近代史研究所，民國 82 年 11 月初版），頁 1185。
27　黃欣周，〈紀念曾慕韓先生〉，同上註，頁 1716。
28　《少年中國學會會務報告》第 1 期（民國 8 年 3 月 1 日），頁 26。
29　左氏言：「我自從認識他一直到他在德國殉學而死，前後經過十五六年的時間，雖說我後來有十三年不曾和他見面，但我卻沒有一個時候不受他精神的支配。」左舜生，《近三十年見聞雜記》（台北：中國青年黨黨史委員會印行，民國 73 年），頁 9-10。

任。曾陸續出版「新文化叢書」、「教育叢書」、「少年中國學會叢書」，並主編《中華教育界》、《少年中國月刊》、《少年世界月刊》，自此名重海內，士林爭相結納。[30]

任職中華書局期間，是左氏一生極具關鍵的一段歲月，不僅嚶鳴求友，且奠定其歷史知識之雄厚基礎。李璜曾說：左氏利用中華書局的有利環境，埋首書堆，鑽研史籍，故其中國近代史的學問工夫助長得與日俱增了。[31]在中華書局之工作，可謂左氏一生事業之濫觴，其於大陸時期的史學著作，幾乎全由中華書局出版問世。[32]

師生與同學在傳統倫理社會中，往往是血緣的意識化，從這一角度窺測，左氏史學思想之萌芽，實存在著血緣性與地緣性。這裡的血緣性，即所謂精神的契合，且由精神上的契合而產生高度的共同意識感。[33]得天獨厚的環境（家庭、工作環境），同好友朋的激勵，己身酷愛歷史之性向，更進一步激化催生其史學思想之萌芽。

三、史學思想之淵源——梁啓超與章太炎對左氏之啓蒙

李澤厚於《中國近代思想史論》說：「一八九八年至一九○三年是梁啟超作為啟蒙宣傳家的黃金時期，是他一生中最有群眾影

---

[30]　〈左舜生先生行狀〉，《左紀念集》，頁 2。

[31]　李璜，〈回憶左舜生兄〉，《左紀念集》，頁 72。

[32]　左氏之《近代中日關係略史》（民 13，1924）、《中國近百年史資料》2冊（民 15，1926）、《近代中英關係略史》（民 17，1928）、《中國近百年史資料續編》2冊（民 22，1933）、《辛亥革命史》（民 23，1934）諸書，俱由中華書局出版。見陳正茂編著，《左舜生年譜》（台北：國史館印行，民國 87 年 12 月），頁 59、70、76、95、97。

[33]　郭正昭，〈王光祈與少年中國學會（1918-1936）〉，《中央研究院近代史研究所集刊》第 2 期（民國 60 年 6 月），頁 119-121。

響，起了最好客觀作用的時期。時間雖極短，但非常重要。他這一時期的論著，對連續幾代的青年都起了重要作用。」[34]

確實如此，左氏畢生以私淑梁啟超為榮且津津樂道，[35]並評價說：「綜觀任公的一生，他總算花了三十年以上的時間，在言論與學術方面，盡了他最大的努力，而且是孜孜不倦，死而後已。像中國這樣一個古老的專制國家，以一部分書生之力，憑熱血作本錢，以筆桿為武器，居然把中國大部分的讀書人，從醉生夢死中叫醒，使得大家不能不捨其舊而新是謀，因而使得整個的國家民族，也得到了一種新的生命，現在我看來看去，還是推任公之功第一。」[36]

又云：「在最近三十年去世的有名人物中，我所接觸過，或對其生平具有相當了解的，也不算太少；但令我至今感念不忘，好像他們依然活著，而我對其驟然死去乃抱著莫大的遺憾，在同輩中，以王君光祈為第一，在我的前輩中，則以梁任公先生首屆一指。」[37]

左氏之識梁啟超始於民國 10 年，其與友人王光祈晉謁於上海中國公學，梁氏並對渠期許甚至，勉勵有加。[38]其實左氏受梁氏之影響，始於求學時期，其言：「梁任公因為有戊戌前在長沙講學的一段因緣，他初期的著作，也以湖南翻印得最為完備。凡《清議報》、

---

[34] 李澤厚，《中國近代思想史論》（台北：谷風出版社，1986 年 9 月出版），頁 416。

[35] 左氏言：「梁任公先生為現代中國做啟蒙運動最努力的一人，他治學重點關於史學的一面，更為我所私淑。」見《黃興評傳》（自序）（台北：傳記文學出版社印行，民國 70 年 7 月再版），頁 1。

[36] 左舜生，〈讀立委成舍我先生的質問全文書後〉，見陳正茂主編，《左舜生先生晚期言論集》（下）（台北：中央研究院近代史研究所出版，民國 85 年 5 月初版），頁 1345。

[37] 左舜生，〈梁啟超的童年和少年時代〉，見《萬竹樓隨筆》（台北：文海出版社印行，民國 57 年 11 月再版），頁 177。

[38] 左舜生，〈我眼中的梁啟超〉，同上註，頁 171。

《新民叢報》，單行本如《飲冰室文集》、《詩話》、《自由書》、《變法通議》、《中國之武士道》等等，我都一一搜集看過。」[39]

不僅如此，左氏還提到其與同學易克疆因偷閱梁啟超之《國風報》，其他同學均已就寢，唯其二人在自修室依然欲罷不能。尤以「梁任公、湯覺頓辯『中國究竟會不會亡』的問題。把我們兩個青年簡直弄得熱淚長流。」[40]

梁啟超對左氏史學思想影響最大者為其「英雄史觀」。梁啟超歷史觀的核心是英雄史觀，其認為歷史的主人是少數英雄豪傑，群眾不過是渾渾噩噩的芸芸眾生。梁氏說：「歷史為少數偉大人物之產兒」、「英雄即歷史者」、「試思中國全部歷史，如失一孔子，失一秦始皇，失一漢武帝，……其局面當何如？」、「曾國藩……袁世凱……此若干人者心理之動靜稍易其軌，而全部歷史可以改觀。」[41]

又云：「歷史不外若干偉大人物集合而成」、「近三十年來的中國歷史，若把西太后、袁世凱、孫文、吳佩孚……等人——甚至於連我梁啟超——沒有了去，或把這幾個人抽出來，現代的中國是什麼樣子，誰也不能預料。但無論如何，和現在的狀況一定不同。」[42]

總之，在梁啟超看來，歷史不過是英雄人物心力活動的軌跡罷了。[43]也因此梁氏撰寫了大批英雄偉人之傳記，在外國方面如匈牙利復國運動領袖葛蘇士，意大利復國運動三傑的馬志尼、加富爾、

---

[39] 左舜生遺作，〈我的少年時期〉，《左紀念集》，頁23。又見〈梁啟超的生平及其思想與著作〉（三），《新中國評論》第30卷第4期（民國55年4月），頁13。

[40] 左舜生，〈清民之際的長沙〉，見《近三十年見聞雜記》（台北：中國青年黨黨史委員會印行，民國73年7月），頁143。

[41] 梁啟超，《中國歷史研究法》（台北：商務版，民國67年3月台6版），頁170。

[42] 梁啟超，《中國歷史研究法補編》（台北：商務版，民國65年12月台5版），頁40。

[43] 同註42，頁170-173。又見孟祥才，《梁啟超傳（學術篇）》（台北：風雲時代出版公司出版，民國79年11月初版），頁157。

加里波的，法國大革命及民權運動領袖羅蘭夫人等。在國內方面則有《管子傳》、《王荊公傳》、《辛稼軒年譜》、《朱舜水年譜》、《陶淵明傳》、《張騫與班超合傳》、《鄭和傳》、《袁崇煥傳》、《趙武靈王傳》、《中國殖民八大偉人傳》、《戊戌政變六君子傳》、《康南海傳》以及《論李鴻章》等；另尚有孔子、戴東原、王陽明諸人學說簡介。[44]

觀之梁啟超所撰者，不論所寫者為外人、國人；今人或古人，都屬他所崇拜的英雄與偉大人物。這些英雄與偉大人物，出身背景雖各有不同，一生成敗利鈍相差懸殊，甚至在一般眼光中，有些人物則屬無足輕重，但他們都有一共同特點，即莫不犧牲或貢獻出自身的一切，以愛國救國愛人救世為其職志。

換言之，梁啟超所介紹的人物，並非只是一般功成名就之人，而是為愛國救國捨身犧牲有特殊貢獻或作為的英雄烈士人物。[45]此特色亦深深影響了左氏，左氏生平史著，泰半以評論英雄偉人為多，如梁啟超、康有為、譚嗣同、張謇、蔡鍔、蔡元培、宋教仁、梁濟、王國維、林紓、郁達夫、黃遠庸、魯迅、盛宣懷、沈曾植、盧作孚、辜鴻銘、徐志摩、梅蘭芳、田漢、謝六逸、梁士詒、劉師培、陳布雷、曹亞伯、曾琦、王闓運、楊度、王先謙、皮錫瑞、葉德輝、黃遵憲、章炳麟、嚴復、袁世凱、黃膺白、張聞天、章士釗、李達等，可以說與梁啟超提倡的「英雄史觀」相吻合。

基本上，梁啟超的「英雄史觀」尚有其深一層的思想意涵，蓋啟超以為中國「國家思想」之所以薄弱，群智群力所以不振，實與傳統史籍未能發揮近代西方史學常見的功能有關。故啟超倡言「史界革命」，強調新史著當效「泰西之良史」，以「民統」代替「君統」，

44　宋文明，《梁啟超的思想》（台北：水牛出版社，民國 58 年 5 月初版），頁 1。
45　同上註，頁 2。

以「敘述一國國民系統之所由來，及其發達進步盛衰興亡之原因結果為主。」[46]以便促進國家意識，振興民族主義。

　　梁啟超的民族主義，美國學者李文蓀（Joseph. R. Levenson）將其稱為「國家主義」。[47]啟超的國家主義思想發軔很早，光緒 26 年（1900），啟超在〈中國積弱溯源論〉一文中即寫到：「歐洲和日本誣蔑中國是一個沒有愛國主義的國家。還說，病態的中國愛國主義是民族積弱受侮的根本原因。中國缺乏國家主義的原因在於朝廷而不在於民族本身，在於中國人尚未覺察到在他們之外世界上還存在著更重要的國家。」[48]

　　光緒 28 年（1902），梁啟超於〈新民說〉一文中又繼續闡揚此一論述，他說：「只有在頭腦把世界看成是分裂的、只有在具備了其他國家的知識和對其他國家的尊敬時，國家的概念才會真正形成。」[49]啟超接著指出愛國的國家主義得不到發展的原因，在於幾個世紀以來，外國侵占全部或部分中國領土的過程中，「中國」這一觀念被忘卻了。在文人學士的影響下，中國人開始認為，以誇張的觀念把中國看成是一個世界（天下），而不是一個國家，破壞了國家主義的愛國主義。[50]

　　在〈愛國論〉一文中，梁啟超以為愛國主義是歐洲獨立和繁榮的源泉，所以如果中國要打算強大，就必須先有廣泛的愛國主義和教育。[51]而提倡國家主義是要引出一種基本認知，即存在著一個國

---

[46]　梁啟超，〈新史學〉，見《飲冰室全集》（台南：綜合出版社，民國 64 年 8 月初版），頁 572-577。

[47]　J. R. Levenson 原著，張力譯，〈重返故國的梁啟超〉，見李國祁等著，《近代中國思想人物論——民族主義》（台北：時報出版公司印行，民國 69 年 6 月初版），頁 155-179。

[48]　梁啟超，〈中國積弱溯源論〉，收入《飲冰室文集》15 卷（台北：台灣中華書局，民國 48 年），頁 23-25。。

[49]　梁啟超，〈新民說〉，《飲冰室文集》12 卷，頁 51。

[50]　梁啟超，〈新民說〉，同上註。又〈維格爾書〉，頁 44-45。

[51]　梁啟超，〈愛國論〉，《飲冰室文集》15 卷，頁 12-21。

家，而它的利益應該在每個成員的心中；其次，國家主義還要喚起一種願望，即認識和採用為國家繁榮而戰的新標準。故梁啟超曾聲嘶力竭的說：「竊以我輩從今以往，所當努力者，惟保國而已。」[52]

左氏曾言：「梁任公先生為現代中國做啟蒙運動最努力的一人，他治學重點關於史學的一面，更為我所私淑。」[53]以左氏之崇拜任公，相信其「國家主義」之理念，必深深受任公之影響。

在青年黨領袖人物中，其實左氏是較少在言論上或文章上鼓吹國家主義的人，故吾人無法具體了解左氏對國家主義之完整看法為何？但在左氏寥寥可數有關國家主義文章中，如：「國家主義者主張宣傳國家主義以固結全國民全民族的精神。主張研究近百年來帝國主義者在中國在東方所造的罪惡，一一以文字公布之，以增加全國民一致對外的敵愾，主張研究一切帝國主義者自身彼此間的一切糾紛，同時研究帝國主義者與一切弱小民族間的一切糾紛，一一以文字公布之，以增加國民對外的了解，同時為決定一外交方案的準備。」[54]

可知左氏打從一開始，即抱定以文字；甚至以增強歷史意識為一種打擊對抗帝國主義之利器。也因此，左氏還擬定一紙研究國家主義的中文參考書目，並說：「我們要懂得今日的中國何以有實行國家主義的必要，不是看幾本單純提倡國家主義的書就所能了解的，應該詳細明白中國近百年間所受種種外侮的經過，和種種改革企圖的失敗，才知道國家主義是救中國的唯一良藥。」[55]

---

[52] 梁啟超，〈保教非所以尊孔論〉，《飲冰室文集》28 卷，頁 57。

[53] 同註 36。

[54] 左舜生，〈取消不平等條約的途徑〉，《醒獅週報》第 113 期（民國 15 年 12 月 4 日），頁 4。

[55] 左舜生，〈研究國家主義的中文參考書目〉，《醒獅週報》第 53 期（民國 14 年 10 月 10 日），頁 6。

　　上述言及啟超以為「我輩從今以往，所當努力者，惟保國而已。」
再印證左氏於民國 12 年（1923）曾致函趙叔愚提到如何救國，強
調「我主張抱定民族主義做去，凡侵犯我們的，在所必排；凡凌壓
我們的，在所必倒。」[56]保國、愛國之國家主義思想溢於言表，仔
細察之，其觀念主張與梁啟超幾乎如出一轍。準此而言，左氏史學
思想之淵源受啟超之影響似乎無庸置疑矣。

　　除梁啟超外，餘杭章太炎對左氏之影響亦甚鉅。左氏自承章太
炎為其生平少數景仰的人物之一，其治學精神與治史態度對左氏啟
發很大。兩人識荊經過，據左氏說：「民國二十年『九一八』事變
爆發，余以友人之介，始得識章太炎先生，自是每週必一次或兩次，
造先生同孚路同福里寓廬，就國事向先生有所請益，歷時凡兩年有
餘，迄先生移家蘇州講學，始告中斷。此實余生平親受前輩教益最
多之一時期。」[57]

　　又云：「先生雖為一純粹之學者，然喜談政治，其於當代諸賢
之身世與革命之關係，往往能詳其始末，其褒貶亦頗異時流，惜余
當時未存筆記，否則可供治現代史者之參考資料當不少也。」[58]

　　太炎先生是中國近代思想史上一位相當獨特的人物，其一生聲
名洋溢，但又被目為「瘋子」。[59]其為革命黨人，但與孫中山有過
嚴重的爭執，後來又反對赤化，亦不認同民國 17 年（1928）所建
立的國民政府，自然也是政治上的異端分子。[60]

---

[56]　〈會員通訊〉，《少年中國月刊》第 4 卷第 2 期（民國 12 年 4 月），
　　　頁 5。

[57]　左舜生，〈我所見晚年的章炳麟〉，《萬竹樓隨筆》，同註 38，頁 196。

[58]　同上註，頁 197。

[59]　吳相湘，〈章炳麟自認瘋癲〉，《傳記文學》第 42 卷第 4 期（民國 72 年
　　　4 月），頁 23-32。又見《魯迅全集》冊 3（北京：人民出版社，1982 年），
　　　頁 103-104。

[60]　汪榮祖，《康章合論》（台北：聯經版，民國 77 年 5 月初版），頁 9。

　　平情而論，太炎對中國傳統思想之解放，曾經起了主導性的作用，且貢獻良多。[61]太炎於五四時代，被新知識份子視為「文化的保守主義者」。[62]其中尤以章氏提倡所謂的「國粹」，更被視為落伍、守舊與頑固。

　　其實依太炎之見，具體的「國粹」乃維繫一國國性所必需，而國性的存亡更關係一國的存亡。[63]早在光緒 32 年（1906）太炎在對東京留學生的演講中即說：「近來有一種歐化主義的人，總說中國人比西洋人所差甚遠，所以自甘暴棄，說中國必定滅亡，黃種必定剿絕。因為他不曉得中國的長處，見得別無可愛，就把愛國愛種的心，一日衰薄一日。」[64]

　　不知中國文化的特性，當然不會「曉得中國的長處」。要知中國文化的特性，便要了解太炎所倡導的國粹，其目的是要人愛惜我們漢族的歷史，此歷史包括了語言文字、典章制度及人物事蹟。[65]

　　太炎的「國粹說」，其實並非狹隘的「種族主義」，而是民族主義，其民族主義係基於西方列強的侵略而獲致近代民族意識的。太炎曾說：「大波將激，大火將熛」。[66]即在描述帝國主義的恟恟之勢。他積極參加革命排滿，但他說：「言種族革命，則滿人為巨敵，而歐美少輕，以異族之攘吾政府者，在彼不在此也。若就政治社會計之，則西人之禍吾族，其烈千萬倍於滿洲。」[67]

---

[61]　同上註，頁 5。

[62]　同註 61，頁 145。

[63]　同註 61，頁 55。

[64]　〈東京留學生歡迎會演說辭〉（1906 年 7 月 15 日），收入湯志鈞編，《章太炎政論選集》上冊（北京：中華書局，1977 年），頁 276。

[65]　同上註。

[66]　湯志鈞編，《章太炎政論選集》上冊，同註 65，頁 17。

[67]　〈革命軍約法問答──公是先生問太炎答〉（1908 年 7 月 10 日），收入湯志鈞編，《章太炎政論選集》上冊，同註 65，頁 432。

　　太炎的民族主義史學，若以李恩涵對國家主義的界定：「它可以表現為某些人……對共同疆域、民族、語言或歷史文化的愛好；對於政治獨立、安定與國族威望的熱望；或對於抽象而超現實的社會有機全體『國家』的獻身重於一切的願望。」[68]亦未嘗不可視為一種國家主義的史學觀。[69]

　　蓋作為一種意識形態，國家主義與眾不同的地方，在於它可以沒有固定的內容；它只是基於民族意識與愛國情操的一種心理狀態。幾乎任何能夠滿足這種民族意識與愛國情操的材料都可以作它的內容。[70]準此而言，太炎的民族主義史學觀；以及倡導重視國粹說與青年黨一向標榜的「內除國賊，外抗強權」之創黨宗旨。[71]可謂一致而無差異了。

　　左氏之敬佩太炎，上文已言之，然不僅如此，左氏之史學思想在相當程度上亦受太炎之影響匪淺。左氏曾言：「余平日在先生處所聞，以明末遺民故事及清末革命故事為多，蓋前者為先生革命思想之所自出，後者則先生曾躬與其役者也。」[72]另太炎尚建議左氏看陳壽《三國志》中之裴注，言：「此書簡練謹嚴，如能同時細看裴注，則可悟古人運用史料之法。」左氏說：「余於此書曾翻閱三四遍，得先生指示之力為多也。」[73]

---

[68]　李恩涵，〈論清季中國的民族主義〉，收入《中國近代現代史論集》編18（台北：商務版，民國74年），頁416。

[69]　吳蔚若，〈章太炎之民族主義史學〉，見李國祁等著，《近代中國思想人物論——民族主義》（台北：時報版，民國69年6月初版），頁261-270。

[70]　葉仁昌，《五四以後的反對基督教運動》（台北：久大文化出版，1992年6月初版），頁8。

[71]　〈中國青年黨宣言及黨綱〉原件（民國14年2月第3次印於巴黎），頁1。

[72]　同註58，頁203。

[73]　同上註。

　　汪榮祖曾言:「激發太炎民族意識的主要源泉為外國帝國主義。」[74]而湯志鈞也評論太炎為「近代著名學者,也是愛國的史學家,投身革命,關心民族危亡,特別重視讀史。」[75]

　　基本上,太炎認為史觀能灌溉民族主義,在〈答鐵錚〉中說:「故僕以為民族主義如稼穡然,要以史籍所載人物、制度、地理、風俗之類為之灌溉,則蔚然以興矣。不然,徒知主義之可貴,而不知民族之可愛,吾恐其漸就萎黃也。」[76]

　　太炎以為歷史可分三項:一是語言文字、二是典章制度、三是人物事蹟。如果曉得「中國的長處」,那麼即便是「全無心肝的人,那愛國愛民的心,必定風發泉湧,不可遏抑」的[77]。

　　民國 22 年(1933)在一次演講中,太炎又進一步強調「歷史之重要」,其言:「夫人不讀經書,則不知自處之道,不讀史書,則無從愛其國家。即如吾人今日欲知中華民國之疆域,東西南北究以何為界,便非讀史不可,有史而不讀,是國家之根本先拔矣。」、「昔人讀史注意一代之興亡,今日情勢有異,目光亦須變換,當注意全國之興亡,此讀史之要義也。」[78]

　　當民族危亡之際,愛其國家與注意興亡,才是讀史之要義。也難怪左氏追憶其曾親睹太炎憑窗檢閱地圖,欲知長城有多少關隘?[79]

　　其實太炎的「民族主義」史觀是有其時代背景因素存在的,在辛亥革命以前及「九一八」以後,他之所以特別鼓吹讀史,是所謂

---

[74] 同註 61,頁 94。

[75] 湯志鈞,〈章太炎〉,收入陳清泉等編,《中國史學家評傳》(下冊)(河南:中州古籍出版社出版,1985 年 4 月 1 版),頁 1151。

[76] 章太炎,〈答鐵錚〉,見《民報》第 14 號(1907 年 6 月 8 日)。

[77] 同註 65。

[78] 章太炎演講,諸祖耿記錄,〈歷史之重要〉,《制言》第 55 期。又章太炎演講,王乘六、諸祖耿記錄,〈論讀史之利益〉,《制言》第 52 期。章太炎演講,王乘六、諸祖耿記錄,〈略論讀史之法〉,《制言》第 53 期。

[79] 同註 58,頁 201。

「哀痛國土淪喪，揭櫫愛國愛史」。其自稱：「鄙人提倡讀史之志，
本為憂患而作。頃世學校授課，於史最疏，學者讀其簡陋，轉作妄
談，以史為不足讀，其禍遂中於國家。」[80]

　　總之，太炎一貫主張利用史籍來宣傳民族主義，呼籲國人愛國
愛史以救亡禦侮。國家主義或稱民族主義——又稱國族主義或族國
主義。[81]左氏畢生信仰國家主義，其史學觀亦然，兼以時代背景相
同，感時憂國之心一致，故若以精神契合而言及其後來治史專心致
力於清末革命史事與人物之撰述，其部分史學思想受太炎「民族主
義」史觀之感召，相信是相當有可能的。[82]

四、史學思想之特色

　　史事之評析：有關左氏之史學思想，吾人可由其史學著作略作
分析。左氏史學著作可謂集中於近、現代史方面。左氏對近代中國
史料至為嫻熟，此大抵與其任職中華書局有關。[83]兼且參與民國時
期之政治活動，自能與中國當代賢豪相交結，故對近、現史上人物
之為人、學問及行徑，瞭解甚多。就內容而言，左氏之史學思想著
重於史事、人物傳記及史料介紹三方面。

---

[80]　章太炎，〈中華二千年史序〉，轉引自吳蔚若，〈章太炎之民族主義史學〉，
　　同註70，頁267。
[81]　朱延豐遺著，〈近代國家主義的發展〉，《現代國家月刊》第283期（民
　　國77年8月1日），頁6。
[82]　左舜生，《中國現代名人軼事》（香港：自由出版社，民國40年9月初
　　版），頁29-35。如「民國二十一年九月，先生（按：指左氏）訪晤章炳
　　麟，縱論時局及革命史事，頗多為前人之所未發，對先生之近代史研究裨
　　益良多。」見左舜生，《近三十年見聞雜記》（台北：文海出版社出版，
　　民國57年11月再版），頁486。陳正茂編著，《左舜生年譜》，同註33，
　　頁93。
[83]　同註6，頁42。

以史事而論，《中國近代史四講》一書最具代表。此書著眼於光緒 21 年（1895）至民國元年間史事之發展，其理由為（一）中日甲午戰爭，促成我國政治和文教改革運動，並引起其後六十年之動亂。（二）自甲午至清室覆亡之十六年間，變動頻仍，最為動人，充分呈現民族活力，最能觸動史家研究之動機。[84]

全書共分四目，包括第一講：甲午戰爭，以中、日、韓三國關係為脈絡而加以論述；第二講：戊戌維新，以康、梁、譚嗣同、黃遵憲及嚴復等人生平為骨幹，藉此論述湖南維新運動及戊戌時期政教改革；第三講：庚子拳變，縷述事變之起因、經過、影響及結果，也詳述因拳變影響而產生之東南互保、俄國佔領東北及唐才常自立軍起義等三事件之始末；第四講：辛亥革命，此講為左氏前此《辛亥革命史》一書之增訂，除縷析事件起因、經過及結果外，對於兩湖革命著墨尤多。[85]

就近代人物而言，左氏所介紹之人物、時間，主要集中在維新、革命及民國時期，而後者多為左氏所相知、見知以及交往之知名顯赫人物，如王光祈、方東美、曾琦、章太炎、楊度、毛澤東、張聞天、田漢、李璜、張君勱、陳布雷、陶希聖、章士釗、周恩來及蔣介石等。

人物之地理分布，遍及川、湘、江、浙、閩、粵各省，然獨鍾情於湘省人物，此大概與其原籍湖南有關，因此譚嗣同、宋教仁及黃興三傳之撰寫，最為翔實。[86]其中《黃興評傳》被譽為「是目前

---

[84] 左舜生，〈甲午戰爭〉，《中國近代史四講》（香港：友聯出版社出版，1962 年），頁 1-2。

[85] 李金強，〈民國史學南移──左舜生生平與香港史學〉，《香港中國近代史學會會刊》第 3 期（1989 年 1 月），頁 91。

[86] 同上註。

寫黃興寫得最深刻的一本傳記。」[87]另未刊稿〈梁啟超的生平及其
思想與著作〉對梁氏一生亦述評的十分詳細。

　　史料之述評：若論及史料，左氏以對太平天國、義和團及辛亥
革命史料之述評最多，在太平天國方面，撰有〈太平天國史話六
篇〉；義和團史料，則除了介紹中共出版關於義和團史料外，也評
論了前人吳永等人的《庚子西狩叢談》和《驢背集》等。

　　左氏由於任職中華書局編輯之故，對民國時期出版之史料相當
熟悉，如曹亞伯《武昌革命真史》，即由中華書局出版而遭禁，該
書之出版，左氏且參與其事。[88]此外，對於 38 年（1949）後中國
大陸出版有關史料，亦每多述介及引用，並且認為其時「反共人士」
否定大陸出版物之態度，並不可取。

　　研究歷史最基本的工作是甄別史料，對特定問題進行研究時，
史料往往是紛散的，而且往往是真偽雜揉。所謂甄別史料，就是對
史料所記哪些是歷史事實，哪些不是，進行判斷，因為歷史研究必
須依「事實」為根據。

　　甄別史料有方法的一面，也有經驗的一面。方法的一面，一般
史學方法論著中已介紹甚多，基本上是可按圖索驥的，但經驗的一
面卻是活的，需要靠個人的功力，包括博覽群書與親身的經歷。因
此甄別史料，腦中綜合而成的歷史圖像與真實的史料便成為甄別史
料的一項重要依據，而這種「史實與經驗結合」的方式在左氏歷史
著作中屢見不鮮。

　　如左氏於撰寫黃興時，曾親聞石醉六（按：石為黃興與蔡鍔摯
友）關於黃興與蔡鍔事蹟者。故言：「我從醉六所得有關黃、蔡兩

---

[87]　姜穆，《三〇年代作家臉譜》（台北：九歌出版社，民國 83 年 4 月初版），
　　　頁 54。
[88]　左舜生，〈曹亞伯與「武昌革命真史」〉，見《萬竹樓隨筆》，同註38，
　　　頁 349-350。

先生的口碑，有非其他史料所詳者。」[89]此直接口述史料佐證，即為一種親身經驗，再輔之以史料，其可信度自然更確鑿矣。

著述之特點：最後，若以著述特點而言，尚有下列數點可資一述：

1、左氏撰史，擅長史事敘述，其文字極為生動，大抵得力於早年研讀正史包括《史記》、《漢書》及《三國志》，其中以《三國志》之裴注影響尤大。[90]此外，左氏撰史因受梁啟超之影響，喜夾敘夾議、畫我如我之意，與國史各傳之精華相結合，故其傳記之寫法，尚足為今日之借鏡。[91]

2、留心史實之考證，由於左氏留心近代史料，並且與當代賢豪每有過從，故對近代史事與人物常能以第一見證者加以辯白，能以親身經驗糾繆史實之錯誤。舉例言之，如由於與楊度相識，從楊氏口中得悉孫、黃初次相見，乃由楊氏引介，而非日人宮崎寅藏。[92]如對劉達武所編：《蔡松坡先生年譜》若干史事年序之糾謬。[93]如對黃炎培關於吳樾炸五大臣時隸屬「同盟會」之更正等。[94]

3、注重人物研究，對近代史事之撰述，每每由人物入手，進而建構史事之全貌，此點乃受梁啟超「英雄史觀」之影響。其中左氏又最擅長寫「評傳體」之人物，此蓋與其興趣有關。

---

[89]　左舜生，《黃興評傳》（台北：傳記文學出版社印行，民國70年7月再版），頁2。

[90]　左舜生，〈記章太炎〉，見《中國現代名人軼事》（香港：自由出版社，民國40年9月初版），頁35。

[91]　汪榮祖，〈梁啟超新史學試論〉，同註48，頁203。

[92]　左舜生，〈關於楊度〉，《萬竹樓隨筆》，同註38，頁131-132。又見〈宋教仁評傳〉，《中國近代史話二集》（台北：傳記文學出版社印行，民國59年5月初版），頁9。

[93]　左舜生，〈蔡松坡先生年譜〉，見《中國近代史話二集》，同上註，頁151-155。

[94]　左舜生，《黃興評傳》，同註90，頁31-32。

其曾言：「我最歡喜讀一個學者或事業家的年譜或傳記。一本寫得最好的年譜或傳記，一定對該譜主或傳記主人的家世、時代背景、師友淵源、個人習性及其私生活等等方面寫得很客觀而且很詳細。對其人有了這樣的了解，再去看他的著作，或研究他事業的成績，便有把握得多。」[95]

4、注重湖南史事及人物，左氏雖然常說，研究史事不宜過度強調地方觀念，但自己又承認，研究人才在地理上的分布，這是蠻有趣的問題。[96]故其文章每每對於湖南在國史上地位多所著墨，對於近代湖南人物均用心研究，多所述評，省籍地緣觀念，對左氏之影響仍然不少。

5、評騭人物，尤能運用「知人論世」之原則，獨立客觀的加以述評，此特色實為左氏之人格特質所致。左氏曾言：「一到緊要關頭，我便必須保持我獨來獨往的精神，絕不願聽受任何人的支配。」[97]為人處世如此，評論人物史事必也如此。如以李鴻章、張之洞及袁世凱之事功來討論我國近百年變局。

6、左氏治史，史評、史論常夾敘於文中，且善用史料佐證己見；喜用小事發抒感懷。如在〈宋教仁評傳〉曾感懷道：「我們在今天來看宋對社會主義的分析及其所推測的結果，自然太嫌粗率；可是毛、劉、周、朱這群妄人，在中國搞共產搞了四十年，結果把中國大陸鬧成如今天的悲慘世界，真已接近亡國滅種的邊緣，能說宋先生在五十五年

---

[95] 左舜生，〈閒話讀書〉（七），《自由人三日刊》（民國 41 年 12 月 20 日）。

[96] 左舜生，〈辜鴻銘的筆記〉（上），《自由人三日刊》（民國 43 年 5 月 26 日）。

[97] 〈左舜生致雷震〉，見傅正主編，《雷震秘藏書信選》（台北：桂冠版，1990 年 9 月初版），頁 133-134。

前所憂慮的，不是先知先覺嗎？」[98]藉昔諷今固無不可，但倘常常為之，就嚴謹史學角度而言，太過反倒不佳。關於此點，其實左氏也有自知之明，但「話稍說遠了」之毛病終不可取。另外，左氏亦擅長替傳主做平反工作，喜於文中考據前人之非。如寫〈林則徐的一生〉考證高拜石於《古春風樓瑣記》林則徐成進士年代之不確。[99]又為宋教仁辯護，而提出合理論證駁斥戴傳賢之誣。近人關國煊撰人物史事頗類似之。

7、對日本國情及史事之重視，左氏可說是近代中國相當早重視及鼓吹研究日本的史學家，而其本人亦以身作則先行研究日本史，其中尤以日本侵華史與日本和中國之關係及日本近百年史，更為其研究之重點。

　早在民國 13（1924）年 6 月，左氏之《近代中日關係略史》一書即由上海中華書局出版。[100]其後在《醒獅週報》時代和《國論月刊》時期，亦有〈二十一條交涉始末〉及〈最近五十四年間中日交涉大事表〉與〈記甲午戰爭以前中日交涉的經過〉等文之發表，開其對日本研究興趣之先河。[101]

　左氏之重視日本史其來有自，其晚年常造訪日本，且嘗言：「這個奇異民族既可愛，又可怕！我研究近代史，勢必搜集中日兩國興衰史料，二十年代我寫過中日外交關係史等書，戰後日本朝野各方

[98] 左舜生，〈宋教仁評傳〉，見《中國近代史話二集》（台北：傳記文學出版社印行，民國 59 年 5 月初版），頁 21。

[99] 左舜生，〈林則徐的一生〉，見《中國近代史話初集》，同註 19，頁 1-5。

[100] 《中國近代現代叢書目錄》（上海：上海圖書館印行，1979 年 2 月 1 版），頁 6481。

[101] 左舜生，〈二十一條交涉始末〉及〈最近五十四年間中日交涉大事表〉均發表在《醒獅週報》第 31 號（民國 14 年 5 月 9 日）。〈記甲午戰爭以前中日交涉的經過〉，《國論月刊》第 2 卷第 4 期（民國 25 年 11 月 15 日）。

面是否有重大變化？我國對日『以德報怨』是否有多少收穫？他們的國策未來趨向如何？……」[102]

換言之，左氏之研究日本其實有其深謀遠慮的一面，蓋其始終認為中日兩國地緣一衣帶水唇齒相依，合則兩利，分則兩害。惜日本軍國主義者不了解中日兩國互利共存之重要性，反而學習西方帝國主義的行徑，大肆侵略中國，最後造成中日兩國莫大的悲劇。

所以左氏早在抗日戰爭爆發前一年——民國 25 年（1936）初訪日本觀察所得即言：「我知道中日間的一度大決裂已無可倖免，想謀挽救，也只是枉費心機，我站在一個國民的立場，無法容許日本全勝；站在亞洲及世界立場，我決不願日本慘敗到不能翻身；我在這個時候惟一可以致力之點，只是如何積累我自己對日本問題的理解，以謀決裂後在重建中日關係一點上，找機會去貢獻我的微力。」[103]

又云：「我去日本的動機，決不想在中日間這個已經形成的大勢有什麼補救，我充分知道自己決沒有這種力量，可是像這樣一件大事，我必須在事前多求得一點了解，以為我將來相機說話的餘地。」[104]

果不其然，民國 34 年（1945）8 月 15 日，日本無條件投降消息傳到重慶，人民欣喜若狂，左氏卻痛定思痛，連夜寫了一封兩千餘字之長函，託張群轉至蔣主席。[105]

---

[102] 潘再中，〈懷念憂國遠謀的左舜生先生〉，《新中國評論》第 39 卷第 4 期（民國 59 年 10 月），頁 10。

[103] 左舜生，《近三十年見聞雜記》（台北：文海出版社出版，民國 57 年 11 月再版），頁 500-501。

[104] 同上註，頁 497。

[105] 左舜生，〈壽介公總統八十——述我與蔣先生之間的幾件小事〉，《中央日報》（民國 55 年 10 月 31 日）。另岳騫也說：「民國三十四年八月十四日，先生致函託陳布雷呈交蔣委員長，言及『不可讓日本倒下去』。次日蔣委員長廣播，呼籲國民對日本以德報怨，雖然未必全部是受了左先生

其在信中向蔣建議：「日本是一個壓不死的民族，他們的復興決不在遠。我們對日本不宜採取過分的報復手段，尤其是不可動搖他們的國本，以保留將來合作反共的餘地。」[106]

左氏此舉絕非懼日、媚日，而是高瞻遠矚，深謀遠慮，其對日本歷史國情之重視，誠如其言：「人生不滿百，常懷千歲憂，我在日本多方面有意無意觀察，他們尚無悔禍跡象，驕盈之氣，又發其端，能否與我們永久和平共處，大成問題……。」[107]憂國遠慮之心，才是其重視研究日本之真正目的。

五、史學侷限與貢獻

史學成就之侷限：關於評論左氏一生之史學侷限與貢獻，吾人必須從左氏立場及時代背景觀之。左氏生於近代中國內憂外患的時代，投身急流，難以勇退。觀其一生經歷，徘徊於政治與學術之間，政治有所顯，惜學術有所限，其中尤以史學研究和成就為然。

左氏早年雖用心於中國近代史，成為我國近代史研究先驅者之一。然其注意史學，主要仍以經世及教學為鵠的，兼以日後黨政兩忙，自難於學術上有所發揚。另左氏雖勤於著述，產量亦豐，而以中國近代史及人物為其著述重心，然其著述均為散篇成書及課堂講義整理而成，寫作動機多為稻粱謀，此即「以腦養胃」，自難望其專精，此亦吾國知識份子於動盪時代之悲劇也。

就其史學造詣而言，左氏早年教育，仍以國學為主，故其史學素養深具中國史學之特質，未能從事以「問題」為中心的專題研究，

的影響，相信也有一部分採納了左先生的意見。」岳騫，〈左舜生先生對日本的最後看法〉，《左紀念集》，頁93-94。

[106] 同上註。
[107] 同上註。

其史學成就，若以當代史學標準觀之，自有所限。其晚年力作《黃興評傳》一書，李雲漢評其文無甚新奇之處，雖有苛評之處，然就史學專業論之，亦不無道理。[108]

　　近人唐德剛在其討論當代中國史學時，曾對傳統中國史學一派之特徵，提出接受傳統儒家觀念；重視「人治史學」，強調「英雄造時勢」；及以通史為主的泛論史學和注意小考證等三點。若取之與左氏著史特點相較，可佐左氏之著述，仍未能脫離傳統中國史學之格局。[109]

　　歷史教學之貢獻：左氏的史學成就雖有其侷限，然其對中國近代史學界貢獻仍大，其中尤以在歷史教學方面為最。左氏早從民國18 年（1929）起，即在上海青年黨所辦之黨務學校「知行學院」授課，主講「中國近代史」至民國54 年（1965）應邀在香港清華書院講授「中國近代史」止，一生奉獻於史學教育將近四十年，期間曾任教於復旦、大夏等大學。[110]漫長的歷史教學期間，值得稱述者有二：

　　　1、為民國24 年（1935）春夏之交，左氏應邀至南京中央政治學校教課，講授「中國近百年史」及「近代中日關係史」。[111]時日本侵華之勢已成，各黨各派人士團結禦侮，成為全國一致之矚望，左氏應聘到政校任教，自是當局與各界人士團結合作之表徵。

　　　　　有關左氏到政校教書所象徵之重要意義，陶希聖曾說：「中央政治學校原名中央黨務學校，為中國國民黨

---

[108] 李雲漢，〈關於黃興的研究和史料〉，《新知雜誌》3 年2 期（民國62 年），頁20。

[109] 唐德剛，〈當代中國史學的三大主流〉，《傳記文學》第51 卷第4 期（民國76 年10 月），頁26。

[110] 陳正茂編著，《左舜生年譜》，同註33，頁78、95、97、266。

[111] 吳相湘，〈左舜生常懷千歲憂〉，《民國百人傳》第3 冊，同註6，頁44。

所創立。左舜生是中國青年黨領導者之一人，卻受聘為黨校研究教授，此其意義決不很小。舜生上廬山，進政校，實質上是中國國民黨與中國青年黨共赴國難之先聲。」[112]

而阮毅成也說：「民國二十四、五年間，左舜生先生應中央政治學校校長蔣先生之聘，來校擔任教授。這是中國國民黨黨辦的學校，又在訓政時期，左先生以中國青年黨的領導人物，而應聘執教，自為各方面所注意。蓋其時正為九一八之後，各黨人士團結禦侮，為舉國一致的矚望。左先生到校任教，自是團結的象徵，也是合作的先河。」[113]上述二氏之言，實已道盡左氏赴政校教書之時代及特殊意義了。

2、為左氏晚年在香港之歷史教學，五、六〇年代，左氏避難香江，為生計故，亦在各大專院校任教，並努力以中文從事撰述，懷古論今，讓中國的歷史與文化，能茁壯南方一隅，使香港華人社會與中國文化母體尚能血脈相連。[114]

林啟彥在〈戰後香港地區的中國近代史教研成果〉一文中即說到：「香港的中國近代史教研傳統，嚴格地說，在戰後始起步，到了七十年代後期才漸見規模。……在史學教研方面，更羅致了一批國內早負盛名的學者講授中國近代史，包括左舜生、李璜、黃福鑾、陳安仁、李定一、羅香林、王德昭、全漢昇、司馬長風（原名胡靈雨）等，另闢了殖民地教育以外的教學傳統。這些學者致力於把

---

[112] 陶希聖，〈記左舜生先生〉，《左紀念集》，頁 52-53。
[113] 阮毅成，〈追念左舜生先生〉，《左紀念集》，頁 61
[114] 同註 86，頁 85。

中國大陸民族主義的史學傳統移植到香港來，若無此輩
學者的耕耘努力，中國近代史的教研傳統恐怕便無從建
立。」[115]

　　林氏又言：「五、六十年代可說是香港中國近代史研
究的開創期。……講授中國近代史課程的學者如左舜
生、李璜、簡又文、黃福鑾、陳安仁等，大都來自中國
大陸或台灣。他們多是政論家、專欄作家或近代中國政
治歷程的親身經歷者，故一般較重視政治史和政治人物
的講授。他們當中不少懷著對祖國的強烈感情，試圖透
過研究歷史和教導學生以傳播中國近代史知識，並希望
藉此向年輕一代闡明歷史的教訓，以期對中國的前途有
所啟示。由於材料及研究條件的限制，這些學者較少進
行正規的學術專題研究，而以撰述通論性的著作為主，
如左舜生的《中國近代史四講》、黃福鑾的《中國近代
史》、陳安仁的《中國近代史要》等。此時期的近代史教
學，在極困難的環境下得以開拓與維持，此輩學者蓽路
藍縷之功，實不可忘。」[116]

　　誠哉斯言，準此而論，左氏晚年對香港史學，尤其是中國近代
史的教學是有其功不可沒的貢獻。

---

[115] 林啟彥，〈戰後香港地區的中國近代史教研成果〉，收入香港中國近代史學會編，《中國近代史研究新趨勢》（台北：商務版，1995 年 6 月台初版），頁 12。

[116] 同上註，頁 18。林氏又言：「從一九五二年起，就由孫甄陶、左舜生等教授開始講授中國近現代史。此實為香港大專院校正式開設中國近代史課程的濫觴。」，頁 13-14。

六、結論

　　平情而言，左氏史學之遠見，在於其甚早洞察到研究中國近現史之重要性及對日本史之關注；而其侷限則在於其史觀與撰史方法仍不離傳統史學論述之窠臼。故吾人倘以學術專業尺度衡之，左氏史學著作成果是有所不足的，但此與時代背景及研究環境有關，吾人實不可苛責。

　　且在那種艱困的情況下，還有若干研究成績與著作問世，委實不易。《中國近代史四講》雖係由大專授課講義整理而成，但仍不乏獨見；《黃興評傳》強調黃興對辛亥革命的貢獻不下於孫中山，也頗有見地。[117]

　　《近三十年見聞雜記》、《萬竹樓隨筆》等著作，雖有左氏個人回憶錄味道，但卻記載非常多有關「少中」、青年黨與共產黨的交手鬥爭、青年黨與國民黨合作之淵源、青年黨與第三勢力「民盟」之關係始末及內幕，第三方面與國、共調停等，為治中國近現代史者提供相當珍貴的史料。尤以左氏是青年黨與國民黨高層接觸的人物，其文章更透露了不少國、青兩黨交涉始末的第一手資料。[118]

　　舉例言之，左氏於民國 27 年（1938）曾代表青年黨致函國民黨的蔣委員長，獲得蔣氏之回函，使青年黨取得合法承認之地位。[119]此事極具史料價值，近代史學家沈雲龍即言：「凡是欲求了解中國現代政治史或中國政黨史，決不可忽視這兩項重要歷史文獻，以後青年黨之由共同抗戰而共同制憲、行憲、參加政府、協助剿共、戡亂，乃至大陸撤退，始終擁護反共抗俄國策，僅有與國民黨共患難之一念，及國家不能不團結以謀共保，別無其他企求，都

---

[117] 同註 116，頁 27。
[118] 如左氏言其與蔣認識之經緯及促成國、青合作之經過，均為研究現代史或政黨史的第一手資料。見《近三十年見聞雜記》，同註 104，頁 489-492。
[119] 朱文伯，〈悼念民主鬥士左舜生先生〉，《左紀念集》，頁 163。

是以此項交換函件為契機，一線相沿而來。舜老一生對青年黨、對
國家的最大貢獻，也就在此。」[120]

另外，左氏強調「現代史觀」之建立，亦為一遠見，左氏認定
「研究中國現代史，必須把世界與我有密切關係的若干國家這一時
期的歷史同時研究，才能明白一件重要事實的真相，否則，僅僅根
據我們一方面的記載，便難免不流於主觀，不僅歷史的真相不明，
如果把它寫成一篇敘述文字，也不能生動有力。」[121]

為證實其「現代史觀」，他特舉兩項實例。其言：「自從龔德柏
譯了陸奧宗光的《蹇蹇錄》（龔譯改名《中日外交秘史》），王光祈
從德文譯出《三國干涉還遼秘聞》，我們過去關於中日甲午一戰的
紀錄，便須全面重寫；姚錫光著的《東方兵事紀略》，羅惇曧據
姚著改寫的《中日兵事本末》，以及王炳耀所編的《甲午中日戰
輯》等等，最多只能供我們參考，而不能認為是一種良好的歷史
記載。」[122]

又云：「林則徐是清代後期的首屈一指的好官，其一生績業，
自以虎門燒鴉片一幕最能表現中國民族為正義而不屈的勇氣。可是
自來關於鴉片戰爭的紀載，往往把英國和印度方面的事實忽略了；
對當時英國人的心理更未能加以分析；因而沒有一篇關於此役的紀
錄可以算得是很圓滿的。本年（按：指民國 56 年）三月，有林孟
工（崇墉）先生一部六十萬字的《林則徐傳》出版，才算把這一缺
憾彌補了。沈雲龍說：『有了林孟工這部書，過去一切關於鴉片一
役的記載，都可不必再看。』我有同感。」[123]

---

[120] 沈雲龍，〈述往事‧悼舜老〉，《傳記文學》第 10 卷第 5 期（民國 58 年
　　 11 月），頁 80。

[121] 左舜生，〈日本在美化中〉，《左舜生選集——近作集》（台北：大西洋
　　 圖書公司印行，民國 57 年元月初版），頁 174。

[122] 同上註。

[123] 同上註，頁 174-175。

　　左氏這種不拘泥一派之見，主張博採眾家之說，尤其重視外國；甚至敵對一方之紀錄，且以越現代、越新之史料為依歸。此「現代史觀」之看法，不僅象徵左氏客觀之史學態度；也代表其史學觀點與時俱進之前衛性。

　　上述淺見，雖然卑之無甚高論，但基本上是筆者對左氏史學之評價。「攻錯自他山，蒐討國聞；萬竹紀遺編，考史應推才學識。」[124]此為羅香林對左氏之輓聯，羅與左俱為史學同好，其對左氏史學之評價，略有溢美之嫌。

　　以吾人觀之，其實左氏才、學、識俱備，惜因動盪的時代環境，無法讓其淋漓盡致的發揮，此為左氏最大之不幸與遺憾。

---

[124] 羅香林輓聯，見《左紀念集》，頁 291。

常燕生教育思想初探

一、前言

　　常燕生（1898-1947）本名乃德，字燕生，後以字行。山西省榆次縣人。北京高等師範學校畢業。[1]早年即積極參與新文化運動和五四運動，為新文化運動中嶄露頭角的志士之一，肄業北京高等師範史地部時已投稿《新青年》，與主編陳獨秀討論新舊文化問題。[2]及至「北京學生聯合會」成立，又當選為該會教育組主任，並參加在「五四」遊行示威運動中「出力獨多」的《國民雜誌》社，一度出任編輯。[3]同時他還經常為《平民教育》周刊撰稿。[4]

　　民國 14 年，燕生加入主張國家主義之「中國青年黨」，[5]並成為該黨之理論大師，畢生倡導「生物史觀」以對抗共產黨之唯物史觀，[6]故堪稱是位中國現代著名的史學家、思想家和社會哲學家。

---

[1]　吳天墀：〈常燕生先生簡要年譜〉，23 歲條，見黃欣周編：《常燕生先生遺集》（8）（台北：文海版，民國 56 年 12 月台初版），頁 120。

[2]　許冠三：〈常乃德：生物法則支配一切〉，見《新史學九十年》（下冊）（香港：中文大學出版社出版，1988 年），頁 44。

[3]　張允侯、殷敘彝等編：《五四時期的社團》（2）（北京：三聯書店出版，1979 年 4 月 1 版），頁 16。

[4]　〈平民教育目錄〉，見中共中央馬、恩、列、斯著作編譯局研究室編：《五四時期期刊介紹》第 1 集下冊（北京：三聯書店出版，1978 年 11 月 1 版），頁 808-824。

[5]　〈常燕生〉，秦孝儀主編：《中國現代史辭典——人物部份》（台北：近代中國出版社，民國 74 年初版），頁 400。

另一方面，他早年亦為一個主張「全民教育」之教育哲學家，所撰有關教育主張與教育制度的論文，最早發表於《民鐸》雜誌，後來編入《全民教育論發凡》一書中，於民國 11 年，交由商務印書館出版。此外，尚有〈教育上的理想國〉等譯介文章及單篇探討教育論文，散見於《國民》、《教育雜誌》、《中華教育界》、《東方雜誌》等刊物。[7]

但，外界很少了解以上所述的這些教育論述，其實是常氏作為青年黨人理論家所抒發的另一種時代關懷，有其深刻的時代意義。所以本文嘗試以第一手原始資料，來探討常氏的教育思想。

二、常燕生與「平民教育社」

常燕生初期的教育思想之萌芽，實與「平民教育社」有關，該社團是在北京高等師範學校成立、而燕生當時正就讀於該校史地部、並常參與該社的活動。

至於「平民教育社」的創立背景，根據目前學界的理解，它是創立於五四時期，受美國教育哲學家杜威的思想言論之影響，以提倡普及教育，來改造社會和救國圖強的一個著名的教育社團，其發展簡史如下：

1、該社大約成立於五四運動後不久，由北京高等師範學校（北京師範大學之前身）教職員和學生聯合組成的。[8]據

6　黃敏蘭：〈國族集團主義的生物社會史觀〉，見其著：《學術救國——知識分子歷史觀與中國政治》（河南：人民出版社出版，1995 年 12 月 1 版），頁 132。

7　陳正茂：〈常燕生傳〉，《國史擬傳》第 5 輯（台北：國史館印行，民國 84 年 6 月出版），頁 110。

8　「平民教育社」，見《五四時期的社團》（3），同註 3，頁 4。

社員姚以齊在〈本社四年來的回顧〉一文中說到：「本社成立於民國八年雙十節以前，恰當杜威博士來華之後。至本社之所以成立，直可謂由於受杜威學說之影響和感動。」[9]另一社員任熙烈也說：「民國八年杜威博士來華講演，同人因鑒於中國教育之不良，急待改善，乃組織平民教育社。」[10]由此可見，此社團的成立，多少受到杜威來華的影響下組成的。

2、與五四時期諸多社團相比較，平民教育社壽命還算是長的，從民國 8 年成立到民國 13 年，因經費無著而停止活動，前後共維持將近五年之久。[11]社員最多時曾達一百四十餘人。該社宗旨為：「研究宣傳及實施平民教育」。[12]成立後，最重要之事即創辦了社刊《平民教育》雜誌。[13]

3、民國 8 年 10 月 10 日該社發行《平民教育》周刊，至民國 9 年 5 月 8 日停刊止，共出 23 期，每期一張。[14]

4、民國 9 年暑假後，高師另一部分學生又辦了一份《教育與社會》刊物，並與《平民教育》合併，名稱仍叫《平民教育》。此刊物於民國 9 年 11 月 14 日出版第 24 號。從這一號起，改為 16 開本的半月刊，全年 18 冊（寒暑假休刊）。[15]

9　姚以齊：〈本社四年來的回顧〉，《平民教育》第 68、69 號合刊（平民教育四周年紀念特號）（1923 年 10 月 30 日）。

10　任熙烈：〈平民教育發行情形四年之回顧〉，《平民教育》第 68、69 號合刊，同上註。

11　〈平民教育〉，《五四時期期刊介紹》第 1 集上冊，同註 4，頁 337。

12　平民教育社的組織共十二條，其第二條即「本社以研究宣傳及實施平民教育為宗旨」，見姚以齊：〈本社四年來的回顧〉，同註 9。

13　平民教育社的組織第五條「本社為利於研究及宣傳起見，特發行《平民教育》雜誌及其他同性質出版品」，同上註。

14　同註 11。

15　〈本社特別啟事〉，《平民教育》第 24 期（1920 年 11 月 14 日）。

5、民國 11 年 5 月，《平民教育》又與該校「實際教育研究社」
所辦的《實際教育》合併，仍沿用《平民教育》。目前所
見《平民教育》共有 73 期，中缺 21 至 23 期，且愈到後
來兩期合刊的愈多。而刊物的思想傾向，從 24 期後有明
顯之不同。[16]

至於常燕生與該社的關係，又是如何呢？其實，早在平民教育
社成立之際，常氏即就讀於北京高等師範學校的史地部，因頗認同
該社理念，所以就近加入該社的活動，並與常道直、王卓然、湯茂
如等人同為該社機關刊物《平民教育》周刊第 2 屆（1920 年）的
編輯。[17]此外，他也常在同刊物，發表相關論文。

據《平民教育》目錄記載，常氏發表在《平民教育》的文章計
有：〈對於全國教育會聯合會的希望〉：第 1 號（1919 年 10 月 10
日）、〈天才和社會〉：第 3 號（1919 年 10 月 25 日）、〈格里學校〉
R.S.Bowvne 著（Gray School）（譯述）：第 12 號（1919 年 12 月 27
日）、15 號（1920 年 1 月 24 日）、〈理想學校的先決問題〉：第 26
號（1920 年 12 月 20 日）、〈教育家懷疑的態度〉：第 27 號（1921
年 1 月 10 日）、〈我所望於「教育博物館」者〉：第 27 號（1921 年
1 月 10 日）、〈未來教育改造趨勢之觀察〉：第 38 號（1921 年 9 月
25 日）、〈打破隔閡人性的教育制度〉：第 39 號（1921 年 10 月 10

---

[16] 〈《實際教育》同《平民教育》合并的聲明〉，《平民教育》第 51 期（1922
年 5 月 10 日）。《平民教育》的前 23 期，是主張通過教育的革新和改良
來改造社會的，認為教育的改良是一切改良的根本。24 期以後，則有不少
成員著重闡述資本主義的教育制度，其中以常乃德為主要代表人物，所以
遭到攻擊批評的也最屬害。見《五四時期期刊介紹》第 1 集上冊，同註 11，
頁 337-351。

[17] 〈平民教育社歷屆職員名單〉，《五四時期的社團》（3），同註 8，
頁 9。

日）等文。[18]數量或許不多，但卻是一個二十歲初頭，思想早熟的青年，最早的教育思想與主張。

三、常燕生教育思想綜論

（一）教育思想之發軔

　　常氏教育思想之發軔，實與其親身教學經驗有密切關係。民國9年夏，常氏卒業於北京高師，下學期留教高師附中。[19]翌年，常氏膺吳淞中國公學中學部之聘，南下教書。此一、二年中所撰雜文至夥，但以探討教育問題為多，先後分別發表於《時事新報》、《學燈》、《民鐸雜誌》及《教育雜誌》等報章雜誌。[20]民國 11 年，常氏將歷年所撰有關教育問題之文章，輯為《全民教育論發凡》一書，交由商務印書館出版。該書提倡大同主義的全民教育觀，思想至為新穎。[21]

　　民國 13 年春，常氏赴北京就師大附中教職。秋，改就燕京大學之聘，教授歷史。正式結束其將近六年之中學教職經驗。此六年

18　同註4。

19　〈常燕生〉，見劉紹唐主編：《民國人物小傳》第 1 冊（台北：傳記文學出版社印行，民國 64 年 6 月初版），頁 155。又見阮毅成：〈記常乃德先生〉，載其著：《前輩先生》（台北：傳記文學出版社，民國 61 年初版），頁 67。

20　黃欣周：〈愛國詩人常燕生先生〉（中），《現代國家月刊》第 277 期（民國 77 年 2 月 1 日），頁 38。

21　舒新城：〈大同教育思想〉，載其編：《近代中國教育思想史》（上海：中華書局印行，民國 17 年出版），頁 187-201。

之中學教學經驗，對常氏影響至大，常氏諸多改革教育之思想主
張，即因親身教學經驗之感受而啟發的。[22]

　　對於當時教育環境的不滿，係刺激其思考教育的一大外緣因
素。如對彼時教育環境與制度的深切不滿，常氏即不諱言的說到：
「現在凡是學師範學教育的人，稍微有點進取思想的，大約沒有
一個不希望將來出校任事之後，對於教育現狀將加以多少的改
良。」[23]另外，如對中等學校教科書編撰之不以為然亦是如此，民
國 13 年，常氏應上海商務印書館之邀，撰述「新學制課程標準綱
要」之歷史部份，常氏即大膽嘗試，欲試行史地混合教法，以期打
破關於朝代國界之狹隘觀念，進而明瞭世界人類生活共同演進之狀
況也。[24]

　　總之，誠如常氏自承：「從民國九年離開學校以後，到民國十
四年，這一時期因為服務於中等教育而對現行學校教育制度根本起
了懷疑。」[25]基本上，常氏想以純粹社會科學的見地對於人類教育

---

[22] 常燕生：〈自序〉，載其著：《歷史哲學論叢》（香港：自由出版社出版，
民國 45 年 11 月出版），頁 1。

[23] 常乃德：〈毀校造校論〉，《民鐸》第 4 卷第 5 號（1923 年 7 月 1 日），
頁 1。

[24] 吳天墀：〈常燕生先生簡要年譜〉，27 歲條，同註 1，頁 121。

[25] 同註 22。關於常氏對當時教育界之不滿與懷疑，時與常氏同在中國公學附
設吳淞中學任教之舒新城說的最清楚。舒氏坦承在教育上，當時各人對於
學校的辦法和前途，雖各有其不同之理想，但於舊制度及方法之懷疑，卻
是一致的。而懷疑之最甚者，當推常乃德與我。其次為沈仲九與孫俍工。
常君根本懷疑當時之學校而主張全民教育，主張毀校造校，有《全民教育
論發凡》一冊，於十一年由商務印書館出版，其思想之背景為大同主義。
見舒新城：《我和教育》（上）（台北：龍文出版社出版，民國 79 年 5
月初版），頁 108-181。
又言：當時教育界，除去我們在吳淞的一群「浮薄少年」以及其他的少數
青年及非教育家對於中國的教育有所懷疑，有所批評而外，大多數的教育
家，似不感著當前的教育有問題，尤少有人感到教育制度與社會組織之關
係的問題。我的疑問既不能向教育家求得解決，便只有自己努力。《我和
教育》（下），頁 342-343。

制度的演變加以批判，並進而創立純理的教育學以代替現有的專講教授術的教育學。[26]常氏這一部分的主張，後在《全民教育論發凡》一書中，有全面完整的論述。

　　至於教育的弊病，常氏明白指出，「現在國內教育制度有許多弊病，一是教育方法的不能盡善，一是教育事業的不能普及，還有教育制度本身的種種缺點，如同功課的挨板，師生階級的不能融洽，教育之不能概括全人生，以及經費的繁重等等，這都是社會學家與教育學家所應當盡力去求解決的。」[27]

（二）全民教育思想之淵源

　　常氏的教育思想名為「全民教育」，其實全民教育亦可稱之為平民主義的教育思想。此思想之產生，為民主思想盛行的結果。在歐美各民主國家，早已有此種思想，至於中國由於幾千年來的君主專制政體，人民思想始終處於「天下有道庶人不議」的觀念中，所以平民主義思想的出現乃是辛亥革命以後的事。[28]

　　五四時期，歐美各種新思想紛至沓來的傳來中國，平民主義教育思想亦於適時傳入。[29]此際，又由於平民主義思想的創造者杜威博士來華講演，更予中國社會莫大的影響。[30]

26　同註22。

27　常乃德：《社會學要旨》（上海：中華書局發行，民國13年4月初版），頁98。

28　任時先：《中國教育思想史》（台北：商務版，民國57年12月台2版），頁358。

29　民國8年之後，隨著西方學者的來華講學，介紹平民主義以及國內學者的不斷引述與鼓吹，平民教育遂成為一股重要的思潮。見洪喜美：〈北伐前平民教育運動初探〉，載《中華民國史專題論文集》第2屆討論會（台北：國史館印行，民國82年12月初版），頁92。

30　舒新城即言「五四」運動以後，舊社會上的一切被否定，對於什麼都要從新估價。青年們多少年來被社會風俗習慣的種種壓抑，當時都可以無顧忌

　　湯茂如對於此種思想所以能在中國產生的原因，說得很詳盡。他說：「歐戰發生，我國人民的思想大為變動。全國學生和有智識的人，對於本國的文化思想。大大懷疑；對於本國內政外交，群起參加。甚麼新文化運動，學生運動，公開學術講演，都在這個時候發生。最可注意的就是此時國內平民主義的鼓吹和白話文學的提倡，……民八以後，共計三年，有美國教育哲學家杜威博士在全國各大學校講演平民主義與教育，又有國立北京高等師範教育研究科的教授和學生在民國九年創辦平民教育週刊，鼓吹教育平民主義化。」[31]

　　另研究教育思想史的任時先亦言：「平民主義教育思想實萌芽於康有為的大同教育理論，不過那時國體尚沒有具體的變革，大同二字多為人所忌言，故其思想不甚普遍。……歐戰告終，民主思想大盛，中國的五四運動因以『德先生與賽先生』為骨幹，此種新文化運動實為平民主義教育思想的媒介。」[32]

　　誠然，民國 8 年 5 月，杜威博士應北京大學之請來華講演，造成平民主義教育思想因此而盛極一時。杜威的平民主義教育之系統主張，全在他的《平民主義與教育》（Democracy and Education）一書中。當時他提出的口號是「教育即生活，學校即社會」。而胡適

地推翻。在教育方面，當時的學校制度以及教育制度，本不能滿足青年以及社會的需要；加以八年五月，美國的民治主義教育大家杜威博士應北京大學與江蘇教育會等之請而來中國講學。其親炙弟子胡適又是當時文學革命的先驅。一年之間，師生講演的足跡幾遍中國。杜威的民治主義的教育哲學尤其「教育即生活」「學校即社會」兩句話，差不多是教育界——包括學生教師——的口頭禪。見其著：《我和教育》（上）（台北：龍文出版社出版，民國 79 年 5 月初版），頁 150-151。

[31]　湯茂如：〈平民教育運動的經過〉，《教育雜誌》第 19 卷第 9 號（民國 16 年 9 月 20 日），頁 1。

[32]　同註 28，頁 359-360。

更根據其師之教育哲學，竭力加以推演。[33]自此以後，平民主義教育思想影響於我國教育至大。

常氏此際之教育思想，可以肯定是受到杜威一派「平民主義」教育思潮影響極深的。這可從常氏《全民教育論發凡》一書及其撰寫有關教育的論文中，屢屢盛道和介紹杜威平民主義的教育主張可見端倪。[34]

舒新城在《近代中國教育思想史》一書中曾說：「歐戰而後，國際和平的聲浪雖然轟動一世，但軍國主義與資本主義的進展仍和從前無異，於是一部分教育者由國際和平的聲浪與國際壓迫的事實兩重矛盾的狀態中，發現大同主義的希冀。」在此舒新城和任時先一樣，均將平民主義稱之為大同主義。

---

[33] 胡適：〈杜威的教育哲學〉，《新教育月刊》第 1 卷第 3 期——杜威號（1919 年 4 月）。另胡適又言：美教育學者杜威在五四前夕來華，住了兩年，在十一省作過學術演講，他的實用主義教育主張受到中國知識份子的重視，在北京五種長期講演錄《杜威五大講演》，在他離華前已再版十次。胡適：〈杜威先生與中國〉，《晨報》（民國 10 年 7 月 11 日）。

另呂芳上也說到，五四學運中，有許多觀念是來自外國的影響。例如美國教育家杜威（John Dewey，1859-1952）說「教育即生活」、「學校即社會」，孟祿（Paul Monroe，1869-1947）提倡「學生自治」及「自由共和的教育」，不論學生對這些教育學說有多少理解，他們的確把它拿來實踐，並作為學運的一種訴求。見呂芳上：《從學生運動到運動學生》（台北：中央研究院近代史研究所出版，民國 83 年 8 月出版），頁 12。至於杜威的教育主張在中國之實際影響，可見民國 11 年底湖南學生聯合會引杜威「教育即生活」的話，要求各校組織學生會，以營團體生活，即可見其影響。見〈湖南學聯會對會務進行的方針和計劃〉，長沙《大公報》（民國 11 年 12 月 10 日）。

而另一美國哥倫比亞大學教授孟祿，於民國 10 年 9 月來華考察各地教育實況，傳播平民教育思想，主張「共和自由之教育」，亦影響極大。參見王卓然著：《中國教育一瞥錄》（上海：商務版，民國 12 年）。及孟祿在南京的演講：〈學生運動之意義〉，《讀書雜誌》卷 8 期 11（民國 10 年 11 月 5 日），頁 6-10。

[34] 具見常乃德：〈全民教育論發凡〉（上、中、下）三篇文章，發表於《民鐸》第 5 卷 3-5 號（1924 年 5 月 1 日至 7 月 1 日）。

　　舒氏又說：「代表此種希冀者，為常乃德、沈仲九、陳兼善和
其本人等。且為實現此理想，他們於民國十一年發起『教育改造社』
組織。此社原定藉上海《時事新報》附刊，出一種《教育旬刊》刊
物，以鼓吹他們底見解，後因他故未發行，而該社也無疾而終。但
《教育旬刊》之宣言，即由常氏草就。」[35]在該宣言中，常氏闡述
他們主張教育改造的原因說：

> 幾千年的教育，祇是少數人的專利品虛榮的裝飾物，特殊
> 階級的擁護利器。自家族主義、部落主義、貴冑主義，以
> 至於現代的軍國主義、資本主義，都很巧妙地利用教育以
> 擴張他們底勢力，維繫他們的地盤。而為了替特殊階級裝
> 點門面，幾千年來的教育家，也無形地變作特殊階級雇用
> 的工人；這些可憐的被雇者，還要創出些可憐的學說，可
> 憐的制度，用以牢籠後代的青年。[36]

　　為爭脫此牢籠桎梏，常氏以為必須根本上從教育著手，才能剷
除這些不合理的現象。而為求解決之道，常氏提出以「全民教育」
為改造的目標。其言：

> 要實現真正的社會平等，必先使社會上各個人，都有受平
> 等教育的機會；因此我們主張：改造後的教育，是人類全
> 體的，不是特殊階級的。一切有利於官僚階級，資本階級
> 的制度，應當盡力剷除。[37]

---

[35]　同註21，頁195。

[36]　常乃德：《全民教育論發凡——附錄》，轉引自舒新城編：《近代中國教
育思想史》，同註21，頁195。

[37]　同上註，頁196-197。

其後，常氏又一再於其教育理論中談到：「將來的教育是全民的，是即社會即教育的。」[38]此說法即平民主義的基本內涵。

平民教育的基本精神，本為打破社會上種種愚民政策，積極主張開放「獨占的教育」，把神聖的教育普及到每個平民身上，使「真正的平民」都受著教育，而且都受著程度相等的教育。只有如此，平民主義的基礎才能穩固，平民主義的社會也才能完全實現。[39]此一基本精神，也正應和著上述常氏的兩點教育主張，由此亦可知，常氏教育思想之淵源，脫胎於平民主義的教育，殆無疑義矣。

四、全民教育之理論

常氏早期之教育理論，包含教育主張與教育制度之改革，此一完整縝密系統之論述，全集中於其生平唯一教育理論大著《全民教育論發凡》一書中。現由其書爬梳論述常氏教育思想理論之梗概：

（一）重新創造教育學

常氏認為，「現今學術界最奇怪之事，莫過於教育事業在人群中已發達了若干年，尤以中國社會一般把教育視為最神聖的事業，但卻始終沒能產生出一個真正的完全系統的教育學。現今所謂教育學者，其實祇是研究怎樣教育的問題，而並沒有研究到什麼是教育

---

[38] 常乃德：〈全民教育論發凡〉（下篇）《民鐸》第 5 卷第 5 號（1924 年 7 月 1 日），頁 14。

[39] 光舞：〈平民主義和普及教育〉，《平民教育》第 12 號（1919 年 12 月 27 日）。

的問題。這充其量只能叫做『教授法』或『教授學』，怎樣能叫做教育學。」[40]

常氏說：「教育事業乃社會制度之一種，時人謂其不能成為純正科學之說，未免過於武斷。」因此，常氏不滿意當時通稱的教育學，而想別尋出一個以研究教育之現象及理法為目的之教育學出來。他談到「我們要求一種進化的科學教育學，就是非以個人主觀為標準而演繹成的教育哲學，而是以事實客觀為根據而歸納成的教育科學。我們要求從虛玄的教育哲學進化到實理的教育科學，常氏肯定的說相信這個要求並不過奢。」

最後常氏斬釘截鐵說到：「我們倘欲使教育學完全發達，先決之道，必須使教育與哲學家分家。所以，教育上必須要澈底從主觀的這個主義，那個主義，這個理想，那個理想中拔身出來，才能確然有所樹立。而這正是現今創立教育學的第一要義。」[41]

有了創立教育學之動機，第二步即須了解何謂教育學，其定義為何？此乃正本清源之道。

（二）有關教育學的定義及其研究重點

常氏以為：「教育學是研究教育的組織和演進之狀況及理法之學問。」再詳細點說，若以社會學的定義詮釋之，即教育學是研究

---

[40] 常乃德：〈全民教育論發凡〉（上篇）《民鐸》第 5 卷第 3 號（1924 年 5 月 1 日），頁 5。
　　常氏又說：教育事業是與人類以俱來的，但直到今日，教育在學術的研究上仍未脫離了「術」（Art）的地位而進入於「學」（Science）的地位。我們現今雖有教育學之名，但考其實際，不過是討論些教授的方法和這些方法根據的原理而已，這種研究只能謂之教授法，充其量也只能謂之為教授的科學。常乃德：〈怎樣建設新教育學〉，《中華教育界》17 卷 3 期（民國 16 年 9 月），頁 1。

[41] 常乃德：〈全民教育論發凡〉（上篇），同上註，頁 6。

教育事業的起源、發展、構造、功用，及理想之學問。而所謂教育事業之起源、發展、構造、功用及理想，其實指的就是一套完整的教育制度，常氏以為此乃教育學研究的重點。[42]

常氏為什麼強調教育學必須注重於教育制度方面呢？他以為其因有二：

第一：既然就理論方面而言，教育學注重在研究教育的本身，而足以當教育本身而無愧者非制度而何，故無論從組織方面或演進方面，教育制度都是主要的題目。

第二：另就應用方面而論，教育學雖不必以應用為目的，然其間接之影響，未始不可以促進應用之改良，若就此而言，則教育制度之研究亦殊重要。此外，在真正教育學未能出現以前，常氏主張先立一個『比較教育制度學』，從古往今來各種的制度上比勘出其異同，這是創立教育學的第一步。因為只有用比較的方法才能打破人為侷限的眼光，不至於為某一階級的制度所拘。[43]

（三）建立新教育學系統

常氏對自己主張建立新教育學系統相當重視，也相當堅持。他認為我們今日為擴充社會科學的內容，一定要提高教育學的位置，而為使人類在這一方面的活動得到完備又有系統的研究起見，應該有一個新的教育學出現。[44]

---

[42] 常乃德：〈怎樣建設新教育學〉，同註40，頁5-6。

[43] 常乃德：〈全民教育論發凡〉（上篇），同註40，頁10。
常氏又言：教育家的工作祇注意到教授方法的改良，教育學者的工作祇注意到教育理想的鼓吹，卻很少注意到教育制度的本身的研究。現在所謂教育的科學者，不過是教授法之科學研究，是一種技術的研究，而不是制度的研究。常乃德：〈教育制度在人類社會進化史上之過去與將來〉，《教育雜誌》22卷9期（民國19年9月20日），頁7，總頁35501。

[44] 常乃德：〈全民教育論發凡〉（上篇），同註40，頁4-6。

這個新教育學的內容系統，第一步應該先界定教育學的真正定義，他以為其定義可為，「教育學者研究一切社會中教育事業之起源，活動，變化，及其影響之全部史跡之科學也。」常氏強調教育學應當是研究社會上教育活動之靜的和動的兩方面之真相，靜的方面研究的是教育的現象和制度，動的方面研究的是教育的活動和事蹟，兩者相合就成為系統的教育學。

為此，常氏具體擬定一個教育學系統大綱，分別是 1、教育學靜的研究：研究的是教育形成制度以後之各種形式，組織，和它的功用等。2、教育學動的研究：研究的是教育從起源到今日所有演化的情形，以及其演化之原因影響等等。3、歸納上述兩部分的研究，綜合起來給他發現相當的理法。4、應用這些理法來解決或者醫治當前的教育問題。[45]

常氏對建立新教育學系統相當有信心，他相信到教育社會學出現時，應該可以為教育學開闢一個新方向。換言之，他希望能以社會科學；尤其是教育社會學來建構其新教育學之體系，而之所以強調教育社會學，實與其全民社會教育主張緊密相扣。

（四）教育制度之真義

另外，對於教育制度之真義，常氏亦頗有創見。他說：「在我們現在的社會制度下，一般人只認學校為教育制度。殊不知就現代而論，我們除學校教育以外，還有社會教育及家庭教育兩種。」

而狹義的教育制度為：凡有為教育目的而特備的機關才算做教育制度，例如學校、社會；凡有教師有受教者的地方才算做教育制度，例如學校。

---

[45] 常乃德：〈怎樣建設新教育學〉，《中華教育界》17 卷 3 期（民國 16 年 9 月），頁 6。

至於廣義的教育制度則為：凡能具有教育機能之處所，我們便可以都叫做它是教育制度。此範圍或許過大，但常氏以為，我們只要在普通制度中找出它的含有教育的意義的方面作研究的資料，這都是教育學研究之正軌。[46]

（五）教育演變的看法

常氏要我們明白，教育學說和教育制度一樣，都是隨時代而演進的。常氏認為，教育學說的演進大致可以分為三個時代：分別是無意識時代、半意識時代和全意識時代。常氏說：嚴格而言，我們現在也還脫離不了半意識時代的束縛。[47]

另外，教育是產生社會環境的原因，但同時又是社會環境的產物。因為這是互為因果的緣故，倘若社會的組織一朝變了，教育的組織也必須要變，當然要變。

此外，常氏也說，教育是應時代需要而產生的，且教育的目的只在要養成社會上所需要的人。因此在貴族社會的時代，社會上所需要的是雍容揖讓的紳士人，故有所謂「文雅教育」的主張；到了國家主義的時代，社會上所需要的是糾糾桓桓的軍國民人，故有所謂軍國民教育的主張；再到了資本主義的時代，社會上所需要的又成了逐什一之利的商人工人了，於是職業教育的主張，乃又應運而生出來。時代的變遷影響於教育學說者既如此之鉅。[48]

總的說來，就是教育是應時代需要而產生的，而教育制度也是如此，某個時代，或某階層有特別的需求，就會產生其所需要的教育制度以之配合，不管是古代或現在；也不論是貴族時代或

---

[46] 常乃德：〈全民教育論發凡〉（上篇），同註40，頁11-13。
[47] 同上註，頁13。
[48] 同上註，頁14。

軍國主義、資本主義時代均是如此，這是常氏對教育演變的基本
看法。

（六）教育制度演進的歷史考察

　　對於古今中外教育制度之演進，常氏將其大約分作以下幾個時
代：即１、教育制度未獨立時代，２、宗教教育未分時代，３、
貴族時代，４、農業社會時代，５、國家主義時代，６、資本主
義時代。

　　在教育制度未獨立時代，因為這時代的教育純是出於天然的要
求，並沒有人為的意思在內。他們的教育純是出於生活的需迫，雖
無後世人為之精巧，卻亦無後世人為之矯揉造作，此即所謂自然教
育，常氏以為此時期之教育，仍不無一、二可採之處。

　　其次，宗教教育未分時代，常氏說：教育在原始社會中原是不
獨立的，教育與宗教在神權社會中原是一物。宗教在半開化社會中
所佔的地位不但凌駕教育之上，而且凌駕政治而上。它代理著政
治，經濟，及教育。

　　以中國而論，宗教之「教」與教育之「教」二字本出一源。夏
商周三代教育所重者惟在禮樂，而音樂本即宗教之副產物，其目的
在極神人合一之致，禮則五禮之中祭禮為最要，此外婚喪嫁娶之
節，在凡有宗教的國家，都是宗教家的職務，可知中國古代教育即
由宗教遞嬗而來。

　　到了貴族時代，此時代人權已超過神權而佔第一位。社會上顯
然分作數個階級，而優勝的階級為維持自己階級的地位及信條起
見，乃有教育制度之創立。它的目的乃在造成所謂受社會上尊敬的
君子人。這便是現在文雅教育一派的起源。

　　至於農業社會時代，教育已成為一種獨立的事業，有了獨立的
組織和專門的人才了。自此種制度成立後，教育遂全變為傳授智識

之機關,離人格陶冶之義愈趨愈遠。同時教育亦遂變為優勝階級的附屬物,為之作宣傳的器具,無復與宗教未分時代的尊嚴地位了。

演進到國家主義的教育制度時期,常氏言,這種制度其實是農業社會與資本社會中間的一種畸形的發展。在這種制度下,所要求的乃是一個簡單的背槍的機械,目的是統一的,方法是單純的,所以最適宜於大規模的教育制度。近世大規模的學校制本是應這個需要而起的。

最後到了資本主義的教育制度,則是自農業社會一變而為工業社會以後,人類生活在各方面都起了絕大的變化。即直接維持生活之方法也變為許多專門的技術,非經過特別訓練不足以應用,因此教育的內容和形式便都不能仍舊保持昔日簡單的狀態。

總之,常氏認為社會生活愈變愈複雜,而教育制度也隨之而愈變愈新奇,變來變去,變到了現行學校制度所絕對容納不下的時候,那便是學校制度的末日到了!因此,常氏大膽預測,未來的教育制度將是全民的社會教育。[49]

(七)教育制度演進之趨勢

對於教育制度演進的趨勢及看法,常氏亦獨具慧眼,其卓識與現在之教育情況不謀而合。首先他提到教育年齡的逐漸延長是個趨勢,如幼稚教育的發達、「早教育」的提倡、優生學的進步、成人教育的漸為人所重視、補習教育的通行於各國。

其次為教育活動的逐漸複雜,如各種新學校中對於工廠的設備、鐘點制的打破、科目的趨於瑣碎與複雜、學生自治之發達等。

最後像教育範圍的逐漸擴大,比方學校面積之擴大、職業教育之普及、社會教育之日漸增高其地位等等。

---

[49]　同上註,頁 14-25。

　　常氏觀察這三種趨勢言：「這裡便是教育的逐漸趨於社會化，因為教育是應社會需要而生的。教育的社會化正是應付這個潮流的惟一法子，也就是我們理想中教育可能達到的惟一方向。而且也只有社會中造成優美良善的教育環境，使處其中者一舉一動自然有教育的意味發現，這才是我們所謂『社會的教育化』。且許多科學的發明將逐漸盡數利用於教育界，到了那個時候，我們談教育的才有真正的理想可言。所以說，理想的教育制度即是社會教育。」[50]

　　常氏打趣的論到：從歷史的演進看來，這把「教育正統」的交椅總是社會教育他家裏的。學校教育是不配作教育的正統，我們應該承認社會教育是我們真正的主子。只有明目張膽地承認社會教育是教育的正統，這才是我們現代教育家所應當做的一件事。

　　接著他又談到教育的趨勢，他說總而言之，就是教育與社會逐漸接近的趨勢。杜威博士的「社會教育說」，即是代表這一派趨勢的最精學說。凡是家庭和社會上所不能得到訓練的，都是學校的責任，這真可以使我們明瞭社會的教育之真諦。而由學校與社會接近的趨勢看來，將來學校必有與社會合而為一的一日；因為近代教育的本質，是與實際生活相接近的。

　　從這一點看來，常氏務實的以為，我們覺得學校教一課刷牙，比讀一課明太祖打敗陳友諒的史實重要得多，將來教育的趨勢必往這一方面走。[51]常氏實務教育之觀察，在當時為大膽之言，然對照今日教育，又著實為一遠見。

50　常乃德：〈全民教育論發凡〉（下篇），同註38，頁21-22。
51　燕生：〈讀塞耳博士演講錄的感想〉，《教育雜誌》第14卷第1號（民國11年1月20日），頁5，總頁19297。

（八）中國教育制度之變遷及趨勢

　　除了上述對於教育制度之演變，常氏從歷史發展軌跡立論，而有一番精闢之見解外。常氏也以中國為例，特別說到中國未來教育制度之變遷及趨勢。他說：

> 中國在上古封建時代、井田時代，其教育有庠序學校等制度，那時的學校，帶有貴族主義與家族主義的特質。中古以後，井田廢，阡陌開，商業興起，於是教育制度隨著社會組織的變更，有兩種分化的趨勢。一種是隨著私有農業的發達、家族的制度的鞏固，故有私塾；尤以族學為盛的教育制度。一種是隨著商業的發達交通運輸的便利，故有游學的教育制度。這兩種制度的合併，產生近世的科舉考試制度，一直維持到 19 世紀末年。

　　自清光緒 28 年（1902）到現在，20 年來的中國教育制度，常氏說：都是師法日本的，而日本又是從德國那裡學來的，故簡言之，中國過去的教育制度，可以說是屬於大陸派的，是較偏重於軍國主義的；然而中國的國家組織並不能像德法日本那樣強固，因之軍國教育的好處看不到，反倒是機械的不自然的毛病卻到處發現。[52]

　　因此常氏推測，以後中國的教育制度，大約是要從軍國主義過渡到資本主義，因為照中國現在社會狀況的趨勢看來，在未來資本主義必將逐漸興盛，到那時許多應運而生的資本家，為博振興教育的美名起見，一定會多辦學校，於是教育的中心便從國立學校移到私立學校，從政府移到資本家手裏。

---

[52] 常乃德：〈未來教育改造趨勢之觀察〉，《平民教育》第 38 號（1921 年 9 月 25 日），頁 6-7。

資本主義有了與君代興的資格，教育界一般的眼光，一定會從德日式轉到英美式。常氏說：「只要看近二三年來，教育界中日本出身的學生和美國出身的學生的勢力消長情形，就可見教育界心理於一斑了。所以說：最近幾年教育界本身的風潮，也可以說是軍國主義的失敗和資本主義代興的一種表現。

常氏以為，未來教育改造具體的形式如何，雖然尚不能預測，但大體離不開兩種背景：「一種是看未來社會組織的變化如何，一種是看現在教育制度的弊害如何；未來的教育制度，便是適應和利用當時社會的組織，為矯正已往教育制度的弊害，而產生的制度。」[53]

（九）資本主義教育制度將代軍國主義而興

五四時期，常氏從教育演變立論，認為在教育方面，已有資本主義將要壓倒軍國主義的趨勢。常氏舉例言之提到：近幾年來北京教育界的現象可以用「鬧風潮」三字表示出來。而所鬧的風潮大約說來不外兩種：

> 一種是對內的，那是學生對教員的不信任等；一種是對外的，即是教育界和政府的衝突等。對內風潮之多，表示北京式的教育已經不能令學生滿意，實在說起來，即是對日本式的教育厭棄的一種心理表現；而轉過來說，上海學生鬧風潮的比較少，即是表示美國教會派的教育尚未被一般人所厭棄的一種現象。至於對外風潮之擴大，更可以表示政府無力維持教育，教育界不信任政府，此即是軍國主義教育制度的根本破產；而同時因為產業的發達，新資本家

---

[53]　同上註，頁9。

> 的興起，商教兩界的聯合，請求學校維持學校的動議，都
> 表明一種新興資本主義下的教育制度將要一飛沖天的樣
> 子。[54]

常氏從當時國立學校和私立學校招生的消長情形分析，更肯定的說明中國在此後的十年、二十年當中，國立的學校將要奄然自滅或者轉型，資本家作主的學校將要繼續的興起。換言之，上海式的教育將取北京式的教育而代之，全國之教育或者被教育者將要膜拜屈服於資本家的鼻息之下，這是已經造定的形勢，不可倖免的。

基本上，常氏對時代的發展脈絡是相當敏銳的，所以大膽認為未來的教育，有很大一部分將由資本家所把持，且教育走到資本主義的教育制度亦不可避免。

觀之現今教育由財團或資本家贊助的私立學校之多，令吾人不得不佩服常氏當年之遠見。但常氏此主張，卻引來共產黨對此的大

---

[54] 常燕生：〈北京與上海〉，《時事新報》（學燈）（民國 10 年 10 月 20 日）。轉引自其著：《蠻人之出現》（上海：中華書局出版，民國 26 年 12 月發行），頁 8-9。對於學潮之發生，常氏在其他教育文章中亦多所著墨。如談到，學校的風潮，就是學生對於某種境遇而生的反應。與其歸罪於多數人本身，不如還是歸罪於造成此種環境好些。所以研究學校風潮的人，不可忘了學校本身的制度問題。見常乃德：〈打破隔閡人性的教育制度〉，《平民教育》第 39 號（1921 年 10 月 10 日），頁 15。常氏又說：其五年首尾的教師生活，南北東西幾個學校的奔走，仔細的觀察及親身經歷了幾次大大小小的學潮。冷眼旁觀發現到其實學潮的產生，與師生之間的階層意識甚有關係。常氏坦承：「我假如是站在學生的地位，我始終地承認凡在一切學潮之中，學生固然是未嘗錯的，而教員卻也不能便說他是有什麼大錯的緣由；反過來，我現在是站在教師的地位了，我卻又堅決地主張不但教師在學潮中不曾做過有錯的行為，即學生也同樣的不能算錯。」此外常氏也以為：「站在學生的地位，曾經攻擊過教師的不德的人，而到了自己站在教師地位上的時候，卻仍然要照樣抄襲自己所攻擊過的人的墨卷。尤其奇怪的是一面做教師一面做學生的人，在那一方面把教師的人格看得不值一錢，在這一方面卻又要求學生尊重自己的人格。」常氏言：此矛盾之現象，只不過是階級意識作祟使然。而造成此階級意識得以發榮滋長，乃出在教育制度上。常乃德：〈全民教育論發凡〉（上篇），同註 40，頁 2-3。

加撻伐，認為其反動墮落透頂，並批評其幻想依靠資產階級，甚至說他與反動政權同流合污。[55]想來還是階級立場與意識形態作祟，未能客觀持平論之。

（十）現行教育制度之弊害

對五四時期國內的教育制度之觀察，基本上，常氏是持相當批判不滿的態度。常氏首先不客氣的指出，我們所謂現行教育制度，大部分係專指學校制度而言。且現行教育制度的最大缺點為：

1、它將兒童及青年時期專劃為受教育時代，將成人以後的時期屏除於教育範圍以外，兩時代的界限太得分明，且各有偏重之弊。須知，兒童生活也是全人生活之一部分，我們應當尊重他的自由獨立生存權。教育的目的是要使兒童具有自己辨別，思索及學習的能力，而不僅僅是死記許多公式定理。兒童應有他天賦的權利，此即所謂的「童權」。我們往往都以兒童時代是專為成人生活的預備時代，因此便忽視了兒童時代的獨立價值，這是不對的。反過來說，現行教育制度之另一不合理之處，在於將成人生活也完全屏除在教育生活之外。教育事業之起源是由於生活上的需要。我們以為教育是全人生中必不可少的東西，因為學習是全生活中時時刻刻都必需要的事件。

常氏直言：

55　見《五四時期期刊介紹》〈編者說明〉提到，《平民教育》後期，大多數作者都沒有跟上時代的進步思潮，而漸趨於保守、落後和反動。對於他們過去極力鼓吹、宣傳和渴望實行的平民教育逐漸失了信心，而日益趨向於對資本主義的教育的嚮往，此外就別無出路，如常乃德。又言，平民教育這個口號本身又帶著改良主義的色彩，因此在空喊了一陣以後，並不能找到真正的辦法和社會力量來保證實現。同註11，頁348-351。

我們的口號是「教育的社會化」和「社會的教育化」。但是現在的兒童是專門生活在非社會化的教育制度中；而現在的成人也是專門生活在非教育化的社會制度中；這兩項都是我們所應當排斥的。單就教育一方面說，這種非社會化的教育制度，將成人生活和兒童生活劃然分作兩截的制度，我們不能不認為是現行教育制度最大的缺點。事實上現在社會教育的逐漸發展，成人教育的為人注意，都可以證明無教育的成人生活是不夠用的了。

2、現行教育制度，特別是學校的第二個大缺點是教者與被教者間的階級太分明了，弄成一個兩橛的小社會，因此種種的弊病都隨之而起。在任何學校中，斷沒有教師比學生樣樣都高，教師只不過年齡比學生大，或者曾經從某種學校畢業已經得到一種資格，然而這兩種都不足為教學分級的理由。

我們反對學校中階級的區別，並不是不要管理，我們的意思只有把管理的權柄完全交在被管理者的自己手中，才能養成真正的好自治習慣。要知道真正自治的能力必須從真正自治中學得。現在的教學分級制，無論從那一方面看都不是合理的，必要的，它不過是基於古代否認兒童人格之惡習而遺留下來的一種制度而已。

3、現行教育制度的第三個大缺點，是專重在傳授智識一方面，而忽略了其他全部生活的發展。原來學校制度之起源，即僅為傳授智識起見。他們只承認學問智識有教育的必要，教育的責任也僅在傳授智識學問上面。但這話是不合理的。

我們知道教育的目的應在發展全人生，所謂全人生者包含知、情意、精神、肉體、個人、社會諸方面，斷非僅智識方面的發展所能代表。故杜威一派的社會教育學派，主張現代教育應當包含「學習」、「工作」、「娛樂」三方面，只有教育的完全社會化才能達到這個主張的真正目的，現代學校制度是無法完成此功能的。

4、現行教育制度的第四個大缺點，便在不以人類社會中最切要的兩性生活為基礎。學校制度既然是預備為適應社會生活而設，但現代教育制度竟全不顧及此一點，學校中竟沒有一些適應這種本能的設備，這真是現代教育制度極大的缺點。

我們以為理想的教育制度斷不能捨家庭生活而不顧，我們以為理想的學校應當包含親子的生活，夫婦的生活在內。然而這非現行學校制度所能勝任。

5、現行教育制度的第五個大缺點是全然缺少經濟的基礎在內。我們假使承認學校教育是為預備將來入社會生活用的，請問這樣為社會最大原動力的經濟生活不曾有一些經驗，這還算什麼完滿的教育。

社會上的經濟生活不僅是須有專門的技術而是兼須有對付的能力。現在的學校職業教育，充其量只能養成專門的技術以供謀生之用，而怎樣的謀生度日應付生活卻是學校所辦不到的。這樣學校便不能算已盡了生活教育的責任。因此我們不得不認為這也是現行教育制度的大缺點之一了。我們理想的教育制度使教育得包含經濟生活在內，不復賴外界為之供給者，不復成為社會的寄生品。

此外，如畢業的制度，使學生視學校生活如傳舍，而不以真正生活視之，這對於教育的效果也損失極大。[56]

以上這些弊害，常氏認為基本原因，出在教育制度的非社會化上面。根本一句話說：

> 即現在的學校是孤立在社會以外的。我們相信：教育的本旨是發展生活的，只有在實際生活中才能學得實際生活的方法。現在的教育制度，特別是學校制度，是不配負這個責任的。因為實際社會是民治的、具多方面活動的、立於實際經濟的基礎之上的。而這些均是現行學校所無法負擔的。因此常氏說：現行教育制度是不夠用的，因為它是非社會的。所以主張只有在真正社會中，才能達到真正教育目的的機會。因此我們不得不主張打破「非社會的」及「擬社會的」教育制度，建設「即社會即教育的」教育制度。我們的口號是「教育的社會化」、「社會的教育化」。[57]

（十一）未來教育制度之趨勢

現行教育制度既然有這麼多缺失，那到底未來的教育制度是個什麼樣子，其趨勢為何？常氏倒是信心滿滿的描繪出其具體的理想藍圖。常氏說：未來的教育制度演變之趨勢應有如下八點，分別為：

---

[56] 常氏引美國教育家斯多奈夫人《自然的教育》一書言：「教育即生活。教育之目的在發展完全的生活。教育是因訓練生活而生的。它的出生的必然原因便是生活的需求，它的真正的價值便也在這個能補助生活對於環境抗爭的能力上。教育的目的只是『訓練生活』四字。」載常乃德譯：〈斯多奈夫人之教育法〉，《國民》第 2 卷第 4 號（1921 年 5 月 1 日），頁 57。

[57] 常乃德：〈全民教育論發凡〉（下篇），同註 38，頁 2-14。

1、未來的教育制度是融會現今所謂「學校教育」、「家庭教育」、「社會教育」三者冶為一爐而成，不是現在三者各分離不相連絡的樣子。

2、因為是三者融合的緣故，故未來的學校是沒有一定的住址的，是普及於全人民的，是凡有社會之處即有學校的，是「社會即學校」的。

3、未來的學校是沒有期限的，人從落地到老死，一生都算在學校之中。

4、未來的學校便同時負有兒童公育，養老送終的責任。

5、未來的學校有經濟獨立的能力，不必受外界的幫助，每個學校即是每個獨立的小社會。

6、未來的學校生徒人數可以大至無限，譬如一個幾百萬人口的大城也可以算做一個學校，因為那時電氣事業發達，必可以不出家門而接觸多少里外之事，故教室等制度一概取消。

7、未來的學校沒有教育者被教育者之分，教員也是學生，學生也是教員，按程度的高下遞相授受，大家共同處理學校的事務。

8、未來的教育制度是「做工」、「求學」、「娛樂」，三種事情融合而成，不似現在專管求學的事。[58]

　　常氏說：以上八點內容，總起來說，便是「學校的社會化」，同時也是「社會的學校化」。現在的學校和社會是彼此分離的，但將來的學校和社會是彼此融合的；社會就是學校，學校也就是社會。

　　至於如何由現在的教育制度，變到未來的教育制度，其途徑有二，常氏以為除自然因素外，最主要是人為的，而人為做法又以提

---

[58]　常乃德：〈未來教育改造趨勢之觀察〉，同註52，頁9-10。

倡「全民教育」為最要之手段。因為我們固然要求「全民政治」，
卻也要要求「全民教育」；沒有全民政治產不出全民教育，沒有全
民教育，全民政治的基礎也不會穩固，政治和教育是社會上的兩個
輪子，缺一不可。

　　常氏之主張乃印證了「平民教育社」的基本宗旨：「不先有了
平民教育，哪能行平民政治？哪能使用平民政治的工具？平民政治
之目的求人人都得幸福。平民教育目的求人人都知道怎樣才是真幸
福，兼明白求幸福的法子。所以我們要談的平民教育，不限在學校
範圍裏，社會上種種事情都是教育的材料，可以提舉，可以批評，
說之不離了平民者便是。這是我們的宗旨。」[59]所以說：常氏之全
民教育，其實只是平民教育的另一種說詞罷了！

（十二）理想中的教育制度

　　常氏雖然預言資本主義的教育制度，在未來有取代軍國主義教
育制度之趨勢，但基本上，常氏對這兩種制度都不滿意，也不是他
理想中的教育制度。常氏理想的教育制度為「全民教育」制度，這
可從他為「教育改造社」起草的宣言中看出端倪。

　　在宣言中，常氏一再強調，人生沒有可以不受教育的時候，教
育的目的一方在預備將來，一方即在圓滿現在；因此改造後的教
育是全人生的，不是有時限的，一切學校的入學畢業等限制應當
完全撤消。

　　另外，理想的人格是應當精神和肉體一致發達的，理想的人生
是求學，做工，和娛樂三者具備的；因此改造後的教育是完全的，
不是偏枯的，一切偏重求學的現存教育應當立地改變。

59　〈發刊詞〉，《平民教育》第 1 期（1919 年 10 月 10 日），頁 1。

此外，人生是活潑潑的人生，人人應有自由發展的機會；因此改造後的教育是自由的，不是拘束的，一切形式的規模和強制的功課，應當徹底解放。

而且，教育是人生應享的權利，人人都有受教育的權利，人人也都有輔助他人受教育的權利；因此改造後的教育是自動的，不是被動的，一切教者與受教者中間的階級應當相互混合。

常氏一再申論，教育不是社會的應聲蟲，而是要負有改良社會、指導社會的責任，因此改造後的教育是創造的，不是順應的，一切遷就社會、模仿社會的教育設施應當一律排斥。

最後，常氏以為，只有科學真理的教育才是真正的教育，未來的教育學將發達成為一種真正的依據客觀標準的科學；所以改造後的教育是科學的、理智的，而不是非科學的、玄想的，一切因襲的習慣、荒謬的思想應當用全力來攻擊。

總之，常氏說：我們要主張「人的教育」，此教育最終之目的便是「人生的圓滿的發展」。職係之故，我們所理想的教育制度是「學校即社會」，不是「學校擬社會」，更不是「學校非社會」；惜這樣「學校即社會」的理想，決不是在現行教育制度之下所可以實現的。[60]

從上述常氏之言可知，常氏理想的教育制度，一方面是把現在的學校制度拉大延長，使它的年限和容積都與全社會全人生相等。另一方面則將學校制度所有的種種缺點都除去了。前者可謂「學校的社會化」；後者則為「社會的學校化」。而這二者努力接近的結果，便是社會與學校的全然合為一致，這種全然合為一致的境地，常氏將其名之為「社會教育」。

對於現存的學校制度，常氏也提出嚴厲批評，他說：現在的學校制度，是祇顧了教育而忘了社會，結果也就不成為理想的教育；

---

[60] 同註 23，頁 18-19。

而社會制度也是祇顧了社會而忘了教育；其結果也就不成為理想的社會。具此二者之優點而無其缺點者，只有社會教育。

欲達到理想教育制度之道，常氏主張用「教育的還原論」一途，即從環境中獲得教育的效果。此種「環境的教育」，即為改良環境，使人於日常生活中得到真正的教育效果才是確實的方法。

總而言之，常氏覺得，於社會外別設學校，無論如何是容納不進全社會、全人生的人的，只有使社會變為一個大學校，自始至終，自西至東，教育的功用效果才能無所不被。所以簡單的說：理想的教育制度是包含著全社會、全活動、全人生的，此乃全民教育之精義。[61]

（十三）如何促進理想制度之實現

常氏全民教育的思想，或稱社會教育（環境教育）的主張，看來似乎太過理想化，有點空想不確實際的味道。但常氏卻不以為然。他以為是有方法途徑可以達到促進此種制度實現之可能。

常氏首先證明全民教育並非空談，而是可以達到的，他說從學理方面證明，理想教育制度的根據是在「環境」與「教育」的這點關係上，人是活的，不是死的，是逐漸變化的，不是立刻造成的，無論是品格或是技能，是智識或是體力，只有從日常生活中習慣得

---

[61] 另常氏又說：若以實際演化的趨勢來看，未來教育制度尚有幾個特點：理想的教育制度是為發展全人生而設的，因為教育的起源本是為應付人生需要教育的要求而生，這種要求是普遍的，但學校制度是不能應付社會上教育之要求的。因為就算學校擴充至極，也只有將學制漲破之一日。我們只有將學校年齡擴充到全人生，將學校活動擴充到任何事業，將學校容積擴充到全社會。換言之，以全社會全人生的全活動為理想學校之極致，才可以應付這廣大的社會的要求。這種教育化的社會正是我們理想的教育制度完全實現時的形狀。同註38，頁16-26。

來的才是確實的，可靠的。總之，環境是影響於人本性最大最強的
勢力。

舉例言之：小孩子並不曾受過半點課本上的言語智識，但他長
到五、六歲的時候自然會說得很流利的中國話，然而我們的大孩子
在學校中讀了七、八年英文，有時還達不出一段很清楚的意思來，
這是人為注射與環境習慣的分別。

常氏說：如美國格里學校制，便非常注意於實驗的方面，這可
以間接證明「環境教育說」的非屬空想。環境是教育的利器，所以
只有日常的、真的生活，才是理想的學校，只有習慣才是理想的教
授法。

另從實際方面言之，常氏亦證明全民教育理想確有成立的可
能。本來教育制度演進之背景，是在什麼社會中方能產出什麼的
教育制度，而最大的決定教育制度演進方向及形式的原動力是在
經濟。常氏說：

> 我們現在的大工業社會中，生產的原動力都集中於大都
> 市，大都市中人口眾多，生產力豐富，且經濟集中，這種
> 集中的經濟制度，自然會有集中的教育制度與之相應，而
> 全民教育制度正好合乎了這個條件。此外，現代社會因科
> 學的發達，使都市與鄉村逐漸接近，如此也可能把全社會
> 變作一個大學校，而無城鄉之別。[62]

至於為達到此全民教育所須採取的手段，常氏以為先促進社
會，使其為實現教育化的手段。促進科學的發明，以為社會教育化
的利器。促進社會制度的改造，以除社會教育化的障礙。理想的教
育制度，只有在社會制度改造到較美善以後才能有充分實現的希
望；因為現在是階級的社會制度，所以教育制度也是階級的，我們

---

[62] 同上註，頁 26-31。

要希望有全民的教育制度，不能不先希望有了全民的政治制度、全民的經濟制度，所以社會制度的改造是不可緩的。

另促進教育使實現社會化的手段。常氏認為可採如下方法：

1、就學校制度為改革的運動，將學校以內種種非社會化的特點除去，使逐漸接近於我們所理想的教育制度。

2、以鄉村為根據建設一學校式的模範鄉村。我們的理想的教育制度是「即學校即社會」的，目下的農村為社會上一小單位，我們倘欲建設理想的教育制度不妨先從這裏起實驗。一個鄉村是很小的，人口是不多的，只要十幾年工夫使全村的人都了解而習慣於我們的新生活，則我們的理想教育國便可以建設起來了。

3、以都市為根據而為社會教育的設施。

4、以全力來促進社會教育的前途，加增它的內容，提高它的地位，推廣它的面積，使它一躍而為教育制度正統的地位。

而我們應採取之態度為研究、實驗、宣傳、以及實際的行動，多管齊下。只有如此，我們才有了與自然抗爭的大利器；我們才可以用教育的力量改良我們的人種，改良我們的生活，發展我們的前途，我們才可於地球上實現理想的天國。而開起天國之門的鑰匙，刻著兩個光耀的大字——此即「教育」。[63]

---

[63] 同上註，頁39-42。

（十四）理想的教育內容

基本上，常氏對教育的看法，是主張教育演進觀的。他以為人類往前進一步，教育的宗旨和範圍也往前進一步。因此教育不是一成不變的，它是與時俱進或站在時代之前就演進的。

常氏又認為，教育的起源是為幫助人類求生活的奮鬥而起的。故教育只是一種人類用以維持生活的工具，然同時也是指導人類怎樣生活的南針。教育與生活是離不開的。教育的目的便是要幫助人類學習這許多東西，幫助他維持自己的生活和文化。

在此大前提下，常氏對教育所應具備的內容相當重視，他以為理想的教育內容，最起碼要有以下八項條件：

1、教育是要教授智識的：今日社會，百端活動，俱有待於智識，故智識不僅教以個別的真理，也教給應用這些真理到實際事物的方法。

2、技能的訓練：教育內容裏，不但與實際生活有關的技術如農業、工業之類，應該注重，即與實際生活非直接有關之技術，如繪畫、音樂之類，也應同樣的注重。

3、倫理觀念的養成：人在世間，無論如何不能脫離社會，及社會公認的道德標準。故教育內容灌輸倫理觀念的養成，以為現今改良社會道德的標準，是件刻不容緩的事。

4、社會風習的領悟：時下青年所以尚能了解社會風習者，一半由於幼年在家庭中的訓練，一半則待之學校畢業之後，自己向社會上去瞎摸。常氏說，這是何等危險的人生？故現今教育制度，對於此點應有所改良，怎樣可使學校制度容納了家庭教育和社會教育的優點，而矯正其失點，這是現代留心教育的人所應當注意的一個重要問題。

5、政治和法律的訓練：民主政治越進步，人民的權利越發展，相對的政治法律的訓練也越重要。故教育內容對訓練具有基本政治和法律常識之公民，亦愈見迫切。

6、宗教的陶冶：常氏言，宗教最高之精義在於給人生以理想的生活，現在一切迷信的儀式雖在剷除之列，但教育對於其理想的訓練仍不可忽視。

7、養成共享社會福利的興趣和對於福利的認識及要求力。

8、物質生產：常氏談到在教育裏面，人應該充分得到對於物質文明的概念和內容了解的應用能力以及創造技術。常氏篤信教育就是教人以怎樣駕馭這個物質文明的方法。[64]

常氏此理想教育內容之主張，坦承源於布拉克馬（Prof. Frank W. Blackmor）《人類社會史》（History of Human Society）書中文化的概念。基本上，仍是為其全民教育理論作詳細之註腳。

（十五）理想的社會教育國

常氏的「全民教育」，即所謂「人的教育」，目的在打造一個理想的社會教育國，在這個理想的社會教育國度裏，到處都充滿了教育的意味。此即常氏所稱的──環境的教育。

為推銷他的理想的社會教育國說，常氏在《全民教育論發凡》書中，特別勾勒了一幅美麗的藍圖。其言：

> 拜科學發明之賜，使得社會教育國得到緊密而連接的關係，感到了彼此無比的親切；在這個社會中，到處都充滿了教育的意味──環境教育。

---

[64] 常乃德：〈文化進步與教育宗旨〉，《教育雜誌》第 20 卷第 5 號（民國 17 年 5 月 20 日），頁 1-5，總頁 31295-31299。

在此社會教育國中，我們可以隨時在一里半里之內，得到一個豐富的小圖書館。我們可以在十步五步之內，找到一塊甜美的小公園。我們在每一個村落間，都可以找到有科學家在小小的實驗室內工作。我們在每一個街市間，都可以找到有藝術家在窄窄的藝術場內表演。

我們可以藉無線電話的力量，不出門而聽到大音樂家的奏技，大宗教家的說道，大學者的講學。我們可以藉無線電報或其他交通利器的力量，於半分鐘內得到了萬里外世界公立大圖書館內我所需要的珍藏的書籍。

我們可以藉光學的發明，在天空中看到了當日的全世界新聞。我們可以藉電相與影劇結合的新發明，在每家的牆壁上看到了萬里外所欲看的大戲劇院舞蹈。我們不要熱鬧翻天的大都市了，全世界便是一個大都市。我們不要烏煙瘴氣的大工廠了，全世界便是一個大工廠。我們的農田同時便是我們的校園。我們的街市同時便是我們的博物館。

我們的人每日裏有正當的工作，正當的娛樂，也有正當的學習，自然也有每人應得的正當的麵包嘍。我們的學習機會是隨時隨地都可得到的。那什麼簡陋的補習學校，簡直是博物館裏的標本。

我們的小孩子，也不要進什麼牢獄的學校了。他可以從到處聽得見的談話中得到了正確的言語智識，從到處看得見的標本中得到了正確的文字智識，自然只有文字中基本的 28 個字母，（以世界語來說）16 條文法是需要人教的，別的都可以從習慣中去學習了。

從豐偉廣博的博物院或大影戲院中，得的舞到了正確的歷史智識，從半點鐘內環遊地球的飛行中，得到了正確的地理智識；從隨時隨地的田園中，得到了正確的博物智識，從隨時隨地藝術生活中，得到了正確的審美智識，此外如同倫理道德以及算術幾何之類，自然更易從日常生活中學習的嘍。

我們倘若對於某一種學術意欲為精深的研究呢？那麼，或者坐上飛艇立刻到某地的研究室中，隨著某大學者去行作實驗；或者更舒服一點，坐在家中隨便打個無線電話，自有世界公立大圖書館同極快的傳達器，替我們送來，所要用的書籍儀器，或者隨手撥一撥牆上的電話機，便可以與千里外的某大學者談話。倘若是從事於職業的呢？那自然某一種職業即是某一種的職業學校。

我們在工作上隨時可以得到學習的意味。這樣學來的智識，才是確實的。不像現在學校的樣子，一出校門便什麼也忘記了。到這個時候，我們自然不需要什麼學校了。

我的全社會，便是一個大學校。我們從受胎到涅槃，生於斯，長於斯，死於斯，工作於斯，娛樂於斯，學習於斯。我們一輩子過得是學校生活，也就一輩子過得是教育生活。但這個學校生活，卻不是現在那樣背家庭、離鄉里、埋頭書本，乾燥無味的學校生活。[65]

上引一大段常氏的教育理想國主張，這主張曾遭同樣為教育學者舒新城的批判。舒新城稱常氏的教育思想為大同主義的教育思想，並批評其教育思想為一種超人的理想，在現實世界中永不會有

---

[65]　同註38，頁22-24。

實現之日。故而武斷言之，常氏的大同教育思想，在近代中國完全不曾發生過影響，它可謂為一種「烏托邦」的教育思想，在現實世界中，不可能有此實現之條件也。[66]

　　舒氏或許沒有想到，真的拜科學之賜，當今電腦資訊發達，網際網路無遠弗屆。昔時常氏「烏托邦」式的教育理想國，至今日遠距教學，已完全有實現之可能。這不知是常氏有遠見，眼光超越時代；還是舒氏之侷限。

五、針砭教育問題與述評

　　基本上，針對二〇年代中國教育之現況，常氏以一個二十來歲的師範畢業生及初級中學教師者，眼光敏銳，看出當時相當多的教育問題。值得欽佩的是，他不僅看到問題之所在，且提出解決問題之方法，這才是其異於常人之處。尤其對很多基本上的問題能看其大且指出其未來可能的方向，這種宏觀角度的觀察，對一初涉社會的教育工作者而言，確實是相當不容易的。

（一）教育的源起

　　為正本清源故，首先對教育的源起這一議題，常氏即提出其看法和創見，他以為社會上的一切風俗習慣禮儀，須有一種組織為之保存傳布，而這種組織便是教育。

---

[66] 常氏之教育思想，舒新城評其為烏托邦的教育思想。並說，常乃德的藝術的大同教育，因為藝術的描寫，只能在藝術家底想像中全部實現，而不能望真正有此種現實世界也。見其編：《近代中國教育思想史》，同註21，頁 195-199。

　　接著他又指出，教育在上古時代本是附屬於宗教的，到後來社會一天比一天進化，社會內容一天比一天複雜，人類所需要的品性、智識、技能也一天比一天多，宗教的簡單形式已不能適應這種需要，所以不得不有獨立的教育組織來履行這種職務。

　　常氏說：「起初這些組織原是各自孤立的，譬如傳授智識則有各種的學府（Academies）及研究所（Laboratory），訓練技能則有各種工會（Guilds），陶冶品格則有宗教及家庭；後來因為這些分立的組織；一則不能使各方面的需要平均發達，二則因分立之故，使教育事業不得不附屬於他種組織之下，因而不能獨立發揮其教育的能力，如教育事業附屬於工會，則必以作工為第一目的而教育不過其附屬目的而已。因此不得不有完全的獨立的社會組織以應其需要，這便是現代教育所以脫離宗教及其他組織之範圍而獨立的原因。」[67]

　　對教育源起弄清楚後，常氏又歸類出，現在的教育分為三種，即家庭教育、學校教育、社會教育三種，其中尤以學校教育為主體，從前的學校不過是傳授智識的機關，現在則除智識以外，一切陶冶品性、訓練技能等事亦均為學校之責任。

　　教育在現代社會中的地位非常重要，較之宗教對於古代社會的影響並不為小，常氏論到所以近來無論社會學家或教育學家，都把教育與社會二者間的關係看得非常重要，因為社會上一切文化的遺產，非賴教育維持傳布不可。[68]

（二）對學潮之看法

　　對於二○年代國內層出不窮的學潮，常氏亦提出其與眾不同的看法。他首先認為學潮的起源和影響，因各校的環境而異，但畢竟

---

[67]　常乃德：《社會學要旨》，同註27，頁76-77。
[68]　同上註。

最根本和最重要的總原因，即是學校制度的問題。據常氏看來，大多數學校風潮的主因，恐怕多半是由於教、學兩階級彼此中間的誤解所致，他相信這個觀察應該無誤才對。接著常氏又說：「現在的學校制度，真是最適宜於發生教學風潮不過的了，因為學校顯然把教員和學生分成兩個對抗的階級，且分成對抗的階級還不算，還要使他們兩個階級之中嚴格區分，永遠沒有彼此融合的機會。常氏以教室的編排舉例言：四角方方的教室，教師站在高處向南，學生坐在低處向北，這樣分明的區劃，怎能不使身當其境的人，自然起了一種階級的感覺呢？所以說：就近幾年來學校風潮的蔓延看來，其主因為被教者與教者之間的衝突，此外尚有以經費問題為主因之教員索薪風潮。」

　　探討此兩種風潮之起因，關於前者對內風潮，常氏將其歸咎於現行教育制度之不良。換言之，常氏以為此乃從歐美移殖過來的學校教育制度根本上不可避免的缺點，非一時枝葉的改良所能奏效。既然學校以內的風潮起於教者與被教者二者間的衝突，但在現行教育制度之下，教者與被教者二者之間，天然的階級區別不可泯滅。常氏說：

> 這種階級一日不撤除，階級間互相存在的異類意識即一日不能消滅，即是仇視的心理一日不能減少，即是衝突的原因一日不能去掉。總之，學校風潮之起因，固然原因個個不同，但主要的原因即是教者與被教者間的誤會。而誤會則由於隔閡。隔閡又是現行教育制度下必然的結果，因為它先造成了兩個相對的階級，如此便不能禁止他們產生階級的意識。所以在現行教育制度之下，教者與被教者之間的衝突是絕對免不掉的。

　　至於後者對外風潮，即所謂索薪風潮者。常氏認為其近因固然因經濟拮据所致，然其較遠之因，則在政治之不良，政局之動盪。當然學校經濟之不能自給自足，實為現代教育制度之最大的缺陷。

> 從有歷史到今，教育之所以不曾有獨立發生價值之一日，箇中原因雖多，但經濟之不能獨立要算是最大的主因。因此從獨立自由的理想上看來，經濟不能獨立，實為現行教育制度之致命傷。[69]

（三）學校教育制度之批判

　　現行學校制度既然是風潮的主因，也是常氏提倡「全民教育」之絆腳石，所以常氏大膽提出「毀校造校論」之主張。常氏首先說明學校制度之弊害，且他認為「學校制度並非唯一之教育制度；其與教育制度亦並非有絕對不可離散之因緣。這是教育制度與學校制度之異點，但是現在一談及教育，均以為捨學校外，別無他途。」[70]

　　常氏對學校刻板的教育制度，相當不以為然。他從教育制度演進之歷史申論：「學校制度在教育制度演化史上，並不是惟一的制度。在學校制度未建立前，如家庭中父母對子女的教育，宗教上教主對信徒的教育，部落中酋長對從屬的教育，族團中長老對後輩的教育，職業上工師對學徒的教育，以及一切從實際生活中學習維持

---

[69]　常乃德：〈打破隔閡人性的教育制度〉，《平民教育》第 39 號（1921 年 10 月 10 日），頁 15-16。又見〈毀校造校論〉，同註 23，頁 4-6。

[70]　常乃德：〈毀校造校論〉，同註 23，頁 8。常氏始終認為學校制度並不是唯一的教育制度。現行有限時期的學校教育之下，也還另外有無限時期的社會教育發生；在現行的有特殊方法的學校教育之下，也還另外有無特殊方法的家庭教育存在。見其著：〈全民教育論發凡〉（中篇），《民鐸》第 5 卷第 4 號（1924 年 6 月 1 日），頁 10。

並發展生命的技能智識的教育。總之，它們的出現都在學校制度成立之前；或者雖然同時存在，而其在實際社會生活中所效的教育的職能遠過於學校教育。」[71]

由於常氏主張「社會化」的全民教育，所以其理想的學校制度乃為廣義的社會，而非狹義的學校。故其言：學校制度最大的缺點，即在不與社會的實際狀況相符。即使是極端提倡教育社會化的學校，其成就仍只不過是「擬社會」的，而非真的社會。

常氏認為學校制度實在是違背人性的制度，在違背人性的制度中產出的人物，決不能於實際社會有益。脫離社會而孤立的教育，將為不可能的事情。所以，學校與社會不能絕對的合為一體，即為現代教育制度的最大缺點。

為強調社會教育的優於學校教育，常氏特別嚴格區分學校與社會的不同之處。他說：

---

[71] 常乃德：〈毀校造校論〉，同註23，頁9。
基本上，常氏對教育制度之演進，了解至為深刻。他認為教育制度最初是附麗於家庭社會之下的，是為第一期的教育制度，其後則附麗於宗教制度之下，此為第二期之教育制度。此外他又說：在人類的智識組織漸漸從宗教脫離而進入玄學乃至理論科學的時代，本已發生了一種畸形的教育制度——如大學、書院等，這種制度嚴格講起來，祇能叫做「研究制度」不能叫做「教育制度」。總之，工業革命以後，教育制度才普遍建設起來。另外從教育制度演進的痕跡看，常氏也以為，下等動物生活簡單之極，沒有教育後的必要，故毫無教育的行為。高等動物生活漸趨複雜，為持續種族起見，有教育後代的必要，故發生教育的行為。人類因為生活更加複雜，有了美術的、文化的生活，並且發生社會組織，故教育的需要也愈多。這時候人類的基本社會組織是家庭，故教育行為也附屬於家庭制度之下。人類智識進步以後，才對於生活發生疑問，要求解答，由此產生了宗教、玄學、乃至科學。從宗教制度進而至於大學制度，都是專門培養研究生活問題的人才的地方，教育制度就從這個地方發展出來。常燕生：〈教育制度在人類社會進化史上之過去與將來〉，《教育雜誌》第22卷第9號（民國19年9月20日），頁7-16，總頁35501-35510。

第一、社會的組織是以親子之情、兩性愛情的家庭為本位的，而學校生活則偏偏驅使子弟離去家庭而為單調的生活。第二、實際社會中，經濟的行為佔最重要的部分，人生因生活競爭之劇烈而益覺其生活之真實，學校生活則幾乎將經濟生活完全置之不顧。學生依賴學校，學校則依賴其他外界的資助，人生最重要之衣食住三問題，在學校中幾無絲毫練習之餘地，這樣的生活是假的不是真的，因為他沒有經濟的需迫，便沒有在生活上為自己奮鬥的覺悟，因而不感到人生之真實。[72]

也因此，常氏十分肯定的認為學校制度已不符合未來教育之所需。因為教育制度只是社會中各種制度的一種，其演進之歷程與全體社會演進之歷程息息相關；尤與社會各種元素中最重要之經濟制度的演進有密切之關係。而常氏以為現代學校制度之所以成立發展，並非人為的結果，實與現行的經濟制度互相適應。現代的學校制度正是這兩種主義：國家主義與社會主義合併促成的結果。

學校制度既然破綻百出，故依常氏看來，未來之教育制度的趨勢，應該是以社會教育代替學校教育，因為無論從必然的或理想的論調看來，社會教育都是較學校教育為適合於將來的社會的。[73]

---

[72]　常乃德：〈毀校造校論〉，同註23，頁 8-14。

[73]　同上註，頁 15-17。
　　常氏又說：大家目光都注在學校之內，不知道學校與教育並非絕對不可分散的東西。人之一生所受的教育大部分還學校以外，在學校時期以前的謂之家庭教育，在學校時期以後的謂之社會教育，這兩種時期在現代教育制度中所佔位置之重要並不亞於學校教育。我們尤其覺得家庭生活是一切人類的愛的起源，在現代這種機械的非人性的學校教育之下，我們尤其覺得有提倡以愛為基礎的家庭教育的必要。常燕生：《教育上之理想國》（3）《教育雜誌》第 15 卷第 2 號（民國 12 年 2 月 20 日），頁 19，總頁 21197。

（四）「毀校造校論」的創見

學校制度既然有如此多之弊端，改進之道，常氏提出一個大膽的主張，即重新打破；再重新建造，此即其著名之「毀校造校」的理論。常氏曾說過，「對於人造的原因總應當想法改良？如果真要想法改良的話，則我提出一個「毀校造校」的問題。[74]」

如何毀校造校，常氏提出了一套策略，其戰略是將舊的教育制度全部推翻，然後再重新創造適合於發展新理想的新教育制度。

而首先第一步即為教育的革命，對於現存教育制度的根本革命。常氏說：「我們覺得要求真正圓滿的理想的教育改革，應當求之於教育之外。其次，第二步是革命的教育，即為輔助教育革命起見，宜鼓吹一種革命的精神、革命的信仰。

常氏言，「『教育的革命』與『革命的教育』是我們認為教育改造進行中，兩大不可或缺的車輪。」[75]

接著常氏引申教育在人類史上的重要性，他說：

> 教育是人類對自然抗爭大勝利的第一章；也是從必然的世界到自由的國家之必備法寶，所以我們祇有遵著這一條教育的大路才有前途；但教育的本身，則必須先從必然勢力的支配中解放出來，才可以談到引導其他的事。

易言之，教育只有掙脫學校教育之羈絆，走向全民之社會教育，人類的未來才有前景可言。職係之故，據常氏的講法，學校制度絕不可存，故為全民的社會教育剷除障礙物，我們第一步破壞的戰略即為毀校。

而實行的手段為：

74　同註 23，頁 8。
75　同上註，頁 20-21。

1、我們應當盡力宣傳根本破壞舊日教育制度偶像的、權威的學說，務使一般人激底了悟在舊皮袋內決不能盛放新的好酒的真正意味。

2、我們個人凡真正信仰新教育理想的應該實行退出學校另作我們的教育事業。

3、我們確信教育應當激底革命的同志，必須聯合起來結一個強有勢力的革命黨，明目張膽與仰鼻息於資本主義軍國主義下的教育者宣戰。[76]

然常氏也知道，光有破壞仍不足以成事，為達全民社會教育的理想。第二步即為建設的問題，而具體的方法戰略乃為造校。至於實行手段，常氏認為：

1、我們應當忠實的研究未來社會改造的趨勢及所需要之教育制度為何，而將研究的結果盡力宣傳之。

2、我們應當贊助一切含有改造性質的事業。

3、我們應當於舊學校之外建設試驗的新學校。

總之，我們最後的覺悟是，決不在已成的舊的學校內做新的改革的事業，因為那是不可能濟事的。

為了吾人未來理想的新學校，常氏鮮明的高舉新學校的必要條件為：

1、這個學校必須建設在真正社會基礎之上；學校即是真正的社會不是社會的附屬物；學生即是真正的公民，不是公民的兒女。

---

[76] 同上註，頁 22-23。

2、這個學校與學生的關係應當終身不可分離，學生應當生
　　於斯，長於斯，婚嫁於斯，食息遊樂於斯，舉家庭託足
　　於斯。

3、學校應當行公民的組織，絕對沒有教員學生之區別，大
　　家都是教員都是學生。

4、學校經濟應當自贍，絕對不仰給外界任何之資助。

5、在學校中應當學習，工作，和娛樂三者並重不可偏倚。

常氏說：

> 凡能履行以上幾條的要求，我們才可以承認為新的學校。
> 為示堅持起見，我們決不可與灰色主義者合作，更不收現
> 在學校服務的人入黨。[77]

（五）理想學校的規劃

對何謂才是理想學校？常氏有其一套規劃，首先為廣建宿舍。
因為學校這環境所負的責任不單是模仿社會，還要改進社會。而欲
改進社會，則須培養未來社會的主力，學生之人格，故教師對學生
人格的感化至更重要。

教師對於學生如何人格感化，第一步為彼此了解人格，而了解
人格是需要長期相處才能奏效的，故常氏認為只有學校提供宿舍才
能有師生長久相處的機會，進而達到其感化人格的目的。

職係之故，常氏肯定的指出，「就現在不寄宿學校的一般狀況
而言，我敢斷定無論如何，是決不會收到教育上的最大效果。因此，

---

[77] 同上註，頁 23-24。

常氏呼籲，寧可少招幾班學生，少聘幾位教員，少添幾種科目，但不可少蓋幾間宿舍。」[78]

---

[78] 常乃德：〈理想學校的先決問題〉，《平民教育》第 26 號（1920 年 12 月 20 日），頁 6。

除強調學校寄宿的重要外，常氏對理想學校的要求尚多，如言：教育事業不僅以客觀研究為足，須加入被觀察者之中，為其一分子，再慢慢領教其性格。因此，誠懇、謙恭、忍耐諸德，在教育家中，較任何人均更需要。故理想的教師必須先有一種修養；此種修養即以自己之精神與被教者之精神相接觸、貫通，然後才能盡感化之能事。又說：理想的教育不但教師須有充分素養，即環境之設備亦須大大翻新。舊存之學校型式萬不足以供個性發展之用。學校必須變為一個可以使學生自由生活之地方；此種自由生活須兼內外心理生理兩方面而言。常乃德：〈蒙台梭利之小學教育方法論〉，《教育雜誌》第 14 卷第 9 號（民國 11 年 9 月 20 日），頁 3，總頁 20455。

此外，理想的學校，常氏尚主張須與自然界接近、學校家庭化、大多數的食物都是產自自己的田園，由學生自己的勞動得來的、學生自治、注重實際的試驗與作業、注重手工與體育、道德的訓練、注重學生的自動精神。見〈教育上之理想國〉（2），《教育雜誌》第 14 卷第 8 號（民國 11 年 8 月 20 日），頁 1，總頁 20199。

基本上，常氏對理想學校的規劃，自己亦不諱言，是頗受比利時斐梨（Adolphe Ferriere）博士：《比利時的新學校》一書及美國格里學校（The Gary School）制度的影響。該校位於美國印第安州的一個小市，對格里學校制度，常氏說：我以為各種理想的制度，在今日最可仿行，最有利無弊的，再沒有過於這種制度的了。常氏覺得最可佩服的有幾點：第一：是他把學校認為是工作、學習、娛樂三種性質的練習場，而不僅是學功課的地方。中國現在的辦學者大半只知以教授功課為惟一的目的，姑無論講演式的教授決不會有多大的效果，即使效果十分滿足，也不過造就出一個盛載智識的機器罷了。尤其最壞的，是現在鐘點式的制度，其結果使無論教者學者都認只有上課的幾點鐘為在學校負責任的時候，過此以後，任憑學生怎樣，便與學校毫不相干了。第二：是他主張學校應當包含各級的兒童在內。我以為這是要辦一個理想的學校所必不可缺的條件。第三：是學校的自給主義。這尤是中國一般學校的良藥。第四：是統合教授的主張，這真能打破科目的限制，尤妙在以分科教室制的學校而能教採用這種制度。這也是我國學校所應當取法的。見〈教育上之理想國〉（1）《教育雜誌》第 14 卷第 7 號（民國 11 年 7 月 20 日），頁 1-2，總頁 20067-20068。

其次就學校管理而言，常氏主張理想學校萬不可再行中央集權的政策。高等教育尤其更應當養成一種自由發揮學術的學府形式，不應當限制設立的數目和條件。常氏認為理想學校即使辦的不能盡滿人意，但有總勝於無。因為只要有了辦理想學校這塊招牌，縱然一時不成功，將來總有慢慢改進的希望。[79]

除了理想學校之規劃外，另方面常氏對高等教育之研究所亦有主張，其提出之做法為：「1、暫就全國各大都會附近分設各種科學研究所各一處，以後再設法增設。2、入所研究生資格如何似可不問，但必須經過極嚴格之身體及精神之試驗。3、仿舊日書院制度，凡入學研究諸生給以相當可維持生活以上之津貼。4、研究所中但請幾位著名的科學家住所作為顧問便可以了，不必聘多少教員。5、研究時間無限期。」[80]常氏此主張，蓋以提倡菁英人才之終身學習研究為鵠的。

為此，常氏認為研究生本身必需具備，須真正有以學術為終身志願之精神、且能甘於淡泊質素之生涯、及無家庭之牽累等條件，才能符合研究生之標準。

對研究所的看重，吾人尚可從常氏致函給李石岑信中得到另一佐證，信中常氏對李石岑提及，要積極鼓吹政府、資本家來幫辦學術獨立的事情。並頗有遠見的認為，恐怕在共產主義下學術思想的不自由，比資本家還要利害哩！

所以我們現在惟一的辦法，只有鼓吹政府、資本家，尤其是資本家出錢來創辦各種科學研究所。常氏並說，我平常有一種狂想，總覺得在中國的現在，與其拿錢辦小學，不如拿錢來辦戲院、辦電

---

[79]　燕生：〈對於杭州大學的希望〉，《教育雜誌》第 14 卷第 1 號（民國 11年 1 月 20 日），頁 2，總頁 19294。

[80]　常乃德：〈覆李石岑書〉，《教育雜誌》第 14 卷第 6 號（民國 11 年 6 月20 日），頁 2，總頁 20034。

影；與其辦中學，不如辦圖書館、博物館；與其辦大學，不如辦研究所。[81]由此信可知，其對研究所之重視甚至超過大學矣！

六、結論──教育創見及其他

平情而言，二〇年代，常氏以一個甫踏社會，涉世未深的熱血青年，在初執教鞭，講學杏壇，尤以擔任中學教師方五、六年之際。對國內教育環境觀察之入微；對教育制度；尤以學校制度感受之深刻，可以說相當敏銳深入。由此而引發其一系列周詳縝密之「全民教育論」、「社會教育說」、「毀校造校」之主張，吾人實不可以「大同主義」或不切實際的「烏托邦」等閒視之。

誠然，常氏當時之教育主張，受限於時空環境及時代背景，確無實現之可能。然撫今追昔，放諸於現在的教育環境，其實有相當大的一部分已付諸實現。如教育上的理想國，因電腦資訊的發達，網際網路的無遠弗屆，透過網路世界向美國或世界各大圖書館查詢資料已輕而易舉，故常氏於教育理想國中所想像的一切，已甚多可行。真不知是常氏的遠見超越時代；抑或是拜科學之賜，純屬巧合。另就常氏最重要之全民教育的主張，以今日教育普及的情況看來，全民教育早已不是可望不可及的夢想。凡此，均為吾人在八十年後

81　同上註，頁 1，總頁 20033。常氏又說：中國教育界不但沒有一處實現過一種知行合一的學校的計畫。因此我以為想辦理想學校，非從幼稚園辦起不可，又非繼續辦至大學不可。友人陳兼善先生主張三館主義：「一個學校非具備有圖書館、科學博物館、體育館三館不可。」在中國的現狀之下，與其辦小學，不如辦博物館，運動場；與其辦中學，不如辦圖書館；與其辦大學，不如辦科學研究所。熱心教育的人，望三思我言！常乃德：〈我所望於「教育博物館」者〉，《平民教育》第 27 號（1921 年 1 月 10 日），頁 17-18。又見〈教育上之理想國〉(1)，同註 78，頁 3-5，總頁 20069-20071。

的今天，對常氏之遠見卓識深致敬佩之處。不僅如此，常氏之教育思想尚有幾點值得一提：

（一）革命的教育觀

五四時期，常氏思想其實頗為激進，反映於教育主張亦是如此。首先，常氏認為在教育上，改良方法與革命手段是有很大差異的。他從中國歷史上的教育制度之演變談到，中國的教育制度，曾經有過三次絕大的革命：

> 第一次是春秋末年的打破王室的庠序學校，而創立私人講學的制度。第二次為漢以後，隋以前的四五百年間，將古代的遊學制，村塾制，漸漸融會而成的科舉考試制度。第三次，更大的劇變為光緒三十一年（1905）清廷的廢科舉立學校。[82]

常氏說，由此可見，教育上也是可以容納革命的手段。因此常氏以為要改革教育的現況，顯然宜用革命的手段，否則不足以應付潮流。基本上，常氏驚世駭俗的「毀校造校」之主張，即肇因於其革命的教育觀。

（二）進步的教育觀

五四時期，受到外來思潮的影響，懷疑主義一度大行其道，胡適為篤守此道的學者；常氏也相信此說。常氏認為合理的懷疑是一種進步的象徵，他對積弊已久的教育界風氣相當不滿，尤以對那些迷信權威，倚老賣老不求進取的為師者，更是鄙棄。

---

[82] 常乃德：〈毀校造校論〉，同註23，頁1。

他希望教育界所受新思潮影響者，不是別的，而是大家能改變一種新態度。這種新態度，即為懷疑的態度。他說，

> 當你懷疑的時候，同時便是你要求解答的時候。懷疑而得了解答，解答便是懷疑的結果。若懷疑而沒有解答，則應當繼續懷疑，繼續研究求解答。

> 沒有正確的解答，便不能承認這事正當的存在權。應當仍舊懷疑，直到得了解答為止。這便是教育家應持的態度，也是所有從事教育者應具的進步教育觀。[83]

（三）全民的教育觀

關於常氏全民教育的理論，上文已著墨甚多，在此只簡單扼要的歸納其精要。常氏全民教育之基本精神乃在於常氏認為教育的定義為教育即生活，而教育之目的則在發展完全的生活。

就人之一生說，常氏認為人的完全生活是徹始徹終的，因此從小到老都是可以施行教育的。另就人的職業而論，完全生活是不拘一格的，不僅讀書、作文算是教育的事業，即便是引車賣漿之事，只要它是經過這一番造成引車賣漿之才的手續，也算它是含有教育的意義在內。

此外，就人之素質說，那自然是精神、肉體、社交三者缺一不可，常氏都將其歸入教育的可能範圍之內。而就人的活動說，求學、做工和娛樂，三者更是缺一不可，因此常氏說，決不可單拿求學的事業算做教育，而把其他二種置之度外。[84]

---

[83] 常氏一再強調，教育界所受新思潮的影響不是別的，只是大家改變一種新態度。這種新態度，不是別的，便是懷疑的態度。見常乃德：〈教育家懷疑的態度〉，《平民教育》第 27 號（1921 年 1 月 10 日），頁 1-2。

[84] 常乃德：〈全民教育論發凡〉（上篇），同註 40，頁 15-16。

　　換言之，常氏主張人的一生都是教育的歷程，如同俗語說的「活到老，學到老」的精神，而教育的意義是無所不在的，並沒有什麼職業階級之分。另外，教育的基本內涵包括了求學、做工和娛樂，目的可以豐富人精神、肉體與社交之素質，此為其全民教育觀之具體展現。

（四）理想的教育觀

　　理想上之教育應當具何條件？常氏勾勒的很清楚。他一再宣稱，教育的出現，乃是生物對自然抗爭大勝利的第一章。所以簡單的講，教育即是為訓練生活而生的，其產生之必然原因，便是為應付生活的需求，而它的真正價值也在於培養這個能補助生活對於環境抗爭的能力上。因此，常氏堅信教育的目的只是「訓練生活」四個字。

　　要訓練生活，當然是訓練發展好的生活。故常氏說，我們理想的教育觀就是：「發展理想的生活」。本來生活就是生物對付環境的事實。當生物發展到意識生活後，才漸漸地從環境對付的地位提升到對付環境的地位。因為到了這個時候，生物才有補足或糾正自己行為的能力，才得自由以對付環境，而這種補足或糾正的能力便是教育。

　　常氏始終認為，教育的出現是生物有了意識生活的一個標徵。因此只有到了教育的能力十分發展時，我們的意識才可以完全左右我們的生活，也只有到此時，我們才有理想的生活可言，所以教育是發展理想生活的必要的手段。

　　然理想的生活有賴於理想的人格，理想的人格宜具備有體育、智育、情育、意育、群育、技育等要素。一個人理想的生活，就是把這些理想人格中應具的條件，——充分發展到適度的地位。而唯

一可達此目的之方式即為教育的職務，故能盡此職務者便是理想的教育。[85]

而常氏接著又說，現行中國教育制度根本不是發展理想生活的利器，因此非重新改造不可。

（五）對考試之針砭

對於學校考試，常氏亦有其獨到看法，他認為學校考試之前，必須先考慮到老師所授的教材，是否都適於學生之需要，且除了考試以外，平時是否有讓學生自由發表評判意見的機會；更重要的為是否另有方法能幫助學生於課本以外別尋知識，及養成將來自求知識之能力。[86]總之，常氏雖不主張廢除考試，但始終認定考試終究是一種不得已的辦法，故特別聲明考試前，宜先解決上述先決問題。

（六）普及教育與國民模型之塑造

普及教育嚴格而言，並未脫離常氏全民教育理論的範疇，甚至可講是全民教育一體之兩面。常氏為何提出普及教育主張，與其早期之全民教育有些許不同，原因在於時代背景不一樣。

常氏的普及教育論，正逢「五卅慘案」後，帝國主義侵略中國氣焰最高漲時期，也是中國人民反帝及民族主義聲浪最高亢之際。但空有愛國熱情並不能救國，常氏認為強國必先強種，而強種即是人民素質的提高，欲人民素質提高，根本解決之道，即在於百年大計的──教育。

85　常乃德：〈全民教育論發凡〉（中篇），同註70，頁14-16。
86　燕生：〈新法考試的先決問題〉，《教育雜誌》第14卷第1號，同註79，頁4，總頁19296。

　　常氏說，一個國家想使她的基礎建築得很穩固，非使全國國民都有受相當的教育不可，這是人人公認的道理；尤其在民主政治的國家為然，倘若教育不能普及，那政治的基礎就非常薄弱，隨時有動搖的危險，這更是明白易見的事實；所以常氏言「普及教育」的口號在今日提出來，是沒有人能夠反對的。

　　但重點是我們要普及於一般平民的，究竟是些什麼呢？常氏批評說到，一般的意見，往往以為文字就是教育，所以所謂普及教育者，就是將一些年紀小的兒童，都趕入國民學校的教室裏去，讓他們熟讀商務或中華編輯的教科書，將一般成人都拉入平民學校，補習學校去，使他們熟讀平民千字課等類的書，這樣教育便算普及了。

　　常氏分析論，就智識言，其實人之一生所得智識，並不專靠文字，文字以外種種直觀的領受、環境的刺激，口耳上、器物上所得的經驗，都是文字所不能代表的。常氏略帶嘲諷的講，中國今日，一個大學生的書本智識固然比老農多，但實際的智識卻遠不及於老農。

　　且在個人生活上，在國家發展上，實際的智識都比書本的智識更為重要。常氏不客氣的批判，書本的教育僅能造成高等流氓的增多，於國計民生都無大的好處。

　　再就今日的文字教育論，教科書之類的著作，對於平民生活實在關係甚少，教者以官樣文章去教，讀者以官樣文章去讀。無論低至於國民小學的教科書，高至於大學的講義，比起從前科舉時代的高頭講章和闈墨、行卷，實在都差不多。

　　最明白的證據就是人讀了無興趣，一個學生寧可以抱一本小說去偷著讀，但決沒有抱一本教科書去偷著讀的，這就是教科書與人生不發生交涉的證據。一個人一生的品性、道德、智識、學問，有幾何是從教科書中得來的？大家都回想得來。

　　常氏這段鞭辟入裏的分析，即使拿到今日教育環境來看，其睿智之眼光，仍令人欽佩不已。不僅如此，常氏強調其之所以提倡普

及教育，尚有另一層深意，即國民精神之塑造、國民模型的養成。常氏以歐美、日本為例說到，今日歐美以至日本，他們的教育所致力的，並不僅僅是一種智識的傳授，比智識還要重要的，為一種生活的或者文化的訓練，這種訓練就是要樹立一種國民的模型，國家的根本就全繫於這種國民的模型訓練。

常氏舉例說，譬如受過英國教育訓練的，自然養成一種紳士之風；受過美國教育訓練的，自然養成一種活潑實際的平民氣質，受過日本教育訓練的，自然養成一種忠君敬上的軍國民習慣；這都是各國的特殊國風，而這種國風是教育所訓練出來的，並不是僅僅傳達智識的教育所能訓練出來的。

此外，從小的地方講，常氏也一再提及，教育的目的是在養成一個健全的個人生活，從大的地方講，教育的目的是要養成一個篤實的國民品格，但現在中國的教育，這兩種的責任卻都不能盡。

所以常氏有感而發的說，「我不知道中國今日的學校教育，對於未來國民品格的指導上，能夠盡若何的責任？」

比方說，我們的學校祇能憑自己的自由去造就人才，中國自實行科舉制度以來，一千多年中，養成了一種特殊的「士的階級『士』，在好的方面講，自然是讀書明理，可以『修身』、『齊家』、『治國』、『平天下』。但是壞的方面卻非常之多：因為讀了幾句死書，所以弄得人情世故，都不曉得，成了『四體不勤，五穀不分』的高等廢物。因為自命有治國平天下之才，不屑與平民為伍，所以驕惰兼具，結果除了走作官的一條路外，竟無第二條路可走，也不肯去走第二條的路。[87]」

---

[87] 常乃德：〈普及教育與平民生活〉，《中華教育界》17 卷 11 期（民國 17 年 5 月），頁 1-3。常氏的說法，誠如〈教育的錯誤〉一文所言：教育是應當給一般有用的人民——平民——受的……我們這些人，號稱是受了高等教育的人了，但是請問回到家裏扛得起鋤，拿得起斧子，鑿子，擊得起算盤的可有幾個人……若是這幾件事情都回答道不能，我們就可以自己明

　　另外，常氏亦批評到，在古代書院制度下，將許多高等廢物聚集在一處，既無正當的職業和工作可做，只好「群居終日，言不及義，好行小慧」，結果學仕不成，就只有退而為土豪劣紳訟棍之流，以魚肉鄉里。

　　由此可見，五四以後，常氏對於勞動人民的看法開始有了轉變，對於體力勞動和腦力勞動相結合的教育的重要意義有了一定的認識。

　　雖然提倡普及教育，但對於學校教育，常氏相當有意見，因為他認為學校是集中的，並且是按年計資的，所以有志受教育的，只好完全離開家庭，拋棄本業，來做一個純粹的學生。無奈因為收費過高的緣故，平民子弟多半無力求高深的學問。就算有機會受教育，但受教育越深，士大夫的習氣也越甚，對於平民生活自然完全不了解。

　　所以常氏說，為國家的需要打算，更應該注重在品性的陶冶，或者說是國民風習的養成。一個國家要想使國本鞏固，就非有可以分擔國家責任的好百姓不可，而這就是教育的主要功用。

　　另常氏也語重心長的就國家的地位分析，他憂心沒有一個統一的培養國性國風的訓育方針，是中國教育最大的缺失。他以為中國國民今日最需要些什麼智識？便須要看中國今日的國情是如何。中國今日是貧國，是弱國，是愚國，是亂國。貧弱亂愚四字便是中國今日的病源，所以教育的方針自然要認定以救治這四種病源為目的。

　　今日欲改良教育，使達到救貧、救弱、救愚、救亂的目的。常氏開出唯一的方案即是從普及教育著手。他接著說，

> 我們以為中國今日既已陷於貧弱愚亂的境地，要想挽救這種類運，非從教育著手不可。

白，我們雖然受了十幾年教育，依然是無用的人。見德：〈教育的錯誤〉，《平民教育》第 9 期（1919 年 12 月 6 日）。

因為教育是精神的事業，要想使一個國家能夠自己站得起來，固然實際方面應該設施的事情非常多，但最先一個前提須要她的國民先能夠自己站得起來，有意志去信仰國家的命運，有勇氣去擔當國家的困難，有智識去解決國家的問題。

換言之，能夠深深了解國家的文化上和實際上的種種事情，而深切的發揮一種同情，這才是國民覺醒的第一步，也就是教育的第一個目的。因此他提出兩點做法：

1、求國民文化的普及：要想使平民了解文化，就不能不先使文化接近平民。若想使文化普及於平民，不能不就原來流行於平民間的各種體裁的文字加以改作，以新的精神和材料輸入舊的體裁之中。

2、求國民情緒的增高：欲使這些平民強健起來去擔當國家的責任，不能不首先注意發展他們的情緒。因此那些舊式的平民娛樂和信仰的設備，不但不可禁止摧毀，反而更應當幫助他們發展光大。

而民間一些有志者不妨可以先做，比方什麼國民文化協會之類，可以編輯許多適合平民的小冊子，廉價供給平民，也可以籌辦許多平民娛樂的機關，巡迴各地去供給平民的需要。[88]

（七）國家主義教育之傾向

常氏早期之教育思想是反對國家主義的，即所謂的軍國民教育。但到二〇年代中期，一方面由於常氏已加入彼時主張國家主義

---

[88] 常乃德：〈普及教育與平民生活〉，同上註，頁 4-9。

的政黨「中國青年黨」，而受其影響。[89]再方面因為外患及亡國危機的加深，在在讓常氏不得不去思考中國到底需要何種教育主張，最後他找到了國家主義的教育，是當時最迫切和需要的一種教育制度。

他說，教育不能改造環境，那這教育有何用處？中國十幾年來教育事業之不能得到實際的效果，最大的毛病在於宗旨不確定，太隨風倒了。一種主張，平均施行不到五年，即推倒之而另換一新花樣。各種制度和教學法亦然。

常氏痛心的說，教育是百年大計，其收效往往在百年之後，若是像中國這樣以學校為試驗之地，以學生為試驗之物，朝秦暮楚，一日數變，怎能期望它有效力呢？這是中國教育失敗的第一個原因。

其次嚴重問題出在教育的內容上，教育內容但憑新奇，卻不能適合時代的需要，這也是一個失敗的原因。且教育上所教的都是些對策題上的材料，於實際情形根本不合。

職係之故，在濟南事件後，常氏憂心忡忡的提到怎樣改造教育，首先宜從確定教育的方針做起，應當把教育方針建築在現實基礎上。他指出，我們要求的新方針是應該打破平均發展造成完全人格的虛想。因為中國現在還不是要求造就完美的人的時代，而是要求造就適合於時代要求的人的時代。

其次，他認為中國今日是個變態的社會，這個社會的危機，不是許多平凡分子所能應付得了的，我們今日所需要的不是多數平凡的庸眾，而是少數傑異特出的天才。這一條原則樹定之後，我們的教育設施便可以打破一切咬文嚼字之弊，向應付實際環境的路上走去。

89　舒新城說：11 年而後，國家主義教育思想發生而後，此種思潮即逐漸消沉下去，而主張大同教育最力的常乃德亦拋棄其舊日的主張，而從事於為國家主義的運動。見其編：《近代中國教育思想史》，同註 21，頁 201。

　　為進一步申述其理論，常氏點出了當時中國的教育，應該努力的幾條路徑：

1、應該注重少數天才的培植。常氏說這話時，一直強調並無違背昔時平民教育的主張，甚至認為在今日愚昧的中國社會之內，提倡義務教育，普及教育，當然誰也不能加以反對。只不過他懷疑，單單是這樣恐怕仍救不了中國的急。在亡國迫在眉睫之際，他老實說，「我不相信四萬萬人將平民千字課讀完之後便可以將中國改變到怎樣好了。現在所缺少的是將領，是民眾指導者，是國民的領袖。我所說的並不是最少數的一二領袖，而是站在上級和下級之間的中級領袖，中國太缺乏這種人才了。」

2、有鑒於國家需才孔急，為及時彌補，他要求以後教育應該極力提高高等教育的內容，充分的設備，使學者可以從中得到養成實際人才的材料，這是比普及教育還重要的一件事。

3、在提倡「科學救國」的前提下，常氏認為中小學教育，應該特別注重自然科學的研究。他說，中國至今日所有一切貧弱愚亂之現象，歸根到底，還是由於科學不普及和物質文明不發達之過。故舉國上下應一致有此覺悟，明定普及科學教育，發展物質文明為教育之宗旨。從小學起，即加重數學及理化生物等智識之訓練，中學以上尤應極力發展科學教育，以自然科學研究設備之充分與否，定學校成績之優下。一切政治、文藝等文科學問，讓少數天才去研究，大多數的人民先培養科學常識再說。

4、為落實科學救國的大目標，常氏主張教育系統應以理科為正統，文科為旁統。理科自小學以至於大學，上下一貫，文科則小學儘可不設，中學也只設少數而已。

5、常氏堅持普通中學應專重自然科學之教授，全部課程中，自然科學應佔分量四分之三，而國文及其他文科功課僅佔四分之一即足，甚或完全不設都可。

總之，他談到，文科重考試，理科注重學校訓練，以理科為正統，以文科為旁枝，如此行之五十年，待國民稍稍富庶以後，再普及文科教育，尚不為晚。

最後他更語重心長，有感而發的講：

> 吾人在今日應覺悟到，中國已處於乞丐的地位，乞丐眼前所最需要者為吃飯問題，並非做文章問題。故為拯救國家及民族之危亡起見，勢必不能不根本打破重文輕實之觀念，以自然科學教育昭示國人，庶幾乞丐終有變成富翁之一日，既富之後，再研究文采風流，亦未為晚也。[90]

在外患聲中，常氏提到教育界應有的覺悟，雖未明言國家主義的教育，然揆其實，根本已是以救國為優先、為第一的國家主義矣！

（八）外國教育思想之譯介

常氏為一勤奮認真之學者，舉凡早期之教育思想主張，與畢生體大思精「生物史觀」哲學思想之建構，均博覽群書，詳於中西各種思潮理論，而發為己論。故其每一立論，都有憑有據，根基紮實。其早年全民教育主張亦復如此，基本上，常氏對教育最大貢獻之一，即為二〇年代透過《國民》、《平民教育》、《中華教育界》、《教育雜誌》等刊物，介紹不少當時西方最新之教育思潮。如杜威、

---

[90] 常乃德：〈外患聲中教育界應有的覺悟〉，《中華教育界》17 卷 5 期（民國 16 年 11 月），頁 1-7。

孟祿、斯多奈夫人、斐梨以及「道爾頓制」、「格里學校」、「蒙台梭利」等教育制度。[91]

無可否認，常氏對這些教育思想家及其主張的制度，都持相當肯定的態度，於其評價也很高，甚至將其視為「教育上之理想國」，認為值得國內教育所借鏡。唯其理想過高，且未考慮國情環境不同，兼以時機尚未成熟，而國內又內憂外患不斷。所以其理想終究只能是「理想」，而無完成落實之氛圍也。

然誠如上文一再提及，放在今日時空和教育環境，常氏先知先覺之一系列教育思想與主張，反倒是有相當大的一部分實施，且付諸實現，這是很值得吾人探討思考的地方。

另一方面，常氏於二十餘歲，甫入杏壇不久，對當時國內教育諸多問題，已觀察入微又提出其一套未來應走之路──「全民教育論」，姑不論其是否可行，但其理論本身即有一定之價值和產生相當之影響矣！平情言之，此亦常氏對教育界之一大貢獻。

---

[91] 陳正茂：〈常燕生傳〉，同註7，頁109-115。

曾琦與民國政治

一、引言：兼述曾琦的早年

　　曾琦（1892-1951）為民國史上一位相當重要的人物，他是影響五四時代一個非常重大學會「少年中國學會」的發起人之一，更是二〇年代中國三大政治團體「中國青年黨」的肇創者；他是民國7年留日學生罷課歸國的急先鋒，也是中國最早反共的政治領袖。尤有甚者，這些愛國、民主、反共的理念，終其一生，曾琦始終堅信不移，沒絲毫動搖過。

　　抗戰勝利後，時局飄搖動盪之際，曾琦復嘔心瀝血奔走美東歐西，呼籲國際友人正視共禍之囂張，不可姑息袖手旁觀，更寄望國人捐棄黨派個人恩怨，於是發起「超黨派救亡運動」。直至生命的最後一刻，仍冀「國人速起搶救中華民國」，對於這位影響民國政治深遠的人物，其風範行誼至今仍值吾人感念。

　　曾琦，字慕韓，號愚公，清光緒18年（1892）生於四川隆昌。家世富農，代有科名，不廢耕讀。14歲因父供職寧明州，乃入廣西寧明高等小學堂；後因父亡故，遂返川入成都高等學堂分設中學肄業，同學中有王光祈、魏嗣鑾、周太玄、李劼人等均為一時俊彥。

　　民國3年，曾琦入上海震旦大學習法文、結識左舜生、李璜諸友，曾琦原計劃赴法，茲因歐戰爆發，乃於民國5年先行東渡日本

留學，入中央大學習憲法及行政法。民國 8 年赴法後，曾赴法蘭西語言學校就讀，並到巴黎社會學院旁聽。[1]

　　這段廣西、成都、上海、日本東京及旅法的求學經驗和遊歷，奠定了其一生政治生命的主觀條件，包括思想的形成、同志的結交、及組織能力的培養。就思想而言，在寧明高小就學時，讀了梁啟超的《中國魂》，而啟發其國家主義思想；繼之閱顧炎武、黃梨洲、王船山諸家文集，排滿思想更是油然而生。[2]

　　19 歲時，曾琦即與四川友人曹叔實、薛銀海、文宏模等從事排滿運動；民國 2 年赴重慶參加反袁運動。[3]此外，從宣統 3 年到民國元年，曾琦辦過《民國新報》及《群報》。[4]對輿論宣傳的功能了解甚深，而成都就學時所結交之同學如王光祈、周太玄等，均為爾後「少中」的會友。[5]

　　出川後，在滬上與左舜生、李璜等訂交，更是以後「中青」的堅強夥伴。故就曾琦六十年的一生而論，其日後的事業，在早年的交往過程及閱歷經驗間實已窺其端倪，以下即就曾琦與少年中國學會、五四運動、勤工儉學運動、中國青年黨、國家主義、共產黨、國民黨等七個層面，來分析其與民國政治的密切關係。

---

[1]　沈雲龍，〈曾琦先生傳〉，載《中國青年黨建黨五十週年紀念特刊》（台北：中國青年黨中央黨部編印，民國 62 年 12 月出版），頁 61-68。

[2]　曾琦，《曾慕韓（琦）先生年譜日記》（台北：中國青年黨黨史委員會印行，民國 92 年 8 月出版），頁 12。

[3]　〈曾琦〉，見秦孝儀主編，《中國現代史辭典——人物部分》（台北：近代中國出版社印行，民國 74 年 6 月出版），頁 409。

[4]　劉紹唐編，《民國人物小傳》第 1 冊（台北：傳記文學出版社印行，民國 64 年 6 月初版），頁 210。

[5]　黃星照，〈反共之父——曾慕韓先生（上）〉，載《現代國家月刊》第 271 期（民國 76 年 8 月 1 日），頁 35。

二、少年中國學會的夢

少年中國學會（以下簡稱「少中」）是近代中國最為可貴的一個社會團體，它結合一群純潔有為的青年，懷抱崇高的理想，本著堅苦互助的精神，從事於社會改革，以期建立一理想的少年中國。[6]基本上，「少中」的組成，並非只是純粹智識的結合，它尤其側重於陶冶純潔高尚的個性和鍛鍊奮鬥有為的個體。

「少中」的發起及成立，曾琦與王光祈無疑是扮演其中催生的兩位主要角色。宣統元年，曾琦與王光祈相識於成都高等學堂附屬中學丙班，同學中尚有李劼人、周太玄、魏嗣鑾、胡助等人，此後彼輩均成為「少中」的健將。

民國 3 年春，曾琦負笈遠遊，由川至滬，候船赴法留學，後以阻於歐戰，遂留滬入震旦大學研習法文，由是而與同學李璜、左舜生、黃仲蘇、陳登恪及鄭伯奇等訂交，上述諸人以後皆加入「少中」。且除鄭伯奇後來另加入「創造社」，參加共產黨外，其他均先後加入青年黨。[7]

民國 5 年春，以歐戰停火無期，曾琦赴法計劃受阻。乃決定先行東渡日本留學，先入東京東亞高等預備學校補習日文。秋後，進中央大學研習憲法及行政法，同學中後來加入「少中」者有趙世炯、趙曾儔及羅益增等。其時並訂交陳淯、雷寶菁、張夢九諸友。[8]後三者與曾琦均為以後「少中」之發起人。7 年 3 月，曾琦有鑒於日本通訊社之操縱東亞輿論，影響中國國際地位，乃約留

6　秦賢次，〈曾琦先生與少年中國學會〉，載《傳記文學》第 29 卷第 2 期（民國 65 年 8 月），頁 34。

7　秦賢次，〈關於少年中國學會會員名錄〉，載《傳記文學》第 35 卷第 2 期（民國 68 年 8 月），頁 138-139。

8　曾琦，〈會員雷寶菁君略傳〉，載《少年中國學會會務報告》第 1 期（民國 8 年 3 月 1 日），頁 36。

東同學張夢九、易君左、羅益增、劉泗英等 18 人在東京發起「華瀛通訊社」，逐日編印稿件，藉供國內報紙刊載，以揭發日本陰謀。[9]

同年 5 月 5 日，留日學生為反對「中日軍事協定」，乃在東京成立「留日學生救國團」，議決全體學生罷學歸國。[10]自 8 日起至 12 日止，響應的歸國學生已達千餘人。此次運動之主要領導人實為曾琦，12 日救國團設總部於上海，13 日設支部於天津，不久又創刊《救國日報》於滬上，執筆政者即為曾琦。

在京津之留日歸國學生除派代表向教育部請願外，曾琦亦親自到北京各處演講，以呼籲學生群起響應，另有兩千餘名學生往總統府請願廢約，無奈這兩次請願均無結果。[11]曾琦在北京，知事無可為，乃往晤王光祈，商討如何在北京推動「救國團」團務，光祈告之：

> 我有一議，思之已久，等著為你提出，留日學生救國團的主張，明明是在反對段內閣；要在京津發動，障礙必大。且即使發起，也只是一闋之局，勢難持久。因二、三千人一旦罷學回國，聲勢雖大，而其中大多感情用事，以之而言救國，則辦法當不如是之簡單。我們皆在青年求學時期，救國最好在早做基礎的準備工夫，而準備工夫不外兩事；一為人才，二為辦法。但人才已不能求之已成勢力中，則應早集結有志趣的青年同志，互相切磋，經過歷鍊，成為各項專門人才，始足以言救國與建國的種種實際問題的解決。至於辦法，也非淺識玄想，徒託空言，便可以適合國

9　赤松子（張夢九），《人海滄桑六十年》（台北：五洲出版社出版，民國 60 年 10 月初版），頁 25。

10　黃福慶，〈五四前夕留日學生的排日運動〉，載張玉法主編，《中國現代史論集：第六輯——五四運動》（台北：聯經，民國 70 年出版），頁 155。

11　《時報》（民國 7 年 6 月 28 日）。

家真正需要。因此必須每個同志都去增進自己學識，從事各種研究。而今日之研究學術，又必須本科學的精神方不流於空疏。[12]

由於感佩王光祈的這番話，曾琦遂與王光祈、周太玄、張夢九、陳淯、雷寶菁等志同道合的友人，同赴北京嶽雲別墅，商議發起「少中」，學會宗旨為「本科學之精神，為社會之活動，以創造少年中國」。[13]並決定今後行止，相約無背規約。不久又邀請李大釗參加，並為發起人之一。

關於醞釀組織學會一事，曾琦在他的〈戊午日記〉中有相當詳實的記載，茲引數則，以見當時情形之一斑：

民國 7 年 4 月 1 日：「……思予擬集合同志，提倡分業，為一真正之學會，各就所學，輪流演講，要以根於學理，按諸事實為主，冀收切磋之實效，頃與友人談及，頗多贊同，其或有成乎？」

同年 6 月 30 日：「晨取愚生所有舊報，展閱良久，午後潤璵、太玄來，約同愚生、夢九、眉生六人赴南橫街嶽雲別墅張文達祠，商議發起少年中國學會，並決定今後行止，相約無背規約焉」。

7 月 12 日：「晚偕夢九、眉生赴中央公園，與潤璵、太玄約會，潤璵出所擬少年中國學會宣言及改定章程，相與討論，至十鐘始寢。」

7 月 14 日：「晨偕愚生、夢九、眉生赴南橫街嶽雲別墅，與潤璵、太玄約會，商議組織少年中國學會，並討論章程」。

12　李璜，《學鈍室回憶錄》上卷（香港：明報月刊社出版，1979 年 5 月初版），頁 39。

13　少年中國學會編，〈少年中國學會規約〉，載《少年中國學會週年紀念冊》（上海：亞東圖書館出版，民國 9 年 7 月出版），頁 33。

7月21日：「午後潤璵、太玄來抄寫少年中國學會章程，從以電話邀李守常來寓，約渠加入學會，縱談至晚十鐘始去，甚相愜也」。[14]

這段過程中，已很清楚的告訴我們，孕育「少中」的夢，早在這般熱血青年的魚雁往返中已見雛型。

這其中除了外緣關係外，尚有其內緣因素。外緣指的是地緣，「少中」七個原始發起人，除了李大釗為河北樂亭人外，其餘六人，不是籍隸四川，就是從小便寄籍四川。[15]這種地緣上的互動，雖不敢言是推動「少中」成立的主因，但在一向講求地域觀念的中國人來說，多少是有其心理上的認同。

佛雷克（R. Flack）在《青年與社會變遷》一書中曾談及：「一個帶動社會及文化變遷的群體運動，必須靠彼此意識的交往，而地理的集中，正有助於這個過程的進行」。[16]誠然如是，研究「少中」史的郭正昭也說到：「少年中國學會於民國七年六月間籌備，創始份子六人中有四人為四川人。[17]其組合有濃厚的地緣性，且四人均有同學之誼，師生與同學關係在傳統倫理社會中，往往是血緣的意識化，從這一角度窺測，少年中國學會的原始結合，還是殘存著血緣性和地緣性」。[18]

至於內緣因素，則為精神上的契合，此精神上的結合，正如王光祈所說：「本會同人在本會未發起以前，大半先有一種精神上的

14　曾琦，〈戊午日記〉，載《曾慕韓（琦）先生日記選》（台北：文海出版社），頁16-29。

15　陳正茂，〈少年中國學會之研究（1918-1925）〉（台北：國立政治大學歷史研究所碩士論文，民國77年元月），頁34。

16　R. Flack，區紀勇譯《青年與社會變遷》（台北：巨流圖書公司出版，民國68年8月2版），頁50。

17　郭正昭，〈王光祈與少年中國學會（1918-1936）〉，載《中央研究院近代史研究所集刊》第2期（民國60年6月），頁117-118。

18　同上註，頁119-121。

結合，出處進退，互相商榷，已略具團體規模」。[19]而這種精神上的相知相契，無疑是在一種救國理想的召喚下，所透露的嚶嚀求友的意向。[20]

職是之故，在年齡、教育、思想背景相仿、對國事持關心態度、對改造中國抱急切心理的相同情況下，曾琦終於與王光祈等人發起了影響「五四」，也是五四時期最大、最重要的一個社團──少年中國學會。[21]

三、曾琦與五四運動

民國 8 年的五四運動，在中國近代青年運動史上，無疑是一項石破天驚的壯舉，它的起因，一方面固然是由於對軍閥政治的腐敗與無能感到不滿，但主要則是對日本帝國主義的侵略心懷恐懼與怨恨，唯恐中國亡於日本。[22]

換言之，五四運動是帝國主義壓力下的反彈，所掀起的民族主義巨濤，沛然莫之能禦，主要對象則為日本。[23]而其成就與影響，則是促成國人民族意識真正的覺醒，陳曾燾謂其「喚起了新民族主義和國家統一團結的新精神。這個運動的成就也帶來了中國人民充

---

[19] 王光祈，〈本會發起之旨趣及其經過情形〉，載《少年中國學會會務報告》第 3 期（民國 8 年 5 月 1 日），頁 15。

[20] 陳曉林，〈五四時代理想與現實衝突──以「少年中國學會」為例〉，載汪榮祖編，《五四研究論文集》（台北：聯經，民國 68 年 5 月初版），頁 212。

[21] 秦賢次，〈「少年中國學會」始末記〉，載《傳記文學》第 35 卷第 1 期（民國 68 年 7 月），頁 14。

[22] 林明德，〈日本與五四〉，同註 20，頁 90。

[23] 周玉山，〈孫中山先生與五四運動〉，《中國時報》（民國 77 年 5 月 4 日）。

分的覺醒，因此便利了中國真正的社會改革。中國的民族意識首度出現，而中國也才真正地成其為中國」。[24]

一提到五四運動，較常見到的說法有兩種，一為泛稱廣義的啟蒙運動；一為專指狹義的民國8年5月4日發生於北京的學生愛國運動。[25]但凡事必有其促動之因，五四運動的催生促動之因，吾人不得不從「留日學生救國團」說起。

民國7年，日本寺內內閣乘歐戰方酣，列強無暇東顧之際，乃與段祺瑞政府密締「中日軍事協定」，試圖以中日親善之假象，高唱維持東亞安全、同抗德奧，實則握我軍事全權，其陰謀之狠毒、遺禍之深，尤勝於「二十一條」之要求。[26]

此事洩露後，遂引起中國留日學生大譁，群情激憤，誓死反對，而日本警方，更是蠻橫無理，大肆逮捕反日學生，情勢對立，沸騰至頂點。[27]時曾琦正肄業於日本中央大學，目睹暴日凌虐，政府顢頇腐敗，基於知識份子憂國憂民的熾熱血忱，乃毅然登高一呼，糾集留日學生數千人，作集體抗爭，罷學歸國，並向政府請願廢約。關於此段史實經緯，曾琦在其〈戊午日記〉曾有如下記載：

> 晨偕眉生、若飛訪湯濟武君，詢其近日對中日交涉所得消息如何，並勸其關於留學生倡議全體歸國事，宜有所主張，免致青年失學，無所歸宿……予於茲事固亦主張回國，惟所斷斷者，回國後之辦法如何耳。[28]

---

[24] 陳曾燾，〈五四運動正名〉，載周陽山編，《五四與中國》（台北：時報文化出版事業有限公司出版，民國68年5月初版），頁402。

[25] 周策縱原著、楊默夫編譯，《五四運動史》（台北：龍田出版社，民國69年5月初版）頁1-2。

[26] 王玥民，〈中日軍事協定與日本對華侵略之研究（1917-1921）」（台北：國立台灣大學歷史研究所碩士論文，民國72年5月），頁117。

[27] 實藤惠秀著，《中國人留學日本史》（香港：中文大學出版，1965年），頁289-296。

[28] 同註14，頁21。

　　由於曾琦之深謀遠慮，回國後之具體辦法，乃首在上海正式成立「留日學生救國團」。[29]推舉王兆榮為幹事長，張有桐、阮湘為副幹事長。但實際上的領導者乃為曾琦，在留日學生決定罷學歸國時，曾琦對此事曾有明確的態度，他說：

> 予當時所以毅然輟學歸國，尚非僅為一時之外交問題，而實重在重振中原之士流，以期外抗強權，內除國賊，故留日學生救國團發起之初，予即立主歸國運動之目標，宜特別注重於學界；一則以學生連絡學生，其勢順而易。二則以純潔無染之青年，容易激發其良知也。[30]

　　曾琦的主張，足以反映當時歸國學生的目的，而綜觀反國後的留日學生，在整個活動過程中，也不出曾琦所主張的範圍。歸國的學生，除一部分逕返原籍外，大多數即以京津與上海兩地區為中心，展開其排日救國的運動。[31]

　　他們首先在上海設立「救國團」本部，並由張夢九、曾琦、王宏實等人發行《救國日報》以為言論喉舌，宣傳抗日。曾琦且為該報撰寫社論，題為〈中國之青年與共和之前途〉，後輯為《國體與青年》專書。[32]影響當時青年心理甚鉅。

　　民國7年5月13日，留日學生一支先發隊抵達天津，設立救國團天津支部，發刊排日文告，痛陳親日之危險。除文字宣傳外，

29　同註1，頁65。
30　曾琦，〈悼王希天君并勖留日學生救國團同志〉，載《曾慕韓先生遺著》（台北：中國青年黨中央執行委員會印行，民國43年12月初版），頁105。
31　同註10。
32　陳正茂，〈謹以曾琦遺著「國體與青年」之發現──紀念近代史學家沈雲龍師逝世三周年〉，《傳記文學》第57卷第4期（民國79年10月），頁41。

尚組織「國貨販賣部」，實行抵制日貨的具體行動。15 日，救國團入京，首先向學界活動，北京大學學生易克嶷等起而響應。[33]

20 日晚，北京各校學生假北京大學組織救亡會，留日學生代表曾菹會演說，說明歸國目的，希望學界一致行動。在赴京請願的行列中，曾琦是其中的重要成員之一，其對此事的推動與影響也最大。民國 12 年在〈悼王希天君并勗留日學生救國團同志〉一文中說到：

> 王君較予先抵都門，曾與歸國同志親謁段氏，聞其剛愎自用之言，乃知廢約之無望。及予入京時，政府已令警廳驅逐歸國留學生，不許逗留都門。予乃與王君等組織留日學生救國團支部於天津。時法領事亦受當局之運動，不容吾人居法租界。予等乃租會所於意租界，日發排日文告，痛論親日之危險……當時吾人除為文字之宣傳外，並組織國貨販賣部，以實行抵制日貨。……予向未習勞之事，亦隨眾持貨販賣於市，執途人而告以排日愛國之義，初不問其能解與否。如是運動久之，覺國人之麻木如故，而廢約更無希望。予等乃決意解散支部，分途活動，並約天津各界人士為最後之話別。……予雖效唐衢之痛哭，而終難動北人之觀聽，於是憤然離津赴滬……。[34]

救國團在津雖然無功而返，但曾琦仍不氣餒，南下至滬主持《救國日報》筆政，企圖搖桿救國。其時上海學界沉寂尤甚於北京，曾琦鼓吹逾年，迄無影響，憂憤成疾，臥病在床，及至 5 月 4 日北京學生焚曹擊章事發生，曾琦說其乃不禁躍然而興，病霍然而癒。

[33] 高松，〈曾慕韓先生與五四運動〉，《新中國評論》第 40 卷第 5 期（民國 60 年 5 月），頁 7-8。

[34] 同註 30，頁 105-106。

翌日即束裝北上，沿途見各商店大書「歡迎學生救國」，知民氣已大振。及抵京，但見警廳煌煌告示，禁止講演，學界寂然無聲，予殊大失所望。當往北大詢學生會代表，該會定期請予講演，為京警所阻，乃改至清華學校開會，予以新聞記者資格往報告「五四運動」之影響。略謂現在全國各地反響甚烈，而北京為運動之發源地，反淡然視之，大背運動之初衷云云。彼時予之友人如李大釗、康白情等等，皆不以予之主張為然，勸我勿主再動，以全北大命脈，予大鄙之……。予在清華演說畢，主席朱一鶚君即提議恢復遊街講演案，經眾通過，明日續出演講。演講者第一日被捕三百餘人，第二日被捕五百餘人，第三日被捕千餘人，然而民眾愈激愈屬，懦者至此亦變為勇夫。……方等三日午後集會時，忽接上海罷市之電，北京政府懾於民氣之盛，又見近畿軍隊因受良心之驅策，多不與學生為難，恐或發生變故，遂罷免曹、陸、章職，以息眾憤，於是「五四」運動乃告一段落。[35]

上述之文，可見五四期間，無論北方或南方，民氣消沉至極點，人心簡直到了麻木不仁的地步，曾琦等人自日輟學歸國，奔走呼號了近一年，發動了兩千餘人的盛大遊行，震動全國，可謂是學生運動之濫觴。

到民國 8 年五四運動發生，曾琦趕赴北上，唯北京反倒暮氣沉寂，甚至陳獨秀、李大釗、康白情等主張退縮，曾琦大為鄙視，面加斥責。後經過他的激烈鼓動，民氣方張，卒使北洋政府屈服。[36]對此事，曾琦日後仍耿耿於懷，民國 23 年他致書羅家倫猶謂：

---

[35] 曾琦，〈五四運動與國家主義〉，《曾慕韓先生遺著》（台北：中國青年黨中央執行委員會印行，民國 43 年 12 月初版），頁 136-140。

[36] 同註 33，頁 8。

> 自民八與兄判袂以來，忽忽逾十稔矣。猶憶五四運動發生
> 之初，弟代表留日救國團北上。援助兄等繼續奮鬥，（當時
> 陳、李俱有退縮之意，兄當猶記其事。）未幾而有六三之
> 役，被捕者逾千人。弟承兄導往北大第三院共致慰問之忱，
> 於軍警密布之中，發慷慨激昂之論，此景此情，恍如昨日。
> 當時士氣既盛，民氣亦強，由六三所引起之全國罷市、罷
> 課、罷工事件，直足以寒國賊之膽，而奪強權之魄。[37]

　　如果吾人將五四運動採取狹義解釋，視為民國 8 年 5 月 4 日，
北京學生所發動的愛國運動，最後擴展到全國各階層，純屬一項政
治事件的話。[38]則曾琦毫無疑問有其不朽的貢獻與影響，「五四」
所主張的「內除國賊，外抗強權」口號，不僅代表五四時期關心國
是者的普遍心聲，且成為民國 12 年曾琦、李璜在巴黎創組始終反
共的中國青年黨，提倡國家主義的基本口號。[39]

　　對此曾琦亦言，五四運動之起因，本為反對曹章陸賣國親日，
固猶是「內除國賊，外抗強權」之「國家主義運動」也。[40]另有一
事即是，留日學生的排日運動，雖然受到挫折，但是曾琦卻不灰心，
矢志不渝，繼續致力於反日、反帝的救國運動，經此教訓後，曾琦
深深體認到必須組織堅固的團體，始能發生力量。

　　因此，曾琦加速發展民國 7 年剛發起的「少中」。8 年 7 月 1
日，「少中」在曾琦、王光祈、張夢九、陳愚生、周太玄等人的催
生下正式誕生。冀本科學精神，從事社會活動以救國，當時全國
青年士風於是一變。

---

[37] 曾琦，〈致羅家倫書〉，同註 30，頁 191。

[38] 張玉法，《中國現代史》（台北：東華書局，民國 75 年 11 月 7 版），頁
317-331。

[39] 沈雲龍，〈五四愛國運動的歷史回顧與價值評估〉，載周玉山編，《五四
論集》（台北：成文出版社印行，民國 69 年 5 月初版），頁 362。

[40] 曾琦，〈國家主義者之四大論據〉，同註 35，頁 131。

五四運動時，學界的力量之所以能震撼全國，並非偶然，但曾琦所主導的「留日學生救國團」及「少中」實開其先鋒，奠其初基，其對五四運動的意義，不僅有促成之功，且有其不可磨滅的歷史成就，而這也正是曾琦對五四運動最大的貢獻與影響。[41]

四、赴法和勤工儉學運動

一部近代中國留學史，可以說是一部國人「用夷變夏」的奮發圖強過程史，而在中國留學史上性質最特殊者，莫過於民國初年標榜「勤以作工，儉以求學」的留法勤工儉學運動。[42]這批勤工儉學生的赴法，人數既多，流品亦最複雜，而前後經歷的時間也最長，他們對於現代中國黨政軍事、文化教育、社會經濟各方面的影響，殆亦最為深遠。[43]

這其中尤以政黨方面的影響最鉅，二〇年代初期的中國留法學生，紛紛投入勤工儉學風潮，曾琦亦是其中的參與者，茲以數事分述於下：

（一）參與「巴黎通信社」及勤工儉學之介紹

民國 7 年 6 月 30 日，「少中」發起後，成立組織通信社即成為學會積極拓展的要務之一。其中尤以「巴黎通信社」辦的最好，也

[41] 陳正茂，〈曾琦與五四運動〉，《全民半月刊》第 11 卷第 9 期（民國 80 年 5 月 10 日），頁 21。
[42] 陳三井，《勤工儉學的發展》，（台北：東大圖書公司印行，民國 77 年 4 月初版），頁 1。
[43] 陳三井編，《勤工儉學運動》（台北：正中書局印行，民國 70 年出版），頁 1-7。

是最有貢獻成就的一個。[44]「巴黎通信社」成立於民國 8 年 3 月，
最早是由李璜與周太玄所創辦的，成立緣起於民國 8 年 1 月，凡爾
賽和約正在巴黎召開，國內同胞希望中國代表團能在這次會議上，
阻止日本帝國主義對中國的侵略勒索，爭得自己的合法權益。人們
心急如焚，翹首期盼著巴黎的消息。[45]

　　3 月，「少中」會友李璜至巴黎，其後周太玄亦從上海來到巴
黎，兩人商議下，咸認為機不可失，宜積極成立通信機關，將最新、
最正確的訊息傳達國內，是故在兩人的合作及「華法教育會」倡導
者李石曾的支持下，「巴黎通信社」於焉誕生了。[46]

　　通信社成立後，從 3 月底便開始向國內各報館發稿，主要的報
紙如北京《晨報》、《國民公報》、上海《時事新報》、《中華新報》、
《民國日報》、《神州日報》等均有刊載，銷路甚佳。「少中」會友
陳淯且曾擬在京設事務所以代為收款。[47]

　　該年 5 月，由於中國代表團所提出的取消「二十一條」和列強
在華特權的要求被帝國主義國家否決，全國人民義憤填膺，情勢一
觸即發。「巴黎和約」又同意日本侵奪我國山東的權益，顢頇的北
洋政府代表團，甚至準備簽字。

　　「巴黎通信社」得此消息，便連夜奔走籌款，超過英、美、日
通信社，第一個把這一消息電傳國內各報館，報紙一披露，群情激
憤，不久，便爆發了五四運動，北洋政府被迫拒絕簽字。[48]

---

[44]　陳正茂，〈記民八的「巴黎通信社」〉，《東方雜誌》復刊第 23 卷第 1
　　　期（民國 78 年 7 月 1 日），頁 72。

[45]　任一民主編，《四川近現代人物傳》第 1 輯──周太玄（四川：四川省社
　　　會科學院出版社出版，出版時間不詳），頁 184。

[46]　陳正茂，〈李璜早年的政治活動（1919-1923）〉，《中國歷史學會史學集
　　　刊》（24）（民國 81 年 7 月出版），頁 180。

[47]　〈會員通訊〉，《少年中國月刊》第 1 卷第 1 期（1919 年 7 月 15 日），
　　　頁 41。

[48]　周太玄，〈關於參加發起少年中國學會的回憶〉，見張允侯、殷敘彝編，
　　　《五四時期的社團》（1）（北京：三聯書店，1979 年 4 月 1 版），頁 546。

　　此事影響之深且鉅，無怪乎李璜說：「巴黎通信社，每週發稿一次，特別注重巴黎和會的一切動態，因之便成為引起國內是年五四運動的發生源頭之一。」[49]

　　10月，曾琦得上海《新聞報》的旅歐通信員聘任，來到巴黎，旋即受李璜邀，加入「巴黎通信社」工作，不久即成「巴黎通信社」台柱，同仁除李璜外，尚有周太玄、李劼人、趙世炎等人[50]，均為「少中」會友。

　　在「巴黎通信社」中，曾琦除了定時為通信社撰有關勤工儉學稿件，寄與國內各報刊外，最主要尚以「巴黎通信社」為名，積極參與留法勤工儉學各種政治運動，如民國10年2月28日的「使館請願風潮」，及該年6月的「拒款運動」之爭，尤以後者的「拒款運動」，曾琦代表「巴黎通信社」奮鬥抗爭，出力不少，最後終告勝利。[51]

　　隨著時移境遷，「巴黎通信社」雖然做了不少事，但「巴黎和會」結束後，便開始逐漸走下坡，首先是發電不能繼續；其次是通信的稿子漸不為國內報紙所重視，最後在人力、財力的缺乏下，「巴黎通信社」乃趨於式微，終告陷於停頓。

　　但無論如何，誠如左舜生所言：「巴黎通信社稿件的內容，我覺得很好，每次能詳細介紹旅歐華工和留法儉學的消息，實在有益國人海外發展的事業不小」。[52]

　　「巴黎通信社」雖然風流雲散，但唯一能賡續通信事業者，厥為曾琦一人，時適友人郭步陶介紹其為上海《新聞報》特約通信員，據曾琦〈旅歐日記〉載，在旅歐五載中，總共為上海《新聞報》發通信兩百餘篇，數量之多，內容之富，恐係旅歐學生第一人。且其

---

[49]　同註12，頁58。
[50]　同註44，頁73。
[51]　周恩來，〈旅歐通信〉（北京：1919年），頁23。
[52]　左舜生給「少中」之信，見少年中國學會編，《少年中國學會週年紀念冊》（上海：亞東圖書館出版，民國9年7月出版），頁64。

通信內容，大多均以勤工儉學新聞為主。對國內瞭解彼時歐西勤工儉學之動態，裨益甚大。準此而論，曾琦對勤工儉學之貢獻、功勞殆亦不小矣！

（二）「使館請願風潮」及「拒款運動」

所謂「使館請願風潮」，又稱「二二八運動」或簡稱「二八運動」。事緣於民國 10 年，蔡元培、李石曾、吳稚暉等人所發起的留法勤工儉學運動，適逢法國面臨經濟危機，許多工廠停工，致許多學生「勤工無門」，唯賴「華法教育會」每天所發五法郎維持費度日。

恰好此時，蔡元培到法國，不但沒有為勤工帶來好消息，反而一再發表聲明，斷絕與勤工生的一切經濟關係，令學生大起恐慌。國內北洋政府回電亦謂：「現時國庫奇絀，在法學生無錢無工者，惟有將其分別遣送回國，並責成公使館辦理」。[53]

這個消息對絕望之學生有如晴天霹靂，遂激起極端不贊成勤工之學生，於 2 月 28 日聚集大隊至公使館請願。[54]當此時機緊迫之際，旅法的國際和平促進會、北大留法同學會、中國化學研究社、「少中」巴黎分會、「巴黎通信社」及「旅歐週刊社」等六團體出面調停，於 2 月 26 日派代表兩人前往公使館向陳籙公使要求臨時維持辦法，最後雖未遂所願，但以曾琦為首的「巴黎通信社」亦積極參與焉。[55]

民國 10 年 6 月，北洋政府特派專使朱啟鈐、財政次長吳鼎昌到巴黎，表面上是代表總統徐世昌接受巴黎大學的榮譽法學博士學

---

[53] 〈歸國留法學生之宣言〉，《時事新報》（1921 年 12 月 8 日）。

[54] 陳三井，〈周恩來旅歐時期的政治活動〉，同註 42，頁 96。

[55] 同上註。

位，實際上的使命是向法國借款三到五億法郎，名義是救災，其實是購買軍火等用途。[56]借款條件以全國印花稅、驗契稅作抵押，以滇渝鐵路建築權、全國實業購料權作交換。

消息披露後，旅法學生與僑胞莫不慷慨激昂。華工會、中國留法學生聯合會、國際和平促進會、亞東問題研究會、「巴黎通信社」、「旅歐週刊社」等六個團體遂組織「拒款委員會」，從事拒款的各項努力。[57]「拒款委員會」先後於 6 月 30 日及 8 月 13 日在巴黎哲人廳召開兩次「拒款大會」，通過「拒款宣言」，宣讀周恩來所起草的借款真相調查報告。

會中曾琦強調吾人對此次借款宜注意者三。第一：此次借款，一方面為維持中法實業銀行，一方面係供國內軍閥作戰之用，借款成立之日，即內亂再起之時；第二：中國政府借款維持外國銀行，以增加國民負擔之借款，供他國資本家之利用，此為借債史上從來所未有；第三：吳鼎昌、陳籙一方面絕對否認借款，一方面暗中簽字，其祕密借款之手段，亦為從來所罕見，應大眾注意研究對付方法。[58]

事後，陳籙公使不敢來見，只派王曾思秘書代為解釋。力言借款簽字，純係子虛烏有，毫無根據。言時頗怒形於色，似怪同胞開會為多事，又時復以拳擊案，表示其不滿，最後終於干犯眾怒，慘遭群眾毆打。迨會場平靜後，張君勱起而質問，並提出兩條辦法，請眾討論。

第一：應請公使即向法政府聲明，反對此次借款，並向法國各報要求更正，並無簽字草約之事，若借款仍然成立，公使及全館職員均應辭職，以謝國人；第二：以後凡關於中法借款之事，應交由

56　清華大學中共黨史教研組編，《赴法勤工儉學運動史料》2 冊下。（北京：北京出版社，1981 年 11 月 1 版），頁 515。

57　同註 54，頁 99。

58　曾琦，〈哲人大廳之華人大會〉，《新聞報》（上海版）（1921 年 10 月 1 日）。

留法各界所組織之外交委員會審議,得其同意,方能執行。是議提出後,經與會眾人通過,王秘書亦鼓掌贊成,當即照原議繕寫兩份,一份由王秘書當眾簽字,一份帶交陳公使簽字後,於一週內寄交委員會。

　　大會並推舉袁子貞、謝東發、毛以亨、李書華、徐特立、李光宇、宋紹景、張君勱、李哲生及曾琦等十人為臨時委員。[59]至此,反對中法祕密大借款的奮鬥延續了兩個多月後,終於宣告勝利結束。關於,「拒款運動」之影響,日後曾琦曾有冷靜的析評,曾琦說:

> 陳籙因拒款運動,對學生恨之入骨,用最毒的手段來報復。辦法是停發維持費,使賴此生活之學生因斷糧而歸國,他們歸國後,人數減少,以後縱有賣國借款事,亦無群眾反對了。又中法實業銀行華人存款,法外交部原允交涉先行提付,現在只有華工存款可以支取,而學生則不能。這都是拒款運動的反映,法人誤認華人反對借款,即反對法國,故不願再予維持,而中國使館,不但不代為解釋,且樂借外人之力,來報復學生,實罪無可恕。[60]

　　所以說,拒款運動不但加深了留法勤工儉學生與中法兩國政府的矛盾,更迫使部份學生走上革命之路。[61]

　　至於「進駐里大事件」,雖無直接資料顯示曾琦有參與,但曾琦卻利用上海《新聞報》通信記者之便,為文呼籲國內注意勤工儉學生要求開放里昂大學之舉,曾琦說:

---

[59]　同上註。
[60]　曾琦,〈旅法華人反對中法借款之始末〉,《新聞報》(上海版)(1921年8月10日至10月26日)。
[61]　陳敬堂,〈五四時期四川青年在法國的組黨活動〉,《東亞季刊》第23卷第1期(80年7月1日),頁76。

記者于其求學之動機，固表充分之同情。惟對于彼等占領里大之行動，則頗顧慮惹法人之反感，今則警察果干涉矣，護照被強繳矣，行動失自由矣，法報亦批評矣。人格既損，國體亦傷，此其咎固不能獨責學生之過激，而實應由三方面人員共負之：（一）為公使館與領事館之糊塗，始終不為學生籌一根本辦法；（二）為里昂大學辦事人之荒謬；（三）為華法教育會之疏忽。[62]

最後曾琦分析學生進占里大之事，乃陳籙痛恨學生反對借款，久欲遣送他們回國，但又恐眾怒難犯，不敢公開進行。因此，陳籙對學生之前往里昂，不只沒有阻止，反而鼓勵並助以車資，實是借刀殺人之舉。[63]而根據李璜的《學鈍室回憶錄》也說到曾琦對學生進占里大的支持態度，李說：

自進軍里昂失敗而歸，世炎既擔任的是攻打里大學生宿舍的前敵總指揮，然而幾乎被押上鐵桶車，遞解回國，心情不免苦悶。一日來慕韓處小坐，慕韓曾見報上所載里大一幕種種情形，已有通訊專稿寄登上海新聞報，為被遞解學生鳴不平，言之世炎，世炎感動，為之淚下。[64]

此外，尚有一事件，可謂勤工儉學運動之高潮，乃「反對列強共管中國鐵路事件」，因此事牽涉到曾琦與中國青年黨之成立，留待下節另敘。

---

[62] 曾琦，〈勤工儉學生進佔里大之前因後果〉，《新聞報》（上海版）（1921年11月1日至12月8日）。
[63] 同上註。
[64] 同註12，頁142。

五、第三勢力的崛起——曾琦與中國青年黨之創建

　　民國 12 年 12 月 2 日在巴黎成立的中國青年黨,可說是民國政黨史上第三股勢力的崛起,而該黨的創立,曾琦無疑是其中主導性的靈魂人物,陳啟天說:

> 自五四運動以來,一般有志青年雖熱心愛國運動,但並不熱心政治活動。至民國十年七月,共產黨依照蘇俄及第三國際的指示,祕密成立,並多方展開赤化的政治活動。中共始而在「少中」會內進行赤化,繼而決定加入國民黨,掛羊頭賣狗肉。國民黨也開始聯俄容共,使中共得一發展的機會,於是從前熱心愛國運動而不熱心政治運動的有志青年,深懼來日大難,不得不起而設法抵制赤化的政治運動。[65]

此一客觀背景,即係中國青年黨成立的外緣因素,然此外緣因素,若無曾琦之主觀內緣動機,則中國青年黨之能否順利成立,恐非易事。關於中國青年黨之成立,茲以三點原因分述於下:

(一)少年中國學會的分化

　　民國 11 年夏,「少中」在杭州開年會,出席會員雖僅十人,但因共產黨人楊賢江、高君宇等主張「少中」宜注意政治活動,引起爭論甚烈,這種辯論,表面上雖是政治活動與社會活動之爭,實際上卻是共產與反共產之前奏。[66]

---

[65]　陳啟天,《寄園回憶錄》(台北:商務版,民國 54 年 12 月初版),頁 142。
[66]　同註 9,頁 29。

　　共產黨既在「少中」會內展開政治活動，於是部份非共產黨的「少中」會友，漸次警覺到共產運動的禍害，宜即早預防，為未雨綢繆計，便提出國家主義與之對抗。因此「少中」會內社會活動與政治活動之爭，遂於民國 12 年起，轉變為國家主義與共產主義之爭。[67]

　　追溯「少中」分裂之始，李璜曾說到：「早在『少中』成立未久，因受世界思潮的影響，除少數會員仍抱不問政治，專攻學術的態度，如王光祈、周無等人外，大多數的會員均因對改造中國觀點的不同，而有了分歧，這種分歧，最早見於李大釗與曾琦的通信討論，李主張中國問題為一世界問題，欲救中國，須先參加世界革命；曾主張世界革命，以現刻國際形勢而言，絕不可能，中國須求自強自救，國際主義只是理想，絕不可靠」。[68]

　　因此自民國 10 年共產黨成立後，為防共產邪說迷惑人心，煽動青年，曾琦更覺有組織政黨與之對抗的急迫感。陳啟天說：

> 本黨同志在未建黨以前，即已開始廣泛的救國運動，民國七年本黨同志曾琦聯合留日學生，組織留日學生救國團，反對中日軍事協定。並與同志多人結合國內外有志青年，創立少年中國學會，其宗旨為「本科學的精神，為社會的活動，以創造少年中國」。此學會成立二年後，有李大釗、鄧中夏、黃日葵、惲代英等會員，密組共產黨，並在學會內宣傳。現在共產黨人毛澤東、張聞天等，亦原為少年中國學會會員。因此引起另一部分會員，如曾琦、左舜生、李璜、陳啟天、余家菊、何魯之等人的懷疑與反對。於是

---

[67] 陳啟天，〈「少中」與中國最早的反共運動〉，載王雲五等著，《張君勱先生七十壽慶紀念論文集》（台北：張君勱先生七十壽慶紀念論文集編輯委員會發行，民國 45 年 1 月出版），頁 108。

[68] 同註 12，頁 45。

> 曾琦等同志在國外結合留英留法留德留美的中國學生，而
> 在國內亦同時聯合愛國志士，共謀新黨之建立，於是中國
> 青年黨遂應運而生，於民國十二年十二月二日開創立會於
> 法京巴黎。[69]

由此可知，「中青」的成立，實導源於民 10 以後「少中」內部的共
產主義與非共產主義之爭，這一爭執，由於共產黨的成立，有了組
織，有了政治野心；而鬥爭的更激烈，更白熱化。

　　因有鑒於「中共」的成立，「少中」內部的國家主義份子，如
曾琦、李璜等人遂興起組黨之念，以進一步與共產主義者對抗。所
以陳啟天說：「少中」雖不是如左舜生講的是青年黨的前身。[70]青
年黨的發起人也不限於少中會員。[71]但當時「少中」以內，國家
主義與共產主義的分化，對於青年黨的創立和發展卻有相當的影
響。[72]當是持平之論！

（二）旅歐中共興起之刺激

　　旅歐中國共產主義者的興起，與留法勤工儉學運動的提倡相當
有關，勤工儉學運動由蔡元培、吳稚暉、李石曾等所倡導，為求強
國建國救國，改良社會之道。[73]自民國元年起經留法儉學會、勤工

---

[69]　同註 65，頁 264。

[70]　左舜生，《近卅年見聞雜記》（台北：中國青年黨黨史委員會印行，民國
　　73 年 7 月出版）。頁 7。

[71]　曾琦的〈旅歐日記〉記載：「十二月二日，曾琦、李不韙、張子柱、李璜、
　　胡國偉、梁志尹、何魯之等為發起人」。《曾慕韓（琦）先生日記選》（台
　　北：文海出版社印行，出版時間不詳），頁 77。

[72]　陳啟天，〈我與曾慕韓先生〉，載《曾慕韓先生逝世三十週年紀念持刊》
　　（台北：中國青年黨中央黨部印行，民國 70 年 5 月），頁 68-69。

[73]　舒新城，《近代中國留學史》（台北：中國出版社，民國 62 年 6 月初版），
　　頁 86-88。

儉學會、華法教育會等階段；而到民國 8、9 年間形成運動熱潮，前後近兩千人赴法，其中以湖南、四川兩省人居多。[74]

嗣因歐戰後，法國經濟危機、失業問題、工廠停工，致勤工無門；加上生活語言問題，儉學更無從談起，由於勤工儉學生中，部份無法得到國內支援者，便在法國從事中國共產主義運動。[75]民國 11 年到 13 年間，隨著共產主義者的組織成立，及活動的擴張，旅歐的政治活動者明顯地形成兩大壁壘——共黨與反共黨的中國青年黨。[76]

旅歐中共組織未正式建立前，有馬克斯主義思想傾向的社團如蔡和森的新民學會、李富春的工學世界社、趙世炎的勞動學會等團體，在經過數次的運動鬥爭後，逐漸醞釀成立統合組織。[77]「二八運動」後，張申府、劉清揚、周恩來、趙世炎、陳公培五人成立巴黎共產黨小組。[78]

民國 11 年 6 月，在周恩來的策劃及趙世炎的奔走下，旅歐共產主義者於巴黎正式成立「旅歐中國少年共產黨」，屬於團的組織，後經中共中央同意後，於民國 12 年 2 月 17 日改名為「旅歐中國共產主義青年團」。[79]此外，由於少共在性質上不是黨的組織，所以民國 11 年冬，由參加少共的成員另組「中國共產黨旅歐支部」，下分設法國、德國、比利時三個小組。[80]

---

[74] 《國民公報》（民國 11 年 11 月 11 日）。
[75] 張洪祥，〈五四時期旅法勤工儉學運動的興起〉，《天津南開大學學報》第 3 期（1979），頁 44-46。
[76] 同註 12，頁 73。
[77] 陳敬堂，〈中共旅歐總支部之成立〉，《東亞季刊》第 16 卷第 1 期（民國 73 年 7 月），頁 42。
[78] 同註 42，頁 107。
[79] 〈旅歐中國共產主義青年團章程〉，同註 56，頁 849。
[80] 徐承武，〈傅鍾談旅法勤工儉學和社會主義青年團旅歐總支部〉，載《一大前後》（2）（人民出版社，1985 年 2 版），頁 559-563。

其中法國組的負責人為趙世炎，重要黨員有王若飛、李富春、陳延年、陳喬年、任卓宣、鄧小平、林蔚、郭隆真、何長工等人。[81]

就因這個組織的成立，加速了曾琦組黨的決心與腳步，李璜曾說：

> 慕韓早有意於建黨救國，旅法以來，其所最器重的青年活動分子如趙世炎、李合林等，不聽其勸告，而竟加入共產黨，不告而去俄，慕韓甚為痛心。他深感青年人愛活躍，只憑理論，而無組織、無行動，絕不足以維繫之。及其於本年赴德比游歷中，已在秘密與好友鄭振文、王建陌、魏時珍諸人談及組黨事。今見國際共產生義，因有黨的組織，在國內外皆得青年知識分子暗中趨赴，如不及早起而與之對抗，將令史太林的赤化中國詭計更易成功。[82]

因此我們可以說，就因「中國共產黨旅歐支部」及「旅法支部」的勢力急遽擴張，使得曾琦逐漸由非共而趨於反共。[83]在對付共產黨的抗爭中，更深覺有組織的必要，「中青」在這樣的背景下，也就即將呼之欲出了。

（三）旅法各團體救國聯合會

曾琦醞釀組黨的想法及過程，可從其民國 12 年的〈旅歐日記〉得知。民國 12 年 1 月 28 日，曾琦在日記中言：

81　李維漢，〈回憶新民學會〉，《歷史研究》第 3 期（1979 年）。
82　同註 12，頁 156。
83　陳雲卿，〈中國青年黨的創建與初期發展（1923-1929）〉（台北：國立台灣師範大學歷史研究所碩士論文，民國 77 年 6 月），頁 33。

> 上午早醒，在床構思，擬發起中國青年黨，以推倒軍閥，
> 改良社會，振興國家，促進大同為宗旨。其理由則以就今
> 日中外大勢論，非推倒軍閥，不足以言改良社會；非改良
> 社會，不足以言振興國家；非振興國家，不足以言促進大
> 同也。惟茲事體大，予一人之心思才力有限，尚擬與同志
> 商榷之。[84]

此為可見資料中，曾琦最早提及組黨事的記載，當然這是曾琦個人
的主觀意願，但倘無「旅法各團體救國聯合會」為之催生，恐怕這
願望尚需遷延時日。

「旅法各團體救國聯合會」，緣於民國 12 年 5 月，國內山東臨
城劫車案，其中有外人若干遭綁架，消息傳出後，西方輿論激昂；
列強主張共管中國鐵路，法國巴黎各報主張更為激烈，李璜有鑒於
此，憂心忡忡，乃自巴黎致函曾琦，告知此事，並囑返回巴黎商議
對策，曾琦旋由德返法。[85]

由於列強有共管中國鐵路之議、又因為中國被法報紙視為「匪
國」，所有在巴黎的中國人，繼民國 10 年巴黎華人「拒款運動」的
經驗，又再一次的聯合各方，如何魯之事後回憶：

> 無論是少年中國學會會員，無論是商人工友，無論是遊客
> 學生，無論是國民黨人，無論是無政府黨人，無論是共產
> 黨人，祇要自身是一個中國人，都感覺到這是國家民族的
> 最不名譽尤其可恥的一件事……平時不大往還的中國人，
> 這一下要聯合起來開會討論過問國事。[86]

---

[84] 同註 71，頁 41。

[85] 曾琦，〈旅歐日記〉（民國 12 年 7 月 2 日條），同上註，頁 54。

[86] 黃欣周編，《何魯之先生文存》（台北：青城出版社，民國 67 年 4 月初
版），頁 265。

　　也就是在這次聯合共事的經驗中，促使曾琦、李璜、何魯之等人加速組黨，以組織對抗旅歐共黨的組織。[87]

　　關於旅法華人「反對國際共管中國鐵路」而發起的「旅法各團體聯合會」事宜，影響「中青」組織建立者，應是 7 月 15 日的旅法華人「反對國際共管中國鐵路大會」中，與共黨份子的衝突，以及在聯合會成立後，曾琦與巴黎「先聲週報社」的成員有所接觸的結果。

　　「反共管運動」，是由曾琦、何魯之、李璜等「少中」會友發起，但因箭頭指向列強，自當聯合團結在法所有中國人，共起反對列強的輿論主張。[88]而在 7 月 15 日大會之前，曾琦與周恩來、徐特立共同議事，雖有意見上的不一致，但彼此尚能繼續會議。[89]

　　但 7 月 15 日成立大會上，卻發生了流血衝突事件，當日何魯之任主席，宣告開會意義後，曾琦首先發言，報告籌備大會經過及國際共管由來，並提出輿論運動、群眾運動、革命運動、暗殺運動等四項為進行的方向，以達內除國賊、外抗強權，而得全場掌聲。[90]

　　次由周恩來演講，主張打倒帝國資本主義，以革命暴力和統一戰線實現之，也得多數掌聲。[91]爾後共黨劉清揚上台演講國際共產主義，認為中國革命是世界革命的一部份，當聯蘇方足言革命救

---

[87] 王永祥、孔繁豐，〈中共旅歐支部反對國家主義派的鬥爭〉，《天津南開大學學報》第 6 期（1981），頁 30。

[88] 同註 86。

[89] 《曾慕韓先生遺著》（台北：中國青年黨中央執行委員會印行，民國 43 年 12 月初版），頁 419-420。

[90] 同上註。

[91] 同註 86。

國。[92]旋引起工人與學生言語衝突，互相毆打，會場秩序大亂，但在主席何魯之維持下，仍通過若干議案。[93]

由於在中共旅歐支部影響下的旅法華工總會的華工，打傷了湖南籍學生李不韙、周楚善（留法勤工儉學總會代表），激起了一些學生們有組織之必要的想法。[94]基於此，吾人可以想見「中青」創建的近因，約有兩方面：一是曾琦原已有結黨的想法；二是臨城劫車案發生後，因國際輿論的刺激，而引起旅法各團體的互動作用。[95]但徒有近因，尚不足以有為，倘無志同道合之人，共同努力奮鬥，仍將事倍功半。[96]

其實曾琦早就有結交天下英雄豪傑之雄心，曾自謂：「予生平好交遊，自十五歲後，即離家而入社會，立志結交天下英豪」。[97]又說：「予向喜於群眾運動中物色同志，近因反對鐵路共管，新交粵省數友」。[98]

故旅法以來，先結交「先聲週報社」同仁以為奧援，復次以留學法德之「少中」會友為班底，後以旅法各團體聯合會為主幹，於民國 12 年 7 月後，更加速其結黨之腳步。12 月 2 日，在時機成熟，水到渠成的情況下，中國青年黨終於在巴黎落地誕生[99]。

92　同註 12，頁 155。

93　同註 86。

94　張伯倫，〈半世紀的中國青年黨與國內外大勢的回顧〉，《民主潮》第 16 卷第 12 期（民國 55 年 12 月 1 日），頁 9。

95　同註 83，頁 42。

96　陳正茂，〈李璜與少年中國學會〉，《近代中國雙月刊》第 89 期（民國 81 年 6 月 1 日），頁 219。

97　同註 89，頁 416。

98　曾琦，〈旅歐日記〉（民國 12 年 11 月 23 日條），轉引自張伯倫，〈青年黨建黨經過紀實〉，《民主潮》第 3 卷第 14 期（民國 42 年 12 月 1 日），頁 6。

99　同註 83，頁 28-46。

六、擎起國家主義理論的旗手

　　國家主義是近代發源於歐洲的一種政治現象，十九世紀時，它漸漸在西方社會流行，後來透過多方面的文化接觸亦蔓延到中國。在本質上而言，國家主義有兩個基本的成份：第一是由普遍言語、文化習慣和歷代遺傳所形成的民族自覺性；其次是一種愛國的決志心。

　　海士（Carlton J. Hayes）曾給國家主義下個定義，說它是「一種意念，就是對國的理想或其現實狀況的效忠，勝過一切對任何其他事物。並且對個人的國籍感到驕傲，深信它本質的優越和承擔對它的任務——這些都是構成該意念的因素」。[100]

　　換言之，其實該意念亦即主張以國家民族之統一、獨立、強盛為第一義，而置個人之死生、幸福、利益為第二義的一種意識形態。[101]其中尤以後者更是造成國家主義的直接原因。

　　民國以來，堅決主張國家主義者，且倡導不遺餘力的當屬「中青」。青年黨的宗旨原本即以國家主義號召，所以當時被目為「國家主義派」。其中最積極鼓吹國家主義者，就屬曾琦了。

　　所謂國家主義，曾琦以為其定義有四：（一）國家主義乃個人對於所屬國家而特有的一定志願；（二）國家主義乃被壓迫的國性的政治要求；（三）國家主義乃嫉視一切所有不以國家的舊信仰為根本的學說；（四）國家主義乃反乎國際主義而言。[102]

　　至於其主旨，要以為團結同居一地之民族，獨立自主，以求生存發展。[103]中國之所以需要國家主義，曾琦慷慨陳詞，以四大論據言之。就世界大勢論，國家主義潮流，正如旭日中天，蓬勃於世界；

---

[100] Carlton J. Hayes, Essays on Nationalism (New York: Macmillan Co, 1926) p.6.
[101] 朱經農，《近代教育思潮七講》（台北：商務版，民國 58 年），頁 55。
[102] 曾琦，〈五四運動與國家主義〉，同註 30，頁 138。
[103] 曾琦，〈國家主義與中國青年〉，同上註，頁 124。

就本國情形論，一言以蔽之，中國彼時正是「內不統一，外不獨立」，故更需要國家主義；就社會道德論，一國之社會秩序能井然有序而日趨進步，全賴有最高道德以維繫之，法儒孟德斯鳩言曰：「共和國家最要者，為道德」。民主國家之最高道德在愛國，所謂國家主義之精神亦即在是；就人類本性論，愛國為人之良能，合乎人心，順乎自然。是國家主義提倡愛國乃合乎天理，順乎人性之明證也。[104]

　　綜上所陳四大理由，曾琦以為：國家主義者，合國情順潮流之主義也。國家主義者，救中國惟一之良方也。欲救中國政治上軌道，外交佔優勝，社會得安寧，當以國家主義為宗旨，以全民革命為手段，合四萬萬人之力，內除國賊，外抗強權；立定大計，以實踐國民天職，貫澈民主精神。[105]

　　惟曾琦倡導國家主義於民國 13、14 年之交，時值五四運動之後，國內思潮龐雜，眾議紛紜，別有用心者遂發為懷疑論，訾國家主義將演變為帝國主義。[106]曾琦心知其謬妄，乃振詞以闢之，國家主義有別於軍國主義和帝國主義，軍國主義以武力為手段，以侵略為目的；帝國主義則或以武力、或以文化、或以經濟，擴張本國勢力於國外，企圖統一世界為目的。

　　而國家主義則為內求統一，外求獨立，其性質純為和平的、自衛的。[107]而此也就是余家菊所說：「國家主義是反侵略主義的，國家主義對外是要求獨立，對內是要求統一，他的目的並不在侵略別人，他祇要求本國不亡，祇要求國家繼續存在」。[108]

---

[104] 曾琦，〈國家主義者之四大論據〉，同上註，頁 131-136。

[105] 同上註。

[106] 同註 1，頁 70。

[107] 同註 103。

[108] 余家菊，〈國家主義釋疑〉，《醒獅週報》第 51 號（民國 14 年 9 月 26 日）。

　　曾琦提倡國家主義，實乃有其時代背景使然，民國 13 年曾始由法返國，而國內之腐敗如故，民氣之消沉如故，社會之黑暗如故。曾琦憤慨於當時國內政局的混亂沉悶，武人干政的專橫跋扈，推究其根本原因，認為係無主義信仰及缺乏中心思想與中心人物所致，其言曰：

> 今日中國之國事，曷為擾攘十餘年而不克底於定乎？論者探究其原，亦嘗各有所見，或曰法制之未立也；或曰教育之未興也；或曰實業之未振也；或曰軍隊之未裁也；茲數說者，皆各持之有故，言之成理，而實則未得其根本原因之所在。所謂根本原因為何？一言以蔽之曰：無中心思想與中心人物而已！[109]

　　既痛言無中心思想與中心人物為中國之亂源，曾琦慨然有成為中心人物之志，而其中心思想當然是國家主義，夫國家主義思潮，乃緣國家本體而發生，世界上先有國家而後有國家主義，苟國家組織存在之理由一日不廢，則國家主義之思潮一日不能遏止，此徵諸古今中外之歷史而可信者。[110]

　　上述之言，可證曾琦信仰國家主義之堅定意志，而國家主義自然也就成了青年黨的根本主張，而此一根本主張曾琦終其一生，持之甚堅。王師曾說：「慕韓先生絕對不肯在本黨根本主張上有所遷就，以應付反動的思潮，仍強烈的倡導國家主義與民主政治，並且以身作則實行黨的民主，俾可以黨作則促進政治的民主。慕韓先生有此堅定的意志以維護本黨根本主張，是乃本黨有以屹然自立的根本所在」。[111]

---

[109] 曾琦，〈論中心思想與中心人物〉，同註 30，頁 21-23。
[110] 同註 104。
[111] 王師曾，〈曾慕韓先生生平志業〉，《民主潮》第 1 卷第 16 期（民國 40 年 6 月 1 日），頁 7-10。

　　其實曾琦所創導的國家主義運動，是繼承中國海通以還歷次改良運動相繼失敗之後，又一次「以改造中國為目的」的偉大改良運動。[112]曾琦從十八世紀歐洲資產階級民族運動中學來的國家主義，為形成以反共為目的的中國青年黨提供了思想上和組織上的準備。[113]所以遲景德說曾琦是近代以來主張國家主義的最重要代表，確是慧眼之見。[114]

七、與共產黨誓不兩立之鬥爭

（一）「少中」內國家主義與共產主義之爭

　　民國 7 年 6 月 30 日發起的「少中」，是五四前夕，知識青年在對國內政治黑暗腐敗、對舊人物失望之餘，基於救國家的動機與改造社會的企圖下所組織的一個進步社團。[115]依據他們所訂的宗旨，是要先改造自己，具備真實的學術與修養，再圖改造社會。

　　他們認定個人改造是社會改造的下手方法，社會改造又是政治改造的下手方法，故反對捨卻個人改造與社會改造而去急切的從事政治活動。[116]可是隨著國內環境的巨變，軍政界的混亂，國際勢力

---

[112] 陸雄鵬，〈曾故主席精神不朽〉，《曾慕韓先生逝世廿週年紀念集》（台北：中國青年黨中央執行委員會印行，民國 60 年 5 月出版），頁 74-82。

[113] 周淑真，〈中國青年黨歷史研究〉（北京：中國人民大學博士論文，1991年 3 月），頁 18。

[114] 遲景德，〈曾琦政治思想述論〉（中華民國史專題第 1 屆討論會，民國 81年 8 月 6 日至 8 日），頁 1。

[115] 李義彬，〈少年中國學會內部的鬥爭〉，《近代史研究》第 2 期（1980），頁 116。

[116] 同註 65，頁 133-134。

的壓迫、現實政治的腐敗，衝破了一般年青人為學問而學問的迷夢。[117]也搗毀了以社會活動來行改革的幻想。

民國 10 年，中共的成立，實際上已埋下分裂的徵兆[118]。其實早在民國 9 年 8 月，李大釗等會友，已公然提議學會對內對外應有標明主義的必要。[119]民國 10 年 1 月，「少中」於南京召開第一屆年會，會議期間，「少中」會員因參加政治活動問題涉及學會宗旨解釋問題，而有社會活動應包含政治活動與不包含政治活動之爭。[120]

民國 11 年，以李大釗為首的北京同人，提出了「為革命的德莫克拉西」提案，強調政治鬥爭是改造社會、挽救頹風的最好工具。[121]曾琦則以政治活動與社會活動得失之比較立論，他希望「少中」同人應該從事社會事業，絕對不為政治活動，不利用已成勢力，不依賴過去人物，他並且舉在中國以從事政治活動而失敗的人物，如康有為、章炳麟、梁啟超、汪兆銘等人為例，證明其四人之失敗並非力有未逮，乃因其實踐方法錯誤；因此成效反不及以社會活動而成功者，如嚴修、張謇、蔡元培、李煜瀛等人。[122]

因此對於南京大會的決議，他奇怪的問道：「今也本會成立未及三載，忽焉變更斯旨，舉團體之根本信條而打銷之，吾誠不解主張者用意何在？」[123]曾琦的堅定立場，早在民國 9 年 7 月，其致函

---

[117] 舒新城，《我和教育》（上海：中華書局出版，民國 34 年 11 月初版），頁 267-268。

[118] 沈雲龍，《中國共產黨之來源》（台北：中國青年黨中央執行委員會印行，民國 76 年 5 月出版），頁 92。

[119] 〈少年中國學會消息〉，《少年中國月刊》第 2 卷第 3 期（民國 9 年 9 月 1 日），頁 57-60。

[120] 同註 15，頁 84。

[121] 北京同人提案，〈為革命的德莫克拉西（民主主義）〉，《少年中國月刊》第 3 卷第 11 期（民國 11 年 6 月 1 日），頁 81。

[122] 曾琦，〈政治運動之前車與社會活動之先導〉，《少年中國月刊》第 3 卷第 8 期（民國 11 年 3 月 1 日），頁 13-24。

[123] 郭正昭、林瑞明合著，《王光祈的一生與少年中國學會》（台北：環宇出版社，民國 63 年 5 月初版），頁 180。

左舜生便可看出端倪，他公然反對「少中」內的馬克斯主義者懷抱政治野心，提出應請其尊重團體宗旨和他人人格，否則宜請其早自出會。[124]

民國 10 年 10 月 16 日，「少中」北京總會召開常會，成立了以鄧中夏為書記的「社會主義研究會」，並由鄧中夏擬定研究課題，會員分類進行研究，「少中」內馬克斯主義者對社會主義理論的鑽研，引起了曾琦的恐懼，曾琦攻擊「少中」標明社會主義是為葫蘆之依樣的照抄照搬。[125]

曾琦的強硬態度，實際上已奠定其日後反共意志的先聲。民國 11 年夏，「少中」在杭州開年會，出席會員雖僅十人，但因共產黨人楊賢江、高君宇等主張「少中」宜注重政治活動，引起爭論甚烈，這種辯論，在表面上雖是政治活動與社會活動之爭，實際上卻是共產與反共產之爭的前奏。[126]

共產黨既在「少中」會內展開政治活動，於是部份非共產黨的「少中」會友，在曾琦的倡導下，漸次警覺到共產運動的禍害，為未雨綢繆即早預防計，便提出國家主義與之對抗。因此「少中」會內社會活動與政治活動之爭，遂於民國 12 年起，轉變為國家主義與共產主義之爭。[127]

隨著共產黨和青年黨的相繼成立，「少中」內部的鬥爭，已由單純的國家主義與共產主義之爭，提昇至共產黨與青年黨的暗中較勁。民國 13 年，曾琦、李璜、陳啟天等人與惲代英、張聞天、沈澤民、楊賢江諸人，於左舜生寓所討論「少中」問題，雙方醒獅與

---

[124] 〈曾琦致左舜生〉，《少年中國月刊》第 2 卷第 3 期（民國 9 年 9 月 1 日），頁 66-68。

[125] 曾琦，〈學會問題雜談〉，《少年中國月刊》第 3 卷第 8 期（民國 11 年 3 月 1 日），頁 78。

[126] 同註六七。

[127] 同註 65，頁 137。

猛虎相值，拳不停揮，口沫四濺，各以殺頭相威脅，方東美說：當
時如有手槍，恐已血流成河矣。[128]由此可見，以曾琦為首的青年黨，
在「少中」內部與共產黨之鬥爭是何等激烈了。

　　綜觀「少中」內部的意識形態之爭，吾人可以李大釗及曾琦為
代表。李大釗等馬克斯主義者認為，俄國十月革命開闢了無產階級
世界革命的時代，世界各國的革命鬥爭彼此相關聯。中國要徹底改
變外受帝國主義支配、內受封建軍閥壓迫的命運，必須由純粹生產
者組織政府，以鏟除國內的掠奪階級，抵抗此世界的資本主義。[129]

　　這樣，中國的反帝反封建革命就成為「第三國際為之中樞」[130]
的無產階級世界革命的一部分。蘇維埃俄國「是全世界勞農群眾的
祖國、先驅、大本營」。[131]中國的 C 派朋友要趕快組織一個大團體
以與各國 C 派的朋友相呼。[132]參加無產階級世界革命運動。

　　基於此，李大釗分析了在帝國主義和軍閥的壓迫下，中國的經
濟破產，人民貧困，文化落後的現狀後，提出我們唯一解除苦厄實
行的方法，是只有引導被壓迫民眾為有目的政治鬥爭，惟有向保護
督軍制和國際資本主義的政治權力舉行鬥爭，才能實現革命的民主
主義。[133]李大釗的想法表達了馬克斯主義者對中國革命任務和策略
的看法。

　　相對於李的看法，曾琦則以為，任何國家參與國際事務，都以
本國利益為出發點，國際間只有一時利害的結合，而無真正國際正

---

[128] 方東美，〈苦憶左舜生先生——因及少年中國學會二三事〉，《左舜生先
生紀念集》（台北：中國青年黨中央執行委員會印行，民國 60 年 7 月出
版），頁 45。

[129] 《李大釗文集》（北京：人民出版社，1983 年出版），頁 455。

[130] 同上註，頁 444。

[131] 同上註，頁 577。

[132] 同註 130。

[133] 〈少年中國學會消息〉，《少年中國月刊》第 3 卷第 11 期（民國 11 年 6
月 1 日），頁 82。

義可言。所以他極力反對「少中」內的馬克斯主義者參加無產階級世界革命的主張。

　　實際上，曾琦的國家主義思想由來已久，早在民國7年夏，曾琦由日罷學回國前後，為激發青年對國事的關心，寫了《國體與青年》一書。在這本書裡，曾琦論述了青年與國體的關係和中國青年對國家、民族不可推卸的責任。

　　他認為中國青年應以國家和民族為本位，去思考中國的前途和命運。同時認為順乎世界潮流的國體是共和制度，而這種「共和主義真諦」則在於「一國之政治法律，由其人民共同之意思處理或制定而共遵之」。實行這種共和制度後，將是「階級絕于國中，四民皆屬平等」。認為這種「共和主義」並不是「如今之俄國過激派」所要實行的「共產制度」。[134]

　　由此不難看出，此乃問題論辯的焦點，李大釗以為中國問題為一世界問題，欲救中國，須先參加世界革命。[135]像中國這樣的被壓迫的民族國家的全體人民，應該趕快的不躊躇的聯結一個「民主的聯合戰線」，建設一個人民的政府，抵抗國際的資本主義。[136]

　　曾琦則主張「世界革命」以現刻國際形勢而言，絕不可能，中國須求自強自救，國際主義終是理想，不可靠也。[137]由於彼此雙方持之甚堅，隨著國內階級力量對比的不斷變化，這種認識分歧和思想衝突逐漸發展到了政治主張的對立。

---

134 曾琦，《國體與青年》（台北：中國青年黨黨史委員會印行，民國80年5月出版），頁39-40。

135 李璜，〈我所認識的王光祈〉，載左舜生等編，《王光祈先生紀念冊》（台北：文海出版社，出版時間不詳），頁35。

136 李大釗，〈十月革命與中國人民〉，《晨報副刊》（民國11年11月7日）。

137 同註135。

（二）《赤光》與《先聲》的論戰

　　民國 13 年 2 月 1 日，「旅歐中國少年共產黨」的機關刊物《少年》，改組為《赤光》半月刊，《赤光》的發刊標榜唯一的目標在「反軍閥政府的國民聯合，反帝國主義的國際聯合」。[138]而甫於民國 12 年 12 月 2 日成立的中國青年黨，則以《先聲週報》（民國 11 年 12 月創刊）為據點，揭櫫反共、反蘇、反對國共合作的統一戰線等口號，而與共黨展開論戰。[139]

　　《赤光》的大將為周恩來，周以伍豪及恩來署名，接連在《赤光》發表〈救國運動與愛國主義〉、〈實話的反感〉、〈再論中國共產主義者之加入國民黨問題〉等文章，嘲弄曾琦之流為「一般諱莫如深的飾偽君子」和「愛惜名譽的長輩」，周指出「曾君和其朋友們之責備共產主義者，多部分是從腦子裡任意為共產主義者造輿論，並諷刺一般國家主義者有時因過分愛國，便要抹煞真理。」[140]

　　接著周恩來在《赤光》上說明，革命人民所進行的救國運動和國家主義派所販賣的「愛國主義運動」的本質區別，並對後者作了根本的否定。他指出：「我們昌言救國運動，是根據于國際政治經濟情勢，弱小民族地位，非內倒軍閥，外倒國際帝國主義不足以圖存的見地而來，決非狹義的愛國主義運動。狹義的愛國主義運動的流弊，至少對內會造成法西斯蒂的局勢，對外會養成帝國主義的野心。」所以周恩來說：「這種趨勢非特為中國現時情形所不許，即或有造成的可能，我們著眼革命圖進化之途的人，也決不容有些誤謬的主張引導國人入了歧途。」[141]

---

[138]　〈赤光的宣言〉，《赤光》第 1 期（1924 年 2 月 1 日）。
[139]　陳正茂，〈記中國最早的一份反共報紙──先聲週報〉，《全民半月刊》
　　　　第 11 卷第 9 期（民國 80 年 5 月 10 日），頁 22-24。
[140]　伍豪，〈實話的反感〉，《赤光》第 7 期（1924 年 5 月 1 日）。
[141]　伍豪，〈救國運動與愛國主義〉，《赤光》第 3 期（1924 年 3 月 1 日）。

　　而《先聲週報》執筆的有曾琦、李璜、何魯之、張子柱、胡國偉等人，其中尤以曾琦最為《赤光》之眼中釘。據曾參與其事的胡國偉事後追憶：「老實說，共產理論，我們並非外行，李璜、張子柱兩同志和我，都曾在巴黎大學文學院社會學系跟 BOUGLE 教授研讀過兩個學期的『唯物史觀』和『資本論』，我們『以子之矛，攻子之盾』，他們是無法招架的。理論辯不過，他們便轉而集中力量對曾琦同志作個人的文字攻擊，什麼醜惡名詞都罵出來。」[142]

　　關於青年黨與共產黨初期的思想鬥爭，曾琦在〈旅歐日記〉也有片段的記載：

　　13 年 3 月 30 日：「周道持共產黨所辦之《赤光》半月刊來示予，並商對俄辦法，共產黨力主親俄，對予個人大肆攻擊，予誠不知青年之墮落，一至於是也」。

　　13 年 5 月 10 日：「上午草時評一則（按刊於《先聲週報》）題為『造謠中傷』，因旅法共產黨人，與予辯論不勝，常造謠以毀予之名譽也」。[143]

　　另一參與其事的李璜在《學鈍室回憶錄》也說到：

　　慕韓見大會開成（按：指旅法各團體救國聯合會），通過宗旨，甚為高興；但見周恩來等共產黨人不受事前約束，而心目中只知有共黨，不知有他人；只知依附第三國際，而並不愛護國家；因此他開始在《先聲報》上為文，宣傳國家主義，反對國際主義；並約我為文，批評馬克斯的階級鬥爭與列寧世界革命之說。從此便與周恩來、任卓宣等筆戰起來。因慕韓在《先聲週報》發表〈全民政治與全民革命〉一文，而《赤光》半月刊便有文反駁『全民』二字為

---

[142] 胡國偉，《巴黎心影》（台北：菩提文藝出版社，民國 64 年 3 月 3 版），頁 16-17。
[143] 同註 14，頁 90-94。

不通。其實，如何不通，他們當時的中西知識都不夠，而
對於共產主義，也只知喊幾句口號，並說不出多少大道
理。而且當時，第三國際正在對中國新興勢力與知識分子
進行「統戰」工作，故不願中共旅法總支部成為孤立情勢，
且足以影響國內正在進行連絡國民黨去傾向蘇俄的工
作。因是在《赤光》與《先聲》上左右兩報雖筆戰不休，
而周恩來、徐特立等與我們周旋仍不絕。[144]

　　基本上，國家主義與共產主義，是兩個在思想上極不相容的主
義；一個主張愛國，認定「國家利益高於一切」，一個主張國際工
人聯合，實行世界革命，認為「工人無祖國」；一個主張全民政治
（即民主政治），要建設全民福利的國家，一個主張階級專政，要
打破國界，建立一個以工人為中心的共產世界。[145]

　　尤有甚者，《赤光》以為國家主義派重新揭出五四運動中「內
除國賊，外抗強權」的口號，作為政治綱領，而實際上國家主義派
口中所謂的「國賊」決不是封建軍閥，而是領導中國人民爭取獨立
和解放的中國共產黨，而他們所謂的「強權」也決不是帝國主義列
強，而是社會主義的蘇俄。[146]

　　對於國家主義派的喉舌《先聲週報》，《赤光》則指出：「共產
黨是革命的黨，《先聲週報》就反對共產黨；蘇俄為革命的國家，
《先聲週報》就反對蘇俄，好利害的反革命報紙啊！」[147]仇視之
深，不言而喻。

---

[144] 同註 12，頁 156。
[145] 同註 142，頁 19。
[146] 肇樨，〈你們就是「反革命」和「軍閥的走狗」〉，《赤光》第 23 期（1925
年 1 月 15 日）。
[147] 少元，〈好利害的反革命報紙啊！〉，《赤光》第 17 期（1924 年 10 月
15 日）。

　　民國 13 年 7 月，隨著國內外情勢的轉變，曾琦與李璜、張夢九等連袂回國發展，曾琦與共產黨的鬥爭戰場，便順理成章的由海外移到國內。

（三）《醒獅》與《中國青年》之辯駁

　　隨著旅歐中共黨人周恩來等紛紛離開巴黎回國，中青為與中共黨人對抗，有必要另闢戰場。[148]民國 13 年 9 月，曾琦初抵國門，對於發展中青黨務的方向，基本上是從主義和政策的宣傳入手，期以知識青年為訴求對象，故曾琦便積極創辦《醒獅週報》，冀能從言論思想發揮全國性的影響力。[149]

　　曾琦以知識青年為主要的吸收對象，是因為仍抱持「少中」不請謁當道、不依附官僚、不利用已成勢力，不寄望過去人物的理想宗旨，欲結合具共同信仰的人，以與國、共做長期的抗爭。[150]

　　基於上述的觀念下，民國 13 年 10 月 10 日，曾琦在上海創辦了《醒獅週報》，取名為「醒獅」，為喚醒睡獅並做獅子吼兩種含義。[151]出版之目的有二：其一在喚起國人自信自強之念；其二則是努力於宣傳「醒獅」之義，使之成為國人普遍信仰。[152]「醒獅」用意重於對外而言其意至為明顯，這點即為該報的基本立場，尤其對於中國共產黨的批評，也是由此而發。

　　《醒獅週報》中，以曾琦撰稿最多，故《醒獅週報》的整體內容，多少代表了曾琦的言論。《醒獅週報》最主要的理論架構，即是國家主義運動理論的建立，民國 14 年，李璜在「少中」總會講演「國

---

[148] 同註 83，頁 61。
[149] 同上註，頁 62。
[150] 同註 12，頁 112-115。
[151] 同註 30，頁 433。
[152] 曾琦，〈醒獅週報出版宣言〉，同註 30，頁 15-17。

家主義的建國方針」，提出國家主義者的建國三指標，那就是1、用
教育的方法去建立中國國民的新信仰；2、用革命的手段去推翻中
國現有的惡勢力；3、靠愛國的同情去實現全民合治的新國家。[153]

　　此三項方針即曾琦所稱的：今日而言救國，莫要於養成國人
共同之信仰──國家主義；規定國人共同之目標──排除國賊、外
抗強權；陶鑄國人之共同理想──全民政治；抉擇國人共同之手段
──全民革命，先為普遍之宣傳，繼為熱烈之運動。[154]

　　第一項方針，即國家主義信仰的建立；第二項方針即採用全民
革命的手段，內除國賊、強權的惡勢力；第三項方針即依據民國
16年公布，具有黨綱性質的「國家主義的政策大綱」，[155]建設全民
政治的理想新國家。

　　故就此而言，「中青」的國家主義，意指一套建國運動的主張，
如曾琦所言，國家主義是一種以國家為前提，獻身為國而企圖其統
一與獨立的根本主張。[156]它包含了運動的理論基礎──國家主義；
運動的手段──全民革命；以及運動的終極目標──全民政治。

　　國家主義運動的理論，指的就是包含上述三項過程與內容的建
國運動。而此乃「中青」在革命時代的宗旨所說：本國家主義的精
神，採全民革命的手段，以外抗強權，力爭中華民國之獨立與自由，
內除國賊，建設全民福利的國家。其全民政治的理想境界即是達到
國家獨立自由及全民福利的目標。所以說，確定以國家主義為「中
青」的中心思想及根本信仰，完全是曾琦的主張。[157]

---

[153] 李璜，〈國家主義的建國方針〉，《醒獅週報》第48號（民國14年9月
5日）。
[154] 曾琦，〈全民政治與全民革命〉，同註30，頁21-23。
[155] 李璜，〈國家主義淺說〉（台北：冬青出版社印行，民國65年12月），
頁3。
[156] 曾琦，〈國家主義三講〉，《醒獅週報》第91號（民國15年7月11日）。
[157] 胡國偉，《中國青年黨簡史》（台北：菩提文藝出版社，民國64年5月
再版），頁4。

　　二〇年代，中國三個主要以主義宣傳為號召的政黨中，中國共產黨及其鼓吹的主義、革命理論，是《醒獅週報》批評的主要對象。基本上。對於共黨，曾琦根本不承認其為一獨立的黨，而認為國家主義者與共產主義者在理論與方法上無往而不衝突，故吾人對於共產黨，實無調和之可能，要國家主義者與共產黨攜手，恐怕海枯石爛也是無希望的。[158]曾琦對共產黨毫不保留的批評，幾乎可以說到勢不兩立的地步。

　　針對曾琦對共黨的抨擊，及其所代表的國家主義言論，當然引起共黨及共產主義青年團的嚴厲反擊，主要攻擊的園地為共黨的機關刊物——《中國青年》。民國 14 年 10 月，「中國青年社」甚且出版了蕭楚女的《顯微鏡下之醒獅派》專書批評《醒獅週報》，積極的向國家主義進攻。[159]

　　《中國青年》對《醒獅》的批判，主要是以為國家主義雖然在思想上代表中國士紳之自大與排外主義，但是國家主義派的行動與言論，客觀上自然而然被買辦階級所利用，以為反俄反共之工具。

　　曾琦他用類似民族主義的口號做反革命宣傳，他本是舊統治階級的思想，根本與農工的革命勢力不能相容。所以實際上，曾琦是反對工農革命勢力、反對世界無產階級與中國平民聯合戰線的罪魁禍首。[160]曾琦所鼓吹的國家主義，其實只不過是資產階級保護自己階級利益之一種政策。[161]而國家則為其統治階級維持其統治的工具。[162]

---

[158] 曾琦，〈國家主義者與國民黨〉，《醒獅週報》第 66 號（民國 15 年 1 月 9 日）。

[159] 蕭楚女，《顯微鏡下之醒獅派》（中國青年社，1925 年 10 月出版），頁 1。

[160] 陳啟天，《反俄與反共》（台北：中國青年黨中央黨部印行，民國 74 年 6 月出版），頁 232-233。

[161] 超麟，〈醒獅派的國家主義〉，《中國青年》第 72 期（民國 14 年 3 月 28 日）。

[162] 記者，〈對於階級鬥爭的討論〉，《嚮導週報》第 146 期（民國 15 年 3 月 17 日）。

　　在共黨對「醒獅派」及曾琦的攻擊中，最主要的方式是指責其缺乏行動能力，因此蕭楚女及《中國青年》譏諷曾琦及「醒獅派」諸人，不要空談理論，專只以「醒獅」做門面，要和共黨一路做實際工作。[163]

　　所以伏之在一篇〈對於國家主義的一個觀察〉中譏誚曾琦說：「他們與群眾所處的地位，相隔甚遠，萬無接近之可能，況且他們以『治人者』自居，更不必與群眾聯成一夥；他們的實際運動，最多亦僅限於作古文派的論文與課堂式的講演而止耳，老實說，實際運動絕不能望之於他們」。[164]

　　民國 15 年，北京爆發的日本炮擊大沽事件，及八國提出最後通牒，俄國亦在其中，故引起曾琦更大的反彈：「反抗英美、反抗日俄，鏟除馮張、鏟除赤黨」。[165]曾琦與共黨的劍拔弩張，對峙的局面，可以說益趨白熱化矣！

八、國民黨的諍友

　　李雲漢在《中國近代史》一書，對曾琦的青年黨與國民黨的關係，曾做了一公允的評斷，他說：「曾琦等於創立青年黨以前，提倡國家主義的理論，號召國家主義運動。國家主義的目的在求中國的獨立與自由，這與孫中山先生的三民主義民族主義的意義是相通的，這也是後來青年黨終於與國民黨合作的理論基礎」。[166]

---

[163] 楚女，〈誰叫醒獅派人學李漢俊〉，《中國青年》第 86 期（民國 14 年 8 月 1 日）。

[164] 伏之，〈對於國家主義的一個觀察〉，《中國青年》第 83 期（民國 14 年 7 月 10 日）。

[165] 曾琦，〈北京慘殺案之痛言〉，《醒獅週報》第 76 號（民國 15 年 3 月 27 日）。

[166] 李雲漢，《中國近代史》（台北：三民書局印行，民國 79 年 8 月 6 版），頁 240。

　　誠然，曾琦及青年黨對於國民黨的態度是相當友善的，曾琦在民國 15 年出版的《醒獅週報》亦謂：「吾人對於純粹之國民黨員向具相當之好感，對於彼等最近之『清黨運動』，尤表充分之同情。回憶去歲九月予由法京返國，該黨之機關報《民國日報》正為共產分子所把持，嘗利用之以對予橫施攻擊。然予固深知共產黨之陰謀，決不因此而遷怒及於國民黨」。[167]

　　左舜生也說：「青年黨除掉提攜共產黨與聯俄一點曾有過批評外，實不曾懷過半點敵意，並且最近關於驅逐共產黨的工作，未始不曾有過精神上的合作。」[168]曾琦與國民黨的關係，吾人可以三個時期論述之：

（一）反對國民黨「聯俄容共」時期

　　對於國民黨之聯俄容共，平實而論，曾琦的反對態度是相當激烈的。但是既使是在聯俄容共的批評方面，曾琦的出發點仍是為國民黨著想，因為容共的失策在於 1、因信仰之不同，言行時有衝突，容易互相牽制不能進行；2、因各保原有團體，不免各私其黨之嫌，容易互相猜忌而不能融洽；3、因一人兼跨兩黨，旗幟不能鮮明，革命之主張不易為人所聽信；4、因跨黨之事根本違反政黨原則，蓋政黨原貴各標其獨到之主張，以求國民之信任，政見已不同，則宜加入一黨，而不應兼跨兩黨。[169]

---

[167] 曾琦，〈對於開除共產黨後的國民黨之三大忠告〉，《醒獅週報》第 65 號（民國 15 年 1 月 2 日）。

[168] 左舜生，〈共產黨是可與合作的嗎？〉，《醒獅週報》第 60 號（民國 14 年 11 月 28 日）。

[169] 曾琦，〈國民黨之「清黨運動」與共產黨之「篡黨陰謀」〉，同註 30，頁 30-31。

　　所以曾琦希望國民黨要斷然實行清黨，因為中國共產黨以黨內合作的方式與國民黨合作，根本是篡奪國民黨權的一種陰謀。[170]且容共一點，依曾琦之見為國民黨北伐不能成功的原因之一。[171]更是曾琦未加入國民黨的主因。其實早在民國 12 年冬，「中青」黨員鄢剛如從同宿的一位中國共產黨黨員處，發現一份「共產黨加入國民黨之祕密決議案」小冊，內容主要是言及共產黨如何保持獨立自主地位，趁機篡奪國民黨權。

　　曾琦為了不讓中山先生多年辛苦所組成的國民黨為共產黨之陰謀所奪，除持此文件面見時在法遊歷的國民黨員王寵惠、蔡元培，大談「聯俄容共」之危險外，另又將文件交給留德歸國的謝持之婿曹任遠，囑其密交謝持向中山先生告密，惜中山先生不為所動。[172]以後謝持與張繼以國民黨中央監察委員身份，提出彈劾共產黨案，實以該文件為藍本，[173]及至國民革命軍北伐，曾琦更希望蔣介石能放棄世界革命之空想，專心於真正國民革命之工作，取消第三國際之指揮宣言，收回俄人把持之軍政大權；取消共產黨在國民黨之黨籍，勿任其在軍中宣傳，以袪赤化之嫌疑。[174]

　　民國 16 年 4 月，國民革命軍進駐長江，時寧漢對峙，國共兩黨分裂，曾琦對於國共兩黨決裂後的國民黨態度，自我表白國家主義者對國民黨向來具有同情，宗旨並無大衝突，因此其對國民黨始終是反共不反國，並希望國民黨反共宜徹底，不可敷衍，同時反共必需反俄，不可一面驅逐共黨，一面聯俄，且開除共黨後，勿遽以

---

[170] 同上註。

[171] 曾琦，〈論蔣介石北伐不能成功之六大原因〉，《醒獅週報》第 98 號（民國 15 年 8 月 29 日）。

[172] 同註 2，頁 24。

[173] 同註 113，頁 51。

[174] 曾琦，〈蔣介石不敢復言打倒帝國主義矣！〉，《醒獅週報》第 100 號（民國 15 年 9 月 11 日）。

禍患已絕，必須與國家主義者及其他愛國團體通力合作，才可以除惡務盡，根絕後患。[175]

其時適值國民黨清黨，對於清黨後的國民黨，曾琦又提出1、勿沿用共產黨之口號；2、勿因襄聯軍閥以倒軍閥之策略；3、勿惑於蘇俄之甘言而倚之如救主也三大忠告。[176]這種向國民黨人的友誼忠告，對於後來國民黨的堅決反共不無影響。[177]甚至連蔣介石在對南京黃埔同學會講演時也公然宣稱，國民黨也是國家主義派，總理說民族主義就是國族主義，所以三民主義也實在是一個國家主義。[178]

基本上，曾琦認為孫中山的三民主義與其國家主義，大略相同而無根本不同之處。[179]其對國民黨，若有所批評，即以其聯俄容共為重心。及至北伐軍到長江，局勢逐漸移轉，國民黨在南京正式建立政府，《醒獅週報》遭到查禁，曾琦一度被拘捕，青年黨人在各地的活動受到壓制，該報言論始轉向國民黨的黨治及黨化問題，而曾琦與國民黨的關係才稍傾惡化。[180]

（二）反對國民黨「一黨專政」時期

民國16年，清黨後的國民黨基於在反共黨這點上，雙方共識甚高，因此陳布雷與黃郛向曾琦提出了「反共立場既同，兩黨何妨攜手」的建議。[181]但國民黨所要求的與青年黨建立合作，卻非兩

---

[175] 曾琦，〈國共兩黨決裂後吾人對國民黨之態度及忠告〉，同註30，頁39-42。
[176] 曾琦，〈對於開除共產黨後的國民黨之三大忠告〉，同註30，頁31-33。
[177] 柳下編，《十八年來之中國青年黨》（成都：國魂書店發行，民國30年12月出版），頁37。
[178] 曾琦，〈蔣介石對於共產黨認識之進步〉，同註30，頁49-53。
[179] 同註171。
[180] 同註83，頁129。
[181] 同註1，頁72。

黨對等合作，而是國民黨要合併青年黨，要求青年黨解散，加入
國民黨。

　　曾琦則以為在反共問題上，青年黨是蔣介石國民黨的先生，如
談平等的聯合以為國、青共同對付軍閥與中共，則願效死力。如言
解散去投機，則不敢自欺欺人，貽誤國家大事。[182]雙方因要求相距
甚遠而作罷。

　　為確定與國民黨的關係，民國 16 年 7 月，青年黨在上海召開
第二次全國代表大會，是否與國民黨合作反共，成為會議的主題。
會議認為：「為徹底反共，宜與國民黨合作」，但是國民黨必須取消
一黨專政，以便青年黨發展成為健全的在野黨。會議經過充分討
論，決定了在夾攻中繼續奮鬥，一面反共，一面反黨治的方針。[183]

　　會議發表了〈對時局的宣言〉，〈宣言〉中，對南京國民黨政府
建立後所標榜的「黨外無黨，黨內無派」提出批評。指出「黨外無
黨」的主張不合乎孫中山的民權主義和近世各國政黨政治的潮流。
「黨內無派」則不符合國民黨當前派系林立的實際情況。

　　〈宣言〉表明了反對國民黨一黨專政的政治態度，指出：「專
制政體，無論何種屬性，何人當權，根本阻礙自由思想，違背平等
原則，破壞博愛精神，使人民失自動的能力，文化受無理的阻礙，
國家因之衰弱，社會因之凝滯。舉凡政治家，無人敢說專制政體較
民主政體更好的。而國民黨假借『訓政』這一巧妙的名詞，為施專
制之護符，是決不能加以贊同的。因此，國民黨必須取消一黨專政
和黨外無黨的口號」。[184]

---

[182] 李璜，〈述曾慕韓生平政治行動之一方針〉，《民主潮》第 11 卷第 18 期
　　　（民國 50 年 10 月 16 日）。

[183] 同註 65，頁 152。

[184] 〈中國國家主義青年團第二次全國代表大會對時局宣言〉，《中國青年黨
　　　的過去和現在》（台北：中國青年黨黨史委員會印行，民國 72 年 5 月出
　　　版），頁 39-56。

　　中國青年黨第二次全國代表大會，決定了不與國民黨合作；並反對國民黨一黨專政的方針。因此，青年黨立即遭到國民黨的壓迫，《醒獅》等刊物被查禁，曾琦且於 8 月 30 日在上海法租界被捕。[185]

　　中國青年黨反對國民黨一黨專政的基調，是從鼓吹「多黨政治」入手的，民國 17 年 8 月，中國青年黨在上海召開第三次全國代表大會，這次會議公開提出了「打倒一黨專政的國民黨」，會中曾琦代表青年黨向國民黨提出十大質問，其中兩項是「一黨專政與天下為公之旨有無衝突」、「訓政制度與滿清預備立憲有何區別」？

　　同時指出一黨專政有三大弊病，「一則無在野黨之監督，而本身有易趨于腐化之勢」；「二則功利之徒紛紛趨赴，使黨內分子複雜，派系愈多」；「三則正直之士斷難屈服，為貫徹其所信之主張計，必相聚而自成一黨。不能公開則出以祕密，不能決勝于議院，勢必決勝于疆場，此所謂逼朋友為仇讎，化溫和為激烈，徒自種荊棘以障礙成功而已」。[186]

　　這三大弊端，無一不是一黨專政所產生的必然結果，因此，必須鏟除一黨專政。同時曾琦還駁斥國民黨藉口「人民程度低」而不能實行憲政的謬論。指出：「自來主張專制者莫不藉口人民程度幼稚，如清末立憲黨人之反對共和，即以此為最大之理由。[187]袁世凱稱帝，亦謂人民程度不足以言共和，非恢復帝制不可。而現在以民主為號召的國民黨亦也推行所謂訓政之說。這不啻視我四萬萬人為阿斗，自居于諸葛亮的侮辱國民的言行，因此，吾人信仰民主政治者所萬不能坐視而不得不嚴申抗議者也。」[188]

---

[185] 曾琦，〈第三次出國舟中感賦〉，同註 35，頁 287。
[186] 曾琦，〈對於國民黨之十大質問〉，同註 184，頁 83-101。
[187] 同上註。
[188] 同上註。

民國 20 年，「九一八」事變爆發，國民黨顢頇的不抵抗政策，使得白山黑水的東北，一夜變色。曾琦在悲憤之餘，撰〈一致對外與一黨專政〉長文，嚴厲批評國民黨的不能一致對外，係肇因於一黨專政之故，且特別聲明，國勢垂危，只有另組超黨派的舉國一致內閣方可，此議非冀國民黨之分我政權，假令國民黨能放棄一黨專政，吾人亦無躍登政治舞台之意，惟以在野黨之資格，公開活動於國人之前，領導民眾，一致對外，斯則義所當為，責無旁貸。[189]

民國 21 年，「一二八」事變接踵而至，曾琦更是為文大聲疾呼，政黨休戰，共赴國難，建立國防政府，以武力收復失地；取消一黨專政，合全國一致對外。[190]時政府於洛陽召開「國難會議」，曾琦以先取消黨治，再開會議為由，拒絕參加「國難會議」，批評國民會議，提倡第四共和運動。[191]

（三）與國民黨推誠合作時期

基本上，曾琦是個徹頭徹尾的愛國主義者，任何事情苟能利於國家者，則個人、黨派之私不復顧矣。時日本侵華方殷，青年黨與國民黨在一黨專政上，固然存在著嚴重的矛盾，但作為一個國家主義的政黨，在中華民族生死存亡關頭，當然必須與掌握國家政權的國民黨在政治上保持一致。

所以中國青年黨決定改變對國民黨的批評和反對態度，停止單獨的抗日活動，支持蔣介石國民黨的「攘外必先安內」政策。至於曾琦與國民黨關係的改善，其解凍的開始，也標誌青年黨調整對國

---

189 曾琦，〈一致對外與一黨專政〉，同註 30，頁 53-57。
190 曾琦，〈從速建立國防政府取消一黨專政出兵收復失地實行抗日救國議〉，同註 30，頁 57-60。
191 曾琦，〈與友人論第四共和運動書〉，《反黨治論文集》（民國 21 年 5 月增訂 3 版，出版地點不詳），頁 33-35。

民黨政治方針開始轉向，在此階段裡，青年黨一方面逐漸聯絡國民黨；一面仍本國家主義之主張，乃政黨政治之方式從事運作。[192]

而曾琦個人與國民黨關係之好轉，則可由民國 23 年春，曾琦鼓勵左舜生與蔣晤面看出端倪，而左的廬山之行，已達成國民黨與青年黨合作鋪路之任務。[193]至於雙方關係進一步的加強，由民國 25 年的「西安事變」可以看出。

民國 25 年 11 月，一位曾參加過中國青年黨的東北軍中級軍官給曾琦寫信，密告在西安的中國共產黨已與東北軍、西北軍組成了「三位一體」的抗日統一戰線，「謀倒蔣活動甚」。曾琦得之，速命李璜以為蔣祝壽為名，立即赴洛陽勸阻蔣的西安之行。李璜於下旬到洛後，通過陳布雷會見了蔣介石，並轉告了蔣介石西安方面的情形，「勸其萬勿忽視，恐生肘腋之變」。然蔣赴西安之意已定，各方已準備就緒，仍然西赴。

迨 12 月 12 日西安事變發生後，曾琦又鼓動宋哲元、閻錫山電責張學良、楊虎城。25 日，蔣介石安全離開西安，曾琦旋致電祝賀，蔣介石復電並邀請曾琦、左舜生、李璜與之會見，其中電文有「危棋急劫、知袖手之難安；駭浪孤舟，賴同心而共濟；風雨如晦，敬候明教」等句。[194]

民國 26 年春，曾、左、李到浙江奉化晤蔣，盤桓三日，與蔣介石就設國民黨政府正式對日抗戰後的內政外交等問題進行了兩次長談。[195]以西安事變為契機，曾琦的青年黨終於打開了與國民黨攜手合作的機會。

---

[192] 中國第二歷史檔案館編，《中國青年黨》（北京：檔案出版社出版，1988年 12 月 1 版），頁 13-21。

[193] 〈左舜生〉，《中國青年黨殉國死難及已故同志略傳》（台北：中國青年黨中央執行委員會宣傳組編印，民國 61 年 10 月編印），頁 55。

[194] 同註 1，頁 75。

[195] 李璜，《學鈍室回憶錄》下卷（香港：明報月刊社出版，1982 年元月初版），頁 426-428。

　　為表示與國民黨精誠合作的誠意，民國 26 年 7 月，曾琦、李璜、左舜生應邀參加了「廬山談話會」。[196]在會上，曾琦代表中國青年黨除表示擁護國民黨政府對日抗戰外，還就諮詢的有關憲政問題申述了該黨的主張。[197]曾琦此舉，對日後青年黨與國民黨交換信函，取得承認青年黨的合法地位是有其裨益的。[198]

　　「八一三」戰後，曾琦參加了在國防最高會議下設立的「國防參議會」。其後曾琦返川，與劉湘、劉文輝、鄧錫侯、楊森、王陵基等聯絡，調停蔣介石國民黨中央與四川地方實力派軍人之間的矛盾，從而對促進川軍出川抗日做了有益的工作。[199]

　　民國 27 年春，曾琦又被國防參議會派往滇黔兩省，視察抗戰動員實施情況，動員西南地方實力派參加抗戰。[200]同年 6 月，國民參政會成立，曾琦獲聘為參政員，7 月 12 日，在第一屆國民參政會上，曾琦代表中國青年黨發言，表示擁護「抗戰建國綱領」，與朝野各黨共同聯合救國。[201]

　　在國民參政會期間，由曾琦領銜提出「剋期設立省縣市參政會案」及「剋期成立縣參議會案」對於在抗戰中推進民主，貢獻不少。[202]抗戰期間，曾琦除支持政府積極抗戰外，對於促進民主憲政運動也不遺餘力，民國 28 年 10 月，曾琦參與在重慶成立的「統一建國同志會」。[203]

---

[196] 《中國青年黨黨史‧政綱》（台北：中國青年黨中央宣傳組輯印，民國 74 年 6 月出版），頁 48。

[197] 同註 113，頁 117。

[198] 王師曾，〈國青兩黨關係的回顧與前瞻〉，《中國青年黨建黨五十週年紀念特刊》（台北：中國青年黨中央黨部編印，民國 62 年 12 月出版），頁 20。

[199] 同註 113，頁 119。

[200] 同上註。

[201] 同註 196，頁 51。

[202] 左宏禹，《抗戰建國中之中國青年黨》（台北：中國青年黨中央黨部印行，民國 72 年 6 月出版），頁 31-32、62。

[203] 同註 113，頁 137。

　　民國 29 年元月，草〈論實行憲政之時期與國民大會之性質〉一文，對於國民黨所散布的「人民程度不足說」、「訓政工作未完說」、「軍事時期不宜說」，進行了嚴厲的駁斥，並要求結束黨治，立施憲政。[204]

　　民國 30 年 3 月，有鑒於戰時民意不易上達，在野黨派未受尊重，落實民主憲政遙遙無期，「中國民主政團同盟」在重慶上清寺祕密成立，中國民主政團同盟標榜於國共之外的第三股中間力量，其中曾琦的青年黨更是「三黨三派」的最大組織者。[205]

　　不僅如此，曾琦還與梁漱溟在香港籌辦《光明報》以為該政團之言論喉舌。[206]並在香港發表了〈五年來朝野協力之回顧〉一文和談話，要求國民黨將參政會職權擴大，名額增加，改為戰時國會，將行政院改成戰時內閣，包含各黨各派領袖，網羅各方代表之有力分子，造成舉國一致之政府。[207]

　　曾琦此舉，連共產黨都給與高度評價，民國 30 年 10 月 28 日延安的《解放日報》社論即言：「最近曾琦、張君勱、梁漱溟、章伯鈞、張瀾先生組織了民主政團同盟。雙十節他們發布了綱領，其中強調指出抗戰到底，加強團結，保障人權，結束黨治，革新內政的必要。這是抗戰期間我國民主運動中的一個新的推動。民主運動得此推動，將有更大的發展，開闢更好的前途。」[208]

---

[204] 曾琦，〈論實行憲政之時期與國民大會之性質〉，同註 30，頁 60-67。

[205] 中國民主同盟中央文史資料委員會編，《中國民主同盟歷史文獻（1941-1949）》（北京：文史資料出版社出版，1983 年 4 月 1 版），頁 10-11。

[206] 林可璣，〈往事拾記〉，《民主潮》第 31 卷第 9 期（民國 70 年 9 月 16 日），頁 37-42。

[207] 曾琦，〈五年來朝野協力之回顧〉，同註 30，頁 68-76。

[208] 〈中國民主運動之生力軍〉，《解放日報——社論》（延安版）（1941 年 10 月 28 日）。

抗戰勝利後，政府為處理戰後之重建及國共問題，於民國 35
年元月，在重慶召開「政治協商會議」，曾琦與陳啟天、余家菊等
人獲邀參加，會中，曾琦代表青年黨提出１、改革政治制度實行政
治民主化；２、停止軍事衝突實行軍隊國家化；３、和平建國綱領
三案。[209]

時「民盟」已成中共之傳聲筒，失去其該有之中間路線，曾琦
力主青年黨退出「民盟」，俾青年黨不為其所利用。35 年 11 月 15
日，曾琦與國民黨、民社黨及社會賢達參加制憲國民大會，共同制
定中華民國憲法。

36 年 4 月，國民黨總裁蔣介石，與青年黨主席曾琦，民社黨
主席張君勱及社會賢達莫德惠、王雲五等簽訂「新政府之施政方
針」，準備組織行憲後之新政府。新政府成立後，曾琦與陳啟天、
余家菊、何魯之等四人代表青年黨參加政府，並獲聘為國民政府
委員。

36 年，政府依法辦理全國大選，曾琦當選四川隆昌縣之國民
大會代表。37 年 10 月，曾琦以考察憲政名義出國赴美，在美期間，
除調適身體靜心養病外，仍憂國憂民，僕僕風塵奔赴於美國、歐陸。

期間，除呼籲各黨派捐棄一黨之私，成立「超黨派的救亡運動」
外，並要求「國人速起搶救中華民國」，而且身體力行，與賴景瑚
等人在美組「民主自由聯盟」。[210]為反共救國貢獻最後的心力。民
國 40 年 5 月，這位畢生反共的堅強鬥士，終於病逝美京，結束其
一生，而國民黨也喪失了一位友黨的領袖。

---

[209] 《中央日報》（重慶版）（民國 35 年 1 月 15～17 日）。
[210] 賴景瑚，〈憶曾琦先生──記一九四九年在美組織「民主自由聯盟」的經
　　過〉，《傳記文學》第 26 卷第 6 期（民國 64 年 6 月），頁 16-23。

九、結論──反共不悔一生之評價

就上述各段落的敘述看來，吾人可以說，貫串曾琦政治生命的一生，其堅持的勇氣無疑是值得肯定的，他是中國現代政治史上一位重要的人物，反共的先驅及中國青年黨的肇創者，其畢生堅持愛國、民主、反共的立場，從一而終，至死方休，其勇氣毅力，令人感佩。綜觀其 60 歲的一生，其在民國政治史上的重要作為，有三點值得大書特書：

第一、創立中國青年黨：雖然就青年黨成立的意義而言，有其時代背景因素使然，基本上，它可以說是對於五四時代，中國所彌漫的國際主義思潮的反動。可是若沒有曾琦的主導，恐怕不易克竟全功，組織團體，對曾琦而言，早有經驗。在旅歐時期，身處異國，對國事頗為敏感，尤其在世界各地興起的社會主義運動風潮中，更難免受其影響。

且因國內「少中」的分化，國家主義與共產主義鬥爭的日益升高，使得曾琦個人迫於形勢逼人，憂時憂國，遂起而組織中國青年黨，以國家主義相號召。中國青年黨在二○年代的中國政治團體中，之所以能和國民黨、共產黨鼎足而三，及其在日後對中國民主政治所做的貢獻，曾琦無疑居功至偉。

第二、堅決的反共領袖：陳啟天曾說，本黨有兩大基本主張，一為反共救國；一為民主憲政。[211]曾琦一生最反對的就是共產黨，他認為共產黨乃國家的大患，故在巴黎組黨時，即以反共為號召。回國之後，開頭即在平津京滬與共產黨展開激烈的鬥爭。

---

[211] 陳啟天，〈黨慶四十週年紀念與反省〉，《新中國評論》第 25 卷第 6 期（民國 52 年 12 月 2 日），頁 8-9。

國民黨聯俄容共，他曾親訪中山先生加以忠告，惜以所見不為中山先生採納，致今日國民黨與國家同受共黨的災患。[212]故其逝後，《中央日報》的評論甚為中肯：「二十餘年來，中國青年黨始終是堅持反共救國立場的民主政黨，而慕韓先生就是它最早的創始人之一」。[213]其反共意志之堅，恐國民黨諸領袖亦自嘆弗如矣！

第三、民主政治的信仰者：朱世龍曾說：「民主精神是建築在道義的基礎上面，青年黨份子的結合及黨的組織便奠定在民主道義的原則上而植下根底，青年黨從結黨時起，便一直運用民主政治所託命的選舉制度來產生領導組織的幹部，各級正式黨部的執行委員均是經過選舉的」。[214]

誠然，曾琦是一篤信民主政治的領袖，他曾自言：「我不是獨裁領袖，我們的黨是民主政黨，應該以機構領導代替人的領導，以法治代替人治」。[215]揆曾琦的民主思想，可能奠基於五四時期。

陳咸森說：「中國青年黨成立於民國十二年，其思想的醞釀當在五四時代，以曾琦為首的創黨諸人，基本上，都是五四時代的產兒，他們都含有強烈的愛國主義與自由民主思想……所以青年黨一經成立，即標揭國家主義、民主政治與反共的三大目標，實含有保持五四時代的愛國精神與維護五四自由民主思想繼續正常發展的意義」。[216]

民國 20 年前後，青年黨有一部份幹部，因受德意志法西斯運動反共頗具成效的影響，和「九一八」事變的刺激，有將黨的組織

---

[212] 林可璣，〈我對慕韓先生的追憶和認識〉，《民主潮》第 1 卷第 16 期（民國 40 年 6 月 1 日），頁 18。

[213] 《中央日報——社論》（台北版）（民國 40 年 5 月 11 日）。

[214] 朱世龍，〈愛國、民主、奮鬥〉，《民主潮》第 2 卷第 4 期（民國 41 年 2 月 1 日），頁 14。

[215] 同上註。

[216] 陳咸森，〈慕韓先生的民主精神〉，《民主潮》第 1 卷第 16 期（民國 40 年 6 月 1 日），頁 26-27。

改為集權制的構想，並提出委員長由「全代會」直接選出和加重其權限。在 21 年的第七屆全國代表大會提出，曾琦基於民主精神再三說明領袖制之弊而拒之。[217]

曾琦平生篤信民主政治，以為非民主不足以建國，所以他提倡國家主義與民主政治，並認為國家主義與民主政治同是近代政治運動的主潮，必須相輔相成。[218]近人常譏誚曾琦的青年黨為法西斯黨，不是有意汙蔑，即是不解曾琦及青年黨矣！

曾琦的一生，固有其成就的一面，但若就其政治理想而言，國家主義的政治訴求，中國青年黨的組織結構則是失敗的。國家主義是青年黨的政治主張，它提倡中國自強自救，特別非議共產黨的倚賴蘇俄及國民黨的聯俄容共。

要自救，中國必須「內除國賊，外抗強權」，而欲達到拯救中國的方法是「全民革命」，然後實行「全民政治」，不說「人民」而用「全民」，實有否定共產黨的階級專政之意。

或許人們可以同情青年黨創建者標明這種意識形態的苦心，然而這種意識形態仍不能避免遭到破壞的指責，一方面是其義界太籠統模糊，再方面又有其侷限性，以至於它常成為最不實際，且自我矛盾，甚至無法遵循的義旨。[219]

就青年黨而言，國家主義即是愛國主義，具體而言乃是極度關切國家利益的維護與促進的政治主義，沿此導致時期不同，主張便不同的政策。因此舉凡攻擊國民黨的聯俄容共、反共產鬥爭，與軍閥合作周旋及最後的與國民黨關係的改善，均被視為國家主義行動的一環，如此草率的界定，不僅模糊了黨義的界限，也突顯了

---

[217] 同註 65，頁 298-299。

[218] 同註 214。

[219] 陳劉潔貞著、安佑譯，〈中國青年黨的本質〉，《中國青年黨建黨五十週年紀念特刊》（台北：中國青年黨中央黨部編印，民國 62 年 12 月出版），頁 219-224。

口號的空洞性。[220]曾琦身為青年黨的肇創者,未能嚴密的建立一套理論系統,顯然為其一大敗筆。

　　至於青年黨本身的組織結構問題,由於國家主義只是一個空泛的政治名詞,基本上無法持久性的吸引國民的認同,兼以青年黨的組織,大多以知識份子為骨幹,書生集團在中國歷史中,扮演獻策謀劃之力足之,而參與實際行動能力則較缺乏,因此除了依附政治實力者外,欲單打獨鬥闖出一番天下並不易,揆之曾琦個人及青年黨的歷史可以證之。

　　書生集團最大的弊端即在於缺乏群眾基礎,與基層群眾脫節。綜觀青年黨眾多刊物雜誌,言論鼓吹至為努力,然收效僅限於知識階層,此點不僅影響青年黨日後的發展,且埋下其沒落之伏筆。曾琦身為青年黨黨魁,因其出身或其習性,可能也是造成青年黨體質結構不健全的原因之一吧!

　　然而誠如已故史學家沈雲龍所說:「民國以來,能像慕韓先生以書生創黨,無武力,無外援,一空依傍,不倚賴任何已成勢力,始終以國家主義號召愛國青年,領導全黨同志從事反對階級專政及所謂『黨治』,並促使民主憲政卒能奠其始基,如此奮鬥逾三十年之久的政治家,環顧海內,能有幾人?」[221]評論之妥,恰足以證之曾琦在民國史上應有的地位。

---

[220] 同上註。

[221] 沈雲龍,〈我所認識的曾慕韓先生〉,《傳記文學》第 29 卷第 2 期(民國 65 年 1 月 1 日),頁 11。

李璜的政治初航（1919-1923）

一、前言

在五四時代的千百個學會中，少年中國學會（以下簡稱「少中」）無疑是其中最具特色與影響力的一個，因為它不僅是五四時期歷史最久、會員最多、分布最廣的一個學會；且是象徵五四悲劇精神、分化意識最明顯的一個社團。[1]

「少中」發起於民國7年6月30日，經過一年的醞釀與籌備，於民國8年7月1日正式成立。如所周知，這前後幾年的五四時代，可說是中國新舊社會嬗遞中，思想最分歧、衝突最為劇烈尖銳的時代，在外來各種思想的猛烈衝擊下，傳統的一切文化制度逐漸解體，取而代之的是經由文學革命所帶來的一連串改革運動。

在此改革的風潮中，一群懷抱崇高理想，純潔有為的青年，提出了「本科學之精神，為社會之活動，以創造少年中國」為宗旨之理想。[2]對當時暮氣沉沉的中國社會，實有振衰起弊的功用，它就是——「少中」。

李璜即因曾琦的引介，為最早加入「少中」的一員，經過將近一個世紀的滄桑歲月，「少中」組織雖早已寂滅，但「少中」那股

---

[1] 張允侯、殷敘彝編，《五四時期的社團》（1）（北京：三聯書店出版，1979年4月1版），頁218。

[2] 少年中國學會編，《少年中國學會週年紀念冊》（上海：亞東圖書館出版，民國9年7月出版），頁33。

積極有為、奮發向上的精神，仍可由李璜終其一生，為堅持理想，不為勢迫的嶙峋風骨看出其縮影。

也許就政治理想而言，李璜是失敗了，但就其一生篤信國家主義和為「少中」及「中青」努力的過程來看，我們尚能看到中國知識份子群是有力量改造社會的。本文之作，即以影響李璜一生最大的團體「少年」為經，以李璜在「少中」從事的政治社會活動（包含參與中國青年黨的創建）為緯，勾勒出李璜早年的政治初航；及五四傳統知識份子堅持理想，不隨波逐流的悲劇性格。

二、少年中國學會的尋夢者

李璜與「少中」的關係，最早可以追溯到民國 2 年。民國 2 年，李璜出川進入上海震旦大學習外語，與曾琦、左舜生、陳登恪、周太玄、魏嗣鑾、鄭伯奇、宗白華等人因同學關係而結識。[3]其中尤以曾琦和左舜生更是與李璜私交最深，後來同為國家主義與民主政治奮鬥的兩位堅強夥伴。[4]

關於這點因緣李璜在其《學鈍室回憶錄》也說到：「曾琦與左舜生，他們兩人與我在一九一三年秋季同時考入震旦，後來又曾同住在學校一個寢室……故他兩人對於我的政治知識與興趣，發生了傳染的作用。」[5]

其中曾琦則為以後「少中」的原始發起人之一。先是民國 7 年 5 月，留日學生為反對「中日軍事協定」，乃在東京成立「留日

---

[3] 李璜，《學鈍室回憶錄》上卷（香港：明報月刊出版，1979 年 5 月出版），頁 27-29。

[4] 陳正茂，〈中國青年黨創始人李璜先生傳〉，《傳記文學》第 59 卷第 6 期（民國 80 年 12 月 1 日），頁 31。

[5] 同註 3，頁 27。

學生救國團」。[6]推王兆榮為幹事長，張有桐、阮湘為副幹事長，並議決全體學生罷學歸國以示抗議。

自 8 日起至 12 日止，歸國學生已達千餘人，以後尚有陸續歸國者，據統計此次歸國學生前後總計達兩千五百人左右。[7]12 日，救國團設總部於上海，13 日設支部於天津，不久又創刊《救國日報》於滬上，王宏實任社長，另有易君左、羅益增、王獨清、馬鶴天、溫晉城、黃介民等人撰述，總編輯為張夢九，但真正主持筆政者為曾琦。[8]

其實整個留日學生罷學歸國事件的真正主導人物也是曾琦，當其決定歸國時，曾表明其態度稱：

> 予當時所以毅然輟學歸國，尚非僅為一時之外交問題，而實重在重振中原之士流，以期外抗強權，內除國賊，故留日學生救國團發起之初，予即立主歸國運動之目標，宜特別注重於學界；一則以學生連絡學生，其勢順而易。二則以純潔無染之青年，容易激發其良知也。[9]

曾琦的主張，足以反映當時歸國學生的目的，而綜觀返國後的留日學生，在整個活動的過程中，亦不出曾琦所主張的範圍。留日歸國學生除派阮湘、王希天、王兆榮、劉滌歐等至北京教育部請願

6　沈雲龍，〈曾琦先生傳〉，載《中國青年黨建黨五十週年紀念特刊》（台北：中國青年黨中央黨部編印，民國 62 年 12 月出版），頁 65。

7　黃福慶，〈五四前夕留日學生的排日運動〉，載張玉法主編，《中國現代史論集》第六輯——五四運動(台北：聯經出版事業公司印行，民國 70 年)，頁 152。

8　秦賢次，〈曾琦先生與少年中國學會〉，《傳記文學》第 29 卷第 2 期（民國 65 年 8 月），頁 34。

9　曾琦，〈悼王希天君并勗留日學生救國團同志〉，載《曾慕韓先生遺著》（台北：中國青年黨中央執行委員會印，民國 43 年 12 月初版），頁 105。

外，6 月 30 日，曾琦約同張尚齡、雷寶菁、王光祈、周無、陳淯等六人商議發起「少中」，此六人均為川人。[10]

創造「少中」是曾琦、雷寶菁、張尚齡、陳淯四人幾年來在東京求學時的構想，曾琦的〈戊午日記〉於 4 月 1 日即有如下的記載：「予思擬集會同志，提倡分業，為一真正之學會，各就所學，輪流演講，要以根於學理，按諸事實為主⋯⋯。」[11]

而王光祈初見曾琦時更率直提出：「我有一議，思之已久，等著為您提出⋯⋯應早日集結有志趣的青年同志，互相切磋，經過歷練，成為各項專門人才，始足以言救國與建國的種種實際問題的解決⋯⋯。」[12]

職係之故，取法於馬志尼的創造「少年意大利」，由王光祈歸納眾人意見，起草宣言及章程。7 月 21 日復約李大釗加入學會，[13]並為發起人之一。27 日，七個發起人復聚於北京中央公園，商定：凡加入「少中」會友一律不得參加彼時污濁的政治社會，不請謁當道，不依附官僚，不利用已成勢力，不寄望過去人物；學有所長時，大家相期努力於社會事業，一步一步來創造「少年中國」。[14]

因此「少中」為慎重起見，經過一年之籌備，至民國 8 年 7 月 1 日，始在北京召開成立大會，第一批加入會員共七十六人，李璜即為其中之一。

---

[10] 按王光祈──四川溫江；陳淯──四川瀘縣；周無──四川成都；曾琦──四川隆昌；張尚齡──原籍陝西長安，寄籍四川成都；雷寶菁──原籍陝西安康，生於四川成都，見秦賢次，〈關於『少年中國學會』會員名錄〉，《傳記文學》第 35 卷第 2 期（民國 68 年 8 月），頁 138-139。

[11] 曾琦，〈戊午日記〉，載沈雲龍主編，《曾慕韓（琦）先生日記選》（台北：文海出版社印行，出版時間不詳），頁 16。

[12] 郭正昭、林瑞明合著，《王光祈的一生與少年中國學會》（台北：環宇出版社，民國 63 年 5 月初版），頁 19。

[13] 同註 11，頁 29。

[14] 同註 3，頁 40。

　　關於李璜的加入「少中」，據其自己回憶是說：民國7年5月，他在成都接到曾琦自東京的來信，約他早日赴京，曾函並說到，日本處心積慮，要亡中國；中國此時，外患尚重於內憂，我輩必須喚醒國人注意日本侵華情形，促大家起來反對北洋政府與日本勾結。

　　信中並表示彼即將回國，組織「留日學生救國團」，7、8月可到北京，約其在北京會面。但當李璜到京後，曾琦適於前半月離京赴滬。幸其信中有陳淯地址，李璜逕往訪之，因得以結識陳淯，且由陳淯介紹而與王光祈結交。

　　時王光祈開創「少中」會務甚忙，李璜對其印象頗佳，在光祈堅邀下，李璜於該年9月加入「少中」，正式成為「少中」早期第一批會員。[15]暇時為王光祈抄寫函件，並為學會編譯部臨時編譯員及月刊編輯員。[16]

　　以上是李璜加入「少中」之梗概，然僅係表面之因，推敲李璜之成為「少中」之一員，實仍有其內外緣因素。外緣係地緣之關係，「少中」七個原始發起人，除李大釗為河北樂亭人外，其餘六人，不是籍隸四川，就是從小便寄籍四川。[17]

　　這種地緣上的關係，雖不敢言是推動「少中」成立的主因，但在一向講求地域觀念的中國人來說，多少是有其心理上的認同。佛雷克（R.Flack）在《青年與社會變遷》一書中曾談及：「一個帶動社會及文化變遷的群體運動，必須靠彼此意識的交往，而地理的集中，正有助於這個過程的進行。」[18]

---

[15]　同上註，頁38-39。

[16]　同註1，頁40。

[17]　陳正茂，《少年中國學會之研究（1918-1925）》（台北：中國青年黨黨史委員會印行，民國85年5月），頁34。

[18]　R. Flack，區紀勇譯，《青年與社會變遷》（台北：巨流圖書公司出版，民國68年8月2版），頁50。

　　誠然如是，研究「少中」史的郭正昭也說到：「少年中國學會於民國七年六月間籌備，創始份子六人中有四人為四川人。[19]其組合有濃厚的地緣性，且四人均有同學之誼，師生與同學關係在傳統倫理社會中，往往是血緣的意識化，從這一角度窺測，少年中國學會的原始結合，還是殘存著血緣性和地緣性。」[20]

　　至於內緣因素，則指精神上的契合，此精神上的結合，正如王光祈所說：「本會同人在本會未發起以前，大半先有一種精神上的結合，出處進退，互相商榷，已略具團體規模。」[21]而這種精神上的相知相契，無疑是在一種救國理想的召喚下，所透露的嚶嚀求友的意向。[22]

　　職是之故，在年齡、教育、思想背景相仿、對國事持關心態度、對改造中國抱急切心理的相同情況下，李璜之加入「少中」的動機，亦可思過半矣。

三、「巴黎通信社」的初試鶯啼

　　民國 8 年 7 月 1 日，「少中」正式成立後，學會旋即以「本科學之精神，為社會之活動，以創造少年中國」之「少中」宗旨，積極的從事社會活動，以為救國建國之張本。社會活動的範圍包含甚廣，通信社的發展亦為其中之一。

---

[19]　同註 10。

[20]　郭正昭，〈王光祈與少年中國學會（1918-1936）〉，載《中央研究院近代史研究所集刊》第 2 期（民國 60 年 6 月），頁 119-121。

[21]　王光祈，〈本會發起之旨趣及其經過情形〉載《少年中國學會會務報告》第 3 期（民國 8 年 5 月 1 日）。

[22]　陳曉林，〈五四時代理想與現實的衝突——以「少年中國學會」為例〉，載汪榮祖編，《五四研究論文集》（台北：聯經出版事業公司印行，民國 68 年 5 月初版），頁 212。

　　其實早在「少中」發起前，民國 7 年，部分留日學生如曾琦、張尚齡等人便已在東京組織「華瀛通信社」。[23]用來抵制日本操縱東亞輿論之陰謀。由於曾、張諸人均是爾後「少中」會員，所以在「少中」發起後，成立組織通信社乃成為學會積極拓展的要項之一。其中尤以「巴黎通信社」辦的最好，也是最有貢獻成就的一個[24]。

　　事緣民國 8 年 3 月，李璜到法國留學，時值巴黎凡爾賽和約開幕一個半月（此和會於民國 8 年 1 月 18 日開幕）。其後「少中」會友周無亦從上海來到巴黎，雙方晤談，知悉國內同胞希望中國代表團能在這次會議上，阻止日本帝國主義對中國的侵略勒索，爭得自己的合法權益，人們心急如焚，翹首期盼著巴黎的消息。[25]

　　在機不可失的情況下，在兩人的合作及「華法教育會」倡導者李石曾的支持下，「巴黎通信社」很快的在該年的 3 月正式成立了。[26]關於其在法成立的經緯；及與五四運動的關係，主要當事人李璜和周無日後曾有如下的回憶，李璜說：

> 一九一九年三月五日到了法國，正是巴黎凡爾賽和約開幕一個半月，因為它與我國收回山東權益以及國人希望藉之取消不平等條約關係很大，本於愛國之情，我便大為分心。適凡爾賽和約開到三月底間，周太玄兄自上海來到巴黎，言京滬各報紙需要巴黎和會內幕消息甚急；他來的時候，慕韓囑他為上海新聞報與申報長期通信。願按月酬報

---

[23]　張尚齡（赤松子），《廬山心影（人海滄桑六十年）》（台北：五洲出版社，民國 60 年 10 月），頁 25。

[24]　陳正茂，〈記民八的「巴黎通信社」〉，《東方雜誌》復刊第 23 卷第 1 期（民國 78 年 7 月 1 日），頁 72。

[25]　任一民主編，《四川近現代人物傳》第 1 輯──〈周太玄〉（四川：四川省社會科學院出版社出版，出版時間不詳），頁 184。

[26]　秦賢次，〈「少年中國學會」始末記〉，《傳記文學》第 35 卷第 1 期（民國 68 年 7 月），頁 20。

通訊稿費。王光祈來信也稱北京各報需要和會消息。太玄
本來窮學生，此次敢於冒險前來，就要靠此事以維持留學
生活。但太玄的法文程度太有限，無法讀報，因之要求我
讀與他聽，他錄下來，加以編纂，用油印印出數份，寄與
京滬各報，大受歡迎。於是我與太玄兩人所辦的「巴黎
通信社」，每週發稿一次，特別注重巴黎和會的一切動
態，因之便成為引起國內是年「五四」運動的發生源頭
之一。[27]

周無的回憶，中間雖有若干出入，然大體上也是如此，他說：

由于一九一九年初歐亞的交通已經恢復，少中會員紛紛赴
法、德留學，並從事一些國際社會活動。在這一年二月，
中法交通恢復後的第一隻船載著第一批留學生到法國
去，其中有李璜。乘第二隻船的留學生于三月初到巴黎，
其中有周無。從四月起便是留法勤工儉學生大批赴法的最
活躍時期的開始。同時巴黎和會將于五月在巴黎召開
（按：日期有誤，應為一月十八日召開）……全國人民都
希望通過這次和會能阻止日本帝國主義對我國的侵略；尤
其切盼能收回由日本佔領的青島膠州灣。在這種蓬勃的形
勢和熱烈的願望之下，少中的發起人和一部分會員在京滬
討論會務時，便自然地把重點放在巴黎，決定要配合這一
形勢展開具體活動，發揮奮鬥實踐的精神。當時確定把
重心放在通訊組織和聯絡工作上。原來想同時在日本東
京設「華瀛通訊社」、在美國設「紐約通訊社」、巴黎設
「巴黎通訊社」，但因日美兩地會員既然不多而形勢要求

---

[27]　同註3，頁58。

又不如巴黎的有利和緊迫，所以便決定把力量都投在這方。[28]

綜上所言，吾人可以推論，「巴黎通信社」的成立，乃因巴黎和會的召開而應運誕生的，職是之故，其最大貢獻亦在此。周無曾說：由于中國代表團所提出的取消「二十一條」和列強在華特權的要求被帝國主義國家否決，全國人民義憤填膺，情勢一觸即發。

「巴黎和約」又同意日本侵奪我國山東的權益，北洋政府代表團準備簽字。「巴黎通信社」得此消息，便連夜奔走籌款，超過英、美、日通信社，第一個把這一消息電傳國內個報館，報紙一披露，群情激憤，不久，便爆發了五四運動，北洋政府因此被迫拒絕簽字。[29]

此事影響之深且鉅，不言而喻，難怪周無沾沾自喜引為平生慰事，並稱此乃「巴黎通信社」事業的頂點。[30]此外通信社的另一主事者李璜也說到：

> 因為上海新聞報要搶先發表巴黎和會重要消息，並來特約為通電訊，匯來預付的電費，於是又逼得我非去凡爾賽宮親自採訪不可。為此我與南方代表王正廷見面，並經由王正廷之便與英國首相路德喬治、法國總理克勒滿梭晤談。四月二十日左右，中國代表團已明白了英法兩國用意，要承認日本承受德國在我山東的一切權益，爭之無效。六月二十八日，凡爾賽和約全體簽字，前一日，巴黎通信社還和好幾位學生分頭去會晤中國代表顧維鈞、施肇基、魏宸

---

[28] 周太玄，〈關于參加發起少年中國學會的回憶〉，見張允侯、殷敘彝編，《五四時期的社團》（1）（北京：三聯書店出版，1979 年 4 月 1 版），頁 545。

- 同註 25。

[30] 同註 28，頁 546。

組、王正廷等。惟有首席代表陸徵祥沒有出來見我們，我們
雖得允諾，不去參加簽字，猶怕陸徵祥私自潛往簽署，於是
包圍其住處，欲飽以老拳，後因陸未前往簽約而作罷。[31]

　　由上可知，「巴黎通信社」不僅以新聞稿提供國內正確消息，
且其成員還以實際行動欲阻止中國代表團簽署巴黎和約，就憑這
點，「巴黎通信社」的貢獻就值得吾人予以正面肯定了。就近代政
治運動之發生及蔓延而言，傳媒每每具有刺激性之作用，而李璜在
巴黎的「直擊」報導，無疑對五四運動發揮了此一作用。[32]

四、反宗教運動的先驅

　　近代中國教會中，本世紀二〇年代可算是最具刺激性和重要性
的一段時間。當時國內掀起了規模龐大的反宗教運動，而首次有
組織反對宗教的活動，係由「少中」發起，其中李璜更是此一運
動的要角。
　　李璜反宗教的具體行動，最早為他在巴黎與周無合編《少年中
國》月刊〈宗教問題〉專號上，其並且翻譯撰寫過許多篇討論與批
評宗教的文章。[33]民國9年8月間，「少中」北京執行委員會通過
一項議案，接納法國巴黎分會李璜的提議，只准沒有任何宗教信仰
的人加入為會員，而已有宗教信仰的會員即應開除會藉出會。[34]

[31] 同註3，頁58-59。
[32] 李金強，〈中國青年黨人與五四愛國運動關係之探討 1918-1919〉，《中
國歷史學會史學集刊》第23期（民國80年7月出版），頁175。
[33] 林榮洪著《風潮中奮起的中國教會》（香港：天道書樓出版，1985年4月
再版），頁18。
[34] 葉嘉熾著，李雲漢譯，〈宗教與中國民族主義：民初知識份子反教思想的
學理基礎〉，《中國現代史專題研究報告》——第2輯（台北：中華民國
史料研究中心編印，民國71年6月再版），頁281。

　　這個決定立即引起了會員間的爭執，造成了論戰，尤其是留學日本的劇作家田漢，堅決的反對執委會之決議，他認為宗教自由既載之於憲法，為什麼學會有此行動，且宗教信仰並不妨害社會的發展與文化的交流。[35]田漢的見解，雖獲得了不少同情者的支持，但是，爭論並未因此停息。在李璜的領導下，他們致函巴黎的大學教授，請教以下幾個問題：

　　一、人是否宗教的動物？

　　二、新舊宗教是否還有存在的價值？

　　三、新中國是否還要宗教？[36]

　　教授們的答覆全部都是否定的，這點給了李璜相當大的信心，促使他繼續從事反教的工作。基本上，李璜的反教思想是源自於社會主義，從社會進化的角度去否定宗教；他認為，現代社會已從宗教時代進化到非宗教時代，所以不再需要宗教，且宗教阻礙了人類朝社會主義方面進展，故需否定之。同時，道德已從宗教中分離出來，故拋棄宗教後，道德仍可獨存。在〈社會主義與宗教〉一文中，李璜開頭便強烈表示：

> 蒲魯東《秩序的創造》書中第十篇上說：宗教是科學和進化的仇敵，用殘忍和仇視這兩個字，我們相信可以解釋宗教條這個名辭。[37]

　　他繼而解釋說，十八世紀西方哲學的反宗教，是基於基督教義的思想束縛，以及科學的日漸昌明，歷史的往事，到那時候，已明

---

[35] 田漢，〈少年中國與宗教問題〉，載張欽士編，《國內近十年來之宗教思潮》（北京：燕京華文學校出版，1927年），頁51-58。

[36] 李璜，〈法蘭西學者的通信〉，《少年中國月刊》第3卷第1期（民國10年8月1日），頁37。

[37] 李璜，〈社會主義與宗教〉，《少年中國月刊》第3卷第1期（民國10年8月1日），頁47。

顯的證明，宇宙並非神造的，天演淘汰的公律，是由人的力量可以
勝過的，個人生來是自由平等的，是負有創造能力的，因此大家都
已覺悟，與其悲憫的祈求上帝，倒不如靠自己的能力去努力、去創
造。[38]

　　李璜強調「我們該當極力把我們這兩手一腦貢獻在社會改造
上，去謀他的進步，我們不該當背著手、向著天，對那不識不知的
上帝去說話。」[39]

　　由這段略帶嘲弄諷刺的話，我們可以知道，李璜反宗教的理
由，不僅因宗教不符合科學原理，且其更深一層的意義，還含有改
造社會的企圖在裡頭。

　　李璜以為，社會主義的精神全放在這世界，它是現世的，而宗
教的精神則全放在天堂，是出世、避世的；人類生存的目的，應該
是積極的去改造社會，增進福利，而不是一昧的逃避自己的責任，
只求神的庇蔭；所以最後他嘲蔑的說：

> 宗教家如果願意棄卻天堂的懸想，耶穌的偶像，永住的信
> 仰，特別的靈感，來完全用自己的理解去實行社會主義，
> 社會主義當然是不拒絕他的。如果還是坐在教堂，抱本聖
> 經，用那悲天憫人的態度，說那大而無當的陳話，社會主
> 義裏實在用不著他，不但用不著他，而且大大是社會主義
> 一個障礙。[40]

　　要之李璜反教的根本因素有二：其一是李璜認為研究人類行為
是理性和科學，不是神祕的宗教；其二是李璜以為宗教信仰天國和
不朽的觀念是社會進步的障礙，他強調的是人們需要對改進現世界

---

[38]　同上註，頁 48。
[39]　同上註，頁 49。
[40]　同上註。

多做努力。[41]經由李璜等人的努力，促成了中國教會本色化及收回教育權運動的進一步展開。

五、收回教育權運動之旗手

所謂教育權，係指國家的教育行政主權而言，舉凡教育的創制、監督、處決等權力；創校之允准、旨趣之釐定、教材之規劃等，無不屬之。[42]這些權力，都是獨立國家所該享有之教育主權，外人是不容干涉及置喙的。[43]

遺憾的是，晚清以降，這些權益均由學部對外人在華興學的一紙「無庸立案」咨文而喪失殆盡。而國人對外人在華設學，一則採取放任政策；再則昧於主權觀念，也一直未予重視。[44]

直到民國 10 年，基督教教育事業調查團在中國所做的報告書，揭露了教會教育在華龐大的組織與勢力，這才引起知識份子察覺到教會教育的弊害，及其對國家教育的嚴重威脅，收回教育權運動在此情況下乃應運而生。[45]

最早提出收回教育權運動的是「少中」。揆其因，一方面是「少中」是反宗教，尤其是反基督教的急先鋒；另一方面則係「少中」的組成份子，多是對教育有興趣，甚且欲終身從事者，所以他們對國家教育的重視與關懷，亦理所當然。

---

[41] 同上註。
[42] China Educational Commission, Christian Education in China（上海：商務印書館印行，民國 11 年）頁 21。
[43] 古樣，〈論國人注意收回教育權運動〉，《醒獅週報》第 25 號（上海：民國 14 年 3 月 28 日）。
[44] 葉健馨，《抗戰前中國中等教育之研究》（台北：文史哲出版社印行，民國 71 年 2 月出版），頁 48。
[45] 楊翠華，〈非宗教教育與收回教育權運動（1922-1930）〉（台北：國立政治大學歷史研究所碩士論文，民國 67 年 6 月），頁 3。

　　民國 10 年 6 月，《少年中國》月刊第 3 卷第 1 期，首先刊登了會員李璜及周無兩人在巴黎所編的〈宗教問題〉專號肇其始，後來復由李璜約同在英國研究教育哲學的余家菊，在巴黎合著《國家主義的教育》一書，於民國 12 年秋，交上海中華書局出版。

　　其書大意為主張教會不能以教育為其傳教的工具，不能違背我國家教育立國的宗旨，不能在本校內排斥異端，而有妨害自由思想與自由講學的行為，最後要求國內所有的教會學校，都須向我政府立案，由教育部、教育廳加以監督，校長由中國人擔任、教授不得專限於外國傳教士，應多聘中國人充之。[46]此書發行後，不料竟然引起了當時教育界知識份子的注意與討論，於是乃有「國家教育協會」的誕生，作為鼓吹收回教育權運動的司令台。[47]

　　關於此點，李璜回憶到：

> 「少中」同人在社會活動上比較發生意想不到的收效成績，是推動中國教會教育的改革。原來，在民十的六月，我在巴黎與周太玄會友合編了《少年中國》月刊第三卷第一期〈宗教問題〉號（下）之後，余家菊會友自倫敦來巴黎渡暑假，余會友是研究教育哲學的，我們兩人偶然談到國內教育甚為發達；天主教、基督教、及其新舊的各派，都在中國各地辦有大學、中學以至小學。這類外國宗教家來辦教育，其目的都不免有一部份是為了傳教，而宗教信仰自其觀點上多少是各有其成見，這已與我們學會一向所主張的自由思想的教育有點宗旨不符。何況宗教信仰未有不排它的，如此一國之內的教育見解便要紛歧發展下去，則將來所教出的學生，就不說一定有教義宗派之分，而也難免忽略了中國文化與科學思想。因是我們兩人各寫了幾

46　同註 3，頁 44-45。
47　《醒獅週報》第 41 號（民國 14 年 7 月 18 日）。

篇文章，合著一冊《國家主義的教育》，也列為「少中」叢
書。[48]

其實李璜等人之所以主張收回教育權，完全是本於正面的意
義，他要求國家教育自有它的因時制宜的宗旨，而不能任由外國
人或其教會，因其國別不同或教派不同，而各異其在中國辦學的
方針。

因為「少中」的收回教育權運動，是主張教會在中國所辦的這
多間大學以至中小學，要與我們國家教育的宗旨相應相融，不能一
味放任之。李璜的這些主張在後來幾乎全部實現，而國內的教會學
校因之也大有進步。

當然李、余等人鼓吹收回教育權最大的成效，是「少中」在
民國 12 年 10 月於蘇州開會時，其所議決的綱領第四款中明白的
標示反教會教育的立場云：「提倡民族性的教育以培養愛國家保
種族的精神，反對喪失民族性的教會教育及近於侵略的文化政
策。」[49]

此外便是「國家教育協會」的成立也是具體收穫，「國家教育
協會」於民國 14 年 7 月成立。[50]其成立宗旨以為：

> 救國之道多端，而其根本則在教育，此考諸歷史而可信，
> 質之理性而無疑者也。惟是教育之途徑甚多，教育之議論
> 亦雜，吾人果欲以教育之力，救國家之危，則吾人於教育
> 之措施應決然以國家為前提，殆無猶移之餘地，於是則國
> 家主義的教育尚矣。所謂國家主義的教育，在表面上乃以
> 擁護國權、發揚國光、陶鑄國魂、變和國民為宗旨之教育，

---

[48] 同註 3，頁 44。
[49] 《少年中國月刊》第 4 卷第 8 期（民國 12 年 12 月 1 日），頁 3。
[50] 同註 47。

　　而事實上，則是堅決主張反對外人在中國設教辦學，而要
求無條件收回教育主權的一種教育。[51]

　　所以「國家教育協會」開宗明義便說：本會定名為「國家教育
協會」，是本國家主義的精神以謀教育的改進為宗旨。[52]第一屆會
務委員由李璜、左舜生、余家菊、陳啟天、舒新城等人擔任，透過
「國家教育協會」宣揚收回教育權運動，收效甚宏。[53]

　　收回教育權運動另一項具體收穫為塑造了中國青年黨（以下簡
稱「中青」）的教育政策。「中青」的教育目標以養成以國家為前提
的愛國國民為宗旨。由於「中青」國家主義運動，實發端於李璜、
余家菊的教育救國論；同時黨人對於國家主義運動的建國方針，
也強調精神的建設，從教育上養成新的信仰及中心思想──國家
主義。

　　在教育問題的主張上，「中青」有兩項重點，其一是新的教育
宗旨之建立；其二則是收回教育權的鼓吹。關於教育宗旨的問題，
黨人多不滿「五四」以後的美式平民教育、民治主義的教育，以其
過分發達個性，而忽略國性的培養。[54]

　　欲矯此弊，宜以具國家思想、國家觀念的愛國教育代之，建立
新的教育宗旨。而在建立新的教育宗旨同時，更需將外人在中國教
育界的勢力排除、收回教育主權為首要目標，所以排斥教會教育、
宗教教育之超越國界，失卻國性的教育，禁絕外人在華辦各種教育

---

[51]　李璜，〈國家主義的建國方針〉，載《國家主義論叢》第 1 集（台北：冬
　　　青出版社，民國 62 年 12 月出版），頁 208。

[52]　〈國家教育協會簡章〉，《醒獅週報》第 41 號（民國 14 年 7 月 18 日）。

[53]　陳雲卿，〈中國青年黨的創建與初期發展（1923-1929）〉（台北：國立台
　　　灣師範大學歷史研究所碩士論文，民國 77 年 6 月）頁 156。

[54]　陳啟天，〈中國教育宗旨問題〉，《醒獅週報》第 6 號（民國 13 年 11 月
　　　15 日）。

為「中青」的具體主張。[55]觀諸「中青」的教育政策，可以說是李璜教育主張的明顯翻版。

其實就二〇年代收回教育權運動而言，在思想上可說是反宗教運動的延續，新文化運動中對傳統信仰與制度的重估，使得知識份子對宗教存疑的觀念益愈具體化，他們持著科學與理性的態度對宗教信仰大肆抨擊，「少中」與李璜所掀起的對宗教的熱烈討論，就是最典型的代表。隨後，「非基督教學生同盟」與「非宗教大同盟」的產生及「國家教育協會」的鼓吹，奠定了收回教育權運動的基礎，也掀起了收回教育權運動的序幕。

六、參與中國青年黨的創建

在二〇年代，中國的政治團體中，以國民黨、共產黨及國家主義派為三個主要政治勢力。[56]其中國家主義派即係中國青年黨。「中青」，主要由曾琦發起於民國 12 年 12 月 2 日，正式在法國巴黎創黨，並發表宣言。但黨人初回國時，並不以「中青」的名義對外活動，而主要是以創辦《醒獅週報》，鼓吹國家主義為主，故時人均稱為「醒獅派」或「國家主義派」。[57]

其實若以一個政治派別的角度而言，「中青」最早形成於「少中」內部的國家主義與共產主義之爭，發酵於中國共產黨旅歐總部及旅法支部的成立，誘因於山東臨城劫車案所引發的旅法各團體救

---

[55] 李璜，《國家主義淺說》（台北：冬青出版社印行，民國 65 年 12 月），頁 37~38。

[56] 蔡尚思，《蔡元培學術思想傳記》（台北：蒲公英出版社印行，民國 75 年 8 月），頁 141-142。

[57] 陳啟天，《寄園回憶錄》（台北：商務印書館，民國 61 年 10 月增訂 1 版），頁 145。

國聯合會。基於此三點強而有力的背景，兼以曾琦本身個人的強烈組黨意願，「中青」的成立也就理所當然，勢所必至了。以下即針對此三點，作一全面性的分析：

（一）國家主義與共產主義之爭

「五四」時代的知識份子，他們正處於觀念和思想大激盪與解放的時代。[58]時國內政局的黑暗如故，俄國革命的成功、馬克斯學說的引進，在在鼓舞了知識份子澎湃的心田。羅素、杜威的來華講學，理性主義、實用主義、自由主義、懷疑主義等思潮的衝擊，更使知識份子處於一種情緒高昂的顛峰。[59]

在這樣的顛峰上，每個知識份子均希冀自己所信仰的主義學說，能成為推動各種改革行動的主司，因此乃自然而然的形成了思想意識的混淆，這種混淆，以政治活動為例，便可見其端倪。

談到政治活動，根據李璜的說法，在五四前後，關於政治的解放，發生了三派的主張，一派是「社會活動派」、一派是「革命政治派」、一派是以胡適的「少談主義，多談問題」為代表。[60]這當中尤以革命政治派最具特色，且影響最大。

其起源初以「少中」會友李大釗倡始從事民族革命而以俄為師，而會友曾琦反對之。曾琦認為中國國情不適於共產革命，而俄國又是歷來侵略中國、吞去中國領土最大的國家，故其偽善絕不可靠，且應對其偽善加以防範，萬不可墮入莫斯科第三共產國際的圈套。

58　殷海光，〈五四的再認識〉，載周陽山編，《五四與中國》（台北：時報文化出版事業有限公司出版，民國 68 年 5 月初版），頁 455。
59　周策縱著，楊默夫譯，《五四運動史》（台北：龍田出版社，民國 69 年 5 月初版），頁 494。
60　李璜，〈我所經歷的五四時代的人文演變〉，載周陽山編，《五四與中國》（台北：時報文化出版事業有限公司出版，民國 68 年 5 月初版），頁 667-668。

　　因此他提出了自強自立的國家主義與全民合作的民主政治，來
反擊國際主義者的階級鬥爭。這一爭論在民國 8、9 年間開始以來，
遂演成中國政治的兩大主流，而「少中」也因為分裂為共產主義與
國家主義截然相反的兩派，最後使學會遭致解體的命運。[61]

　　民國 10 年「少中」的南京年會，國家主義派與共產革命派的
立場已壁壘分明，到了民國 12 年，這兩派的鬥爭已臻白熱化，其
激烈的程度已達如仇人相見，分外眼紅的地步。此情況我們可由方
東美、吳俊升、左舜生、陳啟天諸人的回憶見其一斑。方東美說：

> 民國十三年冬，李幼椿及余各乘武昌師大寒假之便赴滬訪
> 舜生，一日，舜生約集少中同人在滬者於其寓，意在協商
> 如何重振少年中國學會之旗鼓。孰料醒獅與猛虎相值，初
> 時尚作客氣姿態。辯論政策問題，隨即野性發作，各自張
> 牙舞爪，直欲攫取對方皮肉骨髓吞噬之以為快。[62]

　　是日兩派參加者，共產主義派的有惲代英、張聞天、沈澤民、
楊賢江諸人，國家主義派則有曾琦、李璜、陳啟天、張尚齡等人。
兩派爭至激烈時，據方東美說：「拳不停揮、口沫四濺，各以殺頭
相威脅，當時如有手槍，恐已血流成河矣。」[63]

　　身為該天會議主人的左舜生也於事後回憶道：「雙方辯論一整
天而無結果，深夜臨別時共產黨人鄧中夏在門外向我握手說：好，
舜生，我們以後在疆場相見吧！」[64]

---

[61] 同註 17，頁 75。

[62] 方東美，〈苦憶左舜生先生——因及少年中國學會二三事〉，載《左舜生
先生紀念集》（台北：中國青年黨中央執行委員會印行，民國 60 年 7 月
初版），頁 45。

[63] 同上註。

[64] 左舜生，《近卅年見聞雜記》（台北：中國青年黨黨史委員會印行，民國
73 年 7 月出版），頁 13。

　　由此可見，共產主義派敵視國家主義派之深，已完全不顧「少中」情誼，為達目的，不擇手段的猙獰面目也展現無遺。關於這一點，共產黨自己亦不諱言，惲代英曾致函柳亞子說到：「少年中國學會開會時，醒獅派諸君用種種方法貫澈彼等之目的……我輩不過姑與相持，能拉若干分子過來，便拉若干過來也。」[65]競爭之激烈，不言可喻。

　　在《回憶惲代英》一書中，共產黨人也大言不慚的吹噓說：「當時國家主義派和我們爭奪青年，在上海、南京一帶活動很厲害，我們和他們的鬥爭非常激烈，我們作了大量準備。凡是曾琦、李璜、余家菊、左舜生常去活動的地方，我們也在那裏作好布置，和他們唱對台戲。他們的人一講完，我們就立即有人接上去講，針鋒相對，逐條批駁。」[66]

　　基本上，當時兩派的分歧點大概有三，一是國家主義以國家為前提，共產主義以階級為前提；二是國家主義主張物心並重，共產主義主張唯物史觀；三是國家主義主張本國政治革命，共產主義主張世界經濟革命。[67]

　　國家主義批評共產黨受蘇俄及第三國際的指揮，不是純粹的中國政黨，其加入國民黨，是陰謀赤化國民黨，有違政黨道德，更何況馬克斯的理論，共產主義須在工業發達後的國家始能實行，而中國工業尚未發達，顯然沒有具備實行共產的前提條件。[68]

　　共產主義派則指責國家主義者為反動、反革命的小資產階級份子，惡意的汙蔑社會主義，醜化共產黨，反對中國人民反帝，反封

---

[65]　〈惲代英致柳亞子函〉，見張允侯、殷敘彝編，《五四時期的社團》（1）（北京：三聯書店出版，1979年4月1版），頁534-535。

[66]　陽翰笙，〈照耀我革命征途的第一盞明燈〉，見《回憶惲代英》（湖北：人民出版社，1982年），頁19。

[67]　陳啟天，〈國家主義與共產主義的分歧點〉，《國家主義論叢》第1集（台北：冬青出版社，民國62年12月出版），頁171-176。

[68]　同註57，頁133-134。

建的革命鬥爭。[69]由於雙方的南轅北轍，遂使原先為親密的會友，終於演變成勢不兩立的政黨，再也無集合的可能了。[70]

（二）中國共產黨旅歐總部及旅法支部的成立

中共旅歐組織的發展，依其時間先後，大致可分下列三個階段。首先是民國 10 年 3 月成立的共產黨小組，該組織以張申府為中心，與國內的陳獨秀常保持聯繫，並透過張申府的關係，先後有劉清揚、周恩來、趙世炎及陳公培加入，這五人就是巴黎共產黨小組的主幹。[71]

除共產黨五人小組外，在「新民學會」領導人蔡和森的努力之下，為擴張旅歐中共黨人的力量，民國 11 年 6 月，在巴黎西郊的布隆恩（Boulogue）森林召開成立大會，參加者有旅法、德、比等國代表共十八人，周恩來則由柏林前往參加。

會議決定將團組織定名為「旅歐中國少年共產黨」，通過了章程和計劃，並選舉趙世炎、周恩來、李維漢三人組成中央執行委員會，且決定出版刊物《少年》以為言論之喉舌。[72]民國 12 年 2 月 17 日至 20 日，由於中共旅歐青年團的團員已由原來的三十餘人發展到七十二人，在巴黎郊外召開臨時大會時便醞釀改組，最後通過決議，將「旅歐中國少年共產黨」改為「旅歐中國共產主義青年團」。[73]

[69]　同註 1，頁 495。

[70]　吳俊升，〈教育生涯一周甲〉，《傳記文學》第 27 卷第 2 期（民國 64 年 8 月），頁 46-47。

[71]　陳三井，〈周恩來旅歐時期的政治活動〉，《勤工儉學的發展》（台北：東大圖書公司印行，民國 77 年 4 月初版），頁 107。

[72]　劉焱，〈張申府談旅歐黨團組織活動情況〉，《天津文史資料選輯》第 15 輯，頁 86-87。

[73]　〈旅歐中國共產主義青年團章程〉，見《赴法勤工儉學運動史料》2 冊下（北京：清華大學中共黨史教研組編，1980 年），頁 849。

　　此外，由於少共在性質上不是黨的組織，所以在民國 11 年冬，已參加少共黨員另組「中國共產黨旅歐支部」，周恩來為支部負責人之一。支部下設法國、德國、比利時三小組，其中法國組的負責人為趙世炎，重要黨員有王若飛、李富春、陳延年、陳喬年、任卓宣、鄧小平、林蔚、郭隆真、何長工等人。[74]

　　也因這個組織的成立，加速了曾琦組黨的決心與腳步，李璜曾說：

> 慕韓早有意於建黨救國，旅法以來，其所最器重的青年活動分子如趙世炎、李合林等，不聽其勸告，而竟加入共產黨，不告而去俄，慕韓甚為痛心。他深感青年人愛活躍，只憑理論，而無組織、無行動，絕不足以維繫之。及其於本年赴德比游歷中，已在祕密與好友鄭振文、王建陌、魏時珍諸人談及組黨事。今見國際共產主義，因有黨的組織，在國內外皆得青年知識分子暗中趨赴，如不及早起而與之對抗，將令史太林的赤化中國詭計更易成功。[75]

　　因此我們可以說，就因「中國共產黨旅歐支部」及「旅法支部」勢力急遽的擴張，使得曾琦、李璜等人逐漸由非共而趨於反共。[76] 在對付共產黨的抗爭中，更深覺有組織的必要，「中青」在這樣的背景下，也就即將呼之欲出了。

（三）旅法各團體救國聯合會

　　民國 12 年元月，曾琦已有組黨的念頭，由其〈旅歐日記〉便可看出：

---

[74]　李維漢，〈回憶新民學會〉，《歷史研究》第 3 期（1979 年）。
[75]　同註 3，頁 156。
[76]　同上註，頁 145-156。

上午早醒，在床構思，擬發起中國青年黨，以推倒軍閥，改良社會，振興國家，促進大同為宗旨。其理由則以就今日中外大勢論，非推倒軍閥，不足以言改良社會；非改良社會，不足以言振興國家；非振興國家，不足以言促進大同也。惟茲事體大，予一人之心思才力有限，尚擬與同志商榷之。[77]

當然這是曾琦個人的主觀意願，但倘無「旅法各團體救國聯合會」為之催生，恐怕這願望仍要等上一段時日。「旅法各團體救國聯合會」，緣於民國 12 年 5 月國內山東臨城劫車案，其中有外人若干遭綁架，消息傳出後，西方輿論激昂；列強主張共管中國鐵路，法國巴黎各報主張更為激烈，李璜有鑒於此，憂心忡忡，乃自巴黎致函曾琦，告知此事，並囑返回巴黎商議對策，曾琦便由德返法。[78]

由於列強有共管中國鐵路之議，又因為中國被法報紙視為匪國，所有在巴黎的中國人，繼民國 10 年巴黎華人拒款運動的經驗，又再一次的聯合各方，如何魯之事後回憶：

無論是少年中國學會會員，無論是商人工友，無論是遊客學生，無論是國民黨人，無論是無政府黨人，無論是共產黨人，祇要自身是一個中國人，都感覺到這是國家民族的最不名譽尤其可恥的一件事……平時不大往還的中國人，這一下要聯合起來開會討論過問國事。[79]

---

[77] 曾琦，〈旅歐日記〉（民國 12 年 1 月 28 日條），見沈雲龍主編，《曾慕韓（琦）先生年譜日記》（台北：中國青年黨黨史委員會印行，民國 72 年 8 月出版），頁 39。

[78] 同上註（民國 12 年 7 月 2 日條），頁 52。

[79] 黃欣周編，《何魯之先生文存》（台北：青城出版社，民國 67 年 4 月初版），頁 265。

　　也就是在這次聯合共事的經驗中，促使曾琦、李璜、何魯之等人加速組黨，以組織對抗旅歐共黨的組織。[80]

　　關於旅法華人反對國際共管中國鐵路而發起的旅法各團體聯合會事宜，曾琦在〈旅歐日記〉有明白的記載，陳三井對於此次聯合會參與團體及代表的組織和決議，也有詳細的研究。[81]

　　而在此旅法各團體聯合會的議事經驗中，影響「中青」組織的建立者，應是 7 月 15 日的旅法華人反對國際共管中國鐵路大會中，與共黨分子的衝突，以及在聯合會成立後，曾琦與巴黎《先聲週報》社的成員有所接觸的結果。

　　「反共管運動」，是由曾琦、何魯之、李璜等「少中」會友發起，但因箭頭指向列強，自當聯合團結在法所有中國人，共起反對列強的輿論主張。[82]

　　而在 7 月 15 日大會之前，曾琦與周恩來、徐特立共同議事，雙方雖有意見上的不一致，但彼此尚能繼續會議。[83]然 7 月 15 日成立大會上，卻發生了流血衝突事件，當日何魯之任主席，宣告開會意義後，曾琦首先發言，報告籌備大會經過及國際共管由來，並提出輿論運動、群眾運動、革命運動、暗殺運動等四項為進行的方向，以達內除國賊、外抗強權，而贏得全場掌聲。[84]

　　次由周恩來演講，主張打倒帝國資本主義，以革命暴力和統一戰線實現之，也得多數掌聲。[85]爾後共黨劉清揚上台演講國際共產

---

[80]　王永祥、孔繁豐，〈中共旅歐支部反對國家主義派的鬥爭〉，《南開學報》第 6 期（1981 年），頁 30。

[81]　《曾慕韓先生遺著》（台北：中國青年黨中央執行委員會印，民國 43 年 12 月初版），頁 418-423；及同註 71。

[82]　同註 79。

[83]　同註 81，頁 419-420。

[84]　同上註。

[85]　同註 79。

主義，認為中國革命是世界革命的一部分，當聯蘇方足以言革命救國。[86]

劉氏此言一出，旋引起工人與學生的言語衝突，互相毆打，頓時會場秩序大亂，但在主席何魯之的維持下，仍通過若干議案。[87]由於在中共旅歐支部影響下的旅法華工總會的華工，打傷了湖南籍學生李不韙、周楚善（留法勤工儉學總會代表），遂激起了一些學生們有組織之必要的想法。[88]

基於此，吾人可以想見「中青」創建的近因，約有兩方面：一是曾琦原已有結黨的想法；二是臨城劫車案發生後，因國際輿論的刺激，而引起旅法各團體的互動作用。[89]但徒有近因，尚不足以有為，倘無志同道合之人，共同努力奮鬥，仍將事倍功半，這其中李璜便扮演了一個催生者的角色。

這點可由曾琦的〈旅歐日記〉記載可看出，茲引二則以為證：

11 月 25 日：「赴張子柱處結商組黨事……復赴子柱處與李不韙、何魯之、周道、胡國偉、梁志尹、黃晃、周宗烈等正式會議……幼椿亦來……。」

11 月 29 日：「起草中國青年黨政綱……晚赴幼椿處，與何魯之、張子柱等商議……。」[90]

至此，基於「內除國賊、外抗強權」的主張，在曾琦與同志積極會商後，終於民國 12 年 12 月 2 日在巴黎郊外玫瑰城共和街成立矣，發起人有曾琦、李璜、張子柱、胡國偉、李不韙、梁志尹、何魯之、黃晃、周宗烈等十二人。[91]

---

[86]　同註 3，頁 155。

[87]　同註 79。

[88]　張伯倫，〈半世紀的中國青年黨與國內外大勢的回顧〉，《民主潮》第 16 卷第 12 期（民國 55 年 12 月 1 日），頁 9。

[89]　同註 53，頁 42。

[90]　同註 77（民國 12 年 11 月 25 日條；11 月 29 日條），頁 73。

[91]　同上註（民國 12 年 12 月 2 日條），頁 74-75。

「中青」建黨後，本著國家主義的精神與旅歐中共發生了多次文字筆戰、議事會場的鬥爭，使得雙方衝突愈烈。進而回國開闢新的戰場，成為中國二〇年代革命聲浪中的另股不同聲音。而究「中青」與「少中」的關係，可以陳啟天之言為證，陳啟天說：

> 本黨同志在未建黨以前，即已開始廣泛的救國運動，民國七年本黨同志曾琦聯合留日學生，組織留日學生救國團，反對中日軍事協定。並與同志多人結合國內外有志青年，創立少年中國學會，發行少年中國月刊，其宗旨為「本科學的精神，為社會的活動，以創造少年中國」。此學會成立二年後，有李大釗、鄧中夏、黃日葵、惲代英等會員，密組共產黨，並在學會內宣傳。現在共產黨人毛澤東、張聞天等，亦原為少年中國學會會員。因此引起另一部份會員，如曾琦、左舜生、李璜、陳啟天、余家菊、何魯之等人的懷疑與反對。於是曾琦等同志在國外結合留英留法留德留美的中國學生，而在國內亦同時聯合愛國志士，共謀新黨之建立，於是中國青年黨遂應運而生，於民國十二年十二月二日開創立會於法京巴黎。[92]

由此可知，「中青」的成立，實導源於民國 10 年以後「少中」內部的共產主義與非共產主義之爭。這一爭執，由於共產黨的成立，有了組織，有了政治野心，而鬥爭的更激烈、更白熱化。因有鑒於中共的成立，「少中」內部的國家主義份子，如李璜、曾琦等人遂興起組黨之念，以進一步與共產主義者對抗。

所以陳啟天說：「少中」雖不是如左舜生講的是青年黨的前身。[93]青年黨的發起人也不限於「少中」會員[94]但當時「少中」內

---

[92] 同註 57，頁 264。
[93] 同註 64，頁 7。
[94] 同註 91。

部國家主義與共產主義之爭，對於青年黨的創立和發展卻有相當影響。[95]當是持平之論！

七、對國家主義的闡釋

　　國家主義是近代發源於歐洲的一種政治現象。十九世紀時，它漸漸在西方社會流行，後來透過多方面的文化接觸亦蔓延到中國。

　　就本質上而言，國家主義有兩個基本的成份；第一是由普遍言語、文化習慣和歷代遺傳所形成的民族自覺性，其次是一種愛國的決志心。

　　希士嘉頓（Carlton J. Hayes）曾給國家主義下個定義，說它是「一種意念，就是對國的理想或其現實狀況的效忠，勝過一切對任何其他事物。並且對個人的國籍感到驕傲，深信它本質的優越和承擔對它的任務──這些都是構成該意念的因素。」[96]

　　換言之，其實該意思亦即主張以國家民族之統一、獨立、強盛為第一義，而置個人之死生、幸福、利益為第二義的一種意識形態。[97]近代中國的國家主義運動，發生的原因有二：一是對平民主義思潮過度的反動；二是為帝國主義壓迫所致。[98]

　　其中尤以後者更是造成國家主義的直接原因，民國以來，堅決主張國家主義者，且倡導不遺餘力的當屬「中青」。青年黨的宗旨

---

[95]　陳啟天，〈我與曾慕韓先生〉，載《曾慕韓先生逝世三十週年紀念特刊》（台北：中國青年黨中央黨部印行，民國70年5月出版），頁68-69。

[96]　Carlton J. H. Heyes, Essays on Nationalism (New York.:Macmlillan Co., 1926) P.6.

[97]　朱經農，《近代教育思潮七講》（台北：商務印書館，民國58年），頁55。

[98]　陳青之，《中國教育史》（台北：商務印書館，民國52年），頁735-737。

原本即以國家主義相號召，所以當時被目為「國家主義派」。其中最積極鼓吹國家主義者，除卻曾琦外，就屬李璜了。

關於國家主義，李璜認為乃是一國國民對其國所特有的一定志願，此志願所呈現的真精神、真趨向。就原則上言之，凡足以恢復或表現國家的人格，凡足以振起或團結國民的精神，凡足以發展或豐富國民的生計，則國家主義的政策當期不遺餘力以趨赴之。就事實方面言之，國家主義的政策亦不過在安內攘外而已。[99]為何要安內攘外呢？原因很簡單，近代中國之所以積弱不振，基本上肇因於內憂外患頻仍，內有軍閥亂政，外有列強欺凌，處此局面下，除了安內攘外，別無他途。

但是一個割據式、解體樣、一盤散沙般的中國，徒有國之名，而無國之實，如何去對付外侮呢？李璜以為當務之急便非先從事建國不可。明白些說，要求中國能夠抵禦外患，即須先鼓動國民的精神而團結之，再打倒舊有的障礙而鏟除之，如此才能夠實現全民政治；能實現全民政治，然後才能全國一致，整個的去抵抗強權，湔雪恥辱！本此觀點，他強調國家主義的建國方針為：

一、用教育的方法去建立中國國民的新信仰；

二、用革命的手段去推翻中國現有的惡勢力；

三、靠愛國的同情去實現全民政治的新國家。[100]

這三點，第一層可算是精神上的建國，第三層可算是事實上的建國。不過由精神到事實，這中間非經過一個徹底的破壞不可！舊的不去，新的不來，國家主義的建國方針是絕對的內不妥協，外不親善，而是要靠有信仰的中國民眾，自己去殺出一條血路來。

---

[99] 李璜，〈釋國家主義〉，載《國家主義論叢》第 1 集（台北：冬青出版社印行，民國 62 年 12 月出版），頁 6。

[100] 李璜，〈國家主義的建國方針〉，同上註，頁 192。

　　而此條血路即曾琦所稱的；今日而言救國，其要於養成國人共同之信仰——國家主義；規定國人共同之目標——排除國賊、外抗強權；陶鑄國人之共同理想——全民政治；抉擇國人共同之手段——全民革命；先為普遍之宣傳，繼為熱烈之運動。[101]

　　就此而言，「中青」的國家主義，意指一套完整的建國運動之主張。如曾琦所謂國家主義是「一種以國家為前提，獻身為國而企圖其統一與獨立的根本主張。」[102]它包括了運動的理論基礎——國家主義；運動的手段——全民革命；以及運動的終極目標——全民政治。

　　而國家主義運動的理論，指的就是包含上述三項過程與內容的建國運動，此乃「中青」在革命時代的宗旨真義：「本國家主義的精神，採全民革命的手段，以外抗強權，力爭中華民國之獨立與自由，內除國賊，建設全民福利的國家。」[103]而在於有關這方面國家主義理論的發揮，李璜以其豐富的學識，敏銳的眼光，充分做到了謀劃獻策的軍師角色。

八、結論——理想主義的緣起緣滅

　　「少中」的成立，無疑是由於理想的結合，理想主義的本質加上年青知識份子天賦的熱情，使「少中」的結合在初始時頗帶有樂觀明朗的色彩，他們很快地根據共同肯定的理想，寫定了「少中」

---

[101] 曾琦，〈全民政治與全民革命〉，同註81，頁22-23。

[102] 曾琦，〈國家主義三講〉，《醒獅週報》第91號（上海：民國15年7月11日）。

[103] 〈中國青年黨之創立及其宗旨〉，載《中國青年黨黨史・政綱》（台北：中國青年黨中央黨部印行，民國74年6月出版），頁85。

的全會宗旨:「振作少年精神,研究真實學問,發展社會事業,轉
移末世風俗。」[104]

　　這儼然是傳統中國知識分子「以天下為己任」的抱負,儼然是
一派「吾儕不出,奈蒼生何?」式的自信,在「少中」會務報告第
1 期刊載王光祈的談話裏,這種理想主義者的心態直是呼之欲出,
他說:「現在中國一切腐敗,皆待吾人改革。」[105]

　　雖然,「少中」的創會成員都是一時俊彥之士,他們未始不知
道在現實社會中,要使理想真正付諸實現,並不是輕而易舉之事,
但顯然的,在「少中」早期,這種理想主義的精神確是能夠掩蓋現
實方面的若干歧異。[106]

　　然而,理想終究不可能長期凌空高懸,而不與現實發生某種程
度的糾纏與衝突,尤其當遙遠的理想一時未能達臻、現實的處境已
經發生蛻變,而外來的理念或「主義」又在現實中衍生出另一些擬
似的「理想」時,理想與現實之間產生矛盾與衝突,往往是不可避
免,也無法化解的事情。[107]

　　但就近代中國的巨變而言,理想與現實終有相當大的差距,從
「少中」到「中青」,李璜置身於間不容緩的民族憂患及社會心理
的激盪當中,他沒有沈思和迴旋的餘地,有的只是一股浪漫的衝力
及改變的雄心,這種改變的雄心,特別是在社會劇烈變動,或國家
民族遭到存亡絕續的關頭時,更能彰顯其重大意義。

　　「少中」及「中青」的創建,就在彼輩亡國危機意識的驅使下
而成立。但是成立後的現實環境及政治鬥爭的殘酷,當理想與現實
衝突加劇,現實逐漸浮現,理想逐漸隱逝;由現實所出發的各種主

---

[104] 同註 21。

[105] 同註 22。

[106] 同上註。

[107] 陳正茂,〈李璜與現代中國〉,《歷史月刊》第 48 期(民國 81 年元月 1
日),頁 119。

張或主義，也開始取代了原始理想的位置，寖假而將原始的理想完全逐出思考的領域，或者對原始的理想提出根本的質疑。

此時，理想的火焰既已熄滅，現實的疏離又自難避免，現實與理想之間，既已發生正面矛盾衝突，尤其是現實的考慮已經凌駕了理想的契合後，則一切的彌縫與挽救，往往均屬徒勞。

證諸李璜一生所堅持的理想及「少中」的寂滅與「中青」的沒落，其所象徵的意義正告訴我們，理想是用來激起多數人的熱情，由於熱情，運動方可蓬勃展開，但到了後期，現實行動人物出現，就變成野心家表現的時候了。

但由李璜終其一生篤信「少中」理念與國家主義看來，我們不禁又覺得真正知識份子的韌性及其堅守信仰，執著真理的可敬可佩，此乃又是五四遺風的體現。是其所是，非其所非，只是那股蒼涼的悲劇心態，如寒冬傲梅，高崖孤松，在渾濁的政治現實中，是相當寂寞、孤獨的。

如今隨著李璜的逝世及「少中」的風流雲散，傲梅已落，孤松已萎，五四狂飆的理想也已隨風而逝，一個時代終於結束。

政黨篇

抗戰中推進民主

——青年黨與抗戰時期的民主憲政運動

一、前言

　　眾所皆知，民國 26 年 7 月 7 日「蘆溝橋事變」爆發後，中國進入全面對日抗戰階段。有鑒於抗戰是中華民族生死存亡的關鍵，肩負領導全民抗戰的國民政府深知，唯有團結全民意志、聯合朝野黨派，同舟共濟，共赴國難，才能爭取最後勝利。

　　故抗戰甫起，執政的國民黨便開始主動的與各在野黨派接觸。始而與各黨派交換信函，繼而為展現誠意，創設國民參政會，並遴選各黨派代表為參政員，企圖一面改善與各黨派的關係以便團結抗戰；一面因參政會的成立，網羅全國菁英，為國事謀劃獻策以收集思廣益之效。

　　此舉雖非結束訓政，但卻是肇戰時民主憲政運動的開端。[1]有此開端，各黨派便以參政會為議場，對民主憲政議題，紛紛發抒己見，終於掀起了抗戰時期一場轟轟烈烈的民主憲政運動。[2]

　　但作為當時重要在野黨派之一的青年黨，對此運動的看法及其貢獻與影響，究竟如何？長期以來，學界對此很少論述。所以本文即以此為論述重點，並就教於國內學界的高明先進。

---

[1] 陳啟天，《寄園回憶錄》（台北：商務版，民國 54 年 12 月初版），頁 185。
[2] 鄒韜奮，《抗戰以來》（香港：華商報館，民國 30 年 9 月出版），頁 94。

二、抗戰前青年黨對民主憲政的基本立場

（一）抗日聲中的政黨休戰

中國青年黨（以下簡稱青年黨）從成立始，即以國家主義為號召；標榜愛國、民主、反共為其政黨屬性。[3]故提倡國家主義、強調國家民族的利益至上。[4]

三〇年代中、後期，由於國家內憂外患日亟，當時青年黨便以國家統一為重，高呼政黨休戰；在抗日戰爭期間更訴求黨派合作以期達到民主憲政的理想。[5]

此一契機之開端，始於「九一八事件」後，青年黨立即發表了〈中國青年黨暨中國國家主義青年團為日本軍佔領東北事告全國國民〉，提出「為舉國一致共抗強權起見，本黨願暫放棄對國民黨的反對態度，但須該黨確有覺悟，立即取消一黨專政，還政國民。」[6]

21年「一二八事變」接踵而至，青年黨又嚴正發表〈中國青年黨暨中國國家主義青年團為日軍進攻上海告全國國民〉，希望「集各方優秀人才，組織國防政府」。[7]其後，曾琦亦撰寫〈從速

---

[3]　《中國青年黨黨史・政綱》（台北：中國青年黨中央黨部發行，民國74年6月出版），頁101。

[4]　這是對近代政黨史稍有認識者皆知之事，不必多作解釋。

[5]　吳國樑，〈國共以外的選擇：中國青年黨之研究（1923-1949）〉（香港：香港中文大學研究院歷史學部哲學碩士論文，1998年5月），頁2。

[6]　〈中國青年黨暨中國國家主義青年團為日軍佔領東北事告全國國民〉，《中國青年黨的過去與現在》（台北：中國青年黨黨史委員會印行，民國72年5月出版），頁226。

[7]　〈中國青年黨暨國家主義青年團為日軍進攻上海告全國國民〉，《中國青年黨的過去與現在》，同上註，頁249。

建立國防政府取消一黨專政出兵收復失地實行抗日救國議〉以為呼應。[8]

　　為表達對國事之關心及無取代國民黨的野心，曾琦更在〈一致對外與一黨專政〉中言：「假令國民黨放棄一黨專政，吾人亦無躍登政治舞台之意，惟以在野黨之資格，公開活動於國人之前，領導民眾，一致對外，斯則義所當為，責無旁貸。」[9]

　　由上述青年黨宣言和曾琦之文可知，在中日戰雲密佈前夕，青年黨的政治立場為：

　　1、要求政府，從速積極抗日。

　　2、因應非常時期，希望組織國防政府。

　　3、政黨休戰，尋求與國民黨改善關係。

　　但其中與國民黨改善關係，是有前提的，即國民黨必須放棄一黨專政，還政於民。而此一放棄一黨專政、還政於民，也成了爾後抗戰時期青年黨從事民主憲政運動的主要基調。

（二）要求從速制定憲法及其原則

　　雖然中日戰雲日緊，但青年黨始終認為抗日不應延宕民主憲政的推行。所以，民國 26 年，左舜生特撰〈今日急切需要的是什麼？〉，提到一部完整的中華民國憲法是中國最迫切需要的。且對制憲的幾個原則提出意見，即：1、「不贊成過度的中央集權」、「賦予省較大活動之餘地」，2、「不贊成總統與行政院的權限牽扯合混，寧多付予總統以較大活用之餘裕」，3、「不贊成立法院隨時可

8　曾琦，〈從速建立國防政府取消一黨專政出兵收復失地實行抗日救國議〉，見陳正茂等編，《曾琦先生文集》（上）（台北：中央研究院近代史研究所發行，民國 82 年 11 月初版），頁 195-197。

9　曾琦，〈一致對外與一黨專政〉，見陳正茂等編：《曾琦先生文集》（上），同上註，頁 194。

制定一種法律，將憲法給予人民的自由任意加以蹂躪」，4、「對於憲法的修改程序，不贊成過度剛性的限制。」[10]

此文相當重要，它不僅是左舜生個人的意見，其中的制憲主張，更是代表青年黨對未來制憲的一些基本原則。

（三）結束訓政實施憲政

民國 26 年 7 月 16 日，政府召開「廬山談話會」，邀請在野各黨派代表出席，共商國是。青年黨代表曾琦、左舜生、李璜應邀出席。[11]席間，有關憲政議題重被提出：即國民大會召集後是否立即實行憲政？抑或另定過渡辦法之問題時。[12]曾琦代表青年黨，堅決主張希望政府立即結束訓政，從速實施憲政的要求。

曾琦說，國難當前，敵人每每詆毀中國還沒有具備「近代國家」的條件，而近代國家的形體，最起碼的條件要有一部憲法，但民國成立二十六年了，中國尚無一部憲法，此實為莫大之國恥。故實行憲法，實為刻不容緩之事。假如以訓政尚未完成，殊未便越級而實行憲政，曾琦相當不以為然。

此外，曾琦對催生憲法，提出他重要的見解：他很務實的以為只要能擁有一部憲法，使中國成為一個民主憲政的近代國家，

---

[10] 左舜生，〈今日急切需要的是什麼？〉《國論月刊》第 2 卷第 6 期（民國 26 年 2 月 15 日），頁 1-3。

[11] 陳正茂編著，《曾琦先生年譜》（台北：國史館印行，民國 85 年 6 月初版），頁 135。

[12] 此憲政議題為國民黨原預定 24 年 3 月召開國民大會，議定憲法及憲法頒布日期，並飭立法院從速起草憲法草案，此事後因戰事日亟而延宕下來，此次「廬山談話會」又重被提及。沈雲龍，〈我國憲政體制的回顧〉，見其著，《民國史事與人物論叢續集》（台北：傳記文學出版社印行，民國 77 年 10 月初版），頁 259。

是否拘泥於「三民主義共和國」的名詞與形式之爭，其實並不那麼重要。

　　以上即是抗戰初期，民主憲政運動尚未風起雲湧之際，青年黨領袖對實施憲政的基本看法，某種程度，也代表青年黨對憲政議題的立場與態度。

三、青年黨與國民參政會及其重要提案

（一）捐棄前嫌國青合作

　　民國 27 年 3 月，國民黨召開臨時全國代表大會，制定「抗戰建國綱領」，全國一致抗日。4 月 21 日，青年黨以左舜生為代表，致書國民黨總裁蔣介石，表示「同人等睹目前之艱鉅，念來日之大難，僅有與國民黨共患難之念，外此都非所計及；僅知國家不能不團結以求共保，外此亦無所企圖。」[13]

　　函中特別強調「建國必以憲政為指歸，此次國民黨臨時代表大會在此非常時期不忘國民參政機關之建立，國民言論出版集會結社自由之保障，亦即異日憲政實施之端緒，與同人等夙昔主張之國家主義民主政治，適相符合。」[14]

　　國、青的交換函件，在青年黨史及民國政黨關係史上，均有其特殊意義。這象徵中國政治，將由一黨訓政而走上各黨合作建國的憲政。[15]

---

[13]　〈中國青年黨代表左舜生致蔣汪函〉《國論週刊》11 期（民國 27 年 4 月 30 日），頁 2。

[14]　同上註。

[15]　張葆恩，〈書生政治家左舜生先生〉（2）《現代國家月刊》第 282 期（民國 77 年 7 月 1 日），頁 40。

　　當然，除了肯定政黨合作的必要性外，青年黨亦不忘在抗戰建國中，推行民主憲政的重要。故在抗戰一周年之際，該黨發表了〈為抗戰周年紀念宣言〉，明確闡述中國雖在艱苦抗戰中，但仍須在抗戰中實現政治民主的重要性及必要性。

　　該宣言義正詞嚴的指出，政府應該建築在更廣大、更熱誠、更自動的民眾基礎之上。換言之，青年黨認為，「中國政治有進一步擴大民主化運動之必要」。

（二）青年黨與國民參政會

　　嚴格來講，青年黨與國民參政會的淵源甚早。國民參政會的組成構想，早在民國 24 年秋，蔣約見左舜生，當論及團結黨外知識份子時，蔣認為應設一交換意見之機關，並擬用「國民參政會」作為名稱，左不表反對，蔣更邀請左幫忙草擬與會人員名單。[16]

　　另曾琦在參加國防參議會時，亦多次建議增加與會人士名額以達至網羅「有力人物」，政府卒採所議，在將國防參議會改為國民參政會後，將與會名額從原本只想擴充的七十五名，一次增至兩百名。[17]

　　青年黨對「國民參政會」之所以如此熱心催生，基本上，誠如左舜生所言，是想藉這個組織，逐漸把國家引上民主憲政的常軌。[18]而政府接受在野黨的建議，曾琦也給予高度肯定，表示「將

---

[16] 左舜生，《近卅年見聞雜記》（台北：中國青年黨黨史委員會印行，民國73 年 7 月出版），頁 50。

[17] 柳下編，《十八年來之中國青年黨》（成都：國魂書店印行，民國 30 年12 月出版），頁 66。

[18] 〈參政員意見之一斑〉，《國民參政會論壇》創刊號（漢口：國民參政論壇社，民國 27 年 7 月 6 日），頁 22-23。

國防參議會擴大為國民參政會，顯現了民主的曙光，這是由一黨專政進到各黨並存合作的表現，是很重要的。」[19]

國民參政會有「戰時國會」之稱，它可以說是抗戰期間政黨合作的產物，雖未完全具備國會功能，但頗有一定的民主性、自由性。[20]其召開對實現中國的民主政治是有著重大貢獻，在它創立不易的過程中，青年黨也灌注一份心血在裡頭。

（三）青年黨在國民參政會上的重要提案

民國27年7月6日，國民參政會在漢口舉行首次大會，曾琦、李璜、左舜生、余家菊、常燕生、陳啟天等六人，代表青年黨參加。[21]

在國民參政會第一屆第一次會議上，即由曾琦代表青年黨，提出〈剋期設立省縣市參政會案〉。[22]

---

[19] 〈曾琦在參政會上之談話〉，陳正茂等編，《曾琦先生文集》（上），同註8，頁457。

[20] 徐乃力，〈中國的「戰時國會」：國民參政會〉，載薛光前編著，《八年對日抗戰中之國民政府》（台北：商務版，民國67年11月3版），頁311-336。

[21] 余家菊，《余家菊（景陶）先生回憶錄》（台北：慧炬出版社出版，民國83年元月初版），頁21。

[22] 該提案內容強調：「各級地方民意機關之設立，已為全國輿論之共同要求。」基於此，剋期成立省縣市參政會，讓人民於省縣市政治有發言權，實屬必要。為此，曾琦尚擬出六條具體可行之辦法：（一）各省縣市分別設立省縣市參政會。（二）省縣市參政會會員，應兼採地域代表制與職業代表制，地域代表佔全額三分之二，職業代表佔全額三分之一。（三）省縣市參政會會員任期三年，每年用抽籤法改選三分之一。（四）省縣市參政會會員，須為各該省縣市公民，並非現任官吏，而又於政治上、學術上或社會上卓著成績者始得充任。（五）省縣市參政會，於各該省縣市之地方事項，對各該省縣市政府有建議質問之權，各該省縣市政府發布單行法規，或增加人民負擔時，須事先徵求參政會之同意。（六）各省縣市參政會，除作戰地帶外，限於二十七年底一律成立。見曾琦，〈剋期設立省縣市參政會案〉，《國民參政會史料》（台北：國民參政會在台歷屆參政員聯誼會發行，民國51年12月出版），頁30。

　　曾琦提此案之動機，其主旨乃希望政府雖於國難當前，但仍不應因此而忘記民主憲政的重要性，故提此案，期能建立地方自治之民意機構，以確立民主憲政之基礎。[23]此案因立論正確，規模宏遠，具體可行，故獲最大多數通過於首次大會，而省縣市參政會，遂因之次第成立，地方民意機構之初基，由是奠定。[24]

　　另陳啟天也說，「他（按：指曾琦）在參政會任內，曾建議設立省縣參政會，以立戰時地方民意機構之基礎，並致力民主憲政運動，以求全國逐漸實施民主憲政制度。」[25]經由曾琦之提案與推動，政府亦能體察民意，於是年 9 月 26 日，迅速公布「臨時參議會組織條例」以為回應。[26]

　　平心言之，抗戰期中和抗戰勝利後各省市縣的民意機關之所以能先後成立，實得力於該兩提案的通過和實施，在中國政黨政治史上，這是一極關重要的民主憲政運動。[27]

---

[23]　《中國青年黨黨史資料》第 1 輯（台北：民主潮社印行，民國 44 年 3 月初版），頁 3。

[24]　沈雲龍，〈曾琦先生傳〉，載《中國青年黨建黨五十週年紀念特刊》（台北：中國青年黨中央黨部編印，民國 62 年 12 月出版），頁 77。而剋期成立縣參議會案：是民國 28 年 2 月，曾琦在國民參政會第一屆第三次大會，再提出「剋期成立縣參議會案」，其重點是，曾琦認為地方自治之基礎在於最基層的縣，讓各縣均能有「縣參議會」，代表縣民監督政府，反映民意，此與中山先生主張地方自治為民主政治之基石的思想不謀而合。且縣參議會具有發揮民情，動員民眾的重大作用。故曾琦急迫的希望政府能於半年內逐次完成，其對最基層民意機關的重視；與對基層議會政治的殷殷期盼之心，由此可見一斑，難怪被譽為「民主議會之產婆」，實中肯之褒也。：見〈曾琦〉，載《中國青年黨殉國死難及已故同志略傳》（台北：中國青年黨中央執行委員會宣傳組編印，民國 61 年 10 月出版），頁 44。

[25]　陳啟天，〈曾慕韓先生的素養與志業〉，載《曾慕韓先生逝世二十週年紀念集》（台北：中國青年黨中央執行委員會印行，民國 60 年 5 月出版），頁 15。

[26]　《中國近代大事年表》（台北：近代中國出版社印行，民國 71 年 6 月再版），頁 113。

[27]　朱文伯，〈悼念民主鬥士左舜生先生〉，載《左舜生先生紀念集》（台北：中國青年黨中央執行委員會編印，民國 60 年 7 月出版），頁 164。

四、青年黨實際參加民主憲政運動之過程

抗戰之初，國民政府對在野黨的提案及種種民主憲政的訴求，即便未能接受，也大體還能持包容體諒的態度視之。

但此情況到了民國 28 年開始有變。是年 1 月，國民黨中央召開五屆五中全會，在會上異乎尋常的通過了「限制異黨活動辦法」。[28]所謂「異黨」，除了共產黨外，也包括了異己的政治力量和其他小黨派，這當中青年黨自然也在其中。

（一）擁護政府實施憲政及國青關係在惡化中

對國民黨的「限制異黨活動辦法」，青年黨再次提出抨擊。不僅在口頭上警告，青年黨更以實際行動為之。

民國 28 年 11 月 23 日，曾琦、李璜、左舜生與余家菊即參加了在重慶成立的「統一建國同志會」。[29]此會亦為以後中國民主政團同盟之前身。[30]

民國 29 年，抗戰已二年餘，但「抗戰建國綱領」中規定的行憲之舉，政府卻藉口諸多因素而延宕。時「國民參政會」已通過「召集國民大會制定憲法實施憲政案」。[31]國民黨六中全會也決定於年底召集國民大會。但，當時國民黨黨方的言論機關表示，提倡憲政

28　俞雲波、吳雲鄉、趙壽龍，《中國民主黨派史述略》（上海：人民出版社出版，1989 年 3 月 1 版），頁 55。

29　此會是國民參政會中的各小黨派和無黨派人士參政員為自身的生存與拓寬民主憲政運動所成立的一個組織。見江東林，《梁漱溟問答錄》（香港：三聯書店出版，1988 年 9 月 1 版），頁 72。

30　空了，〈民盟前身──統一建國同志會〉，《光明報》（香港）新 3 號（民國 35 年 10 月 8 日）。

31　〈召集國民大會制定憲法實施憲政案〉，《國民參政會史料》，同註 22，頁 139。

意在反對政府，奪取政權。為此，曾琦特撰〈論實行憲政之時期與
國民大會之性質〉一文，以解答懷疑者。尤其對當時甚囂塵上的種
種「不足說」提出駁斥。[32]

其次，對某些國民黨員所提出的「訓政工作未完說」，曾琦更
不客氣的指出，國民黨南京政府於民國 17 年建立以後，民國 18
年即在國民黨中央全會上，議決規定訓政時期為六年。按照預定期
限，民國 24 年即應結束訓政，開始憲政，此乃國民黨最高權力機
關自定之期限。至今已逾十年，就其自定之期限亦已超過四年。換
言之，曾琦對國民黨以「訓政工作未完說」而遲遲不肯行憲，是相
當不滿的。

至於「軍事時期不宜說」，曾琦亦提出批評，應早日結束才對[33]。

此外，30 年 2 月，曾琦曾在昆明，應新聞記者邀，對民主憲
政議題發表看法，其仍盼政府拿出誠意，盡速實行，不可敷衍推託，
喪失民心。[34]

同年 11 月 17 日，「國民參政會」第二屆第二次大會，於重慶
召開，曾琦滯港並未參加。

曾琦之所滯港未參加，除健康因素外，其對政府於抗戰中，未
積極有心推動民主憲政，是深致不滿與失望的。[35]

而失望後的反彈，即是聯合其他在野黨，組成一個更大的政團
同盟，繼續推動民主憲政運動與國民黨抗衡外，並和共產黨取得某

---

[32] 曾琦以日本明治維新為例，說明人民程度的標準很難確定，不惟人民有待
訓練，即政府亦有待於民意機關之訓練與監督。所以謂人民程度不足為延
緩實行憲政的理由是根本不能成立的。曾琦：〈論實行憲政之時期與國民
大會之性質〉，載曾琦，《曾琦戰時言論集》（成都：國魂書店發行，民
國 29 年 4 月出版），頁 32-43。

[33] 同上註。

[34] 曾琦，〈答記者之談話〉，見陳正茂等編，《曾琦先生文集》（上），同
註 8，頁 472-477。

[35] 曾琦，〈致王世杰書〉，見陳正茂等編，《曾琦先生文集》（中）（台北：
中央研究院近代史研究所發行，民國 82 年 11 月初版），頁 740。

種程度的奧援與默契。總之，國、青關係因民主憲政觀點的歧異，正在微妙改變惡化中。

（二）青年黨在參政會上的民主憲政提案

民國 28 年 9 月，二次世界大戰爆發，中國抗日軍事形勢及整個國際局勢均發生巨大的變化。

就中國言：國內掀起了一場爭取民主憲政的運動。由於國民黨要角之一的汪精衛於該年春出走，國府為增強對內的政治控制，曾引發各參政員的反響；此外，武漢失守後，為團結內外，也須有新的政治表態。[36]於是，當年 9 月，有「國民參政會第一屆第四次大會」的召開。青年黨的左舜生與在野黨派領袖張君勱、章伯鈞等提議「請政府明令定期召集國民大會，制定憲法，實行憲政」一案，得到大會一致贊成。[37]

接著青年黨又提出六個憲政問題的提案，由此掀起了抗戰時期大後方的第一次民主憲政運動。左氏等人提案經大會通過後，助長了民主憲政運動的氣勢，大後方各地的民主憲政運動亦如火如荼的展開中。

為此，政府不得不作出回應，國民黨在 28 年 11 月召開的五屆六中全會上，終於通過了「定期召集國民大會並限期辦竣選舉案」，宣布在民國 29 年 6 月底前結束國民大會代表的選舉，11 月 12 日召開國民大會。

---

[36] 左舜生等，〈請結束黨治立施憲政以安定人心發揚民力而利抗戰案〉，載重慶市政協文史資料研究委員會、中共重慶市委黨校編，《國民參政會紀實》上卷（重慶：重慶出版社，1985 年 4 月 1 版），頁 584-585。

[37] 左舜生等，〈請政府明令定期召集國民大會制定憲法實行憲政案〉，載《國民參政會史料》，同註 22，頁 139。

國民黨六中全會的從善如流，更激發了左氏與張君勱決心採取下一步行動。未幾，他們又領銜提出「請結束黨治立施憲政以安定人心發揚民力而利抗戰案」。要求：

1、由政府授權國民參政會本屆大會，推選參政員若干人起草憲法；

2、在國民大會未召集以前，行政院暫對國民參政會負責；

3、於最短期內，頒布憲法，結束黨治。全國各黨各派，一律公開活動，平流共進，永杜糾紛，共維國命。[38]

這提案明確地提出「結束黨治」，即結束國民黨一黨專政的「黨治」問題；更尖銳的提出應立即著手改革國民黨現行的訓政制度的不合理性，進而要求在「國民大會未召集以前，行政院暫時對國民參政會負責」的訴求。

其後，青年黨與國社黨及第三黨又聯合提出兩項實施憲政的具體辦法，即第一、立即結束黨治，實行憲政，以求全國政治上之徹底開放；第二、立即成立舉國一致之戰時行政院，以求全國行政上之全盤改革。[39]

最後，左舜生又補上一個提案「改革政治以應非常局面案」。有了這些提案，國民參政會終於決議兩點：

1、請政府明令定期召集國民大會，制定憲法，實行憲政。

2、由議長指定參政員若干人，組織國民參政會憲政期成會，協助政府，促成憲政。[40]

基本上，青年黨這波接二連三的提案，可謂在抗戰期間，將民主憲政運動推到了一個高峰。

---

[38] 重慶市政協文史資料研究委員會等編，《國民參政會紀實》上卷，同註36，頁584-585。

[39] 重慶市政協文史資料研究委員會等編，《國民參政會紀實》上卷，同上註，頁586-588。

[40] 李璜，《學鈍室回憶錄》下卷（香港：明報月刊社出版，1982年元月初版），頁570。

（三）青年黨積極參與民主憲政運動

　　如前所述，自「國民參政會第一屆第四次會議」後，在大後方興起了一波波呼應民主憲政運動的浪潮。重慶、成都、桂林等地，紛紛組織了各種形式的「憲政座談會」、「憲政促進會」等活動，這些活動青年黨皆積極參加。

　　民國 28 年 10 月至民國 29 年 3 月間，青年黨代表李璜與左舜生和張瀾、章伯鈞、沈鈞儒、張君勱等十三位在野黨派領導人和無黨派人士一起，在重慶發起組織並多次舉行憲政座談會，邀請中共參政員吳玉章、董必武和社會各界關心憲政的人士參加，討論如何發動群眾促進憲政等問題。

　　10 月 1 日，左舜生與李璜、沈鈞儒、褚輔成、張瀾、章伯鈞、張君勱、王造時、張申府、江恆源等十三人共同發起，在重慶市銀行公會，邀請各界著名人士舉行「憲政問題座談會」，引起社會各界廣大的回響與支持。[41]

　　青年黨當時對推動民主憲政運動之熱衷，連曾經擔任全國各界救國聯合會領導人之一的章乃器都說：「一九三九年五月，我從安徽回到重慶，當時重慶的民主運動，左舜生之流的聲浪比救國會大。」由此可見一斑。[42]

　　10 月 7 日，由左舜生、莫德惠與沈鈞儒所主持的第二次憲政座談會於重慶召開。參加者有張瀾、褚輔成、張申府、章伯鈞、李璜、張君勱、董必武、章乃器、鄒韜奮等八十餘人。[43]

---

[41]　姜平，《中國民主黨派史》（武漢：武漢大學出版社出版，1987 年 8 月 1 版），頁 148。

[42]　周天度編，《救國會》（北京：中國社會科學出版社出版，1981 年 6 月 1 版），頁 449-450。

[43]　陳正茂編著，《左舜生年譜》（台北：國史館印行，民國 87 年 12 月初版），頁 140。

會中左舜生代表青年黨提出重要建議,即希望政府最高國防會議能提前通過參政會的立憲案,並公布實施憲政的時間,……至遲不能遲過九個月,就要開國民大會,完成憲政。[44]

為此,11 月 19 日,左舜生與沈鈞儒、董必武、孔庚、黃炎培、章伯鈞、史良等八十五人組成「憲政促進會籌備委員會」。就此而論,青年黨與其他在野黨派推動民主憲政運動的做法,可說已邁入了具體組織的雛型。

(四)抗戰後期的民主憲政運動

就在政府對在野黨派民主憲政的呼籲遲遲沒有具體的行動與誠意時,29 年初,左舜生撰〈重讀蔣議長關於憲政問題演辭書後〉[45]公開批評國民黨對於推行民主憲政的缺乏決心與誠意。其後,左氏又撰〈我們主張提早實行憲政的理由〉,駁斥反對早日實行憲法的說法,並認為依據國民的要求及國民黨最高的決議以及蔣正式或非正式的表示,力主憲政務必於最短期內實施,殆已無庸置疑。[46]

由於批評無效,加上第一屆在選的黨外人士,或敢言之士,被摒除不少,殊失人望。於是,左舜生在失望之餘,遂與黃炎培、梁漱溟、張君勱等,有共組「中國民主政團同盟」之構想。[47]「中國民主政團同盟」是民國 30 年發起的。[48]

---

[44] 全民抗戰社編,《憲政運動論文選集》(重慶:生活書店發行,民國 29 年 2 月初版),頁 304-306。

[45] 左舜生,〈重讀蔣議長關於憲政問題演辭書後〉,《國論半月刊》復刊第 1 期(民國 29 年 1 月 5 日),頁 1-2。

[46] 左舜生,〈我們主張提早實行憲政的理由〉《國論半月刊》復刊第 2 期(民國 29 年 1 月 20 日),頁 4-7。

[47] 江峽、曾成貴,〈論抗戰時期我黨對中間派的政策〉,《中國現代史月刊》第 4 冊,頁 101。

[48] 左舜生,《近卅年見聞雜記》,同註 16,頁 83。

　　為此，10 月初，蔣還親自約左氏長談，希望能取消組織。但左氏婉拒之。[49]左氏不僅婉拒蔣的請託，是年 11 月 17 日，左氏又起草一重要提案「促進民治加強抗戰力量案」，經參政會二屆二次大會通過。其要點為：1、抗戰終了後，即召開國民大會，制定憲法。2、增強戰時民意機關組織與職權。3、人民合法自由予以保障。[50]

　　換言之，此案之主旨為：「要求國民黨結束訓政，實施憲政，成立抗戰時期正式中央民意機關，保障人民身體、信仰、思想、言論、集會、結社等自由。」[51]

　　33 年 5 月 16 日，《民憲半月刊》創刊，左氏以〈努力與思索〉代發刊詞。強調該刊立論以鼓吹倡導民主憲政為主，及公平客觀的論政立場，頗能代表彼時推動民主憲政運動之第三方面的主要政治訴求。[52]

　　34 年元月，左氏發表〈國民大會召開以前〉，呼籲響應蔣主席於新年元旦所揭示的不必等待戰爭結束，可能提早召開國民大會之文告。左氏並代表青年黨提出四點訴求：

　　1、我們主張這個會必須開得莊嚴神聖，真誠切實，萬不可先存一個因陋就簡的念頭。

　　2、國民大會所代表的應該是全國民意的總和，由這個會所產生的一切重大決議，應使全國大多數的國民，尤其是一部分確有政治見解的國民，覺得稱心滿意，而絕少偏枯之感。

　　3、我們不能不盼望這個會成為全國團結的象徵。

49　李璜，《學鈍室回憶錄》下卷，同註 40，頁 571。
50　左舜生，〈促進民治加強抗戰力量案〉，《國民參政會史料》，同註 22，頁 282。
51　林可璣，〈從「中國民主政團同盟」到「中國民主同盟」的一段回憶〉，《民主潮》第 34 卷第 12 期（民國 73 年 12 月 16 日），頁 77。
52　陳正茂，〈在抗戰中推進民主——記《民憲半月刊》〉，《全民半月刊》第 11 卷第 11 期（民國 80 年 6 月），頁 50

　　4、我們應承認國民大會為行使最高主權的機關，大會本身的
　　　自由，似不應事前加以限制。[53]
此文可說是代表青年黨對召開國民大會的基本立場。

　　另外，在民國 33 年青年黨黨慶之際，該黨嚴正發表了〈中國
青年黨建黨第二十一週年紀念日對時局宣言〉，宣言中要求蔣及國
民黨「提前結束訓政，還政於民，立即明令宣布結束黨治；在正式
憲法未產生以前，或賦予國民參政會以正式民意機關的職權，或由
各黨各派各方面推出代表，組成戰時約法會議，制定並通過戰時約
法，依法成立民主的政府。」[54]易言之，青年黨主張先經協商成立
民主聯合政府，然後再透過選舉，召開國民大會，以實現民主憲政。
然此訴求，並未得到國府的採納。因國府在抗戰已近尾聲時，利用
「國民參政會」，自行通過其召開國民大會的許多辦法。[55]

　　此舉，終於激怒了青年黨，而有「請先實現民主措施從緩召集
國民大會以保團結統一而利抗戰建國案」的提出。該案強調之所以
反對於斯時召集國民大會的原因，是當時抗戰尚未結束，全國人民
有半數以上還在淪陷區，「還政於民之對象既不完整，即還政於民
之目的亦無從實現。」且舊日國大代表的選舉產生，係由國民黨一
黨所包辦，承認舊代表有效，這樣的憲政缺乏民意基礎。不僅如此，
各黨派之合法地位，至今未被承認，人民尚無言論出版之自由。對
這一切不適應憲政之環境，「政府不汲汲以謀改造，乃斤斤於國民
大會之召集，憲法之制頒，寧不近於本末倒置？」

　　故「吾人所要求者，為憲政之實質，絕非憲政之空名；在先有
一適於憲政滋長之民主環境，而不在一紙白紙黑字之憲法」。最後

---

[53]　左舜生，〈國民大會召開以前〉，《民憲半月刊》第 1 卷第 11 期（民國
　　　34 年 1 月 15 日），頁 1-2。
[54]　〈中國青年黨建黨第二十一週年紀念日對時局宣言〉，《國論半月刊》4
　　　卷 4 期（民國 33 年 12 月 2 日），頁 1-3。
[55]　陳正茂編著，《左舜生年譜》，同註 43，頁 172。

青年黨指出「凡有關國家的重大措施，事前必求得各黨派之間的協調，為一切民主國家之常軌」，但國民黨迄今並未與任何黨派協商，故青年黨要求：「必須先實現民主措施，協調全國意見，始可再行定期召集國民大會。否則，不僅於國事無益，且可能造成不必要之糾紛，甚至促成分裂，引起內戰，而影響八年抗戰以來全國軍民艱苦奮鬥所獲得之成果。」[56]

　　此一提案是青年黨在抗戰後期對於關係中國前途和命運的國民大會問題上的公開表態，迎合抗戰末期民主憲政運動的主要政治訴求。

五、結論──青年黨參與民主憲政運動的原因、貢獻及影響

（一）國家主義的民主憲政

　　基本上，青年黨之所以熱衷推動民主憲政運動，是有其深層原因的，此即其所信仰的國家主義思想使然。蓋國家主義是主張全體國民共有其國、共治其國的國家主義，而推動民主憲政運動，即是共有其國、共治其國的具體表現。

（二）對國民參政會之失望與國民黨的壓力所致

　　當然除了國家主義與議會政治等內緣因素外，實際的外在原因恐怕才是促使青年黨在抗戰期間堅決推動民主憲政運動的動機。此外在動機有二：

---

[56] 左舜生等提案，〈請先實現民主措施從緩召集國民大會以保團結統一而利抗戰建國案〉，《國民參政會史料》，同註22，頁477。

一為對國民黨和參政會期待的破滅：國民參政會成立之初，青年黨對政府此舉是給予極高的評價。因此，也表現出對蔣及政府毫無保留的擁護與支持。其中對國民參政會更是寄予厚望，稱讚它是「民主的曙光」、「民主政治的發端」。極力希望以後通過國民參政會可「由一黨專政進到各黨並存合作」，此後中國政治問題的解決，不再「決於槍桿」，而「決於票數」；不再「決於疆場」，而「決於議場」。[57]

二為國民黨對青年黨的戒心與壓力之反彈：民國 27 年 4 月，國、青的交換信函，表面上使青年黨取得國民黨承認的合法地位，雙方關係似乎大為改善，但有鑒於共產黨的威脅，國民黨對在野黨派，仍不十分放心。反之，國民黨刻意貶低在野黨派的政治地位，亦使青年黨深感不是滋味，更怕國民黨將其變成政治附庸或御用工具。[58]

（三）青年黨對民主憲政運動的貢獻與影響

總之，基於對國家主義、議會政治的信仰及強烈的參政意願，使青年黨把推動民主憲政運動作為其抗戰方針的主要內容，並聯合在野各黨，在議場上、文字上對國民黨展開爭取與批評，積極推動了抗戰時期後方的民主憲政運動。

此民主憲政運動，吾人可以民國 29 年為分水嶺。因為在 29 年 4 月以前的第一階段民主憲政運動，青年黨及其他在野黨派，因對政府仍有期待，故多以參政會為議場，提出種種有利於民主憲政運動之提案。

---

[57] 〈曾琦在參政會上之談話〉，見陳正茂等編，《曾琦先生文集》（上），同註 19。

[58] 李璜言：「民國二十七年三月初，蔣託陳布雷詢舜生『要化多黨為一黨的想法』。」見李璜，《學鈍室回憶錄》下卷，同註 40，頁 436。

　　但這之後的第二階段民主憲政運動，因主客觀環境的改變，國民黨對中共及在野黨派的打壓日甚一日，所以整個民主憲政運動的發展，轉進到組織結合的對抗，此即除共產黨外，幾乎所有其他在野黨派的大集結，中國民主政團同盟的成立。

　　而該同盟的成立，青年黨扮演的角色是舉足輕重的，其對中國政黨政治之意義可謂不小，因為它是中間派政治力量發展的一件大事，在中國政治舞台上，從此出現了一個介於國共兩黨之間，影響和力量都超過以往任何中間黨派的新政黨。

　　綜觀整個抗戰期間的民主憲政運動，青年黨與國民黨大部分的時候，是處於對立面的。過去，時人及共產黨常譏諷青年黨為「國民黨的附庸」。[59]我想這話是有待斟酌的，至少在抗戰時期並非如此。

（四）政府對民主憲政運動之回應

　　另一方面，就影響言，青年黨的民主憲政運動，多少也讓彼時執政的國民黨感受到壓力，為紛至沓來的民主憲政訴求及兼顧朝野黨派的合作抗日，政府最終做了些許讓步，首先是准許「憲政期成會」的成立。[60]憲政期成會成立後，旋即召開首次會議，決請國防最高會議公佈國民參政會關於實施憲政決議，並開始組織座談會討論憲政及修改憲草工作。[61]

　　民國 29 年 3 月 20 日，憲政期成會舉行了十天會議，修正了「五五憲草」，並提出一個〈中華民國憲法草案修正案〉。[62]

---

[59]　吳玉章，《吳玉章回憶錄》（北京：中國青年出版社，1978 年 11 月初版），頁 220。

[60]　荊知仁，《中國立憲史》（台北：聯經版，民國 73 年 11 月初版），頁 430。

[61]　平心，《中國民主憲政運動史》（上海：進化書局，1947 年再版），頁 367。

[62]　Shyu, "China's Wartime Parliament: The People's Political Council 1938-1945", P300-301.

　　其次在 32 年 11 月 12 日，「憲政實施協進會」的設立，該會推蔣為會長，青年黨左舜生、陳啟天、李璜等以參政員資格獲邀參加。[63]

　　上述這些舉措，雖然離在野黨的民主憲政要求仍有一段距離，但也不能完全抹殺政府對民主憲政的誠意。尤其在抗戰的艱苦歲月，更是了不起的創舉。[64]

　　誠如馬起華教授言，「在砲火中來推行憲政，該是多麼艱難的工作！」、「在抗戰中從事憲政運動，如果不細讀有關文獻，不能體會其波折困苦於萬一。」[65]

　　誠哉斯言，吾人如果不能以抗戰時期的特殊局勢來客觀評論，我想不管是對政府或青年黨而言都是不公平的。

---

[63] 國民大會秘書處編，《國民大會實錄》（南京：國民大會秘書處編印，民國 35 年 12 月出版），頁 273。

[64] 李璜、陶百川，〈國民參政會與中國現代化〉，載《蔣中正先生與現代中國學術討論集》第 3 冊（台北：蔣中正先生與現代中國學術討論集編輯委員會出版，民國 75 年 12 月出版），頁 368-369。

[65] 馬起華，〈抗戰時期的憲政運動〉，載中華文化復興運動推行委員會主編，《中國近代現代史論集》第 26 編──抗日戰爭（下）（台北：商務版，民國 75 年 7 月初版），頁 899。

青年黨與政治協商會議

一、前言

　　民國 34 年 8 月 14 日，日本宣布無條件投降，八年浴血抗戰，終告勝利。中國擺脫了日本帝國主義的侵略，一躍而為亞洲的強國，且躋身世界「四強」之林。然不幸的是，正當全民企盼和平的曙光到來，欲努力重整建設破碎山河之際。國、共兩黨卻為奪取政權而兵戎相見，進而擴大為全面性內戰，生靈塗炭，莫此為甚。最後結果，共勝國敗，江山易手，國、共四年之內戰，實民國史上最大之「變局」。

　　基本上，從民國 34 年到 38 年這四年間，國、共內戰雖然愈演愈烈，但因人民渴望和平，民心望治；且國際強權，尤以美國亦希冀在遠東有一個和平穩定的中國，對其在亞洲的利益至為重要；另一方面國民政府為兌現對人民之承諾，還政於民，實行憲政，所以在國、共全面內戰開打前，曾有一段和平的短暫時光，此乃因主客觀條件使然，使國、共兩黨確實也有一度想化干戈為玉帛的想法與誠意。

　　這種想法與誠意，具體的行動表現，即為民國 35 年 1 月，由朝野黨派，齊聚一堂，共商國是的「政治協商會議」之召開（以下簡稱「政協」）。[1]經過二十多天（35 年 1 月 10 日至 31 日）的協商，

---

[1] 中華民國史事紀要編輯委員會編，《中華民國史事紀要（初稿）——民國 35 年 1-3 月份》（台北：國史館印行，民國 78 年 5 月出版），頁 87-363。

終於達成五點所謂的「政協協議」。即（1）擴大政府組織，（2）和平建國綱領，（3）軍事問題，（4）國民大會，（5）憲法草案。[2]

值此之際，一向以國、共之外第三大黨自居的青年黨[3]。在戰後中國這關鍵性的「政協」會議中，到底扮演何種角色？則頗值得一探。故本文主軸，即放在探討當年青年黨積極參與「政協」的一段經緯始末。內容集中於幾個重點，即「政協」前夕，國、共重慶會談及青年黨參加「政協」之名額爭議。當然，全文重心為詳論青年黨對「政協」各議題之基本主張與立場，由這些主張可清楚看出青年黨對戰後中國建構的政治藍圖。

二、「政協」前夕：重慶會談經緯

基本上，「政協」召開之依據，為民國 34 年毛澤東應蔣之邀，親赴重慶與蔣會談，簽署「雙十協定」的結果。當年促成國共重慶談判，實有其國內、外主客觀情勢所造成。其一，戰後面臨軍隊整編、統一受降與接收等問題，在在須要國、共雙方協商。其二，國內和平聲浪高漲，人心厭戰，渴望和平，包括青年黨在內的在野黨派，也紛紛主張和平。其三，來自國際的壓力，美、蘇兩強均希望建立民主統一的中國，國、共合作成立聯合政府，不願見分裂衝突的國、共內戰爆發。[4]

在此情勢下，尤以美國派特使赫爾利（Patrick J Hurley）來華積極斡旋，蔣不得已乃於民國 34 年 8 月 14 日、20 日、23 日，三

---

2 《中央日報》（重慶版）（民國 35 年 2 月 1 日）。
3 張九如，《和談覆轍在中國》（台北：聯經總經銷，民國 70 年 2 月再版），頁 98。
4 林桶法，《戰後中國的變局——以國民黨為中心的探討》（台北：商務版，2003 年 11 月初版），頁 74-75。

次電邀毛澤東來渝會談，在美國保證毛的安全狀況下，8 月 27 日，赫爾利與國府代表張治中飛延安，次日，陪同毛與周恩來、王若飛等人飛抵重慶。[5] 9 月 4 日，開始正式會談，參加者：國府代表有張群、張治中、葉楚傖、邵力子、張厲生；中共則為周恩來與王若飛。雙方前後舉行十餘次會談，最後於 10 月 10 日做成總結，達成關於建國基本方針等十二項協議，並簽署紀要，名為《雙十會談紀要》，或簡稱《雙十協定》。[6]

在會談中，有幾次談話紀錄頗具關鍵性，如第三次談話紀錄，張群即談到：「青年黨已有二十一年之歷史，黨員人數較多，居於第三個較大的政黨之地位，如要他加入所謂『第三方面』共同推選代表，恐他們不願意，在政治會議中，青年黨恐將爭取一個單位。」[7] 看來，青年黨從「民盟」分裂出去，其實早在重慶會談之際已有跡可尋。

另在會談中，國民黨代表張治中建議，此次會議可稱為政治協商會議，不必稱為黨派會議。而中共代表周恩來則主張，政治會議可由四方面人員組成之：（一）國民黨；（二）共產黨；（三）其他黨派（包括青年黨，民主同盟等）；（四）無黨派人士。建議四方面

5　邵力子，〈政府與中共代表商談經過〉，《中央日報》（重慶版）（民國 35 年 1 月 13 日）；又見子岡，〈毛澤東先生到重慶〉，《大公報》（重慶版）（民國 34 年 8 月 29 日）第 2 版。

6　毛澤東，〈關於重慶談判〉，《毛澤東選集》第 4 卷（北京：人民出版社出版，1990 年 5 月第 1 次印刷），頁 1102-1111。又見周恩來，〈國共會談經過報告〉，歷史文獻社編，《政協文獻》（民國 35 年 7 月初版），頁 30。

7　見〈第三次談話紀錄〉（民國 34 年 9 月 10 日），中國國民黨中央委員會黨史委員會編印，《中華民國重要史料初編——對日抗戰時期》，第 7 編，《戰後中國（2）》（台北：中國國民黨中央委員會黨史委員會，民國 70 年 9 月出版），頁 62。又見吳國樑，〈國共以外的選擇：中國青年黨之研究（1923~1949）〉（香港：香港中文大學研究院歷史學部哲學碩士論文，1998 年 5 月），頁 2。

各推選代表九人，另請蔣主席參加，共計三十七人組織之。如嫌人數太多，可否就國、共兩方面之代表名額中減少數人？[8]

　　總之，在國、共重慶會談中，有關政治會議的問題。中共主張由蔣約集其他黨派及無黨派者若干人與政府及中共代表開一會議，以極短時間通過政府與中共所商談之結果。國府方面先由蔣提出的意見，將國防最高委員會改為政治會議，容許各黨派參加。中共認為政治會議是政府以外的協商組織，以求得協商的一致為目的。參加政治會議的人數，中共主張中國國民黨、中國共產黨、其他黨派及無黨派人士，各派代表九人，加上蔣總共三十七人。[9]

　　經過緊鑼密鼓的談判後，國、共雙方達成若干重大協議，其中在關於政治民主化問題上，一致認為應迅速結束訓政，實施憲政，並應採必要步驟，由國民政府召開政治協商會議，邀集各黨派代表及社會賢達協商國是，討論和平建國方案及召開國民大會等各項重大議題。[10]

　　而國民政府也以為在憲政實施前，有必要邀集各黨派代表及社會賢達共商國是，故「政協」的召開，難得成為國、共之間一致的共識。

　　其實除了迅速召開「政協」這一點，是國、共之間沒有爭議的以外，重慶會談的諸多重大議題，國、共雙方歧見甚深。《戰國策》作家群之一的何永佶即評論道：「關於國共談判，雙方都說：百分之七十的問題都解決了，只剩下百分之三十沒有答案。我想這個比

8　同上註，頁 62-64。另蔣勻田也說，「參加政治協商會議的代表及其名額，是由國共雙方確定的，亦即由中國國民黨、中國共產黨、中國民主同盟和社會賢達四方面參加，每方出席九名」見〈民盟代表名額之爭〉，蔣勻田，《中國近代史之轉捩點》（香港：友聯出版社，1976 年 11 月初版），頁 6。
9　見〈第五次談話紀錄〉（民國 34 年 9 月 12 日），同註 7，頁 74。
10　同註 7，頁 98。

例應該倒過來，只有百分之三十的問題（還是本來就不大爭點的問題）得到解決，百分之七十還沒有答案。」[11]

　　何永佶諷刺的說：比如「談判裏，原則的一部份如『和平建國』、『政治民主化』、『人民自由』、『黨派合法』、『釋放政治犯』、『懲處奸偽』、『取消特務』、『推行地方自治』等等，雙方都一致承認，惟談到實際具體問題，如（一）軍隊國家化，（二）參加受降，（三）國民大會，（四）解放區地方政府應否取消，則不曰『提交政治協商會議解決』而曰『如接受中央命令之後，自可考慮』，這兩句話表現著危機只是延期並未消滅。」[12]

　　何氏具體點出國、共彼此的盤算，爾虞我詐，各懷所圖，觀察入微，可謂洞若觀火矣！

三、青年黨參加「政協」代表名額之爭

　　誠如重慶會談時張群所言，青年黨一向以「第三大黨」自居，故在參加「政協」的人數上，相當堅持要有一定名額的比例。[13]為此名額之爭，國、共雙方及「民盟」又經過一番折衝角力。

　　本來在民國 34 年 10 月 20 日，國、共重開談判時，談到代表的名額，是除了蔣介石以外，由國、共、各黨派及無黨派等平均分配，總共三十六名，後來國民黨提議減少一人，中共提出減少兩人，讓予「民盟」，但青年黨認為自己是「第三大黨」，不同意作為「民盟」成員參與，要成為單獨的單位，且人數要與「民盟」相同。關

---

[11]　何永佶：〈國共談判證明我國需要一個議會——雙十會談紀要之按語〉，《世界日報》（重慶版）（民國 34 年 10 月 22 日）。

[12]　何永佶，《中國在戰盤上》（出版地不詳，民國 37 年 2 月），頁 49。

[13]　何鴻鈞，《重慶談判紀實》（重慶：重慶出版社，1983 年 11 月出版），頁 222。

於此點，青年黨內部早已未雨綢繆，先於是年 9 月黨的中常會早已做成決議，通過該黨「對政治會議態度案」，決定「最近如開政治會議而本黨可以贊同時，必須爭取出席人數，國民黨或共產黨每一方面的三分之一。」[14]對青年黨的獅子大開口，中共當然堅不同意。[15]

　　由於中共與青年黨各有堅持，僵持不下，為避免破局，節外生枝。是年 12 月中旬，國民黨代表吳鐵城、張群乃邀「民盟」一部分常委餐敘，主要討論「政協」籌備及名額分配問題。

　　此次聚會參加者有羅隆基、沈鈞儒、李璜、章伯鈞及左舜生等人。其中在討論到關於「民盟」九個代表名額在盟內各黨派如何分配的問題時。左舜生首先發言說：「青年黨在中國是國民黨和共產黨以外最大而且最有歷史的大政黨。它在民盟三黨三派中當然是最大的一個黨派。民盟九個代表的名額，青年黨要占五席。」[16]

　　左氏此言馬上引起羅隆基的反駁與批評。但左氏不為所動，仍堅持：「青年黨一定要五席，決不能少，這不是要價還價的問題。假使民盟不同意這種分配辦法，青年黨就要以獨立的單位參加政協。」[17]

　　準此而言，青年黨此舉，大有與「民盟」分道揚鑣的態勢。而國民黨為進一步拉攏青年黨，於是月下旬，更與青年黨舉行合作談判，國民黨的代表是張群、吳鐵城、陳立夫；青年黨的代表為左舜

---

[14]　《青年黨在渝第三次中常會會議紀錄》（原件）（民國 34 年 9 月 11 日）。
[15]　羅隆基，〈參加舊政協的一些回憶〉，孟廣涵主編，《政治協商會議紀實》（上卷），（重慶：重慶出版社，1989 年 10 月 1 版），頁 704-708。
[16]　陳正茂編著，《左舜生年譜》（台北：國史館印行，民國 87 年 12 月初版），頁 178。
[17]　羅隆基，〈從參加舊政協到參加南京和談的一些回憶〉，《文史資料選輯》第 20 輯，頁 210-211。

生、余家菊及楊叔明，最後簽定兩黨合作協議，以建立自由民主統一的中國。[18]

　　對參加「政協」，青年黨原先希望擁有九個名額，後幾經協商，青年黨同意減少為五人，而另在總數上加上兩名，使「民盟」代表達到九人，總數變成三十八人。[19]

　　此折衷方案經各方面同意後，民國 34 年 11 月 26 日，國民黨中常會和國防最高委員會聯席會乃通過召開「政協」會議辦法。[20]

　　35 年 1 月 6 日，「政協」會議成立秘書處，由國民黨雷震任秘書長。各黨各派派一人參加祕書處任秘書，共產黨為齊燕銘，「民盟」蔣勻田，青年黨派出蕭智僧。[21]

　　「政協」會議秘書處成立當天，國民政府也發表了七條「召開政治協商會議辦法」和全體會員名單。會員名單共計三十八人，是事先由政府代表、中共代表與各方面磋商決定，經蔣主席核定後聘請，再由該會議秘書處通知各會員。[22]

　　這三十八人分別為：孫科（立法院長）、吳鐵城（中央黨部秘書長）、陳布雷（國防最高委員會副秘書長）、陳立夫（黨組織部長）、張厲生（內政部長）、王世杰（外交部長）、邵力子（國民參政會秘書長）、張群（四川省主席）、周恩來（中央委員會副主席）、董必武（國民參政會代表）、王若飛（中央委員駐渝代表）、葉劍英（八路軍參謀長）、吳玉章（國民參政會代表）、陸定一（共產黨宣傳部

18　余家菊，《余家菊（景陶）先生回憶錄》（台北：慧炬出版社，民國 83 年元月初版），頁 26。

19　中共中央文獻研究室編，《周恩來年譜（1898~1949）》（北京：新華書店發行，1989 年 3 月 1 版），頁 621。

20　同註 4，頁 89。

21　見《商務日報》（重慶版）（民國 35 年 1 月 8 日）。

22　〈國民政府公佈召開政治協商會議辦法〉（民國 35 年 1 月 6 日），中國國民黨中央委員會黨史委員會編印，《中華民國重要史料初編──對日抗戰時期》，第 7 編，《戰後中國（2）》，同註 7，頁 111-123。

長）、鄧穎超（婦女部長）、曾琦（青年黨主席）、陳啟天（國民參
政會代表）、楊永浚（華南方面負責人）、余家菊（大學教授、參政
員）、常乃德（大學教授、參政會員）、張瀾（「民盟」主席、參
政會員）、羅隆基（「民盟」宣傳部長、大學教授）、張君勱（國家
社會黨、參政會員）、張東蓀（中國國家社會黨）、沈鈞儒（救國會
代表）、張申府（救國會）、黃炎培（民主建國會、中華職業教育社）、
梁漱溟（鄉村建設派代表）、章伯鈞（第三黨委員長）、莫德惠（參
政會員）、邵從恩（參政會員）、王雲五（參政會員、商務印書館）、
傅斯年（參政會員、大學教授）、胡霖（參政會員、大公報）、郭沫
若（作家代表）、錢永銘（參政會員、交通銀行董事長）、繆嘉銘（西
南資本家）、李燭塵（華北工業資本家）。[23]

此三十八位「政協」會議會員之分配情形，共隸屬五方面：國
民黨第一方面為孫科等八人，共產黨第二方面為周恩來等七人，第
三方面「民盟」張瀾等九人，第四方面青年黨曾琦等五人，第五方
面則為莫德惠等社會賢達九人。[24]

其中第一至第四方面之會員由各該黨派自行推定，第五方面會
員則由上述四方面共同推定，然後統一由國民政府蔣主席聘任。[25]

---

[23] 見《中央日報》（重慶版）（民國 35 年 1 月 7 日）。關於「政協」代表
的詳細背景尚可參考，《政治協商會議代表群像》（上海：上海圖書供應
社，1946 年）。

[24] 此三十八人分屬黨派為曾琦、陳啟天、楊叔明、余家菊、常燕生。——青
年黨五人；孫科、吳鐵城、陳布雷、陳立夫、張厲生、王世杰、邵力子、
張群。——國民黨八人；周恩來、董必武、王若飛、葉劍英、吳玉章、陸
定一、鄧穎超。——共產黨七人；張瀾、羅隆基。——民盟兩人；張君勱、
張東蓀。——國社黨兩人；沈鈞儒、張申府。——救國會兩人；黃炎培。——
職教社一人；梁漱溟。——鄉建派一人；章伯鈞。——第三黨一人；莫德惠、
邵從恩、王雲五、傅斯年、胡霖、郭沫若、錢永銘、繆嘉銘、李燭塵。——無
黨派九人。）見嚶鳴、慈正合編，《政治協商會議始末記》（廣州：中心
出版社，1946 年 2 月出版），頁 149-152。

[25] 王雲五，〈政治協商會議追記〉，《岫廬論國是》（台北：商務版，民國
54 年 11 月台初版），頁 173。

從這紙名單可簡單的分析，國、共以外代表的立場亦不盡相同，青年黨及三分之二的無黨無派代表大致站在國民黨方面，民主同盟及三分之一無黨無派的代表則與中共一致，因此「政協」會中的討論，基本上，仍以國、共的觀點為討論的基調。[26]

　　且上述五方面，第五方面名為社會賢達，實即無黨無派的代表，第一至第四等方面則為當時中國政黨概況的縮影。時各黨派，被國民政府正式承認其合法的尚少；實際上除國、共兩黨外，各黨也不過僅具雛形而已。但是被選參加協商會議的各黨派，最大的收穫為事實上已獲得政府的承認了。[27]

四、左、李二氏未參加「政協」之因

　　國民政府公布參加「政協」的三十八位名單後，最引起外界議論揣測的是青年黨的第二、第三號領袖左舜生與李璜不在名單之內。以當時左、李在黨內的份量及社會之影響力，不在青年黨代表行列，確實是容易啟人疑竇的，也因此引起外界的議論紛紛。

　　時重慶的《新華日報》即言：「因為李、左兩人是民主同盟的主要份子，而當時的青年黨黨魁曾琦為了在政協會議中造成有別於民主同盟的獨特立場起見，故沒派他們倆人為代表。」[28]

---

[26] 同註4，頁90-91。總之，此次的「政協」會議中雖然有五方面的成員參與談判，但在經過一番權力的排列組合之後，還是可以劃分為兩大集團勢力，一個集團是以國民黨為首，包括青年黨及無黨無派中親國民黨者，如傅斯年、王雲五等；另一集團，則以中共馬首是瞻，包括「民盟」及無黨無派中親中共者如李燭塵等。吳昆財，《政權之爭——戰後國共談判》（台北：唐山出版社，民國83年10月初版），頁77。

[27] 中統局上海特派員辦事處編印，《政治協商會議經過檢討》（民國36年3月），頁21-22。

[28] 《新華日報》（重慶版）（民國34年10月28日）。

　　《新華日報》報導所持的論點其實是有幾分道理的。蓋自民國
34 年 10 月底各方面推舉「政協」代表時，青年黨要求六名代表名
額時，左、李兩人就未列名，為此，「民盟」主席張瀾站在「民盟」
立場，還特別致函國、共代表（邵力子、張群、王世杰、周恩來、
王若飛），函中詳述左氏對國、共調停之熱忱，且李氏更與張君勱
代表國家出席聯合國會議，有君勱焉能無幼椿，故盼加入左、李
兩君。[29]張瀾為促成左、李參加，甚至願意以自己參加的席位讓與
左、李其中一人。羅隆基對此事，曾有深刻回憶：「這件事（按：
指左、李未參加『政協』事）卻在民盟亦發生了一個小小的波折。
左舜生從來就是民盟的秘書長，李璜亦是民盟常委中比較活動人物
之一。這兩個人是一貫包圍張瀾而在民盟內部起相當作用的。左舜
生、李璜這兩人不參加政協，在張瀾主席看來，似不太妥當。於
是張瀾主席就多次向盟內提議，要把自己的代表席讓給左舜生或
者李璜。張瀾一再說明，他自己年老，精力已衰，不能參加『政
協』。他認為左、李兩人中任何一個人參加，都比他自己參加，
作用較大。」[30]

　　而反觀青年黨黨魁曾琦在接受重慶《新民晚報》記者訪問時，
則一派輕鬆的指出，「左、李兩人未被推為代表是『無關緊要』的
事，因為他們不願由民主同盟指定為代表，且左氏願意黨中幹部多
選一個為代表，他本人並將於十二月底前去滬籌辦報紙。」[31]但越
是輕描淡寫不以為意，越令人猜疑。當時外界各種揣測甚囂塵上。
有人說，青年黨是希望左、李能代表「民盟」參加「政協」，使青

29　張瀾，〈致函國共代表：請延攬左舜生李璜出席政治協商會議〉，《新華
　　日報》（重慶版）（民國 34 年 10 月 28 日）。
30　羅隆基，〈參加舊政協的一些回憶〉，見孟廣涵主編，《政治協商會議紀
　　實》（上卷），同註 15，頁 708-709。
31　〈「曾琦先生：政治協商會議代表訪問之十一」〉，《新民晚報》（重慶
　　版）（民國 34 年 12 月 11 日）。

年黨在「政協」名額上實質多出兩席。[32]亦有人指出是黨內高層權力鬥爭的結果,「曾琦」派獲勝,以至將左、李排除在外。[33]

今據《青年黨中常會紀錄》可知,在青年黨第十屆第三十四次會議中,即決定通過該黨參加政治會議的人選案:第一名單為曾琦、陳啟天、楊叔明、余家菊、常燕生、何魯之。第二名單為曾琦、左舜生、李璜、陳啟天、楊叔明、余家菊。[34]故當年青年黨推派代表參加「政協」名單,顯然是遵照黨的決議辦理的。

雖係如此,但左、李之未參加「政協」會議,從上述「民盟」主席張瀾之力薦觀之,似乎仍與他們和「民盟」的關係有關。嘍鳴與慈正合編的《政治協商會議始末記》引述時任《中央日報》記者王遂今的話說到:「要是說民主同盟,是有左傾色彩的話,那末青年黨可以說是漸趨右傾了!但這種右傾,無非令它的中間性更穩一些!在今日,政治協商會議中它佔了五席之多,所以它事實上已脫離了民主同盟而採獨立的作風,雖然它們雙方都沒有承認有脫盟這件事。它的領導者曾琦,他為要在協商會議造成獨特立場的印象起見,它的兩個主要份子都沒有被派為代表,這兩位是李璜和左舜生,原因即在他倆是民主同盟的主要份子。」[35]

---

32 羅隆基說:「一九四五年十二月民盟在醞釀推選參加政協代表時,原來考慮給青年黨一個代表(左舜生)還是兩個代表(左舜生、李璜)。」見〈參加舊政協的一些回憶〉,同註30,頁706。

33 羅隆基說,此青年黨內「擁曾派」與「反曾派」之內鬨,是蔣介石操縱和玩弄在野黨派的傑作。見〈參加舊政協的一些回憶〉,同註30,頁709-710。羅隆基之說,並非空穴來風,因為同為青年黨領袖的余家菊在其回憶錄也有此說。見余家菊,《余家菊(景陶)先生回憶錄》,同註18,頁44-46。

34 《青年黨第三十四次中常會會議紀錄》(原件)(民國34年10月7日)。

35 王遂今之分析,雖然在說左舜生與李璜未參加「政協」實與「民盟」有關。但可貴之處也在於說明青年黨至少在「政協」期間,角色仍是中間、中立的;其倒向國民黨,嚴格講,是「政協」以後的事。見嘍鳴、慈正合編,《政治協商會議始末記》,同註24,頁149-152。

　　由此可見，左氏於民國 41 年在香港所言的：「我因為覺得毛直接來談且談不好，再協商也無多大意義，因此對『政協』謝絕參加。」[36]顯然不是可靠的說法。而沈雲龍先生也據以為左、李之未代表青年黨出席「政協」會議，「是發覺朱毛等孤陋寡聞，野心勃勃，而且根本不要民主，知其必為禍於國家，絕無妥協之可能。此先生之所以拒絕參加政協，即對調停國共軍事衝突之工作亦認為多事也。」[37]之論斷，也應當再加以商榷。

五、青年黨與「政協」

（一）「政協」召開緣由

　　有關「政協」的召開，前言已略敘之，於此再稍作詳述。基本上，民國 35 年 1 月召集之「政協」會議，為諸多因素所造成的，其中有國內因素，也雜揉有國際壓力在裡頭，這當中尤以美國態度最關重要。

　　民國 34 年 12 月 15 日，美國特使馬歇爾啟程來華前，杜魯門總統發表對華聲明，強調一個強大、統一及民主之中國，對於聯合國之成功及世界之和平均屬重要，中國人民勿放棄以和平談判解決問題的機會，呼籲國、共雙方立即停止武裝衝突，中國各主要政治份子迅即舉行全國性之會議。[38]

---

[36] 左舜生，《近三十年見聞雜記》（台北：中國青年黨黨史委員會印行，民國 73 年出版），頁 102。

[37] 沈雲龍，〈政治協商會議的面面觀〉，《傳記文學》第 34 卷第 6 期（民國 68 年 6 月），頁 13。

[38] 〈美國總統杜魯門對華政策聲明〉，《新華日報》（重慶版）（民國 34 年 12 月 17 日）。

　　其實美國不願見國、共衝突擴大，尚有另一層考量，即防止中共倒向蘇聯這一邊。魏德邁即認為如果中國成為蘇聯的傀儡，將使美國受到極大的威脅，因此極力促成「政協」會議的召開。美國的壓力，使當時亟需美國援助的國民政府，只得接受這樣的建議。[39]

　　至於在國內政局上，除了軍隊的國家化為戰後急待必須解決的問題外，國、共的軍事衝突更是棘手麻煩，如何使國、共雙方化解干戈，成為美國及國內朝野亟需解決的課題。對此，時為「鄉建派」代表的梁漱溟對政府的困境及國、共兩難之狀況即看得很清楚，梁氏為一客觀耿直的在野領袖，其政治立場並無明顯偏袒國、共任何一方，故他的觀察可信度較高。[40]

　　梁氏言「關於舊政協，談起來就很複雜。從停戰會議才到政治協商，停戰在前，協商在後。戰是怎樣打起來的？是日本投降國共兩黨爭著『受降』。國內許多地方已由共產黨給解放了，受降接收了，而國民黨卻不予承認。國共兩方爭著受降接收，就在各處打起來了。後來由美國出面調停，國共雙方都表示願意停戰，就由馬歇爾（George C. Marshall）代表美國居間，組成停戰會議。在停戰會議上，許多條件雖得協議，戰不能停，政治上也就無從協商起。所以一九四六年一月十日那天，停戰協定在早晨簽字，上午十點鐘方

---

[39] 魏德邁著、程之行譯，《魏德邁報告》（台北：華南書局出版，民國48年2月），頁31。

[40] 梁漱溟在國共內戰期間，即積極奔走調停，曾於民國35年10月28日，與李璜、莫德惠等第三方面人士，提出包括雙方即日下令全國軍隊就現地一律停戰之提案，方其向周恩來解釋時，遭周變臉的用手制止說：「不用再往下講了，我的心都碎了。怎麼國民黨壓迫我們不算，你們第三方面亦一同壓迫我們？」從此事可知，基本上，梁漱溟在國、共的態度上是較持平中立的。見金沖及主編，《周恩來傳 1898-1949》（北京：中央文獻出版社發行，1989年2月1版），頁657。

開成了政治協商會議。政治協商會議是在停戰會議取得協議後才有的。」[41]

　　大家都知道「政協」會議是脫胎於國、共簽訂的「國民政府與中共代表會談紀要（即『雙十協定』）」規定召開的。然從梁氏之回憶可知，倘無「政協」召開前夕一刻，國、共停戰協定的簽訂，「政協」是否能順利的召開，恐怕仍有變數。

　　此外，梁氏又說：「勝利之後，為了結束內戰，解決黨派問題，大家一致同意實行憲政，打破國民黨一黨專政之局。實行憲政必須作到政治民主化和軍隊國家化，始可結束內戰，奠定統一和平。」[42]這確實也是「政協」召開的另一緣由，沈雲龍對此即綜合論述云：「政治協商會議的召集，是依據民國三十四年國慶日，由國民政府與中共代表在重慶所公布的『雙十會談紀要』，雙方一致認為對於避免內戰，和平建設，必須共同努力。同時，美國派遣馬歇爾將軍於是年十一月二十二日抵渝，居間竭力斡旋，至三十五年一月十日，遂有政治協商會議的舉行。」[43]

　　至於國民黨蔣方面亦希望透過「政協」會議，順利召開國民大會，再通過國大達到行憲的目標，以完成中山先生遺志。而國內其他在野黨派亦主張迅速召開「政協」會議。職係之故，在重慶會談後，「政協」會議已成全國民眾一致的企盼，且箭在弦上不得不開了！[44]

---

[41]　梁漱溟，《憶往談舊錄》（北京：中國文史出版社，1987 年 12 月初版），頁 172-173。

[42]　同上註，頁 174。

[43]　沈雲龍，〈政治協商會議的面面觀〉，同註 37，頁 11。

[44]　〈蔣介石一九四六年元旦的廣播演說〉，《中央日報》（重慶版）（民國 35 年 1 月 1 日）。又蔣於「政協」開幕詞也再三保證，「本會議召集的目的，是邀集各黨派代表和社會賢達，來共商國是。我們所要商討的，是國家由戰時渡到平時，由抗戰進到建國的基本方案，也就是怎樣集中一切力量，增強一切力量，以開始建國工作的問題。」〈蔣主席政治協商會議開幕詞〉，《中央日報》（重慶版）（民國 35 年 1 月 11 日）。

（二）青年黨與「政協」會議

抗戰勝利後，青年黨認為擺在國內最嚴重的問題，莫過於國、共兩黨軍事對立的形勢。而要化除黨派軍事對立的形勢，首先應該從政治上、軍事上雙管齊下著手，而欲根本解決國、共之間的衝突，所謂軍事上與政治上，只有真正徹底落實「軍隊國家化」與「政治民主化」才是根本的解決之道。且國、共歷年來的恩怨，係為多年歷史仇恨所造成，不僅如此，心理上的隔閡恐更甚於實際利害上的衝突，因此國、共以外的黨派，基於和平與人民福祉，對於溝通國、共意見和調停國、共糾葛，自然更是當仁不讓。

職是之故，青年黨對國、共朝野能共聚一堂，為戰後政局，共商國是，召開「政協」，基本上，是樂觀其成且積極參與的。尤其自從國、青關係緊密結合後，為鼎力支持國民黨所主導召開之「政協」，34 年 12 月 25 日，左舜生即代表青年黨，發表〈從制止內戰談到政治協商會議〉一文，其中特別強調：「以目前的情況論，一個千呼萬喚的政治協商會議，也許仍有召集的可能。我們知道所謂第三方面的各黨各派，以及第四方面的無黨無派，參加的人數是相當多，並且似乎都抱著一種熱望，我們希望國共兩方不要再放過這一次最後的機會，要互相開誠，多多聽取第三者（包括三四兩方面）的意見，以為相互讓步的一個準則。同時我們對於第三者的期待，也希望要把題目切實認清，在這樣的一種場合，在這樣的一種時機，既不在空談是非，更不能製造壁壘，最要緊的只在迅速提出有效的具體辦法，既要使共產黨實際上過得去，也要使政府面子上下得台，其間分際，確有待於苦心斟酌。」[45]

45　左舜生，〈從制止內戰談到政治協商會議〉，《文萃週刊》（上海版）（民國 34 年 12 月 25 日），頁 7。

　　平情而言，青年黨雖然彼時與國民黨關係已改善許多，但左氏此文尚稱公允，並無明顯偏袒那一方，它只是青年黨以一第三方面的立場；或說在野黨派對「政協」召開的期許及企盼國、共雙方相忍為國的呼籲罷了！

　　及至「政協」開幕時，曾琦以青年黨領導人和參加代表身份也發表談話，希望大家要真誠坦白，樹立民主的楷模。曾氏言：「現在抗戰告終，建設開始，又有政治協商會議的召集，我們希望由此而渡到憲政階段，構成建國的統一陣線，期以三十年完成名實相符的近代國家，但達到這個目的，必須朝野合作，一德一心，同舟共濟，以『合作抗戰』的精神，來合作建國，尤其彼此相見以誠，古人說：『不誠無物』，這確有至理，我想要把國家納入正規，惟有實行政治民主化，與軍隊國家化，而欲達此目的，必須大家實行『開誠佈公，集思廣益，循名核實，激濁揚清』十六個字。……完全達到民主團結和平建設目的。」[46]

　　從曾氏之言，亦道出了「政治民主化」和「軍隊國家化」為青年黨參加「政協」之主要訴求，而欲達此兩大目標的完成，只有國、共雙方，朝野黨派，大家「開誠佈公，集思廣益，循名核實，激濁揚清」方能致之的。

（三）青年黨對「政協」重要議題之主張

　　在國、共重慶談判時，雙方曾就未來「政協」議題，歸納成：1、和平建國大計，2、施政綱領，3、各黨各派參加政府問題，4、國民大會問題，5、復員善後問題。[47]35 年元月 6 日，雙方所

---

[46]　〈曾琦在政治協商會議開幕式上致詞〉，陳正茂等編，《曾琦先生文集》（上）（台北：中央研究院近代史研究所出版，民國 82 年 11 月初版），頁 480-481。

[47]　〈國共第三次談話紀錄〉（民國 34 年 9 月 10 日），同註 7，頁 61。

公布的「政協」召開辦法，議題改為和平建國方案及國民大會召集有關事項兩類。到元月 13 日時，在「政協」會議五人小組中，陳立夫、陳啟天、梁漱溟、王雲五四人決定將議題分成政治、軍事、國民大會、憲法草案四類，政治類再分甲、乙兩組，甲為政府組織，乙為施政綱領，共為五項。[48]這五項中，如政府組織、國民大會、軍事問題均屬政治權力的議題，有「立即而明顯」的政治權力分配性質，故成為各方權力角逐的焦點。誰在這塊大餅上分食的多，誰就能在未來中國的政治舞台上，佔有更多的發言空間，擁有更多的政治資源。至於憲法草案及施政綱領兩項，則屬於政府形式的建構，比較不具迫切性與時效性。[49]

關於政府組織問題：戰後中國的政治結構，首先面臨的一個問題，是國民政府如何結束「以黨治國」的訓政階段，而過渡到「還政於民」的憲政時期，以免常遭受到共產黨等在野黨派諷刺「一黨專政」之譏。故在訓政時期已經結束，而憲政尚未開始之際，必須有一個能為各方勢力所接受的治理政府方案。政府組織和施政綱領兩議題即因應而生。[50]

1、關於政府組織問題，青年黨也有提案。青年黨心目中所期待改組的政府，係指在憲法政府成立前之過渡政府而言。此一過渡政府雖然為時甚短，但其所必須完成的工作卻異常艱鉅，因此，青年黨代表認為此一新政府之組成，至少必須具備兩個基本條件：（1）必須是全國性的，即除國民黨以第一大黨的資格仍居主要地位以外，須包括全國的各重要黨派以及無黨無派的社會賢達。（2）必須是有力量的，即參加這個政府的分子，有黨的必須真能代表他們的

48　嚶鳴、慈正合編，《政治協商會議始末記》，同註 24，頁 86。

49　吳昆財，《政權之爭──戰後國共談判》，同註 26，頁 81-82。

50　秦孝儀編，《總統　蔣公大事長編初稿》卷 5（下）（台北：中國國民黨中央黨史委員會，民國 67 年 10 月出版），頁 882。

黨，無黨的必須真能取得人民的信賴。此一政府為從訓政
過渡到憲政事實上所必須的政府。

因此，青年黨對此問題，主張一面須顧到法的立場，
一面須兼顧到事實的需要，不必過渡的拘文牽義，必求其
工作能圓滿達成。

至於改組政府的具體辦法，青年黨提出以下三項：

（1）屬於國策決定機關的——吾人主張取消國防最高委
　　　員會，代以中央政治會議，會員須經協商，由政府加
　　　以任命，人數無取乎多，但須包括各方面，經會員三
　　　分之二以上的決定，政府即須付諸執行。惟政府認為
　　　絕對難於執行事項，亦得提交覆決。

（2）屬於政務執行機關的——吾人主張改組行政院，其他
　　　各院會，以及有關財政、經濟、外交、軍事、交通各
　　　重要機構。其人選須包括各方面，以適合穩渡目前難
　　　關並達到實施憲政為度。

（3）屬於人民監督機關的——吾人主張加強國民參政
　　　會，增加人數至五百名，並提高其職權使其足以舉監
　　　督政府之實。政府既屬合作性質，參政會所增加之名
　　　額，即須注意網羅各方，尤以無黨無派的名額有特別
　　　加多的必要。凡參政會所建議，經中央政治會議審核
　　　決定者，政府即須付諸執行。[51]

此外，陳啟天曾公開對外表示，「政協」的五項議題
中，改組政府必先為之；國府委員會與行政院院務委員會
必須全部改組。國府委員名義上雖然是用指派方式，事實

---

[51]　〈曾琦對政治協商會議代表青年黨提『改革政治制度實行政治民主化案』
　　　之全文〉，見陳正茂等編，《曾琦先生文集》（上），同註46，頁485-486。

上仍需協商，至於各黨派者，由各黨派自行推選，屬於無黨無派者，則共同協商。[52]

　　青年黨之所以提案改組國民政府，據黨魁曾琦言，是為了：(1) 完成民主體系；(2) 推進憲政運動；(3) 實現全國團結；(4) 一新中外耳目。基於此四點原因，青年黨乃提出「改革政治制度，實行政治民主化」的案子。[53]

　　總之，青年黨提「改革政治制度，實行政治民主化案」，最主要目的是希望容納各黨派，恢復中央政治會議之組織，以替代原有的國防最高委員會。[54]至於有關改組政府的問題，青年黨和國民黨的觀點似乎是較著重在維持舊有的法統，即是這個新政府依舊向國民黨負責，而加入各方面的人物；另一方面，共產黨和「民盟」，以及部份社會賢達希望新政府本身有最高決策權。換言之，前者傾向於在訓政系統之上擴大政府，後者傾向於脫離國民黨的單獨領導而成立新的聯合政府。[55]基本上，誠如蔣勻田所言，整個「政協」議題中，政府組織問題之協議最為困難，此議題最後經過小組八次協商始得結果。[56]

2、國府委員名額之爭：就在政府組織與改組政府問題在「政協」會議爭吵不休，好不容易獲得共識之際，有關改組後「國府委員」的人數分配又節外生枝而起。此事爭執起

---

[52] 〈陳啟天先生——政治協商會議代表訪問之三十七〉，《新民晚報》（重慶版）（民國 35 年 1 月 22 日）。

[53] 〈曾琦對政治協商會議中國青年黨所提改革政治制度案之說明〉（民國 35 年 1 月 14 日「政協」第四次會議席上講），陳正茂等編，《曾琦先生文集》（上），同註 46，頁 482。

[54] 中國國民黨中央委員會黨史委員會編印，《中華民國重要史料初編——對日抗戰時期》，第 7 編，《戰後中國 (2)》，同註 7，頁 154。

[55] 〈改組政府問題〉《新民報——社評》（重慶版）（民國 35 年 1 月 15 日）。

[56] 蔣勻田，《中國近代史轉捩點》，同註 8，頁 39。

因，為在過渡階段中，國府委員是被定位在未行憲前的最
高決策機關，為真正權力核心所在。誰能掌握絕對的多數
委員席次；或者是具有足夠否決政策通過的委員人數，誰
就能主導政治。也因此，國共雙方是每席必爭，不可稍讓。
在中共方面堅持要擁有三分之一的國府席次，以便能行使
否決權。[57]

　　對此，國民黨當然不同意。其後，在協商中，中共與
「民盟」仍要求擁有十四個國府委員名額，以達到三分之
一可以否決的權力，但國府仍僅同意給予十三個席次。就
這一席之爭，形成僵局，甚至導致「政協」最後破裂的局
部原因之一。[58]僅為一席國府委員的堅持，導致「政協」
的前功盡棄，這讓吾人見識了國、共兩黨的私心，實在令
人驚訝！

　　對於國府委員名額分配問題，左舜生代表青年黨認為
是可以解決的，他說：「國府、行政院、國民大會是主要
的程序。十四名國府委員保證否決權的問題。如果國府委

---

[57]　吳昆財，《政權之爭——戰後國共談判》，同註26，頁84。

[58]　Chang Carsun, The Third Force in China, New York: Bookman Associates,
1952. P149. 關於國府委員名額的問題，時重慶的《中央日報》亦發表評論
言：「其成立政治協商會議似乎是這次國共談判之唯一收穫，有了這會議，
總算未有關閉談判的大門，為延續談判之一線希望。政治協商會議決議之
實行，首先傳出困難訊息的是，改組政府問題，當時，關於國府委員會屬
非國民黨籍的二十個名額，中共要求與民盟合佔十四名，即希望取得行使
否決權之三分之一的必要人數；但青年黨對此問題的態度為：（1）名額
之分配，希望以能保持各黨派之合作為原則，即構成三分之一之否決權人
數應由中共、民盟、青年黨三方面分配。（2）如民主同盟名額超過青年
黨人數時，青年黨將可能不參加政府。（3）如共產黨堅持十個名額，則
青年黨認為此問題不能再談下去。」顯然在此問題上，青年黨是暗助國民
黨的。《中央日報》（重慶版）（民國35年2月14日）。而當年參與其
事的民社黨員蔣勻田也說，各項決議，因一席國府委員之爭，未能即行實
踐。見蔣勻田，《中國近代史轉捩點——自序》，同註8，頁2。

員會議時，民盟與中共堅持某一案應用否決權時，其事件必定關係重要，可以與青年黨成立一協定。在此場合，維持政協決議，三分之二才可以變更和平綱領的前提下，青年黨有其義務，只要一票或一票以上支持民盟，那便有實在的辦法了。」[59]

左氏之言其實是暗示中共與「民盟」無需斤斤於「一席之爭」，宜對事不對人。只要中共與「民盟」在「政協」決議和平綱領的大前提下，所提之議題，青年黨仍有可能支持之，何必執意形式上一定要擁有否決權，為那一席徒增困擾呢？當然左氏代表青年黨所提這方法，在中共與「民盟」看來，是明為折衷，實為暗助國民黨。

3、關於施政綱領問題：除政府組織及改組政府議題外，「政協」另一討論重點為第五次大會時所討論之施政綱領問題，對此問題，常乃德代表青年黨，提出施政綱領之意見，其要點為：共同綱領是必要的，各黨派要共負責任，故必先定綱領，而後可決定參加與否？名稱則贊成用「和平建國綱領」，青年黨對此沒有提案，似可以抗戰建國綱領為藍本。[60]

從常乃德之發言看來，基本上，青年黨對此問題的立場是頗為客觀中立的。其主張以「抗戰建國綱領」為藍本，明顯的是附和國民黨的主張；但其他如贊成採用「和平建國綱領」的名稱，內容要除弊重於興利、消極方面應先提出，且強調民主統一的重要性，而非單方面之統一等，則

---

[59] 蔣勻田，《中國近代史轉捩點》，同上註，頁106。

[60] 陳布雷，〈關於討論和平建國綱領各人發表之意見〉，載中國國民黨中央委員會黨史委員會編印，《中華民國重要史料初編》，第7編，《戰後中國（2）》，同註7，頁162-164。

類似近於中共的意見。[61]就此而論，38 年後，中共官方口徑一致說青年黨在「政協」時，是「國民黨的附庸」，顯然失實及有失公道。

4、軍事問題：軍隊國家化案，戰後中國的和平，為全體國人一致之企盼，無論朝野國內外也均是如此希望。但在國、共互信不足，彼此各有所圖的情況下，雙方各擁重兵，劍拔弩張，使得戰後中國的天空仍充滿著戰雲密佈，山雨欲來風滿樓的緊張氛圍。

對於國、共內戰可能的一觸即發，青年黨的態度是很清楚的，那就是堅決反對內戰和積極維護和平。吾人可以用常乃德於民國 34 年在《新中國日報》的一篇社論說到，「中國唯一需要的，『第一是和平，第二是和平，第三還是和平。』又說，中國再也經不起內戰，中國人民再也受不住戰爭的摧殘了。」[62]

青年黨的反對內戰，主張和平。具體表現在該黨於民國 34 年 11 月於重慶召開第十屆全國代表大會的宣言上，該〈大會宣言〉明確表態反對以武力作政爭的工具，更不同意以群眾的血作為任何方面的政治本錢，它認為，中國必須先求自身的團結與充實，以減少國際的糾紛，斷不可仍踏以往縱橫捭闔的覆轍，而召致外力的深入；至於對於政治協商會議本身的估價，則不敢過高，但認為堅信民主、尊重人民、愛護國家、避免分裂，將為解決此一難題

---

[61] 李炳南，《政治協商會議與國共談判》（台北：永業出版社，民國 82 年 2 月初版），頁 195。

[62] 常乃德，〈和平，奮鬥，救中國！〉，《新中國日報——社論》（成都版）（民國 34 年 11 月 22 日）。

者必具的信念，而此事也將為政治協商會議開幕後的第一課題。[63]

　　簡言之，青年黨所持的態度是主張停止內戰，建立一個民主團結的中國。尤以強調國、共軍事問題將是關鍵未來「政協」能否成功及戰後政局是否安定的主要因素。

　　職係之故，在「政協」召開期間，有關於國、共爭議不休、僵持不下的軍事問題，青年黨費時費力著墨最多，且有它一套完整的提案，並由代表陳啟天提出口頭說明；其提案全文摘要如下：

> 抗戰勝利以後，舉世皆慶幸和平，而吾國不幸獨苦於內部糾紛不已，甚至引起軍事衝突，陷全國人民於水深火熱之中。此種嚴重性之內部糾紛，如不從速化除，則不惟足以影響我國之國際地位，亦且足以毀滅整個國家之前途；不惟無以保持抗戰之勝利成果，亦且無以保證建國之順利進行。欲從速化除國內糾紛，惟有一面停止軍事衝突，實行軍隊國家化；一面改革政治制度，實行政治民主化，已為公論所承認。顧國人對此二者，或難免有所偏重，因而使國內糾紛問題，尚未能從速解決。以本提案同人之所見言之，軍隊國家化實為政治民主化之必要條件，政治民主化復為軍隊國家化之必要保障。無論偏重任何一端，均不能有利於問題之解決，必須二者並重，同時實行，故同人除已另提改革政治制度實行政治民主化案外，復提本案。茲將其辦法列舉如次，敬請公決施行。

---

[63] 〈中國青年黨第十次全國代表大會宣言〉(34 年 12 月 2 日至 12 月 12 日)，引自胡國偉編述，《中國青年黨簡史》(台北：菩提文藝出版社，民國 64 年 5 月再版)，頁 71-75。

〈甲〉停止軍事衝突之必要辦法

　　一、政府與中共雙方同時分別命令所屬部隊立即
　　　　停止衝突。

　　二、華北各鐵道交通之維持，由改組後之政府組織
　　　　護路隊負責擔任，任何軍隊不得破壞鐵道，亦
　　　　不得干涉交通。

　　三、由全國各方合組視察團分赴有軍事衝突之地
　　　　區考察真相，公布報章，並報告政治協商會議。

〈乙〉實行軍隊國家化之必要辦法

　　一、實行公平編遣，以建立精練之國防軍。現在我
　　　　國軍隊約有五百萬之多，抗戰既經結束，實無
　　　　常設如此鉅額軍隊之必要，宜由本會議商定一
　　　　公平標準，交由各方合組之編遣委員會，實行
　　　　編遣。第一步縮編為一百二十個師，於35年
　　　　內完成；第二步再縮編為六十個師，於36年
　　　　內完成，如此，然後始可漸次建立精練之國防
　　　　軍，堪充對外國防之用。

　　二、實行軍民分治，以免軍人干政。軍人干政，不
　　　　惟足以擾亂政治，而且足以敗壞軍事。欲免除
　　　　軍人干政之害，第一，須限制現役軍人，不得
　　　　兼任一切行政官吏；第二，須劃分軍區與行政
　　　　區，使每一軍區小於省行政區，而其駐軍亦不
　　　　得擅自調動；第三，須嚴禁一切軍隊干涉地方
　　　　行政與中央政治。

　　三、實行軍黨分立，以免政爭變為兵爭。全部國防
　　　　軍應獨立於一切黨派之外，任何黨派均不得以
　　　　軍隊為政爭之工具，此即吾人所謂軍與黨分
　　　　立。如軍與黨不分立，則每一黨派皆爭取軍

隊，成為一黨一軍之現象，而反無名實相符之
國軍，有隨時釀成內戰之危險。

四、實行徵兵制度，以澈底革新全國軍隊。現在全
國所有之軍隊，大抵已服役多年，宜分期退
伍，另以徵兵補充，使軍隊常有一種朝氣。即
將來由徵兵編成之軍隊，亦須定期退伍，庶可
漸次根絕軍隊私有與軍隊黨有之惡習。在實行
徵兵制度以後，不惟要求士兵無一私兵，而且
要求軍官無一私官。易言之，即軍官之任免須
依規定之標準，不得任意上下其手。任何部隊
之軍官，只須合於規定標準，即可彼此互調。
如此則全國軍隊只知有國家，不知有黨派，而
成為軍隊國家化矣。

五、設立國防部，以統一陸海空軍之行政。現在抗
戰既經結束，所有一切軍事上之制度與設施，
即應漸由戰時狀態進入平時狀態。軍事由戰時
狀態進入平時狀態之要務，在先設立一國防
部，以統一陸海空軍之行政，此新設之國防
部僅為行政院之一部，而其部長亦應不限於
軍人。

六、實行民意監督，以澈底整飭軍紀風紀。軍隊可
為國家與人民之用與否，須視軍紀風紀之良否
而定。良則國家與人民並受其福，否則並受其
害。欲澈底整飭軍紀風紀，除現在軍事上所用
之辦法，如軍訓軍法等外，必須另以民意監
督軍隊。凡經人民陳訴或民意機關檢舉之不
法軍人，經調查屬實者，則必須由主管機關
依法懲處。

總之，欲實行政治民主化，必須同時實行軍隊國家
化。不停止軍隊衝突，則無從實行軍隊國家化，故須
先求停止軍事衝突。軍事衝突既經停止以後，即須全
國一致以最大決心，逐漸：（一）實行公平編遣，以
建立精練之國防軍；（二）實行軍民分治，以免軍人
干政；（三）實行軍黨分立，以免政爭變為兵爭；（四）
實行徵兵制度，以澈底革新全國軍隊；（五）設立國
防部，以統一陸海空軍之行政；（六）實行民意監督，
以澈底整飭軍紀風紀。以上六項辦法，如實能行，則
軍隊國家化始能逐漸完成。是否有當？敬請公決。[64]

　　總之，陳啟天代表青年黨一再呼籲，軍隊不應屬於任
何個人，任何黨派，任何地方！他特別強調「軍」、「黨」
應該分離，才可避免由政爭醸成兵爭。辦法是現役軍人不
得參加黨派，禁止黨派在軍隊裏活動，軍隊教育應該不是
黨性教育，他並且主張國防部可以由文人來主持。[65]此
外，陳啟天還建議由軍事三人小組（國共代表各一人，外
加美國代表一人）儘速商定整軍方案，以便分別整編國軍
及共軍。[66]

　　陳氏提案中反覆說明，政治民主化與軍隊國家化「必
須二者並重，同時實行」，「無論偏重任何一端，均不能有

---

[64]　〈中國青年黨代表曾琦等五人提停止軍事衝突實行軍隊國家化案〉，見立
　　　華編，《政治協商會議文獻》（北平：中外出版社，民國35年4月初版），
　　　頁106-109。或〈曾琦對軍隊國家化提案之說明〉，陳正茂等編，《曾琦
　　　先生文集》（上），同註46，頁487-489。
[65]　王壽南編，《王雲五先生年譜初稿》（第2冊）（台北：商務版，民國76
　　　年6月初版），頁493。
[66]　陳啟天，《寄園回憶錄》（台北：商務版，民國54年12月初版），頁203。

利於問題之解決」。此一提案在某種程度上是類似中共的主張，難怪中共代表周恩來對軍隊國家化與政治民主化的問題，也肯定青年黨的主張，並認為青年黨的提案說得很公道，要政治民主化與軍隊國家化雙方同時進行。另外就軍隊國家化的標準而言，周恩來也同意青年黨的意思，即軍隊不屬於個人，不屬於派系，不屬於地方，而須屬於整個國家，由代表國家的民主政權的機構來統率。[67]由此又可看出，大陸淪陷後，中共始終一口咬定青年黨是「國民黨的附庸」，其實是自相矛盾的片面之辭罷了。

此外，曾琦對當時政府的整軍計劃，也發表三點意見，即：一、希望政府切實實行整軍計劃；二、國共雙方軍事問題，由雙方自行解決，即由軍事三人小組協商，但希望時間不要太長；三、實行軍黨分治。[68]

有趣的是，其實青年黨「軍隊國家化」的提案，並無明顯偏袒任何一方，但主其事的陳啟天後來回憶道：「當我說明軍隊國家化案時，特別強調軍隊應該分立，政黨不可私有軍隊。因此共黨對我頗為側目而視，但亦不敢公開反對。」[69]是誰作賊心虛？是誰居心叵測？於此可得一有力佐證。另外，據蔣勻田回憶，當年青年黨尚提案：「由文人來管理軍隊」，且在過渡時期，由國、共兩黨以外人士管理，此主張曾獲中共方面周恩來的同意，但後來亦不了了之。[70]

---

[67] 周恩來，〈周恩來關於軍隊國家化問題的報告〉，《新華日報》（重慶版）（民國35年1月17日）。另見許芥昱，《周恩來傳》（香港：明報出版部，1976年元月），頁191。

[68] 嚶鳴、慈正合編，《政治協商會議始末記》，同註24，頁97。

[69] 陳啟天，《寄園回憶錄》，同註66，頁201。

[70] 蔣勻田，《中國近代史轉捩點》，同註8，頁27。

　　總之，在「軍隊國家化」這個重大議題上，青年黨是
著力甚多的，其態度是嚴肅的，提案是經過深思熟慮的，
故不僅較具體，且不失為一個可執行的不錯方案。

5、對國民大會議題案：召開「制憲國大」，制定一部中華民
　國憲法，還政於民，一直是全民共同的期待，也是當年國
　民政府對人民之承諾。所以「政協」召開的另一重要課題，
　即是邀集朝野協商，如何來召集國大與制憲。

　　35 年元月 17、18 兩天，「政協」討論的議題即集中
在國民大會的問題上，各方代表展開唇槍舌劍的激辯。首
先大家主要的論辯焦點，集中在昔日舊代表的合法性與新
代表如何產生。關於前者，國民黨及無黨派傾向支持民國
25 年所選出的代表具有合法性，而中共與「民盟」則主
張應重新選舉新代表以符合最新民意。對此國大舊代表產
生方式的不滿意，連比較同情國民黨的青年黨代表都不例
外。曾琦即言：（1）當年國民會議程序，中山先生邀請工
農商學等九種代表參加，而此次國大係由一黨包辦，極不
合民主原則。（2）現有之組織法，選舉法，不合乎中山之
遺教，故易引起糾紛。（3）上次選舉時，其他黨派無合法
地位，故青年黨亦放棄參加。國內外知名之胡適之先生僅
得兩票，可知當時選舉之不合理。但曾琦仍主張國大照
開，以提早結束訓政。[71]

　　至於後者，新代表的名額應有多少，青年黨倒展現出野
心勃勃的企圖心，在其內部的機密文件《中常會紀錄》上，
即有專討論此事項，爭取「民盟」國大代表案。強調國民大
會代表，青年黨必須爭取至少占總名額二十分之一。[72]

---

[71]　同上註，頁 31。
[72]　《青年黨第二十四次中常會會議紀錄》（民國 35 年 2 月 6 日）。

　　在「增加黨派及社會賢達代表七百名」的名額問題上，如果照青年黨要總名額二十分之一的打算，則青年黨可能要求分配一百四十名。其後經過一番折衝，「民盟及青年黨要求各佔一百名，而以剩餘之七十名分配於社會賢達一方面。但是民盟對其與青年黨同佔一百名表示不滿，謂該方面為許多政團所構成，至少要比青年黨方面多佔若干名額；青年黨則夙以第三大黨自命，謂該黨成立較民盟為早，黨員人數亦較多，無論如何，不應較民盟為少。因而遂僵持不下。」[73]

　　最後協商結果，七百名黨代表分配是國民黨兩百二十名，中共一百九十名，「民盟」一百二十名，青年黨一百名，無黨派七十名。[74]唯後來中共與「民盟」的代表並沒有參與「制憲國大」。

　　另外，關於國民大會問題的討論，青年黨只有曾琦發言。他贊成張君勱的主張，即是要認清當時事實，不要單拿法統來談；曾氏說：政治糾紛，要取決於議場，不要取決於戰場，要取決於選票，不要取決於槍桿；他特別強調組織一個國民大會預備會的需要及重要性。上次選舉時，其他黨派無合法地位，故青年黨亦放棄參加。最後，曾琦再提出三個問題，並說明青年黨對這些問題之看法：

　　國民代表大會，應早開，抑應遲開。第一屆代表大會制憲抑兼行憲。舊代表應有效或無效。關於第一項，曾氏主張應早日召開，以便提早結束訓政；至於二、三項，曾氏贊同鄧穎超應由小組協商之意見，及不拒絕考慮之態度。[75]

[73]　中統局上海特派員辦事處編印，《政治協商會議經過檢討》，同註27，頁38。
[74]　王雲五，《岫廬論國是》，同註25，頁205。或衛聚賢，《黨：中國各黨各派現狀》（重慶：說文社，民國35年4月出版），頁17-18。
[75]　同註7，頁105。

　　　　總之，對國民大會問題之意見及態度，青年黨較中共和「民盟」來得理性與溫和。青年黨認為：（1）國民大會應早日召開，以便結束訓政，解決政治糾紛；（2）第一屆國大是制憲抑兼行憲及舊代表資格是否有效，希望應由大家多加考慮，在小組協商中求得妥善解決。[76]唯一堅持之點在於對舊國大代表產生的方式，青年黨表示不滿意，不能認同。

6、對憲法草案態度：對於「政協」期間的憲法草案議題，曾琦認為此次憲草審議會，實為「開誠佈公集思廣益」之舉，故應不厭求詳，以取各方意見，詳加研究。渠對此次會議表示滿意。並謂：（1）大體維持政協會議修改原則，如須修正，須經協商小組決定。（2）如有好的意見，可以討論，然後由協商小組決定。（3）條文之起草，除維持原則外，應尊重專家之意見。[77]

　　　　而有關憲法問題，青年黨也有其自己的一套主張，並由黨魁曾琦代表陳述。曾琦說：我們以為討論這個問題，要分幾項研究：

　　　　第一、是憲法的構成。憲法是國家的根本大法，全國國民都要遵守的，因而他有其「尊嚴性」，換句話說；便是他的構成，必須出於鄭重的手續，而且包含有廣泛的民意在內，否則，必然不發生效力的。我們中國過去並不是沒有憲法，在前清末年曾有所謂「憲法大綱」；北洋系時代，有所謂「天壇憲草」；國民黨執政以後，有「五五憲草」的制定，抗戰以後，又有國民參政會憲政期成會所擬

---

[76]　同註27，頁41-42。

[77]　《中央日報》（重慶版）（民國35年2月20日）。又見陳啟天，《寄園回憶錄》，同註66，頁204-205。

的「憲草修正案」；其後又有憲政實施協進會所擬的「憲草意見」，但都祇是一種草案，而非正式憲法，其原因即是由於未經全國正式民意機關通過。所以國民大會的召集，第一個課題便是通過憲法，在國大未召集以前，我們主張由各方面推舉代表合組「憲草審議會」，將各種已有的憲草合併研究，期得一折衷的草案以便提交國民大會通過，這是希望大會予以決定的。

第二、是憲法的性質。世界各國憲法約分為剛性憲法與柔性憲法兩種，剛性憲法大多一成而不變，柔性憲法則比較容易變更；其區別全在修改程序之難易，我們的憲法，還是需要剛性的好呢？還是需要柔性的好呢？本席以為憲法的制定，還是採柔性比較適宜，因為剛性難於修改，容易引起紛爭，在外國嘗有因憲法而起戰爭的，我們中國因為舊約法問題，也曾發生過「護法戰爭」我們鑒於以往的失敗，所以制憲還是以採柔性為宜。

第三、是憲法的內容。憲法的內容甚多，我們在這裏不能一一討論，祇擇其最重要的幾項簡單申說一下。首先一個問題，便是中國採取總統制呢？還是採取內閣制呢？我們的意見，以為採取總統制有兩種危險：(1)是容易走到反民主的方面；(2)是容易引起革命，招致混亂的局面，因為大權集於一人自然容易引起全國的不滿，而總統的地位又不能隨時變更，其結果乃易發生革命，甚至動搖國本。這是對於國家最不利的，反之而行內閣制，則有兩種好處：(1)可使元首居於超然的地位，不負直接行政責任；(2)可使政府隨時有新陳代謝的作用，內閣的更迭容易，便不至引起革命，這於鞏固國基是很有益的。其次的問題，便是中國應該採一院制呢？還是兩院制呢？我們的意見，以為還是兩院制比較好些，為什麼呢？因為中國地方

太遼闊，民情太複雜，採取單純的一院制是不相宜的，不如採兩院制，上院包含各省區和職業團體學術團體的代表，下院包含普通的人民代表，兩院的份子，有性質、職業、年齡的不同，因為上院多年齡較高，經驗較豐，而有專門學識的份子，下院多年富力強，少壯有為的份子，這樣才可收互相調劑之效，所以兩院比一院好。再其次的問題，便是五院制的利弊，中山先生主張五權憲法，其用意原是好的，但是實行起來，卻未收到預期的效果。大家試一檢討，自從民國 17 年成立五院制以來，至今已有十八年的歷史，其中如考試院，曾否行使考試權而收大效？監察院曾否行使監察權而收大效？這在政府當局恐亦未能滿意，聽說考試院所考試及格的人員，在全國公務人員中佔極少的數目；監察院所彈劾的多是較小的官吏，這並不是兩院院長的不盡職，恐怕還是制度的問題，因為考試、監察兩權是從其他三權裂割出來的。在三權分立的中國，監察權一部份屬於國會，一部份屬於司法；考試權則完全屬於行政。中山先生所以主張考試、監察兩權獨立，是因看見滿清御史與主考制度實行有效，這確是一種事實，監察考試兩權之獨立，在君主專制時代確有其相當的效用，而在民主立憲時代，則未必相宜，因民主立憲最重「法治」；而「法治」最重「系統分明」、「權責分明」。行政院有用人之權，故考試仍應屬於行政，上下兩院有監督政府之責，故監察權仍應屬於國會，而五院制則祇可採其精神，不必一成而不變，因為行之十八年而無效，無論如何，總應該有所修正。

歸結起來，我們的主張是：第一、應該採內閣制。第二、應該採兩院制。第三、五院制祇可保存其精神，不必拘泥於形式。簡言之，以曾琦為代表的青年黨主張是：憲

法為國家之根本大法，有其至高無上之尊嚴性，所以要組
織「憲草審議會」來審慎制定憲法；至於憲法之性質，為
避免紛爭，難於修改起見，則以柔性憲法為宜；並應採取
內閣制及兩院制，中山先生之五院制，可保其精神，無須
拘泥於形式，而省制則應該採均權主義，以確立省之自治
地位。[78]

7、對省之定位之主張：對省的定位上，青年黨的楊永浚在「政
協」會議中首度發言。楊氏認為，地方自治是民主之基礎，
地方重於中央，自治重於行政。省的性質與權力應另行起
草規定。他主張：（1）省應成為自治的最高單位，（2）省
與中央應規定均權制。最後他說：民主精神在自己辦事。
省制在中國存在甚久，有其存在之理由，故應付予一定之
權力，使能自己辦事。所有中央地方均權，省有財政權，
省為最高自治單位，省長民選，這幾項，應加入憲草中
去。[79]換言之，青年黨對省的定位之看法，相當強調地方
自治之重要性。

　　另余家菊謂省應為自治單位，而有其事業，非監督自
治而已，倘省之自治如依命令而行，則命令可隨時變更，
故省之權限，應在憲法中規定，至於省憲，渠謂不必稱為
省憲，可稱為省單行法。[80]

　　最後曾琦綜合提出（1）省之地位宜提高，（2）省之
事業宜發達，（3）劃分省區宜慎重三點，並分別說明。余

---

[78] 曾琦，〈對政治協商會議憲草之主張〉，陳正茂等編，《曾琦先生文集》
（上），同註46，頁483-485。又見孔繁霖編，《五五憲草之評議》（南
京：時代出版社，民國35年8月初版），頁278-283。

[79] 學習知識社編，《政治協商會議文彙》（學習知識叢書，民國35年2月
初版），頁64。

[80] 〈中央社訊〉，《中央日報》（重慶版）（民國35年2月19日）。

家菊繼之補充，謂縮小省區，應顧及經濟之條件，人才之
供應，與歷史之情感三者。[81]

陳啟天對省的定位考慮更周詳，渠稱：「就地方自治
原則而言，少數民族原應有自治權，憲法中應予保障，以
糾正過去之統制、同化甚至征服之錯誤政策。」[82]陳氏更
進一步主張省憲須由中央立法院決議批准，以保持全國的
統一。此提案大大損及中共在解放區的特權，引起了共黨
王若飛、秦邦憲起來激烈的辯駁，雙方怒目相向，不歡而
散。[83]

總之，青年黨對省定位的看法上，相當重視省的地方自治角色
與功能。省應有一定之權限；另外也強調少數民族應付予其應享的
自治權。

六、結論：青年黨對「政協」之貢獻與轉向

基本上，在「政協」會議中，青年黨以一個標榜第三大黨的地
位受邀參加，在會中展現其獨立自主的立場，不管是對軍事問題或
憲法草案，該黨均有其自己的主張與堅持，並非如後來中共所譏笑

---

[81] 孔繁霖編，《五五憲草之評議》，同註 78，頁 300-303。

[82] 〈中央社訊〉，《中央日報》（重慶版）（民國 35 年 2 月 20 日）。

[83] 陳啟天說，「二、三月間，依據政協決議，召開憲草審議委員會，予亦與
焉。初由張君勱起草，交各委員共同討論，曾因『三民主義共和國』，『國
民大會職權』，『立法院與行政院關係』及『省憲』等問題引起激烈爭論。
共黨秦邦憲出言不遜，予與曾琦均退席抗議。」〈年紀初稿〉，陳啟天先
生紀念集編輯委員會編輯，《陳啟天先生紀念集》（台北：中國青年黨中
央黨部發行，民國 74 年 8 月出版），頁 69。

的「國民黨之附庸」的不實批評。[84]且因為沒有執政的野心,故該黨在戰後建國的規劃藍圖上,較少政黨之私,全然以國家的長治久安,政治的安定與人民的權利福祉為念。

誠如陳啟天在「政協」開幕前之呼籲,「我們對於政協的根本態度,是只許其成功,不許其失敗。……如何而後可使政協易於成功而不失敗?第一要大家多為國家和人民著想,不要專為自己著想。第二要大家多用智慧,少用成見。第三要大家多注意協商成敗的關鍵,全在政治民主化與軍隊國家化能否同時實行。」[85]

陳啟天的這個呼籲,不要以為卑之無甚高論。其實它點出了「政協」成敗的關鍵;也隱含了三點重要的道理。(一)前提上,朝野雙方與其他黨派,態度要以蒼生百姓為念;(二)立場上,國、共這兩大實力黨派,宜開誠佈公,捐棄成見,不能只顧一黨之私;(三)關鍵上,「政協」成敗與否?端視國、共能否在棘手的「政治民主化」、「軍隊國家化」這兩大議題達成協議或共識。

果不其然,「政協」對國、共兩黨而言,可謂各取所需。國民黨所要者為軍隊的整編,以軍隊國家化為原則,逼中共交出槍桿子。此乃蔣介石一再指出:「至於中共方面的軍隊整編,自然也要依照綱領與方案,切實整編。要使全國所有軍隊,不分黨派,不分地區,都能聽命於政府。」[86]軍事問題解決後,便可儘快召開國民大會,完成制憲大業。

至於中共所要者為擴大政府組織,使其得以加入國民政府及行政院;憲草方面則國大虛級化,行政院為責任內閣制,省長民

84　吳玉章,《吳玉章回憶錄》(北京:中國青年出版社,1978 年 11 月初版),頁 220。

85　陳啟天,〈我們對政協的態度〉,《新中國日報──特刊》(成都版)(民國 35 年 1 月 11 日)。

86　中國國民黨中央委員會黨史委員會編印,《中華民國重要史料初編──對日抗戰時期》,第 7 編,《戰後中國(2)》,同註 7,頁 244-249。或見歷史文獻社編,《政協文獻》,同註 6,頁 39-44。

選，制定省憲等。[87]此一舉數得，不僅可以使中共參與中央政權，且可以保有「解放區」之地方政權，更可架空國民黨及蔣之權力。依中共之如意算盤：「由於這些決議（政協）的成立及其實施，國民黨一黨獨裁制度即開始破壞，在全國範圍內開始了政治民主化。」[88]換言之，「政協」協議中的軍隊國家化，為國民黨所迫切需要；政治民主化則為中共所需求。而對青年黨等其他小黨派而言，恐怕只有要求黨派平等合法化一項收穫，其他好處大概談不上。[89]

但無論如何，「政協」確實一度為中國帶來和平統一之曙光，國、共雙方代表亦一再信誓旦旦的要保證其實現，不分地區，不分黨派，皆當遵從努力奮鬥。[90]國際間，美國總統杜魯門（Harry S Truman）據馬歇爾的報告，對此結果，亦深表滿意，並對蔣表示，彼將盡其所能，來支持此一目標之達成。[91]

只可惜好景不常，這股樂觀的氣氛瞬間即逝。揆其因有二：一為國民黨內部鷹派勢力之杯葛「政協」協議，主戰派氣焰高漲；二

---

[87]　蔣永敬，〈流產的「和平統一」〉，載林桶法，《戰後中國的變局──以國民黨為中心的探討》（代序），同註4，頁3。

[88]　〈延安權威人士評政協會議閉幕〉，原載《解放日報》（延安版）（民國35年2月1日），轉載於孟廣涵主編，《政治協商會議紀實》（上卷），同註15，頁511。

[89]　對於黨派合法問題，中共方面提出政府應承認國民黨、共產黨及一切黨派的平等、合法地位；政府方面表示，各黨派在法律之前平等，本為憲政常軌，今可即行承認。〈政府與中共代表會談紀要（會談總結）〉（民國34年10月10日），中國國民黨中央委員會黨史委員會編印，《中華民國重要史料初編──對日抗戰時期》，第7編，《戰後中國（2）》，同註7，頁99。又同註4。

[90]　〈中國共產黨代表周恩來在政協會議閉幕式上致詞〉，原載《新華日報》（重慶版）（民國35年2月1日），轉載於李旭編，《政治協商會議之檢討》（南京：時代出版社，民國35年8月出版），頁31-32。

[91]　〈美國總統杜魯門對華政策聲明〉，《新華日報》（重慶版）（民國34年12月17日），轉載於孟廣涵主編，《政治協商會議紀實》（下卷），同註15，頁810-812。

為毛澤東之「暴力革命」立場，堅定難移。毛之出席重慶會談與同意「政協」，本出於形勢所迫，並非真想和談妥協。[92]此由毛在〈駁蔣介石〉一文中，極盡謾罵之能事，說蔣「通敵、賣國、妥協、投降」等等可見端倪。[93]繼之，中共對於「政協」所議之重大議題，如國民大會召集案，憲法之起草及國府委員名額分配諸事，均採取全面杯葛態度。

　　而中共此舉也加速了青年黨政治態度的轉向，本來在「政協」期間，青年黨的立場是較中立的，在若干議題上，甚至出現較傾向中共的主張。[94]在 35、36 年間，青年黨對國、共雙方其實是維持一種「等距」的角色，也就是維持中立，較不偏不倚的立場。黨內曾琦與余家菊、陳啟天等領導人與國民黨關係密切，雙方也保持良

---

[92] 基本上，毛澤東赴渝參加會談是猶豫不決，甚至是被內外環境所迫使的。茲以毛於 34 年 8 月 16 日回蔣電看「重慶　蔣委員長勛鑒：未寒電悉。朱德總司令本日午有一電給你，陳述敵方意見，待你表示意見後，我將考慮和你會見的問題。毛澤東未銑（八月十六日）」。《大公報》（重慶版）（民國 34 年 8 月 21 日）。只是考慮，並不想成行。其後，蔣又拍來第二封邀請電報，毛回電依然「重慶　蔣委員長勛鑒：從中央社新聞電中，得讀先生覆電，茲為團結大計，特先派周恩來同志前來進謁，希予接洽為懇。毛澤東未養（八月二十二日）延安」。《新華日報》（重慶版）（民國 34 年 8 月 24 日）。仍只派周恩來到重慶來探路，自己尚未有親赴之打算。直到蔣第三次電邀後，毛才將國共會談事宜提到中共政治局擴大會議來討論，周恩來主張應爭取主動，迫蔣妥協。朱德也認為和平對中共有利，去談判是必要的。這才促成毛赴重慶會談的決心，唯有些人擔心毛到重慶的安全。李維漢，《回憶與研究》（下冊）（北京：中共黨史資料出版社，1986 年出版），頁 628。由上可知，毛出於對蔣的極不信任，故其赴重慶會談，是迫於形勢，相當勉強的。

[93] 毛澤東，〈駁蔣介石〉，《解放日報》（延安版）（民國 35 年 4 月 7 日）。轉載於孟廣涵主編，《政治協商會議紀實》（上卷），同註 15，頁 655-663。

[94] 如在「政協」會議期間，對「軍隊國家化」與「政治民主化」等議題，基本上是較傾向共產黨的。連中共代表周恩來都認為青年黨的提案很公道。見歷史文獻社編：《政協文獻》，同註 6，頁 97。又見李炳南，《政治協商會議與國共談判》，同註 61，頁 203。

好之互動；另有「青年黨內左派」之稱的李璜和左舜生，則以民盟要角身分，同共產黨周旋，彼此交情亦不錯。[95]

然當中共破壞「政協」決議及奪權的野心昭然若揭後，青年黨以其堅決反共的政黨屬性，最終不可避免的由中立而傾斜到執政的國民黨這邊。[96]此乃黨性使然，因其主張國家主義，標榜愛國、反共，故其立場自然也與同屬反共政黨的國民黨較相近。總的來說，在國、共劍拔弩張，各懷所圖，互不信任的氛圍下，在戰後中國，欲求「政協」協議能具體落實，恐非易事，然吾人不能因此而抹煞青年黨對「政協」的貢獻，及為建國謀劃之苦心。

今年為「政協」召開六十週年，想當年國、共為一黨之私，各懷鬼胎，未能具體落實「政協」協議而兵戎相見。國、共內戰的爆發，陷億萬生靈於荼炭，而國家也付出了隔海對峙長期分裂的慘重代價。如今，海峽兩岸依舊互信不足，國內朝野持續對立，吾人能否從當年的「政協」汲取歷史教訓，這是頗值得深思及嚴肅以對的。

---

[95] 中國第二歷史檔案館編，《中國青年黨》（北京：檔案出版社出版，1988年12月1版），頁306。

[96] 青年黨的建黨宗旨主要為「外抗強權」和「內除國賊」，其所稱強權是指侵略中國之國家，尤以日俄兩國為必須急切反抗的主要對象；其所稱國賊是指亂國禍國的軍閥，及甘為蘇俄鷹犬的中國共產黨。由此可見其反共屬性之堅定了。中國青年黨中央宣傳組輯印，《中國青年黨黨史·政綱》（台北：中國青年黨中央黨部發行，民國74年6月出版），頁85-86。

青年黨與制憲國民大會

一、前言──「政協」後國共之爭議

　　制定憲法，還政於民，一直是戰後不分朝野黨派，所有中國人民共同的期盼。基本上，「政協」召開所訴求的重點之一，乃為要求政府迅即召開「制憲國大」，以完成「中華民國憲法」制定之大業。豈奈「政協」甫落幕，民國 35 年 4 月後，國共雙方軍事行動反而劍拔弩張，戰火愈演愈烈，百姓流離失所，生靈日益塗炭。情況之所以如此，緣起於國共之間的衝突是不可避免的。「政協」和美國調處只能延緩大衝突的爆發，卻不能泯除衝突的本源。

　　由於中共的最終目標是要奪取國民黨政權，不僅軍事上的和談陷於僵局毫無進展，「政協」之協議亦形同具文，雙方並無真心遵守之意，其中尤以改組國民政府和召開國民大會更是成為國共鬥爭的焦點。國民大會經「政協」決議，定於民國 35 年 5 月 5 日召開，但中共主張國大開會應在政府改組之後，且對於國府委員名額要求與「民盟」要共佔十四席，即超過國府委員總數四十席的三分之一，使其對國府委員會重要決議擁有否決權。而國民黨當局則願意給予十三席，即此「一席之爭」不能解決，中共始終不提交出席國大名單，「民盟」亦跟進之。為此，國府當局不得不展延國民大會開會日期，從 5 月 5 日延至 11 月 12 日。但中共反以此指控國大延期違反當初「政協」決議，並公然宣布定期於 11 月 12 日開幕的制憲國民大會為非法。[1]

---

[1] John Leighton Stuart,《Fifty Years in China》〈New York, 1954〉Chatper9. P3.

在國大開幕前，這半年左右的黃金時間，為爭取中共及「民盟」的參加國大，各方勢力可謂真正全力以赴的積極斡旋，先是呼籲國民黨展現誠意，作若干讓步，而美國馬歇爾（George Catlett Marshall）的調停工作亦馬不停蹄的穿梭於國共之間，惜未見任何成效。在此情況下，社會上漸有一股將國共調停希望，放在第三方面的呼聲。[2]是年 10 月初，馬歇爾因調停無功已有放棄之狀，因此，第三方面遂責無旁貸肩負起調停之責。

本文主旨即試圖探討以青年黨為首的第三方面，如何在國大開幕前這段短暫時光，積極斡旋調解國共雙方之經緯，從調停過程中亦可看出第三方面之立場。在第三方面內部，也因政治態度的傾向而出現紛歧，「民盟」人士因偏袒中共，在最後一刻與中共採取一致立場，杯葛國大拒絕出席；青年黨與張君勱的民社黨則為顧全大局，希望中國早日有部憲法，也於最後一刻提交出席國大名單，為第三方面調停失敗劃下一戲劇性之結果。

其次論述重點為說明青年黨參與制憲國民大會之苦心，兼亦述及其對憲法的一些基本看法，「中華民國憲法」制定得來不易，在內憂外患的艱困環境中制定完成，其中青年黨人的共體時艱與貢獻，是值得吾人予以高度肯定的。

二、國大召開前之折衝斡旋

關於中共與「民盟」是否提交出席國大名單，其實在國府當局公佈 11 月 12 日前的一個月是最關鍵的，當時全國人民都在拭目以

2　〈社評：和戰關係下的主人翁〉，《新民報晚刊》（民國 35 年 5 月 7 日），第 1 版。〈急待第三者斡旋〉，《新民報晚刊》（民國 35 年 5 月 19 日）第 1 版。

待看國共兩黨如何出手過招，而有舉足輕重的第三方面又如何來因應紓解朝野這樣的僵局。所以國大召開前一個月，第三方面即刻不容緩緊鑼密鼓的斡旋折衝，希望能找出一條彼此均可接受之途，惜國民黨只願再等中共三天，而中共更是鐵板一塊堅不讓步，調停努力最終宣告失敗。這段冗長艱辛的調停過程，茲從 10 月 10 日起，以時間進程敘述第三方面這段調解始末。

民國 35 年 10 月 10 日，國軍進佔張家口，軍事勦共的順利，使政府信心大增，姿態更形強硬。隔日，政府又發出國民大會將於 11 月 12 日召開之公告，此舉益發刺激及引起中共與「民盟」的不滿，中共代表周恩來甚且忿然返滬，拒絕協商。[3] 然蔣介石卻甚有信心國民大會將順利召開，蓋其以為青、民兩黨當不致於杯葛，聯合反對國民大會。[4] 但為使中共和「民盟」也能來參加國民大會，國民黨方面仍認為有需要請第三方面出來調解雙方的紛歧。10 月 16 日，蔣介石對和談訂出基調，提出八項主張，分別是：

1、依照今年（35 年）6 月間，三人小組所擬定之恢復交通辦法，立即恢復交通。

2、在軍事調處執行部各執行小組及北平之執行部內雙方不能同意之爭執，依照本年 6 月間，三人小組所擬定之辦法處理之。

3、關外之國軍與共軍暫駐現地，由三人小組應即依照所擬定之東北軍隊駐地，定期實施。

3　中共中央文獻研究室編：《周恩來年譜（1898-1949）》〈北京：新華書店發行，1989 年 3 月 1 版〉，頁 695-697。

4　Marshall, George Catlett. Marshalls Mission to China, December1945-January1947: The Report and Appended Documents. Arlington: University Publications of America, Inc, 1976. P310-312.

4、華北華中之國軍與共軍暫駐現地，以待三人小組協議商決
　　國軍與共軍之駐地分配及整軍統編與縮編諸事宜，而達成
　　全國軍隊統一之目的。

5、五人小組所成立之協議，應即交由政協綜合小組，獲得
　　其協議。

6、關內之地方政權問題，由改組後之國府委員會解決之。關
　　外之地方政權，凡沿長春鐵路之各縣市，應由中央先行執
　　行。其餘各地方政權，亦由改組後之國府委員會解決之。

7、憲草審議委員會應即召開，商定憲法草案，送由政府提交
　　國民大會作為討論之基礎。

8、在共產黨同意以上各案後，即下停止軍事衝突令，若下令
　　之同時，共產黨應宣布參加國民大會並提出其代表之名
　　單。[5]

　　蔣在提出主張後，10 月 17 日，國民黨立即派吳鐵城、邵力子、雷震等人到上海同第三方面接觸，希望他們勸說周恩來回南京繼續談判。第三方面乃推出左舜生、李璜、章伯鈞、羅隆基、黃炎培、張君勱、胡霖等人連夜向周恩來轉告同國民黨代表會談的經過。[6] 18日，中共對和談亦提出兩點要求為：「承認恢復一月十三日國共雙方軍事位置為一切軍事商談的準則，承認實行政協一切決議為一切政治商談的準則。」[7] 由上看來，二者可謂南轅北轍，沒有交集。

---

[5]　〈蔣主席發表關於處理目前時局之聲明〉，中國國民黨中央委員會黨史委員會編印，《中華民國重要史料初編——對日抗戰時期》，第七編，《戰後中國（三）》（台北：中國國民黨中央委員會黨史委員會，民國 70 年 9 月出版），頁 229-230。

[6]　金沖及主編，《周恩來傳》（北京：中央文獻出版社發行，1989 年 2 月 1 版），頁 654。

[7]　〈中共中央關於時局的聲明〉，《解放日報》（延安版）（民國 35 年 10 月 18 日），第 1 版。

　20 日，左舜生、李璜等代表第三方面決議力邀周恩來一齊赴京，繼續和談。[8]21 日，曾琦、左舜生、李璜等代表第三方面赴南京晤蔣。[9]隔天又訪晤孫科，報告同國民政府及中共兩方洽談情形。[10]23 日，青年黨主要領袖幾乎全部出動，為商談政協憲草，消除不同意見而努力。

　會議中，針對有可能影響和談者，提出討論。左舜生以第三方面立場，提到：「現在最有障礙於和談者，莫過於國大開會，已有定期。惟要求國大延期事，不可出於第三方面之口，祇可使政府瞭解其為故障，而自行延期。」[11]25 日，左氏報告會見孫科情形，並言及據孫氏所言，蔣主席特別注意東北駐軍的解決，對於憲法，倒容易商量。[12]26 日，左氏晤王世杰，報告第三方面探詢對時局意見，唯王氏仍以蔣的八項原則答覆問題。另王氏希望第三方面宜速行拿出辦法，如果拖延，恐怕局面很快破裂。王氏主張將日前第三方面所擬的三條辦法研究定稿，以完成第三方面之責任。[13]

　27 日，由於距當時政府公布 11 月 12 日召開國大的時期已近，第三方面人士急謀速決問題，乃加緊會商。其中尤以左舜生最為積極，除主張要想個辦法，勸說兩方停戰外，也對國民黨代表王世杰、陳布雷、吳鐵城、雷震等人抱怨說：「我們本來希望趕快辦到停戰，而使調停工作，告一段落；但現在因安東問題，而發生困難。如此演變，即使在政府改組以後，仍有許多問題待決。希望大家把事情放長看，不可專看一時之事。」[14]

8　蔣勻田，《中國近代史轉捩點》〈香港：友聯出版社，1976 年 11 月初版〉，頁 103。
9　尚丁，《黃炎培》（北京：人民出版社，1988 年 10 月 1 版），頁 156。
10　王成勉編著，《馬歇爾使華調處日誌》（台北：國史館印行，民國 81 年 5 月出版），頁 155。
11　同註 8，頁 105。
12　同上註，頁 115。
13　同上註，頁 118。
14　陳正茂編著，《左舜生年譜》（台北：國史館印行，民國 87 年 12 月初版），頁 189。

　　時國軍甫收復安東，氣燄高漲，頗有以武力解決一切之態勢，故左氏頗不以為然政府此舉，且覺得更增加第三方面調停國共歧見的困難度。也難怪亦為第三方面代表之一的黃炎培對調停頗有倦勤之意。幸左氏勸慰：「我們要先有一個方案拿出來，對將來的歷史作交代，才能說走。」[15]

　　28日，為避免破局，第三方面乃密集於上海交通銀行商討對策，希望在兩方面找出一個折衷方案。只是國共雙方條件差距甚遠，最後只得由第三方面先擬定一折衷方案再行討論，其方案內容大致如下：

　　　1、國共雙方各就原地即日停戰；關於停戰之監督及交通之恢復，由軍調會及其執行小組，依照軍事三人組織已有之協議處理之，至於雙方軍隊仍依整編統編方案辦理之。

　　　2、全國地方政權問題，由改組後之國民政府委員會，依照政協決議之和平建國綱領所規定解決之；其有爭執之地，並依軍民分治之。

　　　3、依照政協決議及其程序，首先召集綜合小組，商決政府改組問題，一致參加政府；並商決關於國大問題，一致參加國大。同時，儘速召開憲草審議會，完成憲草修正案。[16]

　　29日，青年黨以中共態度蠻橫，政府亦不退讓，而「民盟」又已失客觀風度及公正立場，毅然決然宣布脫離「民盟」，並聲明不再參與調停和談會議。但為顧全大局，青年黨考慮參加國民大

---

[15]　同註8，頁119。

[16]　李璜，《學鈍室回憶錄》下卷（香港：明報月刊社出版，1982年元月初版），頁616。又見羅隆基，〈從參加舊政協到參加南京和談的一些回憶（1946年1月10日到11月14日）〉《文史資料選輯》第20輯，頁268。

會。[17]雖然如此，基於對國家及人民之使命感，11月6日，李璜與左舜生仍拜會張嘉璈，交換對於國共和談與國大問題意見。[18]

對於中共與「民盟」杯葛國大，左舜生更是憂心忡忡，左氏曾對第三方面莫德惠、張君勱、羅隆基、沈鈞儒等人言：「國大看樣子非開不可，絕不會延期。國大一開，則政府軍一定攻打延安。……最後五天，一定要辦到雙方可能商談之基礎，庶幾國大開會而不開議，俾可繼續商談。」

席間，沈鈞儒說：「若想談和，國民黨要有商談之誠意。」左氏頗不以為然的反駁：「雙方都要有誠意。……總之，在此五天之內，定要弄清兩方所索之真價錢，且須具體明白。一過十一月十二日，國大開幕，就要正式武打了。」[19]

為此，左氏於是晚還邀晤周恩來，試圖作最後之努力。周說：「政府已決心國大如期召開，國大開成，政府軍必即進攻延安。我們必放棄延安，改變戰略，進行全面抗戰。現在第三方面熱心調停，我們對任何方式之和談，都願參加。」[20]

7日，左氏表示：倘中共願談，國大開會而不開議，時間或許還來得及。但萬一政府不答應和中共談，則前景恐怕黯淡。[21]10日，為國、共紛爭事，左氏以為應使國、共兩方了解第三方面的目的，在求解決問題，同時我們首先也要知道他們是否還有誠心的談和。[22]

11日，第三方面最後一次調停，青年黨出席者有曾琦、李璜、左舜生、陳啟天。席間，章伯鈞指責左舜生言：「左先生不是說過

---

[17] 同註8，頁125。
[18] 姚崧齡編著，《張公權先生年譜初稿》（上冊）（台北：傳記文學出版社，民國71年1月初版），頁763。
[19] 同註8，頁131。
[20] 同上註，頁134。
[21] 同註14，頁191。
[22] 同註8，頁145。

國民黨不讓中共參加行政院嗎？目的即在讓弱小者參加，不讓有力者參加。名為各黨聯合政府，實仍一黨握權，用心之險，可想而知。民主同盟絕不參加片面召開的國大，也不再參加這樣的調停會議。」

　　左氏對「民盟」的自失立場及偏袒共產黨態度深不以為然的反駁：「伯鈞，共產黨不能有百是而無一非；國民黨也不能有百非而無一是呀！停戰令不是下了嗎？延期的時間雖短，總算延了。既是你們不願再作調停人，任何人也不能勉強。我們青年黨即作聲明，也不再參與調停人的會議。同時政府既接受我們的意見，延期三日，我們也不能不考慮參加延期後的國大。」[23]

　　13日，左氏晉見蔣介石，蔣向其保證憲法會為國大所接受。[24]14日，左氏率領青年黨與第三方面分道揚鑣，青年黨參加國大。關於此事，當事人之一的羅隆基日後有一段精彩的追述：「轉瞬，國大延期的三天又要滿期了。十一月十四日在南京交通銀行的會議室裡，所謂的第三方面的代表演出了最後攤牌的一幕。那天開會時，民盟只到了黃炎培、章伯鈞和我三個人。其他方面的代表差不多都來了。主持人問大家，關於和談還有什麼下一步的做法嗎？大家相視而笑。只有一兩個冷冰冰、低沉沉的聲音說：『只好開了國民大會再說了嘛！』於是主持人就說：『是不是大家對參加或不參加國民大會，來表示一下態度呢？』第一個發言的仍然是青年黨的左舜生。他照他的習慣，拍著胸膛，提高著嗓子說：『我們青年黨參加，我自己也參加。』話也真簡單爽快，不說半句理由，也不帶半分遲疑。」[25]

　　其實青年黨及左舜生之所以堅持參加制憲國大，是有其理由和苦心的，並非如羅隆基所言「不說半句理由」。李璜即談到：「舜生

---

[23]　同上註，頁 149-150。

[24]　同註 10，頁 165。

[25]　羅隆基，〈第三方面南京和談內幕〉，見孟廣涵主編，《政治協商會議紀實》（下卷）（重慶：重慶出版社，1989 年 10 月 1 版），頁 1686-1687。

彼時是決定以孤注一擲的心情來與國民黨合作的。因他認為共產黨既以我們參加制憲為罪大惡極，則國民黨如打不贏共產黨而失敗，我們即使不參加政府，也是一樣的罪在不赦，與國民黨同歸於盡。何況國民黨這回要求與青民兩黨平等合作，三黨共同決定施政方針，一半固為共產黨所逼成，一半也由馬歇爾臨行所說：『盼望蔣先生能在改組政府中使自由分子得著權力』。」[26]

　　上述以逐日記載方式，論述青年黨諸領袖，尤以左舜生最熱心，以第三方面代表角色，廢月餘時間，調停國共衝突之經緯。惜國共積怨已深，彼此均精心算計，毫無互信，雙方各懷鬼胎，皆以權力為優先考量，如此情境，致使青年黨之調解斡旋工作，功虧一簣，功敗垂成。

三、為國家計毅然參與「制憲國大」

　　雷震於《制憲述要》書中，屢屢提及其當年代表國民黨，為使民、青兩黨能參與制憲國大，奔走京、滬間，受盡委屈，看盡臉色。甚至暗示民、青兩黨以此作要脅，欲撈其政治好處。[27]雷震的記述，雖有其當事者親身感受，不能說毫無憑藉，但至少就青年黨而言，從其內部中常會紀錄可知，該黨自始至終即力挺國民黨到底，雖有自己政治利益之考量，但基本上，為避免國民黨淪為一黨制憲之譏，甚至極力為國民黨拉攏民社黨共同參與。[28]

---

[26]　李璜，《學鈍室回憶錄》下卷，同註 16，頁 635-636。

[27]　雷震，〈制憲述要〉，載傅正主編，《雷震全集》（23）（台北：桂冠版，1989 年 9 月 1 版），頁 5-42。

[28]　朱建華、宋春主編，《中國政黨史》（黑龍江：黑龍江人民出版社出版，1991 年 7 月 1 版），頁 510-511。

　　茲以該黨 35 年 11 月 13 日，離國大開幕前二日的九十二次中常會為證，該黨通過了「絕對參加國大案」。[29]隔天中常會又火速通過「提出國大名單案」。議決：由八千（按：即李璜）與吳鐵城交涉於 15 日午後同民主社會黨同時提出國大代表名單，若屆時民主社會黨不提出名單時，青年黨於 15 日晚單獨提出名單。[30]雷震《制憲述要》一直提到青年黨參加國大是以民社黨亦有參加為前提。[31]吾人由青年黨最高機密文件《中常會會議紀錄》看來，顯然並非如此。

　　青年黨之所以抱持毅然決然，孤注一擲參與國大的決心。平情而言，除有其政治利益考量外，主要還是以大局為重。蓋制憲國大召開前夕，青年黨認為國民政府既已應其要求而把國大延期三天；而且國大既勢不能不召開，則不如參加以使國大制憲的結果比較圓滿。因此乃決定由曾琦、陳啟天於 11 月 15 日晚間送出青年黨國大名單一百人。[32]

　　11 月 15 日，制憲國大在南京隆重揭幕，左舜生代表青年黨發表談話，除嚴申參加制憲國大的理由外，[33]並總結青年黨參與調停

---

[29]　《青年黨第十屆第九十二次中常會會議紀錄》（原件）（民國 35 年 11 月 13 日）。

[30]　《青年黨第十屆第九十四次中常會會議紀錄》（原件）（民國 35 年 11 月 14 日）。

[31]　雷震說到：「國民大會開幕典禮儀式完畢，我就趕到陳啟天家中拿青年黨出席國民大會的代表名單。這一次很好，我到時陳啟天即將名單交給我，惟一再囑咐不能見報，要等到民社黨名單拿到時，才可在報上發表。並說，如果民社黨不參加，青年黨代表名單即令發表了，他們仍是不會出席的。」雷震，〈制憲述要〉，載傅正主編，《雷震全集》（23）同註 27，頁 16。

[32]　國民大會秘書處編，《國民大會實錄》（南京：國民大會秘書處編印，民國 35 年 12 月出版），頁 124-126。

[33]　〈左舜生先生行狀〉，見《左舜生先生紀念集》（台北：中國青年黨中央執行委員會編印，民國 60 年 7 月出版），頁 4。左舜生說：「青年黨認為曾經派了五個代表會同其他四個方面（國、共、民盟、社會賢達）所協議的政協會議及其決議，應該得到尊重，青年黨認為只要本政協精神及其決

國共之苦心和不得不參加國大的立場。其言：「自上月二十一日，第三方面人士承政府邀約，聯袂來京，經過二十餘日之奔波商談，其間不少可歌可泣之事實，對問題癥結之所在，雖大體明瞭，但政府與中共之間仍有若干意見無法接近，即第三方面之本身之所見，亦不無出入，延至本月十一日夜間八時，即國大原定開幕之前夕，仍無法獲得一致之決議，本黨及若干社會賢達始決定表示可以提名，但仍希望政府將開會日期延遲數日，以作最後之努力，此即國大開幕日期延緩三日之由來。不幸在此最後之三天，民盟既作暫不參加之決議，中共力主停開，吾人為促成民主憲政之實施，並與若干社會賢達表示一致之行動，更不願引起全國日陷水深火熱之人民，發生過度失望之感，始將本黨代表名單，毅然提出。溯自數年以來，吾人對全國團結之工作亦曾奔走調停，不遺餘力，其所懷抱之目的：一為爭取和平；二為促成統一；三為實現民主！此不僅朝野各方絕無異詞，即全國人民亦莫不對此殷殷期待，所不同者，有人認為參加國大，足以破壞和平，吾人則認停戰既已實行，惟有一致參加國大，和平始有繼續維持之希望，有人認為參加國大足以招致分裂，吾人則認為分裂本為數年來已成之事實，惟有一致參加國大，始有促進全國統一之可能，有人認為參加國大，足以妨害民主，吾人則認為惟有將政協改訂之憲草在本屆國大通過，獲得舉國一致之支持，民主始能獲得一有力之保障，凡此若干主要目的之完成，實為本黨創黨以來基本立場之所在。至國大召集日期之如何決定，國府將行政院改組於國大開幕以前或稍遲數日，雖亦與政協決議有關。然比較前所列舉之大者遠者，則尚屬次要，敢以此意，昭告國人，見仁見智，一切惟有訴諸當代賢豪及後世史家之公斷。」[34]

議去處理國是，各種問題不難迎刃而解。」見辛蘋：〈青年黨往何處去？〉，《文革週刊》第 2 年第 6 期（上海：民國 35 年 11 月 20 日），頁 10。

[34] 中國青年黨中央宣傳組輯印，《中國青年黨黨史・政綱》〈台北：中國青年黨中央黨部發行，民國 74 年 6 月出版〉，頁 61-62。

　　換言之，爭取和平，促成統一，實現民主是青年黨參加國大主要的原因，且有力的駁斥中共與「民盟」的批評，尤以詳述調停經緯，有向外界解釋其努力與用心實已仁至義盡了。

　　11 月 15 日，國大開幕，21 日，國民大會第三次預備會議選舉主席團，青年黨有曾琦、李璜、左舜生、陳啟天、余家菊等四十六人當選。[35]在該次大會上，蔣主席代表國民政府提出憲法草案和諮文，繼由大會秘書長洪蘭友宣讀憲法草案全文。[36]宣讀畢後，余家菊代表青年黨，提出對此項憲法草案之書面意見說到：「政府提出之草案，經過長時期之演進，且其內容隨時代而進步，確能反映全國各方面之意見，本席親聆蔣主席之指示以後，願意代表中國青年黨各出席代表，聲明竭盡心力，將此一草案，虛心商討，以制定一部適合國情，與時代需要的完全憲法。」[37]

　　此一書面意見，至少可看出兩點，一是青年黨對此項以「政協」原則所議定的憲法草案，表示讚揚，另一方面聲明願虛心竭力議制一部完美的憲法。

　　由於中共對蔣的演說極盡攻擊之能事，說民主不能由獨裁者製造，憲法不能由毀法者說了就算，蔣所開的國大是「偽國大」；所制定的憲法將是「偽憲法」等等。[38]透過宣傳也引起社會一部分的共鳴，大家都在睜大眼睛，看青年黨與民社黨如何陪國民黨演這齣戲，也因此，青、民兩黨參與國大的壓力甚重。

　　在社會輿論眾目睽睽之下，青年黨參加國大，就更希望能名正言順光明正大的依據「政協」原則，將「政協」期間朝野所取得共

35　國民大會秘書處編，《國民大會實錄》，同註 32，頁 350-351。
36　劉振鎧編著，《中國憲政史話》（台北：憲政論壇社出版，民國 49 年 2月），頁 233。
37　陳新鎔，〈中華民國現行憲法之制定經過〉，《復興崗學報》第 17 期（民國 66 年 6 月），頁 193。
38　〈評蔣介石「憲草」演說〉，載東北日報社編：《中國巨大變化的一年（1946.7-1947.6）》（東北書局，民國 36 年 7 月出版），頁 147。

識的憲法草案，能夠得到制憲國大的支持通過，且遵守「政協」決議，無根本原則的改變。所以簡單的講，青、民兩黨在制憲國大裡，最關心的問題是，這部符合「政協」原則的憲法草案是否能夠順利在國民大會通過。

　　為此，青年黨在制憲國大的表現，是有其主張與自主性的，它並非國民黨的橡皮圖章，在很多憲草細節討論或大原則上，常是與國民黨據理力爭；甚至與國民黨抗爭到底。這裡，有必要略敘他們的努力，以彰顯他們對於制定中華民國憲法的貢獻。

　　舉例言之，即青、民兩黨拒絕參加宣誓事件。依照國大組織法規定，國大代表須宣誓，惟此項誓詞較適用於國民黨籍的代表。青、民兩黨代表則認為，中山先生遺教內容很多，有些部份固可採入憲法，有些則宜斟酌損益，不可完全拘泥。「政協」憲草即中山先生遺教與各方意見折衷而成；而他們參加國大目的是維護「政協」憲草通過，因此不便參加宣誓。

　　所以在 11 月 13 日補行國大代表宣誓典禮時，青、民兩黨皆因此理由拒絕參加。余家菊更代表青年黨說明彼等不參加宣誓的理由為：「我們對於創造中華民國之孫中山先生，素來尊崇；對於國民黨員所信仰之孫先生遺教，也很具同情。不過日前蔣主席在提交憲法草案時，已經明白表示，從此還政於民，開始憲政。所以我們認為憲法草案所規定的信仰自由和思想自由，應當立刻實現。我們尊重國民黨朋友的信仰自由，同時亦保持自己的思想自由。我們不參加補行宣誓的理由，就是這樣。」[39]別以為此係小事，實則由此可以清楚地看出青、民兩黨代表之所以拒絕宣誓，旨在維護蔣主席所提交的憲法草案能在制憲國大順利通過。

　　當憲法草案進入逐條討論時，開宗明義的第一條「國體」即引起了高潮，青年黨人夏爾康等即以「中華民國為三民主義共和國」

---

[39] 陳啟天，《寄園回憶錄》〈台北：商務版，民國 54 年 12 月初版〉，頁 210。

條文中的「三民主義」是國民黨的最高黨義，但非國家立國之宗旨，且太強調「三民主義」，便成為一黨的特有性，故主張將「三民主義」四字刪除，建議改為「中華民國為民主共和國」即可，後來為遷就他方面的意見，乃改定為「中華民國基於三民主義，為民有、民治、民享之共和國」。後在提交國大後，發生許多爭執，在憲草綜合審查委員會中竟修正為「中華民國基於三民主義為民主共和國」字樣，後經青、民兩黨再三抗爭，始照原來協議條文，即「中華民國基於三民主義為民治、民有、民享之民主共和國」字樣通過。[40]

除了第一條國體問題的爭執外，綜合國大代表對憲法各章之爭議尚有下列數項：1、國民大會職權應不應該擴大的問題，2、行政院對立法院應否負責的問題，3、司法行政權隸屬的問題，4、監察院同意權的問題。總之，不外是五權憲法與三權憲法之爭。青年黨是主張三權憲法，希望行政院為一責任內閣，而把監察、立法兩院代替歐美民主國家的上下兩院。後來國大所通過的憲法，大體上係本此精神，但也不無遷就現實之處。[41]

11月30日，國民大會開會期間，「政協」會議憲草審議會召集人孫科邀王寵惠、張君勱、王雲五、繆嘉銘、吳經熊、林彬、雷

---

[40] 同註36，頁241。又見中國青年黨中央宣傳組輯印，《中國青年黨黨史‧政綱》，同註34，頁67。李璜甚至批評，「主張中華民國為『三民主義共和國』，這簡直是蘇維埃社會主義聯邦共和國的翻版，其不民主，其漠視各在野黨派及人民的思想信仰自由，莫此為甚。」李璜，《學鈍室回憶錄》下卷，同註16，頁631。而胡國偉也表示，希望「國民黨不要把黨的主義放在國家的尊嚴和人民的利益之上。」見胡國偉，〈論憲草的國體問題〉，《青年生活半月刊》（上海版）第11期（民國35年12月1日），總頁199。也因此，民、青兩黨對這一條，最後以投棄權票來表示不滿。〈憲草第一條表決時青年民社黨棄權〉，《新民晚報》（民國35年12月15日），第1版。

[41] 中國青年黨中央宣傳組輯印，《中國青年黨黨史‧政綱》，同上註，頁67-68。

震及左舜生、陳啟天等青年黨籍人士集議，對憲草修正案訂正稿重行審議修正。[42]

在審議修正憲法期間，由於佔人數絕對優勢的國民黨，有不少國大代表主張恢復「五五憲草」的若干憲草規定，此舉引起了民、青兩黨代表的強烈反彈，甚至不惜以退出國大來抗爭到底。

對此，於 12 月 4 日的國大第八次會議中，何魯之與余家菊代表青年黨，嚴正的說明了該黨對憲法的基本態度，何魯之言：「青年黨對於政治制度素來一向的主張，是責任內閣制度、議會制度，其意在使行政機關對立法機關負責任，在使治權與政權互相控制、互相平衡，在使治權與政權的流弊點彼此相抵相衡，而終至於相消，是要使國家最高元首超於政潮之外，不受政潮影響，這樣國家才能安定政局才不至陷於紛擾，這就是青年黨主張責任內閣制度議會制度的理由。」[43]何魯之的發言，重點在說明青年黨對憲政政治制度的架構，基本上是主張責任內閣制的。

如果說，何魯之的聲明是著重在大原則的立場闡述，那麼接下來余家菊的發言，那就是對某些憲草的具體主張了！譬如對於民意機關，余家菊代表青年黨提出三點意見：1、我們要有一個常設的民意機關以監督政府發揚民權。2、民意機關的人數不可太多，太多則交換意見困難，構成決議不易。3、民意機關不可在政府之下，也不可在政府之上，要佔在平等對立的地位，以互相節制。

至於總統的權力也是一樣，不可太小，亦不能太大，因當選總統的人，必定是千錘百鍊、智勇兼全的，故權力太小，確為國家的

---

[42] 王雲五，《岫廬論國是》〈台北：商務版，民國 54 年 11 月台初版〉，頁 295。又見方仁，〈孫科與制憲國民大會〉，載《中華民國史專題論文集——第 1 屆討論會》（台北：國史館印行，民國 81 年 12 月出版），頁 428-429。

[43] 同註 41，頁 68。

損失，但是為發揚民權避免權力過度集中於行政機關，總統的權力也不可太大。

而在地方治安與國家統一方面，應當並顧，不可以地方自治之名，收國家分裂之實，亦不可以國家統一之名，行削足適履之事，至於邊疆地方，應當依據省縣自治原則，隨各地情形，尋求適當的自治辦法。

最後對於職業代表制，為原來憲草所無，但青年黨願意支持之，支持原因不是站在階級的立場；而是要利用專門職業界的專門知識和利益，另對各級民意機關設置婦女代表名額，余家菊說，青年黨也鼎力支持之。[44]總的來說，青年黨之參加國大，並非完全由國民黨拉著走，它是有其一套主張及相當自主性的。

12月7日，針對憲草諸多條文又回復到「五五憲草」的規定，曾琦藉蔣約見之機會，表達了「極為不滿」之意，民社黨甚至不惜以退出國大相逼，終使國民黨作出讓步。[45]12月12日，左舜生又代表青年黨為國民黨緩頰，針對外界對憲法之批評，提到在國民大會制訂中的憲法，雖然有些缺點，但仍願意接受。因為「欲求憲法每一條每一字均令人滿意，實為不可能之事。」蕭公權謂青年黨此舉，為顧全大局，識大體，具有政治格局的做法。[46]

12月19日，對國民黨制憲若干內容草案有違「政協」決議，青年黨隨即斬釘截鐵的對外界發表談話，聲稱：「政協原則多被推翻，憲草如不照原案通過，青年黨將退出國大。」[47]蔣為拉住青年黨，不得已在憲法上作出相當大的讓步。

---

[44] 同上註，頁 69-70。

[45] 同註 8，頁 175。

[46] 胡春惠編，《民國憲政運動》（台北：正中版，民國 67 年 11 月初版），頁 1095。

[47] 《新中國日報》（成都版）（民國 35 年 12 月 19 日）。

　　由上可知，基於「政協」決議精神，參與制憲國大，一直是青年黨的初衷，凡任何有違「政協」決議之舉，青年黨均堅決反對，甚至不惜退出。而當初「政協」決議是經過朝野一致認可的，包括中共與「民盟」在內。所以說中共與「民盟」對青年黨的參加國大，大加撻伐，其心態殊為可議。

四、結論──青年黨對「制憲國大」之貢獻

　　由上述青年黨在「制憲國大」的表現可看出，青年黨雖從不諱言其政治立場是傾向國民黨的，但這種傾向並非完全依附的一面倒，它是有其堅持和自主性的。基本上，與其說青年黨親國民黨；不如說青年黨愛的是中華民國這個國家。凡對國家有利之事，即便黨受到諷讒毀謗，它也仍無怨無悔的去做，此亦符合其標榜「國家主義」之宗旨。基於此，當年其毅然決然參與「制憲國大」的動機，就是這種精神之展現。

　　民國 35 年 12 月 2 日，適逢青年黨建黨二十三週年，又恰好在制憲之際，該黨特別語重心長的發表一篇紀念日宣言，其中談到：「今天全國人民所期望的是什麼？就是國家的和平建設、人民的安居樂業。要達到此二目的，必須斷然結束三十五年來內憂外患的動盪局面，迅速制定全國公認的憲法，在憲政基礎之上完成民主的統一，庶可使國家基礎漸趨鞏固，和平建國始有可期。……現在，憲法由討論以進於完成已指日可期，我們相信以大多數國民代表之來自民間，必能深悉人民厭亂望治的心理，所制定的憲法必為平正通達能夠促進國家團結，人民福利的民主憲法，而非偏畸固執，召亂而不能止亂的反民主憲法。」[48]

---

[48]　〈中國青年黨建黨二十三週年紀念宣言〉，轉引自孫子和編，《民國政黨史料》（台北：正中版，民國 70 年 10 月初版），頁 293-294。

　　誠哉斯言，國家需要一部憲法，有總比沒有好，當初青年黨與張君勱的民社黨即抱此心情參加的。制憲期間，秉持著「政協」決議的底線，用心制憲，對國民黨的一黨之私，若干在憲草上的企圖，皆能給與制衡，或反對或制止。全力支持通過以張君勱為起草人的「中華民國憲法」，可以說為這部憲法的催生與制定，居功至偉。否則試想，彼時國民黨若硬幹到底，不惜一黨召開國大，不在乎外界的批評，則這部「中華民國憲法」制定出來是何模樣？吾人實不敢想像。基於此，對青年黨的參與國大，實在是用心良苦，且亦貢獻良多矣！

　　故誠如當 36 年元旦憲法正式公布後，青年黨中央執行委員會亦於同日有感而發的說，「中國各政黨在協商的基礎之上，已使國民大會之制憲工作，幾經艱鉅而卒底於完成。此次憲法，乃係朝野各政黨相互容忍讓步之光榮的結果，此種政黨互諒的精神，所及於國家之影響或較其所制定之憲法內容尤為重要。……憲法之權威，不在其本身之條文，而在乎表現國民齊一之意志，能得全國最大多數國民擁護之憲法，其命運始能垂之久遠行而不敝。」[49]有了與國民黨共同制憲的患難與共；又有了原本關係的改善；兼與在憲法架構下，為國家民眾福祉奉獻服務的義務，其後青年黨的參加政府，就不只是有跡可尋，且根本是責無旁貸了！

---

[49] 〈中國青年黨對實施憲政之宣言〉，《新中國日報》（成都版）（民國 36 年 1 月 1 日）。

青年黨來台分裂始末（1950-1990）

一、前言

民國政治史上，曾經是國、共之外第三大黨的中國青年黨，從民國 12 年 12 月 2 日於巴黎成立後，即陷於紛擾不斷的情況。期間有高層的衝突，如曾琦與陳啟天、余家菊之矛盾。[1]有基層像王捷俠、霍維周的脫黨；[2]大陸淪陷前又有周濟道、朱法思所謂「革新派」的出走。[3]來台初期更演變成黨的大分裂——此乃民國 40 年 6 月 4 日所謂的「天馬茶房事件」，或稱「六四事件」。[4]這件曾經被評為「中國政治史上一件大事」。[5]

---

[1] 茲舉二例述之，如曾琦與陳啟天的不合，左舜生在覆曾琦信上即有言：「兄與先生（陳啟天）原無不可解釋之誤會，但過去以兩兄在態度上均有不甚偏宜之處，以致一般同學留一極不良印象，弟今後則願效其誠悃，使兩兄仍能一致效忠團體，一如民十三、四年之景象。」左舜生：〈覆益三（曾琦）同志書〉，見潘哲、王嘯東、梅自芳整理：《二十四年中央重要覆函鈔本》（台北：筆者藏）；至於曾琦和余家菊觀念思想之相左，余氏坦承：「其實有很多見解我同曾琦很有差異，未能彌縫，尤以革命思想為甚。」載余家菊：《余家菊（景陶）先生回憶錄》（台北：慧炬出版社，民國 83 年元月初版），頁 17。

[2] 〈王捷俠等告青年黨書〉，《國聞週報》第 10 卷第 31 期（附錄）（民國 22 年 8 月 7 日），頁 1-4。有關「王、霍事件」詳情，可參考楊伯安遺述、王文濤代筆：《風雨八十年》（台北：中國青年黨黨史委員會印行，民國 82 年 5 月出版），頁 45-84。

[3] 張樸民編：《中國黨派》（南京：中聯出版社，民國 37 年 3 月 1 版），頁 99-100。

[4] 此事件名稱甚多，有「天馬茶房事件」，因其發生地點在台北市南京西路的天馬茶房；有叫「六四事件」，以其發生時間是六月四日之故；另尚有

　　而此一「天馬茶房事件」的爆發,在青年黨史上有其特殊的歷史意義,就青年黨而言,經歷這次該黨空前未有的大分裂後,似乎是宣告青年黨由盛而衰的最後高潮,亦為青年黨此後內部鬥爭白熱化,分裂頻繁的一個分水嶺。經此事件後,青年黨高層雖力求彌合,但整個黨已四分五裂,既便後來表面上又復合團結統一,然其只是貌合神離的假象。總的來說,青年黨是再也振作不起來了。

　　因此,本文即以「天馬茶房事件」為主軸,兼述其後一連串分裂之演變及期間國民黨和黨外人士調停的經過。另就民國政黨史而論,青年黨來台之大分裂,其中雖有國民黨分化斧鑿之痕跡,但基本上亦標誌著在近代中國的政治文化中,沒有武力為奧援的第三勢力生存之不易。[6]

　　事實上,國、共兩黨在中國欲追求實現的並非西方的民主政治,而是以民主為假象的徹底專制獨裁,故不希望有真正在野黨的存在。觀之半世紀以來,國、共兩黨在海峽兩岸的專制統治,雙方

「天馬茶房叛黨事件」、「六四運動」、「雙包案」、「改革運動」等等稱呼。見〈中國青年黨第十二屆全國代表大會特輯〉,《民主潮》第2卷第3期(民國40年11月15日),頁21。又胡國偉:〈從青年黨創黨談到「六四」改革運動〉,《新中國評論》第2卷第3期(民國40年8月),頁9。朱世龍:〈論政黨分裂及其演變〉,《民主潮》第1卷第24期(民國40年9月25日),頁5。

5　《中央日報》(民國40年6月5日)第1版。

6　青年黨其實也深知擁有武力的重要性,否則不會在早期要依附於軍閥;大陸淪陷前李璜欲在四川募兵打游擊來對抗共產黨,惜均功敗垂成。曾琦亦說:「空言反共無效,非武力不可,故獎勵同志研究軍事人材之機關,如雲南講武堂,金陵軍校擔任教授,灌輸國家思想,藉以養成大批反共軍人。」曾琦:〈愚公自訂年譜〉,載陳正茂等編:《曾琦先生文集》(下)(台北:中央研究院近代史研究所發行,民國82年11月初版),頁1555-1556。又李璜《學鈍室回憶錄》下卷(香港:明報月刊社出版,1982年元月初版),頁696-697。吳國樑:〈國共以外的選擇:中國青年黨之研究(1923-1949)〉(香港:香港中文大學研究院歷史學部哲學碩士論文,1998年5月),頁32-34。

均玩弄「在野黨派」與「民主黨派」做陪襯點綴，可知在現代中國缺乏實力（武力）之在野黨的悲劇宿命。

　　本文擬分成十個部分，來分別加以探討：1、前言；2、敘說「天馬茶房事件」經緯；3、倒敘青年黨分裂之遠因，主要以當年參加政府所產生之糾紛和中央民意代表選舉恩怨為闡述重點；4、近因則除了國民黨「改造運動」所帶來的刺激外，黨魁曾琦病逝才是造成分裂最關鍵因素；5、敘述「天馬茶房事件」爆發後，青年黨分裂為「新生派」與「大華派」，雙方對事件爭議的焦點為何？6、主要以《雷震日記》中的記載，窺探當年國民黨調停之經過；7、簡述調停失敗後，「大華派」召開第十二屆「全代會」之始末；8、由聯合到統一，主線放在分裂後，黨內外奔走調停之經緯；9、以六〇年代為分水嶺，略敘國民黨對青年黨做最後剩餘價值之利用；10、結論：再由青年黨分裂之滄桑，論述該黨之所以無法在台灣發展茁壯之因。如此一來，即可使此一頁過去很少為外人所熟知的在台分裂始末滄桑史，得以真相大白於人間。

二、「天馬茶房事件」之經緯

　　民國 40 年 5 月 7 日，青年黨領袖曾琦病逝美京華盛頓。[7]消息傳回國內，震驚朝野。同年 6 月 3 日，台北各界假徐州路台大法學院舉行紀念追悼大會。[8]未料翌日下午，卻爆發了青年黨有史以來最大的、影響最深遠的「天馬茶房事件」。所謂「天馬茶房事件」起因於陳啟天、余家菊兩位青年黨在台領導人，在曾琦病故後，中

---

[7]　陳正茂編著：《曾琦先生年譜》（台北：國史館印行，民國 85 年 6 月初版），頁 208。

[8]　《中央日報》（民國 40 年 6 月 3 日）第 1 版。

樞無主，又鑒於該黨「現狀杌陧，步驟凌亂，非亟圖挽救，無以負荷重任，報國救民。」[9]於是在 6 月 4 日假台北召開「臨時全國代表大會」（以下簡稱「臨全會」），希望藉由黨的改造，徹底整頓黨紀，調整不合時宜的組織制度。「臨全會」後發表了〈改革宣言〉、〈新組織綱要〉、〈告同志書〉等三份重要文件，新產生的中央主席團也發佈致各界電文，正式對黨內外宣告青年黨的改革。[10]

　　但陳、余的「臨全會」落幕後，正是青年黨內鬨的開始。對陳、余所召開之「臨全會」，黨內贊成者固有之，但遭受排擠的黨內同志，尤以中央黨部之重要幹部更不甘心就範，乃迅速展開反擊。原中央檢審委員會主席，亦為黨內德高望重之領導人的李不韙，也發表〈告同志書〉，嚴厲指責陳、余等人之行為非法。[11]香港的老黨員呂偉東亦上書力陳「是會之產生，人皆謂於法無據於理不順，是未合於變之道也；欲變必先取得多數之同意，而後可通于道，否則徒貽人笑柄耳。」且直指「此次改革目的，意在使一二人去位而後快」，此行徑根本為「以不忍忿憤之心，而為小題大作之舉」更何況「此一二人者，過去之行為何若，未聞執事等為同志言之，就令彼所為不當，非去不可，亦不難循正路以圖之，黨章可覆按也，遵黨章而行之，寧有反對者乎！」[12]

　　「天馬茶房事件」後，反對者攻擊的矛頭，幾乎全部指向陳啟天，咸認為陳啟天是以改革為名，行奪權之實，目的不僅要獨攬黨務，且欲以主席之尊，從政府那邊撈到一些政治權位。

---

[9]　〈中國青年黨四十年臨時全國代表大會告同志書〉，《新中國評論》第 2 卷第 3 期（民國 40 年 8 月出版），頁 4。

[10]　上述諸文件均見《新中國評論》第 2 卷第 3 期（民國 40 年 8 月出版），頁 2-4。

[11]　〈中國青年黨中央檢審委員會主席李不韙告同志書〉，《民主潮》第 1 卷第 21 期（民國 40 年 8 月 10 日），頁 19。

[12]　呂偉東：〈致陳余胡三先生書〉（民國 40 年 7 月 6 日），見《黨事留痕》原稿（台北：筆者藏）。

　　呂偉東代表留港青年黨員即指斥陳「忖先生改革發難之初，必自以為朝裏有人，內通外應，領袖之尊，垂手可得，功名祿位，指日可期，遂不顧黨之法紀，不恤人之笑罵，明目張膽，悍然為之，若以為移公逝世之後，黨之領袖，非我莫屬也，庸詎知名不正則言不順，不順則人不從，自非薰心利祿，喪心病狂之徒，誰肯甘心從惡，相率而為偽乎！」[13]並譏諷陳氏不甘寂寞，「人如不甘寂寞，則何事不可為？推此不甘寂寞之心，乃至忍心害理，同室操戈，為人之所不敢為，以至中人拆我陣營之詭計，不仁不智！負黨負友！不祥孰甚焉！」[14]

　　另立場較中立之潘再中亦致函陳氏言：「此次革新動機，固屬正大光明，然一發而不能收，釀成僵局，黨譽與個人俱受無可彌補之損失，未識吾兄曾作長思檢討乎？……縱大華方面有何小組織，企圖把持，及非禮舉動，以吾兄之德行與修養兼備，復以傳統代表人物，及老大哥之一自視，似宜循循善誘，因勢利導，運用智慧，儘可優容感化，以德代怨，弭患於無形……大華方面固負激變之責，吾兄亦失寬大風度也。」「吾兄既決心革新為己任，但事前未經統盤籌劃，徵諸多方意見，布署周詳，孰意晴天霹靂，絕大多數同志，突墮幽谷，張皇失措，撲索迷離，反致真理湮沒無彰。」甚至直指陳氏此舉簡直是師承史、毛強而從之，「自此整個黨務，乃呈囂張為幻，譎變閃忽莫測之局，決非極少數超然同志，憑一腔熱血，奔走呼號，補苴罅漏，所可澄清霾霧者矣！」[15]

---

[13]　呂偉東：〈致陳旡生先生書〉（民國41年7月18日），見《黨事留痕》原稿（台北：筆者藏）。

[14]　同上註。

[15]　潘再中：〈致陳修平兄函〉，《我的及時微弱呼聲》（台北：著者自印，民國62年7月出版），頁12-13。

而原中央執行委員會，先是在各大報刊登啟事，說明該黨中央黨部仍在原址辦公。[16]繼而亦發布〈告同志書〉，反駁「臨全會」的一切改革主張。[17]

至於兩方所辦的刊物，改革派之《新中國評論》與當權派的《民主潮》亦針鋒相對互不相讓，雙方對峙攻擊達數月之久。[18]

就這樣青年黨一分為二，各立中央黨部及組織系統，一在台北市新生南路 3 段 19 巷 6 號陳啟天宅，簡稱「新生南路派」，又稱「改革派」由陳啟天、余家菊、胡國偉、胡阜賢、劉鵬九、侯俊、于復先、李萬居等八人為在台主席團主席；港方為李璜、左舜生、何魯之、張子柱及鄭振文五人，以胡國偉任秘書長。對夏濤聲、王師曾、林可璣、王嵐僧及劉泗英等均予以排擠。[19]

另一在台北市和平東路大華新村 4 號，簡稱「大華新村派」，亦為「當權派」。此派由王師曾、王嵐僧、林可璣、夏濤聲所謂「王、王、林、夏」為實際領導人，委劉泗英為秘書長。[20]

---

[16] 《中央日報》（民國 40 年 6 月 7 日）第 1 版。

[17] 〈中國青年黨中央執行委員會告同志書〉，《民主潮》第 1 卷第 21 期（民國 40 年 8 月 10 日），頁 18-19。

[18] 雙方論戰較具代表性文章如林可璣：〈誰是「青年黨的傳統代表人物」〉、夏濤聲：〈民主政黨與革命〉、王師曾：〈以事實關所謂「改革運動」〉、讜員之：〈「改革運動」乎？「毀黨運動」乎？〉、朱世龍：〈論政黨分裂及其演變〉上述為代表「大華派」發表在《民主潮》上的文章；另陳啟天：〈中國青年黨的改革運動〉、胡國偉：〈從青年黨創黨談到「六四」改革運動〉、胡自翔：〈談青年黨改革運動〉、戚光烈：〈中國政治史上一件大事〉、陳兆驊：〈本黨改革運動的幾點認識〉則代表「新生派」刊載在《新中國評論》上的文章。基本上雙方論戰文章均集中在 40 年 8 月、9 月與 11 月。

[19] 〈中國青年黨中央主席團代電〉，《新中國評論》第 2 卷第 3 期（民國 40 年 8 月），頁 3。又《雷震日記》（40 年 6 月 5 日），見傅正主編：《雷震全集》（33）（台北：桂冠版，1989 年 8 月初版），頁 106。

[20] 王師曾：〈以事實關所謂「改革運動」〉，《民主潮》第 1 卷第 22 期（民國 40 年 8 月 25 日），頁 3-5。

　　這兩派都奉左舜生、李璜為領袖，也都發表過批判國民黨當局的言論，但比較上，「大華新村派」反蔣更激烈些。[21]

　　總之，「天馬茶房事件」使原本因曾琦去世，而真正有領導能力的李璜、左舜生又不在國內的青年黨更加暗潮洶湧。動盪的時代，特殊的環境，前此因權力祿位之爭而結下舊仇新恨的兩派青年黨人終於正式分道揚鑣。諷刺的是這長達五年的大分裂，還只不過是日後分崩離析的第一道序幕。

三、分裂遠因：參加政府糾紛和中央民意代表選舉恩怨

　　探究五〇年代青年黨之分裂，可追溯自大陸淪陷前，潘再中在《我的及時微弱呼聲》書中，即坦承青年黨同志間開始有嫌隙變質，「實始於第十屆全代會（34 年 12 月重慶滄白堂）一幕表演縱橫捭闔，勾心鬥角，詐虞相乘，險惡場面，暴露無遺，無復當年精誠團結之跡象」。[22]

　　時任青年黨中央組織部副部長的夏爾康亦不諱言：「民國三十四年十一月本黨第十屆全代會，……這時，正當抗戰勝利，國家主義似已抬頭，本黨為促進民主憲政，協助政府反共建國，參加了制憲國民大會，也參加了為結束訓政及準備行憲的過渡政府，因而造成本黨似可從此平步青雲的假像，許多疏離已久的同志，紛紛歸隊；而愛國反共人士為求展其政治抱負而參加本黨者，更是攘攘熙

---

[21] 周淑真：《中國青年黨在大陸和台灣》（北京：中國人民大學出版社出版，1993 年 11 月 1 版），頁 255。

[22] 同註 15，頁 10。

熙，趨之若鶩。因此，從表面看來，似為本黨發展的高峰，實則也是本黨紛擾與衰落的先兆。」[23]

此期間有兩件大事對青年黨造成不小的影響，甚至可以說拖垮了青年黨。一為民國 36 年國、青、民三黨的合組聯合政府；一是隔年的國大代表與立、監兩院委員的選舉。

關於前者起因於 36 年 4 月 16 日，國民黨總裁蔣中正與青年黨主席曾琦、民社黨主席張君勱和無黨無派社會賢達人士莫德惠、王雲五等，共同簽訂「新政府之施政方針」，準備組織行憲後之新政府。[24]

4 月 23 日，新政府成立，青年黨參加政府，由曾琦、何魯之、余家菊、常燕生四人擔任國民政府委員，左舜生任政委兼農林部長，李璜為政委兼經濟部長，後因李堅辭不就，改由陳啟天任之。[25]楊永浚（叔明）、鄭振文任政委。此外，復提出數十人任立法委員、監察委員、國民參政會、憲政實施促進會委員。

其實對參加政府，青年黨亦自有盤算，除向政府爭取名額外，尚進一步要求參加各省市縣地方政權（如省府委員、專員、縣長、校長若干人），及各級民意機構（如參議員十分之一）。欲藉此大量吸收黨員與掩護各地黨務之發展。[26]

惜由於受參政的影響，反倒使青年黨得不償失，就高層而言，造成彼此革命情感的裂痕。青年黨第二號人物李璜，自始至終即反對參政，其理由之一，為要在國、共兩黨間維持均勢姿態；其次，

---

[23] 夏氏言：「那時我是中央組織部副部長，內情了如指掌，而心竊憂之。」見夏爾康：〈懷恩師陳修平先生〉，《陳啟天先生紀念集》（台北：中國青年黨中央黨部發行，民國 74 年 8 月出版），頁 214。

[24] 《中國青年黨黨史‧政綱》（台北：中國青年黨中央宣傳組輯印，民國 74 年 6 月出版），頁 97。

[25] 陳啟天：《寄園回憶錄》（台北：商務版，民國 54 年 12 月初版），頁 225-228。

[26] 孫子和編：《民國政黨史料》（台北：正中版，民國 70 年 10 月初版），頁 260。

他認為憲政的結果，只是使國民黨的一黨專政合法化，且國民黨乃革命出身，任何手段都可採取，不堪信任。

　　然曾琦、左舜生等贊成參政之領導人，則以為，青年黨的行動是以國家的利益為前提，現在國家既有此需要，吾人便得不計利害而參加。[27]原本標榜以道義相結合之領導幹部，都因參政而欲為官，致使黨中央高層的道德形象嚴重受損。余家菊在其回憶錄即披露一段祕辛說到：「陳啟天任部長，本是由於曾琦派的擁護，後來漸漸又有不肯受其控制的意味，在憲政第一次內閣的時候，王師曾等要求曾琦支持改換陳啟天的主張，曾琦不許，當孫科長行政院時，只給青年黨一部長、一政委，陳啟天才下台。左舜生是當首都在重慶時便已議定為農林部部長，那時是要他安撫反對曾琦的人們，中間曾經擬議用楊叔明代替左舜生，後來在上海選舉參政候選人時，楊叔明落選，所以未曾實現。直到立法院議決取消農林部時，左舜生才下台，當時有一位女同志何仲愚散發傳單反對他戀棧。」因此，余氏曾無限感慨的說：「可惜大家只注意到自己權勢的保持和擴張，而沒注意到黨的前途。南柯一夢，好景不常，到後來行政院改組，青年黨有一個政務委員點綴其間，便無絲毫意義可說了。」[28]

　　從余氏以上的回憶錄談話，不僅可以看出「以官為貴」的人性通病，對青年黨參加政府之利弊得失，亦可一目了然。

　　另就基層而論，自從參政後，青年黨逐漸有黨務重於國事的傾向，蓋以其為爭取進身政壇的終南捷徑，如此，也漸啟青年黨紛爭之端。[29]

---

[27] 余家菊：《余家菊（景陶）先生回憶錄》（台北：慧炬出版社出版，民國83年元月初版），頁28-29。

[28] 同上註，頁29-30。

[29] 同註23。

　　其實，共組聯合政府之事，以及對參政後黨員渴望為官的功利心態，青年黨並非沒有察覺。早在民國 35 年 3 月 5 日，青年黨中央即特別發出〈告同志書〉，試圖糾正很多青年黨人因參加政府之說而日漸浮動的投機心理。[30]唯效果似乎有限。

　　總之，該黨對參加政府原則上並無問題，惟對於參加國府委員及行政院政務委員名額與所兼長之部會人選，其內部卻頗有爭執。[31]且自參加政府後，久欲嚐權力滋味之心態開始浮現，傳統知識份子的為官心理也開始瓦解青年黨人的團結精神。為名額有限的祿位，同志之間彼此怒目相向，相爭不休已大有人在。當時青年黨的中常委不過十二、三人，然自主席以下參加政府者已半數以上。高層領導幹部進入政府，熙來攘往於權力間，黨務遂逐漸陷於停頓。

　　不僅如此，有鑒高層領導人已位居要津，上行下效的結果，中、下層幹部亦各個飛奔於京、滬間，以謀求出路。權力使人腐化，為謀職求差，青年黨的創黨理想與組織日趨渙散，剩下來的，只有利益的衝突與分割了。[32]

　　例如朱文伯即沉痛指出：「抗戰勝利以後，青年、民社兩黨，因與國民黨共同反共之故，參加政府。在反對者與執政黨方面的某些人，指為這是『分一杯羹』。但就青、民兩黨短期參政的經驗看來，這不是『一杯羹』，而是一杯毒藥。本來以道義相結合，以救國相期勉的一群書生，即因參政之故，引起互相猜疑，發生內部紛爭。別有企圖的『朋友』，表面上佯示同情，實際在推波助瀾，擴大裂痕。」又說：「參加政府，和政治權位接觸，卻變成了黨的致命傷。因各人利害不同，看法殊異，派系滋生，內爭掀起了。同志的情感由密而疏，甚至同舟變成敵國了。大陸淪陷，政府遷台，領

---

[30] 李璜：《學鈍室回憶錄》下卷（香港：明報月刊社出版，1982 年元月初版），頁 633。
[31] 同註 26，頁 259。
[32] 同註 30，頁 637-641。

導人曾慕韓先生客死美國，分裂遂表面化。二十年來，同志們多已離開行政機關，與政治權力絕緣，相互間團結合作與犧牲奮鬥的精神，已經大非昔比，黨勢『日益不振』，乃顯而易見的事。」[33]甚至連胡秋原也說：「青年黨之衰由何時開始？以我所目擊的，由三黨參加政府開始。」[34]可謂洞察入微，誠如斯言！

　　另一件使青年黨內部造成更大紛擾的，是中央民意代表的選舉恩怨，在制憲國大落幕後，其所制定的「中華民國憲法」，於 36年元旦公佈，是年 12 月 25 日正式實施，於是中華民國正式邁入憲政時代。[35]而行憲後，首件大事即為國民大會代表、立法委員與監察委員三項中央民意代表的選舉。這項選舉使原本已暗潮洶湧的青年黨，為權力傾軋問題再度浮上檯面。

　　對於這項中央民意代表選舉，青年黨顯然非常重視，早在民國35 年 3 月 5 日，該黨中央執行委員會發表的〈告同志書〉即強調「本黨今後政治運動中心工作不在參加政府機關，而在積極參加各級民意機關」。[36]職是之故，選舉伊始，青年黨中央總部即設立「普選指導委員會」，指示普選注意事項，而全國各省市黨部也先後成立。民國 36 年 9 月 1 日，青年黨在上海召開第十一屆全國代表大會，即慎重其事的檢討參加國大及政府後之新形勢；及今後工作方針與參加全國大選問題。全代會閉幕後，旋即積極布署競選事宜。

33　朱文伯：《懷舊集》（台北：民主潮社發行，民國 63 年 12 月出版），頁 40-41。

34　朱文伯：〈敬悼陳故主席修平先生〉，《陳啟天先生紀念集》，同註 23，頁 290。又見胡秋原：〈青年黨還能做出對國家更大的貢獻〉，《曾慕韓先生逝世三十周年紀念特刊》（台北：中國青年黨中央黨部出版，民國 70年 5 月），頁 14。

35　簡笙簧主編：《中國近百年憲政大事年表》（台北：國史館印行，民國 81年 3 月出版），頁 179-181。

36　〈中國青年黨中央執行委員會告同志書〉（35 年 3 月 5 日），錄自胡國偉編述：《中國青年黨簡史》（台北：菩提文藝出版社出版，民國 64 年 5月再版），頁 81。

　　開始籌備選舉時，青、民兩黨本主張向政府要求國大代表、立委等名額實行三：一：一之比例（即國民黨三，民、青兩黨、社會賢達各一），再提名公開競選。然因實際上困難太大，且不合民主精神，未被政府採納。於是，青年黨復提出國大代表四百名、立法委員一百名，要求政府如額支持，保證選出。後因索求過多，幾經搓商，始決定改為六成。名單以政黨提名方式，送交選舉總事務所公布。[37]

　　國民黨雖接受青年黨六成之人選，但時任國民黨秘書長的陳立夫，堅持要分區分縣分配名額，換言之，即是要國、青、民三黨中央議定某縣劃歸某黨選出，先行定案，然後再依此議定之縣區命令自家各黨的黨員去從事競選。陳立夫堅持此做法理由有三：一是減少三黨的競選活動，以免彼此競爭劇烈，力量相抵消，在地方上反為共產黨所乘；二是許多縣區接近共區，不能因競選而影響戡亂；三是任何縣區都是國民黨在當權，如果三黨不在中央早有協議，則青、民兩黨的候選人很有可能會在選舉中全軍覆沒。[38]

　　仔細分析，陳氏所言之前兩點顧慮得不無道理，唯後一點則未必，因為國民黨不見得在地方上可以處處把持選舉，而青、民兩黨在很多地方上仍有其實力與群眾基礎。

　　令人錯愕的是，當時負責選務規劃的陳立夫，其代表國民黨中央的黨令下達，在很多地方並不生效，重要縣區的國民黨員都不服從黨令。因為按照當時各民意代表選舉法規定，候選人可以經政黨提名，也可以自由簽署提名來參選。所以倘有國民黨人在一縣區中若不願服從黨令者，也可以循自由簽署的方式來參選。如此一來，又造成三黨各不相讓的競選局面。

---

[37] 同註26，頁260。
[38] 同註30，頁643。

　　此漏洞使得當時很多國民黨籍的候選人，因有必勝把握，而不願禮讓青、民兩黨。陳立夫等勸退無效，只好又以職業團體代表的餘額，以及邊區僻縣無人競選的席次來請青、民兩黨去參加選出以為補償。[39]

　　可是，縣區國代、立監委等選舉，必須其人是本縣區籍貫者，方能提名登記，無法冒充。如此一來，青、民兩黨又不得不臨時改推若干適合於該邊區僻縣籍貫的代表候選人，而原本推出的許多資深黨員候選人，在其縣區且已花了相當多的精力與費用，卻多數未能當選，但後來推出較資淺的候選人反而當選了。[40]

　　試以丁廷標為例，朱文伯即談到：「同年冬季，政府辦理中央民意代表選舉，他（按：指丁廷標）原是我們通揚選區的立法委員候選人，因過份相信國、青、民三黨協商原議，執政黨與政府應負責支持各政黨提名的候選人獲得當選，沒有回鄉競選，他的學生和同情者也認為他篤定當選，大家把選票投給另一同鄉，結果因得票不多，連候補資格都沒有。本黨同志被提名為立法委員候選人，絕大多數和他的情況相同，行憲後的立法院中，在野政黨席次奇少，原因即在於此。」[41]於是一場黨內風暴乃無可避免。

　　因為，當初提名額時，在黨內已有遺珠之憾，也引來不少黨員的不滿。後來又遷就國民黨，同意只提出六成名額，更使黨內志在必得者爭的頭破血流，但最起碼，可以保證彼等有當選之可能。如今選舉結果，卻全然不是如此（該黨提名國大代表候選人四百五十人，立委候選人八十一名，選舉結果，只當選國大代表兩百三十餘名、立委十六名、監委十一名）[42]遠遠不及當初國民黨同意之六成

[39]　同上註，頁 644-645。

[40]　同上註，頁 645。又見董微：《微燕盧憶往》（台北：國家論壇雜誌社出版，民國 70 年 12 月），頁 93-96。

[41]　同註 33，頁 290。

[42]　同註 26，頁 261。

保證當選名額。在捉襟見肘僧多粥少的情況下，青年黨中央顯然無法安撫這些落選黨員，資深落選黨員咸認為青年黨被國民黨所騙，甚至批評黨中央高層只會忙著做大官，領導無方，從此不再信任中央領導，好不容易原本因政治理念相同而結合之青年黨，因祿位名器之爭，置革命情感於不顧，分裂種子隱然伏下。[43]

　　經過這一場混亂的中央民意代表選舉，不僅重挫國民黨的威信，也把青、民兩黨搞得烏煙瘴氣四分五裂。所以說，大陸淪陷前，青年黨為了共赴國難參加政府，及中央民代選舉造成黨內提名的雜亂無章，隱然已為黨的分裂埋下伏筆。

四、分裂近因：國民黨的「改造運動」與曾琦病逝

　　民國 38 年大陸淪陷，為中國現代史一驚天動地的劇變，面對此一時代變局，國民黨痛定思痛，檢討大陸的失敗，為反共大業，來台後，黨的改造乃成當務之急之事。為此，民國 39 年 7 月 22 日，國民黨的中央常會遂通過「黨的改造案」，[44]正式揭開國民黨的「改造運動」。

　　針對國民黨的改造，一部分青年黨員也覺得為重振黨的精神，青年黨亦有必要改造，此乃「天馬茶房事件」改革行動之背景。

　　基本上，青年黨的「改造運動」雖然多少受到國民黨的影響。[45]但，兩者改革的幅度和方向卻大為不同，因青年黨的〈新組織綱要〉遠比國民黨的〈改造綱要〉更加具體有物，且更側重制度面的變革。

---

[43]　同註30，頁 645。

[44]　《中央日報》（39 年 7 月 23 日）第 1 版。

[45]　據青年黨黨史會主任委員黃欣周先生對筆者口述：「當年陳啟天曾囑其寫一封信給左舜生，請左襄助改革，內容即言其改革動機一部分係受到國民黨改造運動之刺激及影響」。另沈雲龍亦言：「青年黨於是繼國民黨『改

以人事的調整處理而言：國民黨的〈改造綱要〉列有黨的「組織」、「幹部」、「作風」、「權利義務」與「紀律」五項，以整肅綱紀；青年黨的〈新組織綱要〉第八條則主張「黨員黨紀之開除由主席團作最後決定」。[46]

此新做法乃揚棄原有的中央黨務系統，全盤更動黨的制度、結構而形同「革命」，黨中央高層的權限大增，主席團的權力其大無比，故產生的效應也分外劇烈。

然而，雪上加霜的是，青年黨黨魁曾琦，於民國40年5月，病逝在美京，使該黨頓失領導中心。這對當時正處於飄搖動盪中的青年黨來說，頓失黨魁曾琦的領導，無疑在欲凝聚內部的必要性上，是更為沉重的一大打擊！此因長期以來，曾琦早已成為青年黨的精神領袖與象徵人物。正誠如其所言：「夫一國之有『中心思想』，則國事所由而定者也。一國之有『中心人物』，則國民所望而趨者也。」[47]因而曾琦本人對於青年黨來說，即為此種中心思想與人物。事實上，青年黨自成立以來，不管是領導高層或基層黨員，也都大致上以曾琦馬首是瞻，連自視甚高的左舜生都坦承，青年黨內能談大政治的也只有曾琦。[48]故長久以來，青年黨的黨務可說即是因曾琦的擘畫經營而茁壯成長。

造』之後，也趁曾琦新喪之際，有所謂『改造』運動，在天馬茶房舉行代表大會，自行成立中央黨部，從此開始了三十年的紛爭命運。」見《新萬象月刊》第14期（民國72年2月出版），頁23。

[46] 〈中國青年黨新組織綱要〉，《新中國評論》第2卷第3期（民國40年8月），頁2。

[47] 曾琦：〈論中心思想與中心人物〉，《國家主義論文集》（台北：中國青年黨中央黨部印行，民國72年9月出版），頁83。

[48] 左舜生說：「慕韓的政治技術或政治運用，我不怎麼恭維，可是在最近的三十年，在我的朋友圈子裏面，真正能談大政治的，我卻只承認慕韓一個。」左舜生：〈懷念曾琦〉，《文藝史話及批評》（台北：文星書店出版，民國55年6月初版），頁136。

　　然而，自曾琦因病體及精神不勝負荷，須遠赴美國療養，以致無法親臨主持黨務，兼以青年黨來台之初，又須面對紛至沓來的政局情勢與糾葛之黨務人事，致使當時處於中樞無人主持，而主要領袖如李璜、左舜生等亦皆不在國內的情況下，導致青年黨的分裂衰象在當時也就開始若隱若現了。

　　由於青年黨來台後，已出現群龍無首的窘境，黨務難以順遂推展，不得已之下，只得於民國 39 年 1 月，由陳啟天一人來擔任秘書長，並兼代理主席。不過問題在於，陳氏在青年黨內，其立場在此之前，原已較傾向國民黨，到台之後陳氏更決心定居台灣，要「與國家共存亡，與政府共患難」。所以上任後，即親洽國民黨的行政院長陳誠，並使青年黨每月也能領取數萬元「反共抗俄宣傳費」，以貼補該黨的財務支出；但陳氏此舉，卻被青年黨人士視為有辱黨格，因而立刻遭到黨內台灣地方組織的強烈反對，導致最後陳氏也不得不為此股強大的反彈壓力所迫，而整個辭去其在黨內的原有本、兼各職，黯然下台。[49]所以，此事也成為青年黨埋下日後分裂的遠因之一。

　　及至黨魁曾琦逝世後，青年黨內第一代領袖如陳啟天、余家菊等，對第二輩中生代如王師曾、王嵐僧、夏濤聲等較年輕而任職黨中央的幹部不服；而王師曾等較資淺黨員，又急於「世代交替」，亦不將老大哥放在眼裏。如此一來，青年黨的分裂也就勢在必然，只待時機之成熟了。

　　此所以陳啟天在其〈中國青年黨的改革運動〉一文中，屢屢提及「傳統代表人物」，意思即在彰顯他們這些「老大哥」們，才是真正青年黨的代表人物。[50]但在黨內，中生代早已躍躍欲試地想取

49　同註 21。
50　陳啟天：〈中國青年黨的改革運動〉，《新中國評論》第 2 卷第 3 期（民國 40 年 8 月），頁 5-6。

而代之，及至曾琦這號老一輩代表性人物故去時，更增加彼等萌生已逐漸遠離黨中樞的危機感！因而，「天馬茶房事件」才會在曾琦逝世不到一個月，即告發生。這不僅時間上，非常敏感，恐怕意義也非比尋常。可能的情況，應該說：「天馬茶房事件」原是一次有計畫的預謀，而從 5 月 7 日曾琦病逝，到 6 月 3 日台北各界舉行追悼大會這期間，應即為此事件之醞釀期；至於隔天下午所迅速召開之「臨全會」，其實也只不過是要尋求黨內與朝野各界能承認此一結果而已。

故嚴格言之，「天馬茶房事件」不是青年黨分裂的原因，而是分裂的具體化；不是分裂的結果，卻是分裂過程中最關鍵的一環！

五、「新生派」與「大華派」爭議的焦點

「天馬茶房事件」後，「新生派」與「大華派」爭議的焦點有二：（一）為「臨全會」的適法性問題；（二）為改革方案的合理性問題。

其實，關於「臨全會」的召開，平情言之，並無任何的法律依據。因為按照青年黨第十一屆全代會通過的黨章，青年黨的最高權力機關為全國代表大會，而全國代表大會閉會後，即以中央執行委員會為最高執行機關。所以青年黨全國代表大會召開之合法程序及出席代表之產生，是按如下方式逐步進行，即該黨的「全國代表大會每三年召集一次，由中央執行委員會召集之，如中央執行委員會認為必要時，或三分之一之省級黨部建議時，應即召開臨時全國代表大會，其職權與全國代表大會同」。至於「全國代表大會」則由下列方法產生之代表組織之：

1、正式及臨時省級黨部，依照本黨選舉法選舉之代表。

2、尚未成立省級黨部,而有相當組織之地方,及對本黨有特殊勞績,或有專門學識者,經中央執行委員會指派之代表,但其人數不得超過全部選舉代表名額之五分之一。

3、中央執行委員及中央檢審委員為當然代表。[51]

而陳啟天、余家菊等人,當時所主導召開的「臨全會」,顯然既非由中央執行委員會依法召開,也不是由三分之一省級黨部所建議舉行,且出席代表既未依黨內選舉法公開選舉,也沒有經中央執行委員會指派,其情況明顯已屬非法。因當時青年黨在台的當然代表,尚計有中執委三十七人,中檢委十人,但這些合法代表全無一人接獲出席的書面通知。[52]陳啟天等人居然就約集十餘位(一說二十幾位)「來路不明」的所謂青年黨人召開了「臨全會」,其行徑自屬非法,也難以教人心服口服。[53]

黨內大老李不韙,也立即指斥陳啟天等人的行為嚴重違法,並以黨章第三十七條說明,就算第十一屆中執委、中檢委任職已逾期三年,但「如遇重大事故,致全國代表大會不得依照規定召集時,其任期得延長至下屆全國代表大會開會之日止」,義正詞嚴的強調原來黨務組織的「正統性」。[54]

但是,陳啟天等人則堅持認為,這次的改革,是一種萬不得已的非常舉動,不能墨守成規完全依照正常手續來衡量。所以等於當時雙方各有堅持,互不相讓。但,其內幕究竟又是如何呢?

其實,有關青年黨在「天馬茶房事件」後,爆發嚴重內鬨之事,在目前已公開的《雷震日記》裡記載的很詳盡,故已可供有意研究

---

[51] 〈中國青年黨中央執行委員會告同志書〉,《民主潮》第 1 卷第 21 期(民國 40 年 8 月 10 日),頁 18。

[52] 同上註。

[53] 朱世龍:〈論政黨分裂及其演變〉,《民主潮》第 1 卷第 24 期(民國 40 年 9 月 25 日),頁 8。

[54] 同註 11。

者，對此作一瞭解時的佐證參考。此因雷震本人在大陸時期，即專門代表國民黨與民、青兩黨接觸交涉，因此他和民、青兩黨高層均甚熟稔，關係亦不錯，甚至在事件發生之後，互爭的兩派，還爭相拉攏其出面幹旋，故其所載內幕，可信度應相當高。

根據《雷震日記》裡所載：在「天馬茶房事件」隔天，雷震即親訪陳啟天於陳宅，而當時一同在場的該黨余家菊也不諱言的告訴雷震說：「夏濤聲、王師曾等胡為已久，篡竊黨部，此次忍無可忍，故採此革命手段，因無法採取法律途徑。因中常會、中執會無法召集，而主席又無法產生。」[55]

換言之，陳、余等人亦知道「臨全會」，若就法律面來論是有問題的，故很巧妙的以非常時期不得已之手段來解釋之。另一方面，從余氏之言來看，也確實反映了當時青年黨已面臨在中常會既無主席、也無合法產生的秘書長的嚴重窘境，故亦同時面臨無足夠法定人數的中委和合法選出的各省市代表。因而無論如何，該黨都沒有辦法召開全國代表大會。[56]職是之故，陳、余等人才會認為他們此舉，並無不妥之處。

當然，他們也不否認這次行動形同「革命」，但「在革命之前，法律已經敗壞，違法亂紀，故無所謂法治。以無所謂法治之故，亦無所謂法統。法既不存，統於何在？唯有在革命之後，以新生的銳氣，藉眾意之成城，以建立一個堅強有力的法治體系」。[57]

但是，對照於陳、余之行動，所謂「大華派」的要角如夏濤聲、王師曾等人的反擊也並不高明。此從《雷震日記》上便可看出：一開始夏、王等人即揭陳瘡疤，說：「陳對大家不滿之事有三：第一、

---

[55]　《雷震日記》（40 年 6 月 5 日）見傳正主編：《雷震全集》（33）（台北：桂冠版，1989 年 8 月初版），頁 106-107。

[56]　同註 50，頁 6。

[57]　余家菊：〈民主與政黨〉，《新中國評論》第 2 卷第 3 期（民國 40 年 8 月），頁 7。

在廣州時代他要做經濟部長而未遂；第二、陳辭修組閣，他要做政委而又未遂；第三、因政府補助之五萬元，他要幫助謝澄平之自由陣線一萬五千元，大家不答應，開了九次會，最後由渠等決定匯去一萬元與左舜生。」[58]

而此事由左舜生致雷震函，也可得到應證。因左舜生在函曾提及，「老兄與修平所談分配事，至今渺無消息，就這樣一件小事，老兄也可增加對青年黨的了解，在我卻是早已明白的。我希望有這筆款子的補償，才能抽出一部分錢跑一趟日本、一趟台灣，錢是小事，但修平這樣一處理，妨礙了我的工作，實在是不可原諒的」[59]。可見夏、王等言並非空穴來風。

此外，夏、王當時雖又曾對雷震說：「陳如不滿意可另組織一個，不必用青年黨之名義，不然則應用合理合法之途徑。」[60]言中卻未見有對陳、余等召開「臨全會」是否合法來立論，反而只著重於私人恩怨的糾纏，以致由於其內容根本缺乏辭嚴駁斥對方的正當性，當然也引不起黨內同志紛紛起而支持彼等的撻伐，自然導致所圖成空，不具實質意義。

其實，有關另一個改革方案的合理性問題，最遭「大華派」加以抨擊的一點，即是「新生派」在〈改革宣言〉所提到的：「本黨成立之始，原為革命政黨，故採中央集權制。……此種制度，顯不適合現實環境。本黨同人，有見於此，咸認為有及時改革必要，俾本黨成為民主政黨，切實負起救國救民重任。」[61]但此一宣言，前半段屬實，後半段則非。

---

[58] 陳啟天與王師曾之交惡，余家菊回憶錄有言之：「王師曾等要求曾琦支持改換陳啟天的主張，曾琦不許。」余家菊：《余家菊（景陶）先生回憶錄》，同註27，頁29-30。又《雷震日記》（40年6月6日），同註55，頁107。

[59] 〈左舜生致雷震——介紹任兒拜見，並評陳啟天處理政府撥款〉，見傅正主編：《雷震祕藏書信選》（台北：桂冠版，1990年9月初版），頁140。

[60] 《雷震日記》（40年6月6日），同註55，頁107。

[61] 〈中國青年黨改革宣言〉，同註57，頁2。

　　因青年黨自民國 34 年 12 月第十屆全國代表大會召開之後，於會中修改黨章時，即已將政黨屬性從革命政黨改為普通民主政黨。[62]故「大華派」以事實反駁「新生派」此舉，根本是以偽亂真，欺騙內外，並且師出無名。所以「新生派」，針對來自「大華派」的這一強力批評，在反擊時，就顯得相對軟弱無力了。

　　其實，青年黨當初改革的本意，只是純就制度面來考量，而當時陳、余等人皆以為現行的黨務組織，若不更改，便只有徒然讓「王、王、林、夏」等把持黨權不放，故主張此後必須採取：決策、評議與執行三者分立的制衡方式，才能使黨受制度的領導，而不會受人事的主觀影響。也因此，陳、余等人，才能理直氣壯的就制度面作辯護。

　　可是，在制度面的變革問題上，其間所存在的爭議仍不小。例如就「天馬茶房事件」後，「新生派」所發布的〈新組織綱要〉一文來看，其中提到在制度面上，彼等已做了如下的三項重大變革：

1、設中央主席團：在全代會閉幕後為最高決策機構，對外代表本黨，並依據中央評議會之立法，以總攬全盤黨務。主席團設主席七至十三人，由全國代表大會選舉之，任期三年。主席團執行職權時採協商方式，必要時亦得採行服從多數決制。主席團對評議會所為之決議得交付復議，並得為否定之裁決，但評議會復議仍作同一之決議，主席團不得作再度之否決。主席團對中央執行委員會所為之決議得指示變更或撤銷之。

2、設中央評議會：由評議員二十五人至四十五人組織之。其中二十五人由全國代表選舉之，餘額得由主席團遴選之，且提交評議會裁決。評議會所為之決議經主席團裁

<hr />

62　劉東巖：〈從美國大選談到中國青年黨的民主精神〉，《民主潮》第 3 卷第 2 期（民國 41 年 12 月 1 日），頁 13。

可後，再提交中央執行委員會執行。每一評議員任期為
三年。

3、設中央執行委員會：由主席遴選中央執行委員二十一人至
四十一人組成之。中央執行委員會在主席團指導下，籌劃
並執行一切黨務。中央執行委員會下設秘書處及各種委員
會。[63]

可是，「大華派」的這方，針對「新生派」的所謂〈新組織綱
要〉說辭，「大華派」則責以：1、「中央主席團」為黨的最高決策
機構，根本就是權利分贓的假象民主與變相的獨裁；2、另外，更
指出所謂分員審議建議和執行決策之責的「中央評議員」及「中央
執行委員」設計的不妥。

因為除了二十五位評議員是由「全代會」選舉外，其餘俱得由
主席團「遴選」，這是那門子的「民主」？且中執委又沒有任期的
規定，凡不聽從己意者，皆可以朝命而夕免。總之，主席團的權力
上自中央，下至地方，均可大權獨攬，包攬無餘。此乃「大華派」
一口咬定是對青年黨民主精神最大的戕害！[64]

針對「大華派」的強烈抨擊和質疑，「新生派」亦立即作出回
應，並以主席團的權限為例，認為「主席團可以遴選評議員二十
名」，乃基於「現實環境的需要」，因為當時從海外及大陸來台的同
志仍不斷增加，為未雨綢繆，這二十個名額係為他們而設。更何況，
縱然由中央主席團遴選，在程序上，亦須經評議會通過方有效，故
其可否之權，其實是操之「在評議會」，而「不在主席團」，獨裁之
說又從何而來呢？至於中央執行委員之由主席團遴選，「新生派」
則主張這是主席團應有之權力，因為中執會既然是主席團的附屬機

---

[63]　〈中國青年黨新組織綱要〉，同註57，頁2-3。
[64]　同註51，頁19。

構，彼等自應對主席團負責來執行黨務，若主席團對中執會並無任何主宰人事的權限，萬一出現上下統馭脫節，或決策與執行機構的意見相左，屆時黨務又該由誰或如何來推展呢？[65]

如今，若客觀來評述所謂〈新組織綱要〉的原有內容，其中或許是會有些地方，因規劃得不夠周詳，致有遭對手批評之處，但這應該不是重點。然而，在實際上，我們現在可以公平地說：當時新舊互爭的兩派，其所針鋒相對的，還是由於彼等的情緒之爭多於理智論辯，或者說明一點，在本質上是雙方對於權力爭取的考量，要大過對該黨制度或黨綱的重建。

因而當年青年黨新舊兩派互爭的這一過程，也宛如歷史上常見的新舊黨爭之翻版：因若自舊制度的維護者的觀點來說，彼等絕不乏藉以攻擊對方所提的任何改革理由；相對的，若從新制度建立者的觀點來說，亦不乏說詞來替自我辯護或反擊對方。況且有時縱然改革者所提的方向或許正確的，但若其是處在配套措施不足的情況下：如細部規劃的疏漏、條件的尚未成熟、政治氛圍的轉變等諸多因素，也往往都會導致改革者的原有改革企圖，在最後階段仍為之功敗垂成。

總之，不論就上述改革之爭來說，乃至任何一種改革運動的出現都一樣，若要其最終真能具有實效，首先必須看其能否有真正付實踐之可能，若僅只靠雙方各尋藉口，相互攻訐，或只是架空辯駁，而無能達成共識，則便無法憑空即有實質改革的成效出現！

---

[65] 戚光烈：〈中國政治史上一件大事〉，同註57，頁13。

六、從《雷震日記》看國民黨介入協商及破裂

五〇年代，青年黨出現嚴重分裂的初期，曾迅即引起朝野關注，當時任職國民黨秘書長的張其昀，還特為此事請示蔣介石總裁。當時，蔣的回答是：「本黨一向與青年黨打交道，只知道有曾琦、李璜、陳啟天諸位。此時當然只承認他們所領導的黨部。」[66]

其後，由於雙方鬥得愈趨激烈，國民黨方面的態度，遂轉為保持中立，以靜觀其變。此從《雷震日記》中所載：陳啟天對其抱怨說，「接到張曉峰與袁守謙通知，對該黨兩方都不承認，表示失望」之語；以及他曾要雷震替他向王世杰進言等情形來看，當時其心中，真是有苦說不出來。[67]

事實上，打從青年黨一分裂開始，無黨無派如莫德惠、王雲五；民社黨的蔣勻田和國民黨的雷震等，均曾銜命奔走斡旋。並且這些過程在《雷震日記》中，都有很詳盡的紀錄。當時一般人常攻擊國民黨，說其是分裂青年黨之幕後黑手，居然介入青年黨的家務事去攪局，殊不知至少在青年黨分裂之初，其實是由青年黨方面主動央求國民黨派員來介入調停自己黨內紛爭的。

舉例來說，我們從《雷震祕藏書信選》可看得很清楚：在此書信選中，曾留有民國40年7月2日左舜生致雷震函，其中即提到：「青年黨事，弟及幼椿、魯之、子柱有調停案提出，王、夏一方表示可接受，陳、余一方則反對，弟意最好由老先生約啟天、景陶、泗英、師曾一談，勸他們接受調停。老先生為友黨領袖，亦即吾人之領袖。天下本來一家，吵吵鬧鬧總不成話，想老先生亦樂於玉成其事也（但希望不使他們知道是我的建議）。」[68]

---

[66] 吳俊升：〈悼念陳啟天修平學長〉，《陳啟天先生紀念集》，同註23，頁144。

[67] 《雷震日記》（40年12月6日），同註55，頁204。

[68] 〈左舜生致雷震——請蔣中正調處青年黨家務〉，同註59，頁141-142。

　　事實上，左舜生不僅致函雷震，是年 8 月 6 日，他也寫信給時任總統府祕書長的王世杰，請其出來調停青年黨的家務事，他在信中明白說到：「青年黨最近在台所鬧糾紛，承公及莫、王諸公從中調處，在弟實且感且愧。弟個人對此事看法，以對事的意義多，對人的意義少，陳、余諸兄固弟多年老友，即王師曾、夏濤聲諸同志與弟私人情感亦殊不惡，現兩方均促弟赴台一行，在弟實頗感左右為難之苦。以客觀判斷，王、夏等之不能領導青年黨，係屬事實，渠等另有小組織，對若干老同志過度予以難堪，亦無可諱言；然陳、余諸兄之舉措，似亦微嫌操切。因此，弟雖同情改革，但極不願雙方各走極端，致遭根本分裂。現王、夏等又決定在本年九月九日召集全國代表大會。自慕韓去世以後，青年黨已無主席，亦無代主席，原有中常會留台者既各走極端，實亦不足法定人數。此項會議之召集，顯然於法及過去習慣不合。在陳、余諸兄以革命立場，起謀改革，法的問題尚輕，王、夏等以舊法統自居，乃自陷於非法，自更屬不合。現青年黨多數重要幹部同志，均留居港九，在感情上均不以王、夏為然，雖已接到開會通知，但事實上將無一人到會，並已有五十人以上之簽名函件勸王、夏不必另生枝節。如王、夏等不能接受此項勸告，則分裂勢將難免。……因此仍望公及儆寰諸兄設法予以疏導，勸王、夏不必有此一全代會之召集，同時政府有一部分撥交青年黨之宣傳費，亦盼直接交與陳、余，庶幾此一問題可漸趨解決，而最後則仍以不分裂為原則。」[69]

　　並且，從雷震秘藏的書信，所披露的國民黨與青年黨微妙的關係，可以看出：1、當年國民黨撥給青年黨的宣傳費，似乎兩方都給，但金額多少可能不同，因此引起較少一方的覬覦與不滿。此一紛爭問題的出現，或許真的是國民黨方面的無心所引起，但其對青年黨之出現分裂，卻難說國民黨方面的撥款不均，無有瓜田李下之

---

[69]　〈左舜生致王世杰家務〉，同上註，頁 146-147。

嫌。2、若再細究當年青年黨之所以會分裂，正如本文以上所述，在表面上，雙方均提出甚多冠冕堂皇的理由，來攻擊對方的不是，但其實，骨子裡還是在搶食國民黨所施捨給該黨「宣傳費」的這塊餅罷了。

　　所以，當年該黨的如此行徑，使得台灣社會各界的人士，要能對於青年黨的鬧分裂有一較佳之評價，恐怕是難上加難了。而這也反映在雷震於40年6月15日所寫的日記上。雷震當天的記載是：「上午陳啟天、余家菊來訪，我告以總須團結，應向此方向做去，並將妥協方法略為說出。啟天似不甚堅持，而余家菊認為只要有夏濤聲與王師曾在內，則什麼都不能談，假定他二人願意這樣做，則下面同志，亦不贊成這樣辦法。我謂如求妥協，只有雙方讓步，不然則變成一方投降了。他認為我提出之方案是要他們投降的。晚間以此事告知勻田，渠云余之見解甚偏，陳啟天則比較穩當。」[70]可見當時青年黨新舊兩派的意氣之爭，簡直已到了有我無你的地步。

　　因此當年（民國40年）的7月6日，雷震與莫德惠、王雲五、蔣勻田等再度邀請陳啟天、余家菊會談。其調停雙方紛爭的辦法，是根據香港李璜、左舜生、何魯之、張子柱四人的提議：1、在中央設主席團，名額七人，以陳啟天、余家菊、左舜生、李璜、何魯之、于復先、李萬居七人充任；2、胡阜賢、胡國偉、劉鵬九三人為中常委，中央評議會議仍須保留，僅性質宜略有變更（變為諮議與建議），以免和檢審委員會功能發生衝突。

　　但，當時陳啟天聽了之後，對此提議，卻頗有難色，因他認為：胡國偉應加入為主席團；而王、夏應離開中常委；以及夏應離去組織部，而王也須辭去政委一職才行。

---

[70]　《雷震日記》（40年6月15日），同註55，頁114。

可是，雷震卻反勸陳、余接受原有的四人提議方案，並坦承告訴謂陳啟天等，其所提的新條件，王、夏兩人也一定不會接受。[71]果然，雷震的預料沒錯，其後「大華派」不僅要將劉泗英納入為主席團，且不願余家菊任主席團，對於胡國偉尤為反對，並認為評議會不合法，應候全國代表大會決定，主張兩個月後召開全代會。[72]此外，我們還可以從《雷震日記》中清楚地看出：當時的新舊雙方，均欲厚植實力，並且都圍繞在人事職位上打轉，殊少有改革的理想可言。所以同年 7 月 11 日，《雷震日記》又透露：「今日晨間電劉泗英，希望再作一度之調停。與劉泗英商量，謂王師曾既已決定辭政委，何不此時確定。劉云可以商量，並說繼任人選已確為張子柱也。昨晚與陳啟天電話，渠對下面似無法統馭，故將蔣偉之、冷彭約來一談，勸其深明大義，不可固執，要能及時收蓬。除王師曾一事外，餘均照莫德惠三人所擬定之折衷條件。」[73]然後，雷震又開始約青年黨較中立之丁俊生來談，希其從中斡旋。

根據雷震的看法，基本上，當時他看到「新生派」方面，仍希望胡國偉、劉鵬九能擔任主席，但雷震則再三向彼等說明此議不可行。另一方面，雷震自己也發現到在「大華派」方面，有劉泗英其人，既不忠實、也不誠意，一味以滿口敷衍來應付對方，表面似為緩兵之計，而內中實在對付陳、余等。[74]所以他不盡感嘆這些青年黨人，昔日同志以道義相結合，如今卻爾虞我詐，實在可悲。

因而，就在雷震又接到〈陳、余毀黨事實真相〉傳單之後，更使其深感青年黨兩方面均無誠意，而他認為其中「大華派」尤

---

[71] 《雷震日記》（40 年 7 月 6 日），同註 55，頁 126。
[72] 《雷震日記》（40 年 7 月 7 日），同註 55，頁 127。
[73] 《雷震日記》（40 年 7 月 11 日），同註 55，頁 129。
[74] 同上註。

甚也。[75]但，紛爭仍然繼續惡化下去，並未因雷震的出面勸說，而有所轉圜。因此，在同年 8 月 22 日《雷震日記》中，雷震對青年黨分裂之家務事，又有詳載：當天他曾前往拜訪王世杰（時任總統府秘書長），並將青年黨「大華派」開全代會一事，請其注意其後可能的三種發展：其一，今後分裂，無法使其團結；其二，則恐怕要打架；其三，則王、夏得勢後，今則後雙方合作會較困難。

因此，雷希望由政府出面，請「大華派」不要開會；另請莫德惠、王雲五及民社黨之蔣勻田繼續調停，調停意見如有一方不接受者，政府則承認其接受之一方。[76]所以從雷震此處的日記可看出，當時執政的國民黨，對青年黨之內鬨，已逐漸有攤牌的意味，即以是否接受其調停條件者，為該黨承認的對象。到了隔天，即同年的 8 月 23 日，在《雷震日記》中便又提到：「下午志希打電話謂，渠下山後，各方奔走，今日改造會一開頭，即討論此事，大家意見甚多，均不贊成大華新村之全代會，恐怕因此雙方裂痕過深，無法調停。最後總裁謂，如果開會必須有左舜生、李璜、陳啟天及余家菊四人參加，我們才承認，否則不願承認，因承認青年黨，包含有承認青年黨之領袖人物。對陳啟天方面之經費困難一事，袁守謙謂，過去渠提議貸款，陳啟天不肯接受云，我即以此意轉達陳啟天。」[77]

不過，此處我們在雷震這段日記中，更值得觀察的是，他再度為我們清楚地披露了其中很重要的兩點玄機：

其一是，長期以來，很多人都說國民黨處心積慮分化在野黨，包括青年黨自己也如此說。但從《雷震日記》可清楚看出：最起碼

---

[75] 〈陳、余毀黨事實真相〉，署名散發單位與時間是「中國青年黨護黨同志同啟，四十年七月十二日」。見《雷震日記》（40 年 7 月 12 日），同註 55，頁 130。

[76] 《雷震日記》（40 年 8 月 22 日），同註 55，頁 146。

[77] 《雷震日記》（40 年 8 月 23 日），同註 55，頁 147。

一開始，國民黨是沒有要分裂青年黨的，反而積極奔走撮合。甚至為青年黨之事，該黨還排到「中央改造委員會」的議題來討論，不可謂對青年黨之事不重視，甚至連總裁蔣介石都親自過問之，可見其重視程度之一斑。

其二是，在該黨「中央改造委員會」的會中，也曾提到陳啟天經費困難事。可見，當年青年黨來台後，合理的推測國民黨是將較多的「反共抗俄宣傳費」撥給以陳啟天為首的「新生派」。這在青年黨新舊兩派普遍缺乏經費的情況下，居然只把較多的錢給予其中的一方，這是否會導致青年黨後來長期分裂的趨勢，這應是很耐人尋味之事。

可是，既然有關青年黨當前已在鬧嚴重的分裂，惡化的情勢也持續在擴散中，所以當急之務，就是再設法尋求能否解決之道，此外別無他途。於是在同年的 8 月 27 日，陳啟天又告訴雷震，李萬居已提新的調停辦法，即：

1、全代會停開，左任臨時主席，李萬居任秘書長。

2、陳、余、王、夏、林、劉均下來。[78]

當時，陳啟天還對雷震說：如對方全盤接受，他可接受，因左舜生能出任主席；而「大華派」劉泗英，亦請雷震函邀李璜、左舜生來台開會。[79]所以，兩派在此點上，已有一共識之處，可藉為進一步接受的基礎。[80]

所以，到了隔年 6 月 20 日，《雷震日記》尚記錄有：「上午與雪公通電話，請其速催對青年黨問題早作決定，因陳啟天支持不

---

[78] 《雷震日記》（40 年 8 月 27 日），同註 55，頁 149。

[79] 同上註。

[80] 李萬居曾當選第一屆台灣省參議會議員，並被選為該屆參議會副議長；也曾以台灣省代表身份，當選制憲國大代表，出席制憲國民大會；其後又擔任《公論報》發行人兼社長，並連任多屆省議員，為青年黨籍少數在台灣有影響力之人物。見楊錦麟：《李萬居評傳》（台北：人間版，1993 年 11 月初版），頁 391-396。

了，而大華新村態度不好，李幼椿不會來，左一人即來亦無用，不致能夠說服大華新村方面。雪公所提辦法，大華新村全知，對雪公咒罵備至。雪公謂中央對此事似不努力，他如不生病，此事早可解決。黨部方面意見不能一致，故解決不無困難。我說去年大華新村未開全代會時尚可解決，現已開會，困難必多。」[81]

　　除國民黨積極協調外，對此家門不幸的黨內鉅變，青年黨在海外的幾位領袖，採取的立場各自不同。李璜此時對黨事早已心灰意冷，不願再相聞問。[82]何魯之則因健康日損，且參與《自由陣線》工作，亦杜門謝客；只有在事後與左舜生、張子柱聯名致陳啟天一封電報云：「陳啟天兄轉主席團公鑒：函悉。本黨改組，至表贊成，此後自當共同努力，貫徹主張。特此電達。」[83]

　　在香港之青年黨三位元老中，以左舜生的態度較積極，當其聞之青年黨改革運動消息時，旋即致函「中央主席團」云：「兄等此次舉措，弟完全支持，以青年黨已有近三十年之歷史，前後為黨犧牲者，亦項背相望。過去的中委會，早已逾期，主席已死，代主席已另有活動，不肯到台就職，萬不能聽其久久懸擱，一聽少數絕對

---

[81]　《雷震日記》（41 年 6 月 20 日），傅正主編：《雷震全集》（34）（台北：桂冠版，1989 年 10 月初版），頁 86。

[82]　其實早在民國三十八年秋，李璜抵達香港後，即拒不赴台灣。其言：「黨中重要同志，勸我立往台北，照料中央黨部」、「彼時我對台北，業已失望達於極點；經我半年奔走經營，臨到大局整個崩潰邊緣，而當政者仍舊黨見甚深，不願異軍起而集結武力，以抗共軍，則我既無官守，又無言責，跑去台北，有何意義。」；又云：「在大陸自北伐成功後，國民黨不幸染上了一黨專政作風，從民十七喊出『黨外無黨』的口號後，甚難容許異黨真正發展。我在抗戰中與國民黨執政者合作多年，密切接觸，我已深知。」抗戰勝利，雖然行憲，「在表面上，執政黨不能不要一兩個在野黨來裝飾門面，而骨子裏，其防止在野黨的發展，與防共無異」、「以大陸那樣大，還難容許在野黨真正發展，何況退到台省，地區又這樣小，青年黨還想在台灣發展嗎？因此慕韓死後，幹部同志盼我來台之心甚切，我都無動於衷，寧肯自我放逐於海外。」見沈雲龍編：《李璜先生近五年言論集》（台北：中國青年黨黨史委員會印行，民國 72 年 10 月出版），頁 173。

[83]　同註 70，頁 114-115。

不能領導本黨人物操縱把持。兄等須確認此次舉措係一種革命行為，承認者來，不承認者去，無所謂合法不合法。希望兄等堅持到底，萬不可中途妥協，即不幸分裂為二亦在所不惜。」[84]

其時，左氏正熱衷鼓吹「毀黨造黨」主張。故此言論一出，黨內同志對他的行為頗多非議。[85]

然曾為青年黨「曾、左、李」三巨頭的左舜生，情緒歸情緒，基於使命感，還是不願黨從此真正分裂，為能化解兩派之間的糾紛歧見，乃和其他三位中常委聯名提出「五項辦法」試圖解決雙方之爭議。

此五項辦法為：1、曾琦、楊永浚、劉靜遠、段慎修四中常委缺，以胡阜賢、胡國偉、侯俊、劉鵬九四人遞補。2、推陳啟天為臨時主席。3、劉泗英仍為秘書長。4、增設副秘書長一人，由李萬居充任。5、中央黨部仍設大華新村4號。[86]

此「五項辦法」其實是較有利於「新生派」，然鑒於黨內大老都出來斡旋，「大華派」亦不便反對。

反倒是「新生派」覺得這五項辦法只注意人事的安排，忽略其原先希望改革制度的初衷，故嚴辭拒絕之。並提出四點意見：

1、王師曾、夏濤聲應即引咎告休，以謝同志，平息公憤。

2、撤回王師曾之政務委員，中央主席團主席均不繼任其職。

3、殘破不全之原有中常委，自動宣告停止職權。

4、在新制度下，儘量容納原有中執檢委。[87]

這四點意見，「大華派」認為不啻叫他們「投降」，實在無法接受。左舜生見事無可為，兩派爭執幾無轉圜餘地，亦莫可奈何！[88]

---

[84]　轉錄自戚光烈：〈中國政治史上一件大事〉，同註65。
[85]　讜員之：〈「改革運動」乎？「毀黨運動」乎？〉，《民主潮》第1卷第22期（民國40年8月25日），頁6。
[86]　同註65，頁14。
[87]　同上註。

七、「大華派」逕自召開第十二屆「全代會」

　　由於「大華派」曾受到「天馬茶房事件」之刺激，所以民國
40 年 11 月 3 日至 8 日，「大華派」便自行召開第十二屆全國人
民代表大會。

　　但是，對於這次十二屆全代會的召開，「新生派」立即表示堅
決反對。其「中央主席團」，於會前便先發佈〈反對非法召開偽全
代會宣言〉；會後又發表〈否認偽全代會代電〉，內容大體均是重申
中常會已不合法，沒有資格召開全代會。[89]亦即，在實際上，「大
華派」此時也同樣落入其先前抨擊「新生派」之窘境。但，此事對
雙方來說，其實都是因為大陸淪陷，才使不少該黨內的中執委、中
檢委未能來台，而該黨章原先規定的各省市代表，也根本無從選
出，因此都曾以權宜方式，屢屢「相互指派代表」、「夫婦父子同充
代表」、「以甲地冒充乙地代表」，當然，因此也形同一場鬧劇。[90]

　　當此之際，在執政的國民黨方面，眼見青年黨的「大華派」
欲召開十二屆全代會，為避免青年黨分裂到不可收拾的境地，在
會議前夕，特指派無黨無派代表莫德惠、王雲五與民社黨的蔣勻
田三人，一直銜命在兩派之間奔走穿梭協調；於是到了正式開會
期間的 11 月 6 日中午 12 時，彼等終於從「新生派」手中，攜回

88　同註 53，頁 7。

89　見〈中國青年黨中央主席團為反對非法召開偽全代會宣言〉、〈中國青年
　　黨旅港同志左舜生先生等九十三人聯名來函反對召開全代會〉、〈中國青
　　年黨旅台同志黃鳳池先生等二百八十七人為反對非法召開全代會聯合聲
　　明〉、〈中國青年黨中央主席團否認偽全代會代電〉，《新中國評論》第
　　2 卷第 6 期（民國 40 年 11-12 月），頁 2-3。

90　〈中國青年黨中央主席團否認偽全代會代電〉，同上註，頁 3。然而，若
　　反思此事之所以會發生，本出於時代劇變後的無奈發展，所以新舊的哪一
　　派，誰都無能去改變此一現實的窘境。

三項調解方案，內含有「原則」、「人選」和「中執委新選委員」三大項。[91]

茲列其「原則」的七項內容如下：1、設立主席團三人，行使黨章規定之職權。2、中常會委員十九人，除在海外之五人外，由兩方就中立黨員推舉二人，餘由兩方各佔半數。3、兩方中執委合併於中執會，但黨齡如有不合規定者改為評議員。4、評議會與檢審會並存。評議會之職權，為審議交議之黨務方針案，時局方針案，預算案，規程案等，並得提出建議案。其員額由二十五人至四十五人，如員額增加時，由主席團提交中常會通過之。5、秘書長之人選，由主席團提名。6、組織部長以中立黨員任之。7、參加政府之人選，由主席團提名。[92]

在此一調解案中，「新生派」是在制度上做了些許讓步，但在執行黨務之人選上，幾乎完全排斥了「大華派」之人馬。[93]故此種安排，「大華派」自然不能接受。既然協商不成，全代會召開的 7日下午，「大華派」遂作出驚人之舉，開除了陳啟天、余家菊等人黨籍的決議！[94]

而有關「大華派」的此一舉動，根據雷震在 11 月 9 日的日記披載，其經過如下：「青年黨大華新村已拒絕調停，以大會名義覆勻田三人之信，十分不客氣。聞選舉結果，李不韙任主席，于復先副之，陳啟天、余家菊開除黨籍，左舜生連中常委亦取消，劉泗英任檢委。目前政府採用什麼態度，應速決定。大華新村的作

---

91 〈中國青年黨第十二屆全國代表大會特輯〉，《民主潮》第 2 卷第 3 期（民國 40 年 11 月 15 日），頁 21。
92 同上註。
93 如中常委六人為陳啟天、余家菊、胡國偉、劉鵬九、胡阜賢、蔣偉之，幾乎完全無「大華派」人馬。同上註。
94 〈整肅紀綱開除叛黨毀黨份子〉，同上註，頁 22-23。

法，簡直是無視國民黨與政府，在黨方應早解決，拖延至少有此結果。」[95]

其實，第十二屆全代會最大之意義，既非修正通過新的政綱；也不是確立今後黨務的發展方針。正如同「新生派」召開「臨全會」一樣，「全代會」的舉行只是要為「大華派」爭取「法統」地位，重新取得法律依據。並且，若細究起來，青年黨在大陸時期的組織系統，從民國38年來台後已殘破不堪。因此在民國40年間，雙方各自召開的「臨全會」與「全代會」，其法源基礎基本上都是有瑕疵的。然而，倘從另一角度觀之，未嘗不是代表青年黨一股新生改革的嘗試。

八、由聯合到統一

從民國40年起，到其後的二、三年間，青年黨一直處於分裂狀態中。然其間的整合努力未嘗稍歇，其原因為：對內而言，由於青年黨員彼此曾有一段患難與共的歲月，革命情感仍在，兼以該黨的屬性是一個較重團結的政黨；且對外而言，當時的政治環境亦不適合將在野力量肢解的如此零散互相抵銷，而國民黨此時也不希望黨外人士再行串聯，以免情況掌握不住。因此，無論黨內外及朝野，一直都有人扮演魯仲連，居中協調，希望搓合兩派復合。

到了民國43年1月，經由黨內外人士強力斡旋，又適逢國民大會召開第二次會議，左舜生、張子柱、鄭振文等大老來台出席會議，始促成該黨的初步團結。並開始協議共推：李不韙、陳啟天、余家菊、于復先（大華派）擔任召集人，並設立通訊處。同年5月7日，又正式成立「中央聯合辦事處」，也組成了臨時中央常務

---

[95]　《雷震日記》（40年11月9日），同註55，頁190。

委員會，並有「中央聯席會議」為其議事機構。其中「中央聯合辦事處」，還分設外務、財務與總務三組：（1）外務組由陳啟天、王嵐僧、陳祖貽（新生派）、劉東巖（大華派）、劉鵬九、王師曾共同負責。（2）財務組由于復先、李頌啟（新生派）、丁俊生（大華派）、蔣偉之（新生派）聯合管理。（3）總務組則委由李不韙、余家菊、沈雲龍（大華派）、俞康（新生派）、張伯倫（大華派）、嚴保三（新生派）一起執行。[96]

　　因而，這是一次徹底顧及勢力權力均等的「聯合」。唯此一聯合，實際上只是一種假象。所以當時左舜生即曾不諱言的向雷震表示：「對青年黨事覺得毫無辦法，因陳啟天領導不起來，而他與幼椿又不能來。」[97]

　　我們認為左氏此言不虛，因當時媒體《新聞天地》亦言：「左舜生回國參加國民大會第二次會議，經由左舜生和其他幾位地位超然的青年黨人士一再奔走團結，大華新村派與新生南路派兩派乃聯合成立了『青年黨中央聯合辦事處』。唯雙方仍是貌合神離，除了對外聯合發表意見外，兩派依舊壁壘分明，並無任何具體的成就。」[98]然「大華派」的朱文伯卻認為左氏此次來台，對青年黨的團結仍有若干助益，朱文伯說：「左主席那時旅居香港，大會開幕之後，才來台出席；也由於他的來台，促成黨內糾紛的初步和解，成立黨中央的聯合辦事處，擴大中央常務委員會的組織。」[99]

　　而有鑒於青、民兩在野黨的分裂，左氏在與蔣介石會晤時，蔣曾建議青、民兩黨能商議合成一個強有力之在野黨，並希望左氏與

---

[96]　《公論報》（民國43年5月8日）第1版。
[97]　《雷震日記》（43年3月21日），傅正主編：《雷震全集》（35）（台北：桂冠版，1990年7月初版），頁248。
[98]　向聲琦：〈青年黨亂髮理不清〉，《新聞天地週刊》第22年第38期（香港：民國55年9月11日），頁13。
[99]　朱文伯：《朱文伯回憶錄》（台北：民主潮社發行，民國74年2月初版），頁181。

蔣勻田今後多負些實際政治責任。左氏笑而未答,蔣勻田則表示願為之努力。[100]

　　所以到了民國 45 年 4 月 16 日,青年黨便成立「中央黨務委員會」,重整中央組織,相約兩年以內召開全國代表大會,完成黨的真正團結,恢復正常體制,並制定「團結統一方案」。[101]

　　在此一「團結統一方案」中,還規定:「以第十一屆、40 年臨時全代會、及十二屆之中央執行委員,組織中央黨務委員會」;「以第十一屆、第十二屆之中央檢審委員,及 40 年臨時全代會之中央評議員為委員,組織中央監察委員會」;「中央黨務委員會及中央黨務委員會常務委員會,設主席五人,由第十一屆代理主席李璜、左舜生、第十二屆主席李不韙、中央主席團推定之主席陳啟天及雙方黨部推定之主席張子柱,輪流擔任之」,對內綜理黨務,對外代表該黨,主席依次輪流,輪值之時間,以四個月為一期。[102]「大華派」與「新生派」的中央黨部,暨中央聯席會議與聯合辦事處自即日起撤銷,新的中央黨部設在台北市金華街 256 號。[103]

　　這是自「天馬茶房事件」以還,紛紛擾擾分裂達五年之久的青年黨,終於宣告統一。設五主席輪值制是「大華派」和「新生派」妥協的結果,但在李璜和左舜生拒不赴台的情況下,其效果還是很有限的。

　　因為根據「團結統一方案」第五條規定:應「盡可能於兩年以內召開全國代表大會」,民國 47 年,該黨中央在台北召開中全會,以便籌開全代會,不幸發生糾紛,黨務又告停頓。48 年底,離規定召開的期限早已超過兩年,全國代表大會因主客觀因素仍無法召

---

[100] 雷震:《雷震回憶錄》(香港:七十年代雜誌社出版,1978 年 11 月初版),頁 327。

[101] 同註 24,頁 100。

[102] 同註 26,頁 374。

[103] 《中央日報》(民國 45 年 4 月 17 日)第 1 版。

開。為避免再度分裂，部分青年黨員如劉永濟、朱文伯等乃集會研議補救辦法，形成黨內所謂的「臨沂街座談會」。[104]

此派乃決定於該年 12 月 2 日，於青年黨三十六周年黨慶之際在台北舉行中國青年黨同志聯合護黨會議，並發表〈中國青年黨中央護黨委員會宣言〉，正式宣告成立中央護黨委員會。宣言中指出：「本黨揭櫫國家主義，主張民主政治，自創黨至於行憲，同志莫不一德一心，孜孜矻矻，以求實現其理想。」「不意遷台以來，內部分裂影響黨務之進展，雖於四十五年曾作臨時團結，終屬貌合神離，糾紛不已。黨之名稱雖存，黨之靈魂已失。」[105]

當時眾多忠貞黨員見此，莫不痛心疾首，因此，經同志聯合護黨會議決議，成立中央護黨委員會，主持護黨工作。而護黨委員會之主張則為：1、完成黨的團結：召開全國代表大會，對於各派所爭持之問題，惟有依據民主原則，直接訴之黨員。2、確立黨的政策：本黨既為參政之黨，政策中心，必在國內。同志言行，理應支持政府，反共復國，遵循憲法，推進民主。放言高論，徒聳聽聞，究無裨益。3、改進黨的制度：本黨內部行政，向採民主方式。在大陸的祕密時期，中央為應付環境，有時權宜行事，不意公開以還，竟為弄權者所援引，馴至中常會跳樑無忌，檢審會形同虛設，釀成獨裁劫持之局。今後在制度上應採執行與評議均權原則，以收行政、立法互相制約之效。[106]

此外，聯合護黨會議還制定了〈中國青年黨中央護黨委員會組織綱要〉，規定「中央護黨委員會，由聯合護黨會議選出之中央執行委員及中央評議委員組織之。凡中國青年黨黨員黨齡在七年以上

---

[104] 同註 33，頁 312。
[105] 〈中國青年黨中央護黨委員會宣言〉，孫子和編：《民國政黨史料》，同註 26，頁 308-309。
[106] 同上註。

（但有特殊能力或貢獻者不在此限）贊成護黨運動者，均有當選資格。」[107]

　　護黨委員會雖然用心良苦，但在此後的十餘年中，並未能改變中國青年黨四分五裂的事實。由於全代會一直無法如期召開，各方協調結果，待到 49 年改組中央黨部和台灣省黨部，俾久陷癱瘓的黨務復歸正常。但屆時改組辦法未獲協議。青年黨前輩鄭振文於出席國民大會第三次會議時，曾在港、台徵得陳啟天、余家菊、李璜、左舜生、何魯之等大老同意，於 50 年召開全代會，結束黨的紛爭。不幸，臨時全代會召開以後，因部份同志拒絕出席，團結願望未能達成，青年黨反而裂痕加大。[108]當時黨內又重新分化組合成三派：分別是陳啟天領導的「中園派」；以余家菊為領袖的「整理委員會派」和以黨內民意機關代表為核心而組成之「臨全會派」。[109]

　　基本上，這些組織派別泰半均為爭權奪利的產物，其政治主張大同小異，也沒有什麼原則。較為不同的是「臨全會派」的政治立場較激進，對國民黨的專制統治和操縱青年黨的做法，持反對及批判的態度。其言論喉舌《民主潮》也較敢言，對台灣在五、六〇年代的民主鼓吹有一定之貢獻。當時在一片高壓政治氣候氛圍下，與雷震的《自由中國》、民社黨的《民主中國》被譽為黨外的三隻孤雁。[110]職是之故，六〇年代雷震的組黨運動，青年黨參與其事的即為此派，如夏濤聲、李萬居、王師曾、朱文伯等。[111]

---

[107] 〈中國青年黨中央護黨委員會組織綱要〉，同註 105，頁 380。

[108] 同註 33，頁 312。

[109] 夏語冰：〈青年黨離合衹為錢〉，《新聞天地週刊》990 期（民國 56 年 2 月 10 日），頁 13。

[110] 朱文伯：〈哀自由中國雜誌〉，同註 33，頁 80

[111] 任育德：《雷震與台灣民主憲政的發展》（台北：國立政治大學歷史學系出版，民國 88 年 5 月初版），頁 255-256。

　　平情而論，青年黨來台後，尤以在五、六〇年代的民主運動與組黨活動上，「臨全會派」是較有作為的。[112]至於陳啟天之「中國派」，政治立場可謂完全倒向國民黨這一邊，嚴苛一點說，乃國民黨可以任意擺布操縱的「政治花瓶」；而余家菊的「整理委員會派」則介於二者之間。[113]

　　可悲的是這三派間，幾乎互不聯絡，彼此成見很深，昔日黨內倫理一團和氣早已蕩然無存。舉例言之，民國49年6月，政府再約青年黨推人參加行政院，欲保留兩位政務委員名額給青年黨，時「中國派」陳啟天本甚有意思，然在黨內誰也不肯讓步的情況下，陳啟天亦不得不以「黨內意見不一致而婉辭」。[114]派別紛爭嚴重削弱了該黨原本就十分有限的力量，惡鬥的結果，更使其名存實亡。

九、分裂之擴大——剩餘價值之最後利用

　　六〇年代末期，隨著台灣本土意識逐漸高漲，島內追求民主的聲浪逐漸趨於昂揚。以本土意識為主體的黨外人士紛紛要求國民黨開放黨禁，解除戒嚴，進行政治改革，回歸民主常態。其中國民黨政權被批判最多的即為一黨獨裁，專制統治，缺乏在野監督制衡的力量。

　　面對黨外人士義正詞嚴的撻伐和政治勢力的挑戰，為搪塞反對者的悠悠之口，國民黨當局才想到青年黨還有剩餘價值可供利用，

---

[112] 王師曾、夏濤聲、李萬居、朱文伯等人即屬於「臨全會派」，此派曾參與雷震籌組「中國民主黨」事宜。見謝漢儒：《早期台灣民主運動與雷震紀事——為歷史留見證》（台北：桂冠版，2002年9月初版），頁331。

[113] 同註21，頁257-258。

[114] 同註25，頁61。

於是又把長期分裂的中國青年黨拉上政治舞台，以此作為反制黨外民主力量的擋箭牌。也因此，久經分裂的青年黨有亟需統合的必要。

民國 55 年 8 月 21 日，青年黨領袖左舜生終於自港來台，並於隔天接受《聯合報》記者張作錦訪問時，特別針對四分五裂的青年黨頗感無奈的說：「我這次回來，將不過問這件事；一個政黨，是以政治意見為組織的原動力。如果黨內人，因政見不同而分開，這是正常現象，不足為病。可是青年黨為什麼呢？大家在政治上意見，並無分歧，卻形成了今天的局面。我實在不瞭解原因何在？清官難斷家務事啊！」[115]言下之意，對青年黨分裂所帶來之困擾相當覺得痛心與不解。

所以在當年的 9 月 1 日，左氏又再次地諄諄告誡該黨在台的青年黨員說，「青年黨既不是宗旨不同，主張不同；又不是政綱政策的不同，只是由於作風的不同而引起分裂的。既然什麼都相同，只有作風不同，有什麼不可調和呢？」

其言外之意就是，左氏個人對於青年黨來台後，從分裂伊始，其間所有的爭執紛擾，其實均圍繞在人事與職位的利益上打轉，所以他相當不以為然，才會再次有感而發地提及：「今日國家正在危急存亡的當頭，我們要抱著有國家後才有黨，有政府然後才有個人的信念。把國家的利益排在高於一切才行。試想假如沒有國家，我們還談你什麼黨，他什麼黨呢？如果無國家又無黨，還有什麼個人好談呢？」[116]其弦外之音，不言可諭。

最後，左氏並告誡青年黨的同志說：「青年黨當初創黨是一種道義的結合，不是一種利害的結合；是一種愛國情感洪流的聚會，不是一種為謀求自己利益的集團。因之今天黨內的分裂，已經離開

---

[115] 《聯合報》（民國 55 年 8 月 22 日）第 2 版。
[116] 左舜生：〈國家的利益高於黨派的利益〉，《民主潮》第 16 卷第 9 期（民國 55 年 9 月 16 日），頁 4-5。

當初創黨的精神甚遠。」[117]因此，左氏希望青年黨同志能相忍為黨，相忍為國；從遠處著眼，從大處著手。[118]

又由於有此次的來台經驗，所以到了民國 57 年 9 月，蔣介石更親自約請自港來台的左舜生會談，請左舜生為青年黨的團結奔走出力。[119]

而有感於蔣之盛意，更鑒於國家利益之迫切需要，左遂毅然挺身而出。乃挽請在台之中青領導人陳啟天、余家菊共同具名邀約各方代表王師曾、朱祖詒、冷彭、李公權、周寶三、胡自翔、柴毅、夏爾康、鄒人孟、董微、葉時修、崔沖漢、趙純孝、劉泗英、關德辛等十五人，成立團結商談會。經過九個多月的協商，決定促請旅美的另一黨主席李璜回台相助，卒促成中青團結統一之舉。[120]

有關左舜生此次回國對青年黨之重要性，王師曾即表示過，他說：「五十七年夏天，左舜生先生來到台北，蔣公懇切囑望他促成青年黨團結，益以青年黨同志對他有同樣的表示，左先生於是力疾從事，達成青年黨於五十八年七月，在台北舉行第十二屆全國代表大會，重建統一的中央黨部。」[121]

王氏接著又說：「左舜生晚年努力在台青年黨的團結，為左先生繼一九三八年達成國、青兩黨合作後，對青年黨之另一重要貢獻。」[122]

---

[117] 同上註。
[118] 同上註。
[119] 陳正茂：《左舜生年譜》（台北：國史館印行，民國 87 年 12 月初版），頁 276。
[120] 同註 26，頁 264-265。
[121] 王師曾：〈國青兩黨關係的回顧與前瞻〉，《中國青年黨建黨五十週年紀念特刊》（台北：中國青年黨中央黨部出版，民國 62 年 12 月初版），頁 22。
[122] 王師曾：〈左舜生先生紀念集書後〉，載蕭傑英編：《王師曾先生遺集》（台北：協林印書館，民國 73 年 8 月出版），頁 355。

　　到了民國 58 年春，闊別多年的李璜終於回到台灣，並在是年的 7 月 21 日，中國青年黨於台北召開第十二次全國代表大會，而此大會可說是為結束該黨的分裂局面而開的。因此，鞏固領導中心，選舉中央領導機構，成為會議的主要任務。

　　但，在開會前夕，余家菊與陳啟天又因為會議即將進行選舉的五位主席之排名順序，發生爭執，余家菊主張依姓氏筆劃排列，陳啟天則認為要按年齡大小排列（按姓氏筆劃余在陳前，按年齡陳在余前），兩造相持不下，經過一番調解，陳啟天才接受余家菊之方法使會議能順利如期召開。[123]

　　此等小事猶如兒戲般意氣用事互不相讓，也可見雙方心結之深了。會議最後通過黨章臨時條款，選舉了中央執行委員會，且選出余家菊、陳啟天、左舜生、李璜、胡國偉五人為中央主席，旋經中央評議委員會推選潘再中、劉鵬九、丁俊生、胡自翔、冷彭五人為該會召集人。並由主席們提名王嵐僧為該黨團結統一後中央執行委員會首任幹事長。[124]

　　至此，中國青年黨在形式上才結束了長達十八年的分裂局面。十二次全國代表大會雖然促成青年黨的團結，但隨著其後左舜生、胡國偉、余家菊等大老的相繼去世，兼以主要領導人李璜一直旅居美國，所以嚴格言之，十二次全代會後，黨的活動是稍微走上正軌，但青年黨還是沒有真正實現黨的團結和統一，因而在台之政治作用仍相當有限。

　　七〇年代以降，台灣因經濟的蓬勃發展，造就中產階級之興起，此中產階級乃成為社會一股新興的中堅力量。他們不僅要求經濟的榮景能持續外，更希望在社會改革與政治民主上亦能有所參與或改變。

---

[123] 夏爾康：〈懷恩師陳修平先生〉，同註 23，頁 215。
[124] 同註 26，頁 265。

　　也因此，他們對國民黨政府要求改革的企盼和批判是相當強烈的。七〇年代末，有鑒於要求政治改革的聲浪來勢洶洶，國民黨為裝飾民主門面，擬把業已僵化的青年黨拿來堵住黨外攻擊之口實，乃有蔣經國隆重歡迎李璜來台領導重振中國青年黨之舉。

　　民國 68 年 7 月 23 日，在李璜領導下，中國青年黨在台北召開第十三次全國代表大會。會中制定了〈中國青年黨政綱〉，也通過了〈黨章修正案〉，並發表〈對當前時局的主張〉及大會宣言，選舉了中央領導機構。[125]其中大會通過的〈黨章修正案〉規定，全國代表大會以後每四年召開一次；黨設主席二人，副主席一人，由全國代表大會選舉；中央設置中央執行委員會和中央評審委員會，也均由全國代表大會選出。中央執行委員會設一執行長，由中央主席遴選，中央評審委員會則設評審長，由評審委員互選之。全國代表大會為黨的最高權力機關，全國代表大會閉幕期間，以中央執行委員會為最高執行機關。[126]

　　大會最後選出李璜和陳啟天為黨的主席，也選了一批中央執行委員和中央評審委員。中國青年黨第十三次全國代表大會的召開，使逐漸被遺忘的青年黨又獲得一些媒體和社會的關注，但隨著大會的落幕，很快的又消失在台灣的社會版面上。且即便召開大會，然暮氣已深，與台灣政治及社會脈動脫節，故難有所作為。不僅如此，大會期間所表現的因人設事（如從五位主席變成兩位），和難以吸收新血，缺乏引進台灣本土黨員，在在均顯示沒有改革的魄力。如此一來，欲立足扎根台灣談何容易！

　　民國 72 年 11 月下旬，青年黨在台北召開第十四次全國代表大會，會議內容和主張，仍是例行八股了無新意，會中李璜連任

[125] 見《現代國家月刊》第 175 期（民國 68 年 8 月 1 日），頁 2-5。

[126] 〈中國青年黨第十三屆全國代表大會所通過之黨章修正案〉，《中央日報》（民國 68 年 7 月 25 日）第 2 版。

主席。[127]時移勢轉，隨著黨外勢力的快速膨脹擴張，國民黨依舊仍想利用民、青兩黨作擋箭牌，為表示對青年黨之禮遇重視，民國73年6月26日，蔣經國特地約見李璜，聘請李璜為總統府資政，9月，李璜應聘為總統府資政。[128]

然而，民國75年9月28日，台灣本土的民主進步黨的正式宣告成立，這標誌台灣民主政治邁入一個嶄新的里程碑，因為從此以後，台灣將有一個強而有力的反對黨可以監督制衡國民黨，使今後兩黨競爭的政黨政治，得以逐漸形成。

在此同時，長期積弱不振的青年黨，也因受到民進黨成立之刺激，而有了想抹掉「花瓶政黨」重整旗鼓的雄心。惜已時不我與，因其之前的積弊已深，故此時雖有再起壯志，終抵擋不了時代潮流無情的淘汰。且因內部的渙散與分裂，就算有圖強之心，也很難有所作為。於是經過二十餘年的紛擾變遷，時序已進入八〇年代中期，在台的青年黨仍分裂為三大派：分別是以劉子鵬為首的「中園派」（陳啟天已於73年病故）；陳翰珍、李公權、謝學賢為主的「革新派」；和以洪炳爐為代表的「南部中央派」。而在三派之間的紛爭仍相當激烈，其爭執之焦點，幾全集中於立法委員、監察委員的席位分配，與是否領取國民黨發給的「反共宣傳費」的這兩個問題上。

於是民國77年11月，已勢同水火的「中園派」與「革新派」各自在台北召開標榜「唯一正統」的「中國青年黨第十五次全國代表大會」。當時的兩派均尊李璜為主席。但李璜認定「中園派」為正統，出席該派會議，並當選主席。[129]而就在是年，台灣政治的改革步伐已逐漸加快，除解除「戒嚴令」外，也宣布實施開放黨禁的

---

[127] 〈中國青年黨十四屆全國代表大會特輯〉，《現代國家月刊》第227期（民國72年12月1日），頁3-10。

[128] 陳正茂：〈李璜傳〉，《國史擬傳》第4輯（台北：國史館編印，民國82年6月出版），頁43。

[129] 《現代國家月刊》第287期（民國77年12月1日），頁39。

政策。[130]因而，出現了眾多政黨，紛紛林立的新政治氣象，並且迄民國 79 年止，在台灣登記為合法政黨的就有五十三個之多。

而其中單是從青年黨分裂出來的，即有十一個：除以李璜為主席的中國青年黨外，尚有推陳翰珍為主席的青年中國黨（由「革新派」演變而來）[131]。另外，還有洪炳爐的中國民主青年黨、費季良的中國鐵衛黨、張大政的中國民主正義黨、蕭琳祚之中國聯合黨、何茂松的中國統一黨、王明龍的民主行動黨、賴永清的中國青少黨、莫啟南的中國國安黨、吳志毅的中國團結黨、張茂森的中國自由民主黨。[132]

這些光怪陸離莫名其妙的政黨，有趣的是尚互相潛派「眼線」，互相攻擊明爭暗鬥。但因為沒人沒錢，除了湊湊熱鬧外，都是空有招牌，徒有虛名的「泡沫政黨」，所以彼等對台灣的實際政治運作，並無任何影響可言，也幾等於不存在一樣。

十、結論──分裂之後果

本文經過以上的長篇析論，如今已可在此處綜論其長期分裂後之結果。茲分下列幾點，來扼要說明之：

1、平情而言，青年黨來台這半個世紀，紛紛攘攘不斷，其起因故肇始「天馬茶房事件」。然在基本上，「天馬茶房事件」並不是一次成功的改革運動。因其所欲改革的幅度雖然非

---

[130] 民國七十六年七月十五日，執政的國民黨宣布解除戒嚴令。見劉紹唐主編：《民國史事日誌》第 4 冊（台北：傳記文學出版社出版，民國 84 年 8 月初版），頁 2378。又見張玉法：《中華民國史稿》（台北：聯經版，1998 年 6 月初版），頁 593。

[131] 〈青年中國黨第十六屆全代會紀實〉，《青年中國》（民國 81 年 7 月），頁 8-9。

[132] 轉引自周淑真：《中國青年黨在大陸和台灣》，同註 21，頁 262。

常大，可惜從頭到尾，都存在著人事上的牽擾，使得最後演變是以不求人和始（與原來的黨務系統徹底決裂），卻以謀求人和終（由聯合到統一）。

2、儘管如此，若從另一角度來看，雖然在這次改革中，難免有些個人權利之爭摻雜在裡頭，但未嘗不可言，那是陳啟天等人正在為漸入下坡的青年黨做最後一搏，亦即彼等當時的作為，縱使出現了諸多紛擾，卻有是為了要重振青年黨，並迎合來台後的時代潮流，才努力設法調整黨機器，以因應之。所以，雖成效不佳，做法可議，但若其用心，則似可加以肯定。

3、然而，其間因已曾歷經多次令人眼花撩亂的意氣之爭，故最後終於折損了這次改革的目的；兼以當時的時勢，已不容許青年黨有發展茁壯之良機，而陳啟天等大老又係老輩人物，故當彼等在「舊瓶裝新酒」的時機點上，本身的精力又不如從前，於是彼等所致力的改革運動，不僅未能擴大其影響面，最後並且為牽就黨內派系，連改革本身也都不再堅持了。

4、彼等甚至於，還將一場原本肇始於轟轟烈烈的「六四改革」運動，弄到最後，只成了表面是一團和諧，內部卻是以暗潮洶湧、危機四伏來收場。所以在「統一」之後的第五年，青年黨又再度分裂。

5、後來，雖然該黨在左舜生、李璜等大老的搓合下完成團結，但該黨內各派系成見已深，以至於所謂的「團結」，充其量只是貌合神離的假象罷了。

6、其實，青年黨的分裂，究其根本原因有二：（1）為是否繼續參政的爭議，此爭議乃延伸自大陸時期，來台後亦復如此。例如「臨全會派」主張遵循歐美政黨政治的路線，青年黨既是在野黨，就應該保持在野黨的風格，確實負起監

督政府的責任，不必派人參政，因為一參政就不好監督了。而「整理委員會派」與「中園派」則認為目前國家處於非常時期，不能與承平時期的政黨政治同日而語，如果政府保留名額，派人參政也不妨。（2）政黨津貼的爭議，即是否領取政府每月發給的「反共抗俄宣傳費」的問題，基本上，「臨全會派」主張維持黨格應該拒領，但其他兩派則以為，青年黨在缺乏財源的情況下，欲維持生存，務實的領取政府的津貼並無不妥。[133]

7、總之，青年黨的分裂，執政的國民黨是難辭其咎的，國民黨當局利用兩手策略，一手以「反共抗俄宣傳費」來豢養青年黨，使其乖乖俯首聽命，另一手再從其中製造分裂，使其無力抗衡國民黨。例如該黨大老李璜即一針見血的點出其癥結所在：「青年黨的問題不是不能解決的，最大的問題出在政府的津貼（按：指反共抗俄宣傳費）上。政府停止一切津貼，糾紛自然平息。還有，國民黨也不必多管閒事，說什麼承認張三，不承認李四，平空又增加許多意氣。……」[134]

8、但台灣當時的特殊環境中，在野政黨真要搞團結，也是說起來容易，做起來並不簡單。因為當權的執政者，一直在強調：「唯有革命民主的中國國民黨，才能挺立中流，屹立不搖，高舉反共的旗幟，不再需要別人協力；似乎要走回訓政時期「黨外無黨，黨內無派」的舊道路；在野黨派，不再是合作的對象而是統戰的對象。[135]因此，在現實環境下，青年黨要不鬧分裂，恐怕也很難。

---

[133] 同註 109。
[134] 同註 33，頁 154。
[135] 同上註，頁 344。

9、自戰後迄今，青年黨在台灣所面臨的最嚴重問題，是為分裂與老化這兩大難題。其中尤以分裂，使其原本有限的力量更加分散，且常鬧分裂給人觀感亦不佳，更難吸收優秀黨員的加入，而阻礙其發展。[136]於是，在內既無新血加入，在外又受制於國民黨的分化，而黨內長期又被「資深」人物所把持著，所以連一些較想有為之士，都不僅無法參與黨的決策，甚至被打壓和遭到排擠。

10、如此一來，不但嚴重影響黨的發展，也使青年黨面臨老成凋零，人才斷層的局面。而這些現象，使得這個老牌政黨逐漸式微沒落，在今日台灣政壇已消聲匿跡，毫無作為，形同整黨瓦解。

回首前塵，想當年青年黨初創當時，彼等又是以何等令人振奮輝煌的蓬勃氣勢崛起的；而如今其下場，居然如此淒冷黯澹，令人有不勝欷噓之痛感。

---

[136] 楊伯安即言：「二十八年的風雨陰霾，終於過去了！這一段漫長的痛苦時期，造成了多少不可彌補的損失？最明顯的是，很多嚮往本黨的有志知識青年，不知誰是真誰是假，而徘徊觀望，不敢參加。以致於目前的本黨，骨幹老化，而沒有足夠接棒的少壯。」見楊伯安遺述，王文濤代筆：《風雨八十年》，同註2，頁128。

堅持民主憲政

——青年黨與雷震

一、前言——略論戰後初期的青年黨

　　中國青年黨，初名「中國國家主義青年團」，民國 12 年 12 月 2 日，由曾琦、李璜、胡國偉、何魯之、張子柱、周宗烈等人成立於巴黎。[1]其創黨宗旨為「本國家主義之精神，採全民革命的手段；以外抗強權，力爭中華民國之獨立與自由；內除國賊，建設全民福利的國家為宗旨。」[2]因為是以國家主義為創黨理論基礎，故亦稱為「國家主義派」或「醒獅派」，以其主要機關刊物為《醒獅週報》之故。[3]民國 18 年 9 月，該黨在香港召開第四次全國代表大會，以「時事的推移，現實的要求，已往政黨的腐化惡化，使民眾迫切要求新黨的出現，本黨認為向全國國民公開

---

[1]　胡國偉，《巴黎心影》（台北：菩提文藝出版社，民國 64 年 3 月 3 版），頁 6。又見曾琦，〈旅歐日記〉（12 年 12 月 2 日條），陳正茂、黃欣周、梅漸濃等編，《曾琦先生文集》〈下〉（台北：中央研究院近代史研究所出版，民國 82 年 12 月初版），頁 1383。

[2]　胡國偉，《中國青年黨簡史》（台北：菩提文藝出版社，民國 64 年 5 月再版），頁 4。

[3]　曾琦，〈醒獅週報出版宣言〉，見陳正茂編，《醒獅週報》（1）（台北：國史館印行，民國 82 年 12 月再版），頁 3-4。

本黨名義的機會已經成熟。」才正式對外公布「中國青年黨」黨名。[4]

　　基本上，青年黨從創黨始，即遭受到國、共兩黨的夾擊，原因為它標榜是徹底反共的政黨，故不見容於共產黨；而國民黨在二〇年代的「聯俄容共」與「一黨專政」，亦有違民主精神，所以也遭青年黨之批判。[5]此情況直到「九一八事變」後，在「共赴國難」的抗日前提下，國、青關係方有所改善。抗戰期間，青年黨為堅持民主憲政，一面支持政府抗日；一面不忘在抗戰中推進民主，民國30年，青年黨曾參與組織「中國民主政團同盟」（即爾後之「民盟」），且成為該同盟之主要政黨。[6]此後，青年黨以「民盟」為舞台，標榜「第三勢力」，周旋於國、共之間，政治行情曾一度舉足輕重。[7]

　　抗戰勝利後，民國35年元月，青年黨參與「政治協商會議」，共商國是，貢獻良多。其後更排除萬難，毅然決然參加制憲國民大會，制定中華民國憲法。36年更與政府共患難，除堅決支持政府的勘亂勦共外，也參加政府，掌農林、經濟兩部，薄有政績。[8]由該黨上述之歷史可知，反共與民主始終是該黨的主要宗旨與基調，其力排眾議參加國大；苦心孤詣制定憲法，期實現民主憲政於中國，始終都是該黨一貫之初衷。

4　曾琦，〈中國青年黨公開黨名宣言〉，見陳正茂、黃欣周、梅漸濃等編，
　　《曾琦先生文集》〈上〉（台北：中央研究院近代史研究所出版，民國82
　　年12月初版），頁186-191。

5　曾琦，〈吾人對於國民黨之真正態度〉，《醒獅週報》第106期（民國15
　　年10月16日）。

6　姜平，《中國民主黨派史》（武漢：武漢大學出版社出版，1987年8月1
　　版），頁172。

7　張九如，《和談覆轍在中國》（台北：聯經總經銷，民國70年2月再版），
　　頁98。

8　陳正茂，《在野的聲音——青年黨人的時代關懷及其政治參與》（台北：
　　新文京開發出版有限公司出版，民國93年12月初版），頁224-237。

　　本文以〈堅持民主憲政——青年黨與雷震〉為題，即試圖以在追求民主憲政之共同政治理念下，論述青年黨於五〇年代來台之初，積極參與雷震《自由中國》和「中國民主黨」籌組新黨運動的一段經緯。其中尤側重敘述該黨台籍菁英李萬居與郭雨新二氏，在籌組新黨中的重要角色，和對爾後台灣民主政治之影響；兼亦略微提及李萬居在戰後初期，迄於五〇年代末，其所創辦之《公論報》對台灣民主憲政與民主政治之貢獻。

　　其次討論到「雷案」爆發後，青年黨援救之情形，特別是左舜生表現最為激烈，左不僅為文聲援雷震，並在《聯合評論》上，以大篇幅的文章，撻伐蔣介石違憲競選第三任總統之非。其維護民主憲政之精神，不惜撕裂與蔣過去之良好關係，充分證明左是個講求大是大非之人。不僅左舜生如此，連一向對國民黨十分溫馴的陳啟天，在國民大會召開之際，針對國民黨欲修憲擴權之舉，也當面向蔣據理力爭，甚至不排除青年黨退出國大，凡此種種，均是青年黨堅持民主憲政之具體表現。

　　惜國人長久以來，對積弱不振的青年黨，習慣以國民黨的「政治花瓶」視之，殊少用理性客觀之立場去評論該黨表現，尤其是在台灣時期的表現，故本文探討青年黨參與雷震組黨經過，即希望藉此還原那段歷史經過，並持平評價該黨對台灣民主憲政之貢獻。

　　總之，對民主憲政之追求，青年黨不會因為和國民黨關係改善而有所改變，一切以國家利益和長治久安為原則。舉例言之，抗戰勝利後，該黨台籍中委李萬居，時任台灣省參議會副議長，在日本戰敗投降後，來台接收新聞事業，擔任《台灣新生報》首任社長。36 年「二二八事變」爆發，《新生報》詳實報導當時混亂情況，嚴辭批評時局，再加上李以青年黨籍而握有輿論機關，終為執政當局所忌，因此在台灣行政長官公署改組為台灣省政府時，李即被架空擔任有名無實的董事長。

　　為此，李乃自籌資金，於 36 年 10 月 25 日在台北創辦「公論報社」，發行《公論報》，報名寓有「欲留公論在人間」的意涵。社址設於台北市康定路 385 號，編輯部在桂林路四巷。李辦《公論報》之際，青年黨原本希望將其變成該黨在台之機關報，但在李萬居主導下，它卻超越黨派立場，為民喉舌，主張民主政治與言論自由，批判國民黨的專制腐敗，由於報導詳實，立論公正，有台灣《大公報》盛譽，故頗為國民黨所忌恨。[9]

　　平情而言，《公論報》是五〇年代台灣少數敢於批評當局的一份新聞報紙，它與雷震的《自由中國》齊名，這一刊一報對台灣的民主政治貢獻極大。《公論報》創辦後，即以超越黨派及言論公正著稱，唯至 45 年起，因言論自由尺度緊縮，所以《公論報》開始遭受有關當局關切。46 年，《公論報》因為揭露國民黨地方選舉舞弊不公；兼以其後李萬居又積極參與籌組「中國地方自治研究會」，國民黨情治當局決定找《公論報》開刀，總主筆還被治安機關拘訊判刑，殺雞儆猴意味十分明顯。[10]

　　49 年，地方選舉後，李萬居因為是「中國民主黨」組黨要角之一，繼則「雷案」發生，國民黨當局乃將李萬居及其《公論報》列為打擊重點。國民黨以《公論報》財務吃緊，強行由該黨籍台北市議員張祥傳乘機介入經營，利用增資方式架空李萬居，李不屈服，但最後仍因經濟壓力不支，於民國 50 年 3 月，宣布《公論報》停刊，結束該報的異議媒介生命。[11]

---

[9]　謝德錫，〈辦報論政的「魯莽書生」——李萬居〉，張炎憲、李筱峰、莊永明編，《台灣近代名人誌》（第 2 冊）（台北：自立版，民國 77 年 5 月 2 版），頁 167。

[10]　朱文伯，〈敬悼李萬居兄〉，朱文伯，《懷舊集》（台北：民主潮社發行，民國 63 年 12 月出版），頁 208-209。

[11]　楊錦麟，《李萬居評傳》（台北：人間版，1993 年 11 月初版），頁 355。

　　另外，為履行民主憲政下政黨之選舉，在戰後台灣民意機關的各種選舉，青年黨亦積極參與之。37 年，青年黨推薦了陳清棟、何義、呂元凱為省參議會遴選參議員；38 年，因陳清棟去世，呂元凱出國，又補了郭雨新、林虛中。其中郭雨新被選為省級民意代表長達二十四年之久，是省議會中資格最老的議員，能言善辯，有「議壇小鋼砲」之稱，其對台灣政壇「宜蘭幫」的塑造功不可沒，現今政壇當紅的前行政院長游錫堃即曾加入過青年黨。[12]

二、青年黨與《自由中國》

　　民國 38 年國共內戰，政局日趨惡化之際，知識份子面臨幾種選擇路向，其中胡適、傅斯年、雷震、殷海光等，選擇了支持國民黨，反對中共的路向，渡海來台共赴國難。在反共的鬥爭中，胡、雷等人認為只有堅定站在民主自由這邊，宣揚自由民主之價值，督促政府改革，以成為民主政府，方能有效對抗共產勢力。而政府為爭取國際支持，博得民主自由形象，亦樂於與自由主義派知識份子合作，甚至極力支持之。[13]於此前提下，是年 11 月 20 日，以胡適任發行人，雷震為社長的《自由中國》半月刊終於發刊問世了。

　　《自由中國》創刊時，胡適擬了四條宗旨：1、宣傳自由與民主的真實價值，督促政府切實改革政治經濟，努力建設自由民主的社會；2、支持國民黨的反共政策；3、幫助共產黨地區的人民恢復自由；4、使整個中華民國成為自由中國。[14]

12　游錫堃，〈蕃薯不驚落土爛──懷念郭雨新先生〉，郭惠娜、林衡哲編，《郭雨新紀念文集》（台北：前衛版，1988 年 9 月出版），頁 37-42。

13　任育德，《雷震與台灣民主憲政的發展》（台北：國立政治大學歷史學系出版，民國 88 年 5 月初版），頁 76。

14　《自由中國》半月刊，自創刊起至停刊止，每期均刊此「宗旨」。見《自由中國》第 1 卷第 1 期（民國 38 年 11 月 20 日），頁 1。

　　此宗旨，基本上與青年黨的民主反共政治理念不謀而合，是故，在五〇年代的民主自由運動中，青年黨亦成為不可或缺的一環。當時青年黨參與民主自由運動份子可分兩股勢力：一為左舜生、李璜等以香港為基地，從事所謂的「第三勢力」運動，其中左舜生所辦的《聯合評論》，更是海外自由份子的總論壇。[15]二是島內青壯派如夏濤聲、朱文伯等，結合青年黨籍台灣政治菁英，如李萬居、郭雨新等，以《公論報》為大本營，和《自由中國》相呼應。兼以左舜生、李璜與胡適、雷震、張君勱等人均有過從，於是形成以《自由中國》為軸心，包括青年黨、民社黨部分成員在內的「反共批蔣」組織。[16]

　　他們對外有美國奧援，對內有合法黨組織為護符，在五〇年代「反共批蔣」方面，曾發揮若干影響力。青年黨反共歷史之久遠與立場的堅定，無庸置疑暫且勿論。僅就批蔣方面論之：首先對蔣介石「黨化」軍隊一事，左、李二人即痛批蔣氏父子在軍中成立「國民黨支部」，是明顯違反憲法第一百三十八條規定的「全國陸海空軍，須超出個人、地域及黨派關係以外，效忠國家，愛護人民」的規定。此舉大大違背青年黨當年力主「軍隊國家化」的制憲基本訴求。[17]

　　當年中華民國憲法能順利制定完成，正是蔣介石的國民黨同意了這一條，才得到青民兩黨一致的支持。如今在台灣蔣介石違背此

---

[15] 黃嘉樹，《第三隻眼看台灣》（台北：大秦出版社，民國85年6月再版），頁267。

[16] 同註14，頁278-279。

[17] 青年黨35年，參加政治協商會議，針對國共爭議不休的「軍隊國家化」問題時，曾提出六項的解決辦法，其中一項即：實行軍黨分立，以免政爭變為兵爭。見〈中國青年黨代表曾琦等五人提停止軍事衝突實行軍隊國家化案〉，見立華編，《政治協商會議文獻》（北平：中外出版社，民國35年4月初版），頁106-109。或〈曾琦對軍隊國家化提案之說明〉，陳正茂等編，《曾琦先生文集》（上），同註4，頁487-489。

承諾，青年黨當然極為憤慨。左、李二人即說，蔣介石此種做法，同舊軍閥昔日在大陸的行徑無異。「獨裁壟斷而不思建設民主政治，這種家天下的政治，總有一天要失敗的」。[18]

　　青年黨左、李二人反對國民黨違反憲法在軍隊設立國民黨分部一事，自然激怒當時掌控軍中政工系統的蔣經國。民國 45 年 12 月，國民黨展開反擊，在野黨的青年黨自不例外，左、李二人甚至被視為「共產黨的同路人」，為操縱青年黨，一則以金錢利誘；再則遣人滲透分化內部，青年黨在台之處境由此亦可想而知了。[19]

　　其次籌組反對黨也是青年黨此時之積極作為，由於青年黨自知身為反對黨的無力，因此一直希望台灣能有個強有力像樣之反對黨。左舜生屢屢在《自由人》發表文章，闡明大陸失敗非是軍事之敗，實係失敗於政治的不民主，才是癥結所在。因此他認為「中國必須徹底實行民主，始足以適合今後中國的需要」，而把此希望寄託於當今之政黨，顯然各黨條件均不夠。因此只有重新「毀黨造黨」，將國、民、青三黨及一切有志之士，揉成一團，由各黨派出代表，針對所有重要問題，全盤檢討。然後形成兩大黨，一在朝、一在野，互相監督制衡。[20]

18　雷震，《雷震回憶錄》（香港：七十年代雜誌社出版，1978 年 11 月初版），頁 378-379。

19　〈政黨合作之道──社論〉，《民主潮》第 4 卷第 1 期（民國 43 年 3 月 16 日），頁 2。另李萬居曾在省議會質詢時也說到：「這兩個小黨（按：指民、青兩黨）……內部被一些不知來自何方的特工人員滲透進去，在裡面翻天攪地，搞得不成個樣子，如何達成『反對』的任務，如何能達到監督的目的。我們這個國家如果要做到名實相符的民主國家，應該准許人民自由組黨。」，《台灣省議會公報》2 卷 23 期（民國 49 年 4 月 12 日），頁 961。

20　左舜生，〈申述改造現有政黨的我見〉，見陳正茂主編，《左舜生先生晚期言論集》（上）（台北：中央研究院近代史研究所發行，民國 85 年 5 月初版），頁 84-86。

　　為此，左舜生還特地撰〈申述政黨改造的我見〉與〈中國未來的政黨〉等文，提出八項條件以為其理想的政黨要素。[21]左舜生的強力主張兩黨政治，與《自由中國》強調的民主政治是今天普遍的要求，沒有健全的政黨政治就不會有健全的民主；沒有強大的反對黨也不會出現健全的政黨政治的看法是一致的。民國43年初，胡適還天真的向蔣介石建議，將國民黨分為兩個對立的大黨，以奠定兩黨政治的基礎，唯蔣並未採納。[22]反而要求民、青合併為一黨，但民、青在國民黨的操縱分化下，各自內部已是派系林立，要兩黨合而為一談何容易。[23]

　　此外，爭取言論自由和確立輿論權威，也是以《自由中國》為核心的包括青年黨多數成員在內追求的共同目標。左舜生曾在《自由人》接連發表〈正本清源論〉、〈確立輿論權威〉、〈團結之道〉等文章，提到政府在台毫無作為，甚至連件洽心如意事也少見。因此在今天「需要有力的輿論加以批評督促，比較過去的任何一個時期都來得格外的迫切」。[24]為配合爭取言論自由和民主政治，李萬居的《公論報》與夏濤聲等辦的《民主潮》都不斷大聲疾呼，要求國民黨尊重言論自由的基本人權。在省議會內，青年黨籍的李萬居、郭雨新等，亦經常向政府當局提出尖銳質詢，揭露官員之營私舞弊和貪贓枉法的行為，並要求政府確實保障言論自由及人權。[25]

21　同上註。
22　蔣勻田，〈淚如泉湧悼念胡適之先生〉，見馮愛群編，《胡適之先生紀念集》（台北：學生書局出版，民國62年9月再版），頁159-161。胡適，〈從爭取言論自由談到反對黨〉，《自由中國》第18卷第11期（民國47年6月1日），頁342。又見馬之驌，《雷震與蔣介石》（台北：自立版，民國1993年11月1版），頁394-396。
23　陳正茂編著，《左舜生年譜》（台北：國史館印行，民國87年12月初版），頁231。
24　左舜生，〈確立輿論權威〉，《左舜生選集—政論集》（台北：大西洋圖書公司出版，民國57年元月初版），頁12-15。
25　轉引自蘇瑞鏘，《戰後台灣組黨運動的濫觴——「中國民主黨」組黨運動》（台北：稻鄉出版社出版，民國94年4月初版），頁49-68。

　　青年黨和《自由中國》爭取言論自由之爭，到〈祝壽專號〉和〈憲政體制〉的論辯達到最高潮。民國 45 年 10 月，蔣欲察納雅言，公然提出要聽聽海內外同胞對國是之意見。《自由中國》以機不可失，紛紛提出建言，總計含社論和十五篇文章，在該年 10 月 31 日蔣壽誕之日以〈祝壽專號〉名義，正式出版。[26]十五篇文章由胡適、雷震、徐復觀、陶百川、陳啟天、蔣勻田等撰寫。其中胡適親撰的〈述艾森豪威爾總統的兩個故事給蔣總統祝壽〉，要求蔣要做一個「無智、無能、無為」的總統，勉蔣努力做一個無智而能御眾智、無能無為而能乘眾勢的元首，更令蔣惱火，認為〈祝壽專號〉真正的目的，根本是反對其競選第三任總統。[27]

　　針對《自由中國》推出的〈祝壽專號〉，國民黨認為情勢嚴重，須馬上立即反擊。是年 12 月初，國民黨以國防部總政治部名義，下達「極機密特種指示」，要求對「毒素思想總攻擊」，發動圍剿《自由中國》及自由主義份子。諷刺的是適得其反，反而擴大了〈祝壽專號〉之影響，數月內再版十三次之多。[28]

三、青年黨與雷震的「中國民主黨」

　　五、六〇年代，台灣於威權統治下，政治史上最波瀾壯闊的，當屬雷震的從《自由中國》之批評時政，到籌組新黨「中國民主黨」

---

[26] 〈祝壽專號〉除社論外，上有胡適、徐復觀、夏道平、陳啟天、陶百川、劉博崑、蔣勻田、雷震、毛子水、徐道鄰、王師曾等在野領袖、學者專家所寫的十五篇為蔣介石祝壽之文章。見《自由中國》第 15 卷第 9 期（民國 45 年 10 月 31 日）。

[27] 《雷震日記》（1959 年 12 月 21 日），傅正主編，《雷震全集》（40）（台北：桂冠版，1990 年 9 月初版），頁 210。

[28] 薛化元，《自由中國與民主憲政——1950 年代台灣思想史的一個考察》（台北：稻鄉版，民國 85 年 7 月初版），頁 137。

的這段過程。此過程為在野黨派，包括青、民兩黨，及自由主義知識份子和追求民主自由的台灣政治菁英，為反抗國民黨的專制獨裁，在苦悶無聲的五〇年代，留下撼動人心的篇章。在戰後台灣史上，他們為突破國民黨「一黨政治」之格局，投身於籌組反對黨的民主運動，為台灣民主政治的啟蒙與積累，仍然是功不可沒的。

當年亦參與籌組「中國民主黨」的民社黨大老謝漢儒，在《早期台灣民主運動與雷震紀事──為歷史留見證》一書指出：中國民主黨組黨運動乃由五〇年代台灣民主運動的三股主流匯聚而成。按其重要性排列，依序分別是：《自由中國》半月刊（第一股主流），民社黨與青年黨（第二股主流）、本土民主人士對選舉的批判（第三股主流）。

揆之民國49年組黨時的十六名召集人：雷震（大陸籍、原國民黨，時為無黨籍）、李萬居（台籍、青年黨）、高玉樹（台籍、民社黨）、夏濤聲（大陸籍、青年黨）、吳三連（台籍、無黨籍）、郭雨新（台籍、青年黨）、齊世英（大陸籍、無黨籍）、楊毓滋（大陸籍、民社黨）、石錫勳（台籍、無黨籍）、王地（台籍、無黨籍）、楊金虎（台籍、民社黨）、許世賢（台籍、原國民黨，時為無黨籍）、黃玉嬌（台籍、民社黨）、郭國基（台籍、原國民黨，時為無黨籍）、李源棧（台籍、無黨籍）、謝漢儒（大陸籍、民社黨）等。由這紙名單看來，謝氏之說大體不差。[29]

當年民、青兩黨之所以參與組織新黨工作，其原因有幾個：一為「韓戰」後，美國重新堅定支持國府，國民黨政權相對鞏固許多，蔣氏威權統治日甚一日，無須借助「自由派」來裝點門面，對「反

---

[29] 謝漢儒，《早期台灣民主運動與雷震紀事──為歷史留見證》（台北：桂冠版，2002年9月初版），頁6-10。又見李筱峰，〈知識分子與政治革新運動〉，中國論壇編輯委員會主編，《知識分子與台灣發展》（台北：聯經版，民國78年10月初版），頁255-260。及蘇瑞鏘，《戰後台灣組黨運動的濫觴──「中國民主黨」組黨運動》，同註27，頁19。

對黨」壓迫、監控，甚至分化日漸加強。二為民、青兩黨雖為合法反對黨，但長期以來積弱不振，無法有效監督國民黨，故時有將兩黨合併為一有力在野黨的呼聲，以監督政府。三為國民黨歷次地方選舉的不公，激發本土籍政治菁英的不滿，更強化聯合民、青兩黨籌組反對黨的決心。[30]《自由中國》即發表：「前在國大二次會議時，社會輿論認為該兩黨（按：指民、青兩黨）可以自行解散，聯合社會人士，重新組織強而有力的反對黨」。[31]

　　就整個組黨運動的發展過程而言，民國46年地方選舉提供大陸籍人士與本土政治菁英合作的契機。在是年選前，本省籍政治士紳王燈岸即向石錫勳建議要先將參加第二屆公職人員無黨派候選人、民主社會人士、民青兩黨人士聯繫起來籌組一個聯誼會，互相交換意見，共同研擬選務改進方案，一方面向政府提出建議，交涉及防止選舉舞弊對策，另一方面，另籌組民主法治啟蒙團，仿傚日據時期的文化協會的文化演講，赴全省各地舉開啟蒙演講。[32]

　　王、石二氏以建議可行，乃向內政部申請召開選務改進座談會，終於在民國46年4月11日下午，於台中召開關於選務改進的座談會。會中建議政府應公正地辦理選務，會中也通過一項決議，要求青年黨籍的李萬居在本屆選舉後，召開一次選舉檢討座談會。4月21日，第三屆縣市長及省議員選舉，郭國基、吳三連、李源棧、郭雨新、李萬居、許世賢當選省議員，被稱為「五龍一鳳」，此乃日後「中國民主黨」組黨運動的核心人物。[33]

30　蘇瑞鏘，《戰後台灣組黨運動的濫觴——「中國民主黨」組黨運動》，同註27，頁55-89。

31　〈在野黨及無黨無派人士舉行本屆地方選舉檢討會紀錄摘要〉《自由中國》第22卷第11期（民國49年6月1日），頁354。

32　王燈岸，《礦溪一老人》（彰化：作者自印，1980年），頁129。

33　李筱峰，《台灣民主運動40年》（台北：自立版，民國76年10月1版），頁71。

　　但此次選舉，國民黨全面動員軍公教，拒絕反對人士參加監選工作，造成選舉過程不公。選後，李萬居即依之前決議，奔走各地聯絡，終於在 5 月 18 日假台北蓬萊閣召開一場選舉檢討會，參加者有高玉樹、楊金虎、郭雨新、李萬居、余登發等主要無黨籍政治人物與民、青兩黨人士，與會者一致抨擊此次選舉之諸多弊端，並提出檢討改進選舉的辦法，也邀請雷震參加，這次會議對日後「中國民主黨」的籌組影響深遠。[34]

　　會議最重要之決議是通過青年黨李萬居提出之「中國地方自治研究會」（「台灣自治法規研究委員會」），實際上就是後來組織反對黨的第一步，顯示反對勢力已有將組織「常設化」之企圖，另外也是民、青兩黨菁英首次與本土政治人物大規模的集結，象徵意義重大。[35]

　　而關於選舉弊端方面，李萬居在省議會痛陳此次選舉「實在是台灣地方自治史上永遠無法洗滌的一個大污點」[36]；同黨的郭雨新也批評「政府辦理選舉不公應嚴格糾正並改善」。[37]青年黨刊物《民主潮》發表了楊金虎、郭雨新、余登發、李萬居、黃玉嬌、高玉樹、郭國基等二十六人在選後的共同聲明，指出此次選舉弊端有四：1、公教及治安人員公開助選，2、選務機構違法，3、監察人員

---

[34]　蔡憲崇，〈中國民主黨——不希望取得政權的政黨〉，收入其自印的《鑼聲若響——台灣島上的反對黨》（台北：作者自印，1983 年），頁 23-24。《雷震日記》（1957 年 5 月 18 日），傅正主編，《雷震全集》（39）（台北：桂冠版，1990 年 7 月初版），頁 93-95。

[35]　〈在野黨及無黨無派第三屆縣市長暨省議員競選人共同聲明〉，《民主潮》第 7 卷第 12 期（民國 46 年 6 月 16 日），頁 19。

[36]　李萬居在省議會之質詢見《台灣省臨時省議會公報》第 10 卷第 14、15 期（民國 46 年 10 月 8 日），頁 10117。

[37]　郭雨新在省議會之質詢見《台灣省臨時省議會公報》第 10 卷第 14、15 期（民國 46 年 10 月 8 日），頁 10083。

不公，4、政府機關藉巧妙名目為掩護，利用公款以協助執政黨提名之候選人競選。[38]

　　由於國民黨對民、青兩黨的滲透分化，民國 48 年 12 月 10 日，青年黨籍的李萬居曾指出：「這兩個小黨，內部被一些不知來自何方的特工人員滲透進去，在裡面翻天攪地，搞得不成樣子，如何達成『反對』的任務，如何能達到監督的目的。我們這個國家如果要做到名實相符的民主國家，應該准許人民自由組黨」。[39]由此看出，此時李萬居對民、青兩黨已不大抱希望，另組新政黨的企圖已十分明顯，此乃李萬居在組黨運動中漸形重要，甚至成為主要領袖之一的原因。

　　49 年 2 月 5 日，在一場黨外人士聚會中，李萬居提到「中國自治研究會」未被批准之事，大家一致氣憤的表示「反對黨是幹的問題，不是政府批准的問題」。[40]是時，蔣介石欲違憲競選第三任總統的訊息已甚囂塵上，又恰逢南韓也發生政潮，青年黨的機關刊物《民主潮》在 3 月間，藉機連續發表社論，藉南韓李承晚統治當局的違憲連任，和對反對黨的不容忍，來影射台灣的蔣介石亦如出一轍。[41]

　　該年 3 月，李萬居、郭雨新、高玉樹、吳三連、許世賢、楊金虎等人，召開選舉座談會，青年黨夏濤聲與民社黨的蔣勻田亦受邀參加。[42]是年 4 月，台灣舉行的地方選舉，國民黨的選舉不公依舊，

38　同註 37。

39　李萬居在省議會之質詢見《台灣省議會公報》2 卷 23 期（民國 49 年 4 月 12 日），頁 961。

40　《雷震日記》（1959 年 2 月 5 日），傅正主編，《雷震全集》（40）（台北：桂冠版，1990 年 9 月初版），頁 21-22。

41　〈我們對韓國政局的感想——社論〉，《民主潮》第 10 卷第 9 期（民國 49 年 5 月 1 日），頁 2。

42　李筱峰，《台灣民主運動 40 年》（台北：自立版，民國 76 年 10 月 1 版），頁 74。

使得在野民、青兩黨與本省籍政治菁英忍無可忍。《自由中國》批評當局選舉不公後即表示：「今後唯一有效的補救方法，就是要靠這些篤信民主政治的人士，大家聯合起來組織一個強有力的反對黨，以與國民黨抗爭」。[43]

4 月 29 日，青年黨的夏濤聲、李萬居、郭雨新和雷震聚會，談及這次選舉舞弊情形，咸認為有必要約無黨籍人士，共商組織反對黨的可能性。[44]5 月 15 日，民、青兩黨重要人士與本省政治人物一起討論將來反對黨經費的籌措及敦促胡適出來領導等問題，於是才有 5 月 18 日選後座談會中正式組黨之議。[45]

5 月 18 日，終於在台北市民社黨總部召開「在野黨及無黨無派人士本屆地方選舉檢討會」。當天參與者共計七十二位，其中青年黨參加者有李萬居、郭雨新、夏濤聲、朱文伯、沈雲龍、葉時修、劉永濟、王嵐僧、蘇東啟等人，幾乎網羅本土政治菁英與民、青兩黨高層代表人物，而最重要決議是一致主張組黨。[46]

6 月 15 日，根據「五一八會議」決議，「地方選舉改進座談會」發表 6 月 11 日通過的一篇聲明，強調兩個決定：即成立「選改會」與籌組新政黨。[47]此後，「中國民主黨」的籌組工作，即以「選改會」為主體而展開。6 月 19 日，「選改會」在台北《自由中國》社召開第三次主席團會議，青年黨夏濤聲、郭雨新等出席，會中確定

---

[43] 〈這樣的地方選舉能算「公平合法」嗎？——社論〉，《自由中國》第 22 卷第 9 期（民國 49 年 5 月 1 日），頁 276。

[44] 《雷震日記》（1959 年 4 月 29 日），傅正主編，《雷震全集》（40）（台北：桂冠版，1990 年 9 月初版），頁 298。

[45] 《雷震日記》（1959 年 5 月 15 日），傅正主編，《雷震全集》（40）（台北：桂冠版，1990 年 9 月初版），頁 307—308。又見蘇瑞鏘，《戰後台灣組黨運動的濫觴——「中國民主黨」組黨運動》，同註 27，頁 85。

[46] 〈在野黨及無黨無派人士舉行本屆地方選舉檢討會紀錄摘要〉，《自由中國》第 22 卷第 11 期（民國 49 年 6 月 1 日），頁 352-356。

[47] 〈選舉改進座談會的聲明〉，《自由中國》第 22 卷第 12 期（民國 49 年 6 月 16 日），頁 18。

座談會委員四十六人，召集人十五人。雷震表示此次會議名為座談會，實則為新黨籌備會。[48]

　6月25日，「選改會」召開第一次委員會議，主席團主席李萬居在開會致辭時表示：「這一個月來，我們所積極籌劃的工作是『地方選舉改進座談會』，實際上是在替組織新的反對黨做鋪路的工作」。[49]隨後通過該會簡章、會議規則，並推定十七人為召集人，而由李萬居、高玉樹及雷震為發言人。[50]6月26日，「選改會」在台北《自由中國》社召開第一次召集人會議，決定各委員會召集人、發言人的人選，以及與民、青兩黨協商之人選。籌組反對黨的領導階層，至此已大致確定。[51]

　8月27日，夏濤聲起草新黨黨章，雷震認為仍是舊套，不適用。並對外宣布新黨可能9月底成立。8月28日，「選改會」再度召開召集人會議，會中討論新黨的政綱、政策、黨章等事項，以及即日與民、青兩黨進行協商外，並決定黨名為「中國民主黨」。[52]

　9月4日，就在組黨運動進入高潮之刻，國民黨決定先下手為強，當日雷震遭警備總部逮捕，另外尚有馬之驌、傅正與劉子英亦被捕，史稱「雷震案」。至此，籌組中的「中國民主黨」遺憾的胎死腹中，而《自由中國》也就此停刊。[53]

---

[48] 《雷震日記》（1959年6月19日），傅正主編，《雷震全集》（40）（台北：桂冠版，1990年9月初版），頁332。

[49] 〈李萬居先生在選舉改進會委員會議第一次會議中致開會辭全文〉，《自由中國》第23卷第1期（民國49年7月1日），頁16。

[50] 《公論報》（民國49年6月27日）第2版。

[51] 《雷震日記》（1959年6月26日），傅正主編，《雷震全集》（40）（台北：桂冠版，1990年9月初版），頁336。

[52] 關於該黨之名稱，據雷震指出，「原本大家主張用「中國自由黨」，胡適說那個倒了霉的名字不必再用，我們今日組黨是為改善選舉，是爭民主，就叫『中國民主黨』好了。」，傅正主編，《雷震全集（12）：雷震回憶錄——雷案回憶（2）》（台北：桂冠版，1989年3月初版），頁349。

[53] 〈台灣警備總司令部呈報國防部已依法將雷震等人逮捕到案〉，收入陳世宏等編輯，《雷震案史料彙編：國防部檔案選輯》（台北：國史館印行，2002年），頁191。

　　9 月 11 日,「雷震案」爆發後,對「中國民主黨」雖是致命的打擊,但李萬居和高玉樹特別表示,組黨工作不因雷震被捕而受到影響。當天「選改會」並召開第五次召集人會議,決定撤銷「選改會」,成立「中國民主黨籌備委員會」(以下簡稱「籌委會」),由李萬居和高玉樹負責。9 月 25 日召開第一次「籌委會」召集人會議,由代理主席李萬居主持,會中討論地方人士對組黨運動以及雷案的看法。[54]

　　10 月 17 日,「籌委會」對外表示:「新黨運動絕不會因此停止,只不過稍延成立時間而已。」「中國民主黨」已領回組黨文件,決定不久宣佈成立。且聲明雷案根本就是「政治事件」。[55]到了 10 月,「中國民主黨」的人事安排似乎已大致決定,將設「政策委員會」,由李萬居、夏濤聲、齊世英主持;另「組織委員會」由郭雨新、「財務委員會」則由高玉樹等人負責。[56]其後,「籌委會」雖仍信誓旦旦「中國民主黨」必將成立,但在國民黨一片恐怖肅殺的氣氛下,以及主客觀條件的不夠成熟的情況下,籌組「中國民主黨」之事,遂逐漸沈寂。

　　民國 50 年 1 月舉行的台灣省第五屆縣市議員的地方選舉,可說是檢驗「籌委會」之試金石,雖說「籌委會」推派了高玉樹、李萬居、郭雨新、許世賢、王地、許竹模、李秋遠、楊金虎、李連麗卿、黃玉嬌、郭國基等十一人組織助選團,且此次選舉,全省也有百分之二十的新黨人士當選,但離原先欲拿三分之一席次的目標尚遠。嚴格而言,其結果選的並不理想,中國民主黨因未達到預期目標,使得此次選舉成為新黨人士的「最後一役」。[57]

---

[54]　《公論報》(民國 49 年 9 月 26 日)第 1 版。

[55]　〈中國民主黨籌備委員會聲明〉,《民主潮》第 10 卷第 21 期(民國 49
　　年 11 月 1 日),頁 20。

[56]　蘇瑞鏘,《戰後台灣組黨運動的濫觴──「中國民主黨」組黨運動》,同
　　註 27,頁 215。

[57]　同上註,頁 216-217。

　　1 月 23 日，中國民主黨籌備會在台北舉行第五屆縣市議員選舉檢討座談會，但此後即無再進行任何活動，新黨運動自此歸於沉寂。同年 8 月，高玉樹在接受採訪時表示「組黨不組黨已不是重要的事了」，正式為中國民主黨的組黨運動劃下休止符，使得尚未正式面世的「中國民主黨」不得不胎死腹中，留下台灣民主運動史上相當遺憾的一章。

四、青年黨與「雷案」

　　基本上，「雷案」爆發後，青年黨的領袖如左舜生、李璜、陳啟天等人，曾予以積極營救。其中左舜生更是情緒激動，批判力道十足。民國 49 年 9 月 9 日，在「雷案」發生不到一週內，左舜生旋即為文，認為「雷案」根本是國民黨當局一個預定的陰謀，其目的不僅在使《自由中國》不能繼續出版，同時也再使籌組中的「中國民主黨」無法成立。[58]

　　左舜生言：「這不一定是雷震等個人的不幸，實在是中華民國民主憲政前途，以及人民一切基本自由與人權保障一種空前的威脅！……這一民國政治史上空前的重大事件，將繼續發展，其給予海內外一般人心刺激的深刻，以及可能發生的惡果，目前尚難預測」。[59]因此，左舜生希望政府，立即釋放雷震。

　　同日，他和李璜與香港民主人士，在香港格蘭酒店召待記者聲援雷震，參加者有新亞書院教授及新聞文化界人士。左等認為雷震是愛國的、反共的，也是為民主政治運動的奮鬥者。台灣當局此舉，

---

[58]　陳正茂編著，《左舜生年譜》，同註 25，頁 251。
[59]　左舜生，〈主張立即釋放雷震〉，《聯合評論週刊》第 107 號（民國 49年 9 月 9 日）。

香港方面的民主人士，將依據聯合國「人權宣言」，向聯合國控訴，請求人權保障。[60]

10 月 5 日，見國民黨毫無釋放雷震的跡象，左舜生與李璜、李達生、岑盛軒、梁友衡、徐亮之、許子由、許冠三、黃宇人、陳芝楚、孫寶剛、勞思光、劉子鵬、劉裕略、羅鴻等多人，聯名特別致函聯合國人權委員會，呼籲聯合國有關組織及時聲援雷震。電文中言：「國民黨當局以《自由中國》半月刊的言論『構成叛亂的罪證，其為斷章取義，故入人罪，已昭然若揭。中華民國政府當局此等迫害言論出版自由及蹂躪人權的不法行為，實為對聯合國人權宣言第三、第九、第十一及第十九條款的公然蔑視。倘不及時予以制止，則人權宣言必將失去其存在的意義』」。[61]

10 月 14 日，「雷案」判決後，左舜生沉痛指出：「總而言之，統而言之，台北當局要消滅《自由中國》這本雜誌，要消滅雷震這個人，要消滅一個將要出現的新黨，這是他們早已確定的決心，無論上訴也罷，不上訴也罷，他們一定要蠻幹到底，其他一切的『手式』，一切的『表情』，一切的『穿插』，不過只是加重這一事件戲劇化的氣氛，大抵無關宏旨。所可惜的，他們編戲的技術過於拙劣，因之漏洞百出，讀者如果真要了解台灣這十年究竟是什麼人在幕後胡鬧，我便奉勸先看看我那篇〈由『吳案』『孫案』到『雷案』〉的長文，才比較的能得要領。我們繼此要說的話還很多，這件事決不會如此了結，這是可請大家放心的」。[62]

12 月 2 日，左舜生再度發表對「雷案」覆判後的感想，對於蔣之不能特赦雷震，嚴辭譴責其表現了一種軍人蠻幹到底的特質，

---

[60] 傅正主編，《雷案震驚海內外》（台北：桂冠版，1990 年 9 月初版），頁 112。

[61] 雷震，《雷震回憶錄》，同註 20，頁 180-181。

[62] 左舜生，〈雷案判決感言〉，《聯合評論週刊》第 112 號（民國 49 年 10 月 14 日）。

不失為東方一個碩果僅存的標準獨裁者；同時也通明透亮表示了他對民主絲毫不能理解，絲毫不感興趣，不惜以走極端的態度，甘冒天下之大不韙，向國內外一切主持公道與正直的人士挑戰。[63]

至於夏濤聲、朱文伯、李萬居、郭雨新等則在《公論報》、《民主潮》等刊物發表聲明，支援雷震。另外，青年黨籍的監委陳翰珍、劉永濟等，亦在監察院內為雷震鳴不平，希望政府重新調查「雷案」。青年黨的營救雷震雖未成功，但它最起碼表明了青年黨對國民黨迫害言論出版自由以及踐踏人權行為的強烈不滿。[64]

直到民國53、54年，蔣介石為團結反共力量，反攻大陸，決定舉行「陽明山會談」和召開「反共建國聯盟會議」，廣邀在野黨領袖回台參加會議。但是左舜生、李璜和民社黨領導人張君勱等表示，渠回台的條件是當局必須立即釋放雷震，在雷震尚屬「階下囚」時，他們無法來台作「座上客」。由於國民黨當局不肯接受其要求，最後他們拒絕赴台。[65]

總而言之，青年黨基於對民主憲政理念的追求，不願任憑國民黨擺布，不願只充當國民黨政府的附庸政黨，它積極參與籌組新黨運動，僅此一點，可以印證青年黨對民主憲政體制的執著追求，在客觀上亦有功於台灣民主政治的發展進程。不僅如此，青年黨為此還付出了若干代價，李璜即言：「由於雷先生組黨失敗，青年黨人亦因以大受犧牲，如李萬居同志《公論報》被奪，夏濤聲同志之氣憤頹喪而致中風，郭雨新同志的奇怪落選，逼得流浪異域。而青年黨本身也從此被分化、打擊、監視，以致無法振作至於今日之困境」。[66]

---

[63] 左舜生，〈雷案與團結〉，《聯合評論週刊》第119號（民國49年12月2日）。

[64] 周淑真，《中國青年黨在大陸和台灣》，同註14，頁292。

[65] 同上註，頁292-293。

[66] 李璜，〈雷儆寰先生逝世十週年紀念感言〉，傅正主編，《雷震全集（1）：雷震與我（1）》（台北：桂冠版，1989年3月初版），頁114。

　　雖然青年黨曾有心支持雷震的「新黨運動」，但國民黨也早有因應之策，就在新政黨籌組工作於緊鑼密鼓之際，國民黨對民、青兩黨也開始積極拉攏。基本上，青年黨的「大華新村派」如夏濤聲、王師曾、朱文伯及本省籍之李萬居、郭雨新等人，雖積極參與組織新政黨工作，但就在新政黨「中國民主黨」即將組成之際，除本省籍的郭、李二氏加入外，其他大陸籍人士反而瞻前顧後裹足不前了。陳啟天、王師曾等既想參加政府分享權力，又怕反對黨成為台灣黨而沒參加，甚至郭、李二人參加還受到黨內的指責，而連全程參與的朱文伯，最終也缺席沒有參加。[67]

　　朱曾自我辯解說：「我鑒於青年黨的紛爭不已，青年時期就共患難同生死的一群愛國反共同志，中年以後竟因細故變成『同舟敵國』，不敢深信組織新黨的人可以善始善終，所以雖然參加了選舉改進座談會，但並沒有參加中國民主黨。」又說：「如果青民兩黨和無黨無派者合組新黨，我當然是組成份子，如果在兩黨以外另行組黨，我只能合作，不便參加。」[68]之所以如此，一個最關鍵的因素，是他們原本就有一個自己的黨，要他們放棄原黨而加入「中國民主黨」，實非易事。

　　雷震曾說：「反對黨之組成，並非易事，在野人士甚熱心，而民、青兩黨甚冷淡，除夏濤聲外，大都不贊成，主要是他們自己有一個黨存在」[69]，這點雷震倒是看得很清楚。在這些原因的影響下，導致許多原本熱衷參與組黨工作的民、青兩黨人士，最終還是沒能

---

[67] 張忠棟，〈雷震與反對黨〉，收入張忠棟，《胡適·雷震·殷海光——自由主義人物畫像》（台北：自立版，民國 79 年 12 月 1 版），頁 139。

[68] 朱文伯，《朱文伯回憶錄》（台北：民主潮社發行，民國 74 年 2 月初版），頁 195。又見朱文伯，〈憶雷震與胡適兩先生〉，傅正主編，《雷震全集（1）：雷震與我（1）》，同註 69，頁 46。

[69] 孟戈，〈略知雷震（儆寰）先生〉，傅正主編，《雷震全集（1）：雷震與我（1）》，同上註，頁 144。

加入「中國民主黨」。然無論如何，在五〇年代籌組反對黨的過程
中，他們為台灣民主政治的貢獻仍是功不可沒的。

五、青年黨與民主憲政

　　實行民主憲政，為青年黨一貫主張，在抗戰期間，參加國民參
政會，即呼籲政府早日召開國民大會，制定憲法，使國家步入民主
憲政之坦途。35 年與國民黨、民社黨及無黨無派的社會賢達，毅
然參加制憲國大，制定中華民國憲法。會議期間，對人身自由的保
障、國家基本政策的訂定，以及軍隊國家化，政治民主化，無記名
投票法的確定，尤其對法官、教師、及地方級中央級民意代表，執
行職務時，均應超出黨派以外等意見，均有確定的主張。[70]
　　民國 42 年 3 月，針對蔣介石總統復行視事三週年，左舜生特
別撰文向蔣建議，今後政治趨向的總方針宜實行民主政治。[71]民國
46 年元旦起，青年黨所辦的刊物《民主潮》以〈新年三願〉的社
論為題，無意中掀起了一場持續兩年的關於「憲政體制」的論辯。
在〈新年三願〉文中，青年黨提出「切實實行憲政體制」，青年黨
認為在台灣現行的中華民國憲法是部「民主憲法」，其中如「有關
中央政治體制，規定行政院為國家最高行政機關，須向立法院負
責」；有關國家軍隊，「全國陸海空軍須超出個人、地域及黨派關係
以外，效忠國家，愛護人民」；另外如司法獨立，也是要求法官須
超出黨派以外，依據法律，獨立審判，不受任何干涉；至於黨派平

---

[70] 陳正茂，《在野的聲音——青年黨人的時代關懷及其政治參與》（台北：
　　新文京開發出版有限公司出版，民國 93 年 12 月初版），同註 8，頁 149-246。
[71] 左舜生，〈讀蔣總統「三一」文告書後〉，《自由人半週刊》第 210 期（香
　　港：民國 42 年 3 月 7 日）。

等及組黨自由，亦規定「中華民國人民，無分男女、宗教、種族、階級、黨派，在法律上一律平等，並且人民有集會結社之自由」。[72]

　　這些條文均有其深意與特點，如能徹底遵循，必能引導國家走上民主憲政的常軌，奠定國家長治久安之基礎。惜自行憲以來，國民黨始終沒有真心信守憲法，才使國家淪落至此。黨的黑手深入各階層，舉凡軍隊、法院、學校都不放過，至於組黨自由，那更是天方夜譚沒有的事。青年黨不客氣的說：「時至今日，學校教育，機關訓練，集會儀式，乃至標語口號，無不以奉行遺教為先，而很少提到憲法」。「這無異於自毀歷史，自壞長城，實為民國前途一大隱憂」。[73]青年黨對國民黨違憲的全面批判，不僅盡了反對黨的職責，其勇氣尤足嘉許，故曾引起島內一陣熱烈回響和輿論的廣泛注意。

　　為應和島內民主憲政之討論，在香港的青年黨領袖左舜生與李璜也分別撰文響應，其中以左舜生的批評最具代表性。3月11日，左於《自由陣線》發表〈嚴重的局勢必得打開〉，強調「軍事第一」固然重要，但「政治刷新」與「經濟建設」的重要性決不在軍事之下；而政治上的民主自由，更是國民黨革新之契機。接著在憲政問題上，左舜生又說：「以實際的情形來說，今天的憲政，早已名存實亡，其所以還保持若干在憲法上可以找出名稱的機構，這只是為了應付國際的一種方便，否則便連這種徒擁虛名的機構也早已一筆勾銷了」。[74]

　　為因應左舜生對憲政的批判，《民主潮》也發表好幾篇社論聲援，例如批評道：「今天的立法院並沒有一個強有力的反對黨，絕對多數的立法委員都是國民黨員，從體系上說，除非國民黨內發生

---

[72] 沈雲龍，〈新年三願〉，《民主潮》第7卷第1期（民國46年1月1日），頁6-8。
[73] 同上註。
[74] 左舜生，〈嚴重的局勢必得打開〉，《自由陣線週刊》第30卷第11期（香港：民國46年3月11日）。

了無可調停的派系鬥爭，否則這班國民黨的立法委員無法不接受黨的領導」。又如「行政院長不僅是國民黨員，而且一般是中央委員，如今天的俞鴻鈞，所以，從黨的系統上講，行政院不可能對立法院負責」。

而說到更高層「中華民國的總統，同時又是國民黨的總裁，在立法院與行政院發生衝突的時候，蔣先生如果覺得不便以總統身份干涉立法院，他卻可以國民黨總裁身份去制止國民黨的立法委員，如果他們不聽話，輕則可以遭受訓斥，重則開除黨籍或禁止其出席」。

由上述之連帶關係，《民主潮》不客氣的說：「今天的行政院只是對總統負責，也可以說是對國民黨負責，或對國民黨的總裁負責，決無所謂對立法院負責的這回事，這與憲法的原意是剛剛相反的」。[75]左舜生、李璜等青年黨領導連諷帶嘲的透過香港《自由人》三日刊的批評國民黨當局的違憲不守法，簡直是捅了國民黨的馬蜂窩，國民黨當局不但查禁《自由人》，不准其進口；還透過黨喉舌《中央日報》連發批駁文章，甚至指責左、李等人為「中共同路人」[76]，以青年黨反共時間之早、立場之堅，此等指控非常好笑。

例如當時台灣在野人士有組織反對黨之傳聞，這本是憲法賦予人民之權利，但中國何以不曾有像樣的反對黨出現。左直言中國之所以不曾有強有力反對黨之出現，係因執政的當局都有所謂的「黨軍」，而更徹底的一點說，「黨軍」與民主制度是無可並存的。只要一個國家以內有了所謂「黨軍」存在，政權便只能隨武力為轉移；如果有兩個以上的黨一樣都擁有武力，其勢不造成相互或循環的所

---

[75] 這些社論如〈監察院行使彈劾權引起的憲法爭議問題〉、〈行政院院長在憲法及法律上的地位〉；王師曾的〈憲政與國運——行憲十週年紀念的一點感想〉等，俱發表於《民主潮》第8卷第1-3期（民國47年1月1日-2月1日）。

[76] 周淑真，《中國青年黨在大陸和台灣》，同註14，頁289。

謂革命，便惟有招致國家的分裂。所以左對台灣熱心建黨的朋友，不無挖苦執政當局言：「假定你們不能促成『黨軍』制的廢止，即令你們建黨有成，其結果依然要歸於失敗；整個民主制度既決不會在中國實現，而一個有力的反共政治號召，也終於無法形成」。[77]

47 年 10 月 22 日，左對於國民黨人習慣以「革命」來剿匪之錯誤觀念，苦心孤詣的提出逆耳忠言。左說：「中國能有一部民主的憲法，這是中國人經過半世紀奮鬥所得到的一個成果，今天要剿匪有效，惟有依照憲法去培養人民的民主習慣，使人民習於民主的生活，然後才能提高其反共的決心」。[78]

民國 48 年 6 月 19 日，左舜生在香港的《聯合評論》又發表〈搶救中華民國的時間已經不多了〉，將憲政體制的論辯推至最高潮。此文一出，迅即在港台引起軒然大波，遭到國民黨當局的圍剿與批判。左舜生在這篇文章中，嚴辭抨擊「私」字誤了中國六十年，並忠言逆耳的批評政府遷台後，未能深思熟慮的制定一長遠之「治台方案」，因循苟且依舊，常此而後，後果堪憂。

故左舜生向政府及蔣介石獻策，提出治台的十六條原則。其要點為：1、根除一黨壟斷；2、精減政府機構；3、加強地方自治；4、實行司法獨立；5、保障人民基本自由；6、發展科學教育；7、發展外資、僑資以及民營企業；8、裁減軍隊人數等等。

其中對台灣憲政體制影響最巨者為精減政府機構，為此，左舜生特別提出組「臨時政府」主張，強調不需要有台灣省政府，只要有一留台「臨時政府」即可。「臨時政府」的機構視需要而增減，總之以無冗員無廢事為主。另外絕對廢止大陸時期的中央政府型態，由留台的國大代表、立法委員、監察委員和世界上凡有僑胞萬

---

[77] 左舜生，〈中國何以不曾有像樣的反對黨出現？〉，《聯合評論週刊》第 8 號（民國 47 年 10 月 3 日）。

[78] 左舜生，〈革命與剿匪〉，《自由人半週刊》第 796 期（民國 47 年 10 月 22 日）。

人以上而又有僑胞正式團體的地區推選出二百人組成臨時最高民
意機關。「臨時政府」對此最高民意機關負責，停止國大、立監委
行使憲法上賦予之職權，解散由國大代表組成的「光復大陸設計委
員會」等。[79]

　　依左舜生之建議，簡直要國民黨放棄其所有的政治權力和壟斷
地位，國民黨一黨獨裁的政治體制必需改變，國民黨政權成了「臨
時政府」與「地方政府」，這當然嚴重觸犯國民黨當局「維護法統」
之大忌，為國民黨所堅決反對與不許。此文被視為左舜生反蔣及
反台灣國民黨當局的代表作，披載之後，曾引起海內外軒然大波
及一陣圍剿。但左仍力排眾議，堅持原則不為所動，時港、台各
地謂之「左文事件」。[80]

　　左此文發表後，國民黨當局報紙如《中央日報》、《新生報》等
迅即組一圍剿集團，連篇累牘的對左舜生發動猛攻反擊，指斥左
的建議根本是「危害國家利益的荒謬主張」，他「想作中華民國的
掘墓人」。[81]除此之外，連青年黨的「中央黨務整理委員會」冷彭、
陳祖貽、董微、蘇子、楊岸等人也提出嚴厲的批判。[82]左舜生此文
雖遭黨內外一片撻伐，然以今日眼光視之，此文實為當時第一篇敢
於正面探究台灣政權體制弊端的文章，左視野之遠，連當時的胡
適、雷震亦不及之。[83]

　　民國48年下半年，圍繞於蔣介石是否連任三任總統是否違憲
問題，在島內爆發了「護憲和修憲」的大辯論。在這次論戰中，青

---

[79]　左舜生，〈搶救中華民國時間已經不多了！〉，《聯合評論週刊》第 44
　　　號（民國 48 年 6 月 19 日）。
[80]　陳正茂編著，《左舜生年譜》，同註 25，頁 247。
[81]　〈社論〉，《中央日報》（民國 48 年 6 月 29 日）。
[82]　〈中國青年黨中央黨務整理委員會對左舜生荒謬言論聲明〉、〈本黨籍立
　　　委冷彭、董微、陳祖貽駁斥左舜生荒謬主張〉等文，俱見《醒獅月刊》復
　　　刊第 7 期（民國 48 年 8 月 1 日），頁 7。
[83]　黃嘉樹，《第三隻眼看台灣》，同註 17，頁 382。

年黨絕大多數成員是堅定反對修憲的立場。左舜生、李璜、夏濤聲、朱文伯等紛紛於《自由中國》撰文，表達反對之意。其中左舜生在海外連連砲轟國民黨與蔣，言論之犀利，令國民黨十分頭痛與難堪。[84]

48 年 5 月 20 日，左挑明為文其何以不贊成蔣連任第三屆總統，「我承認反攻復國依然少不了蔣先生的領導，可是蔣先生站在總統的地位來領導，所領導者只是一小部分顧及既得權位的人；離開總統的地位來領導，則所領導者為一切反共者的全體……這關係蔣先生個人的成敗還小，關係國家的命運者則甚大，故期待蔣先生毅然作下最後的決定」。

接著，為表明其立場，針對當時台灣島內甚囂塵上的擁護蔣連任第三任總統，左再度撰文提出嚴厲批評，他說：「中國的總統，依據現行憲法是六年一任，而且硬性規定，任何人擔任總統，最多只以兩任為限，換言之，即無論如何不能超過一十二年。過了十二年還要做下去，聽憑你變出何等花樣，不是毀法，便是違法」。[85]

為了維護憲法的尊嚴，對蔣執意三連任總統，破壞憲政體制，左苦口婆心的在是年 10 月 23 日再度為文〈對蔣總統連任問題一個最後的陳述〉言及：「我之所以不贊成蔣總統連任，決不是我否定蔣總統個人的威望確實高出今天台灣的任何個人之上，乃是希望蔣總統退居國民黨總裁的地位，趕快找出一個替人，加以提挈與扶持，使其人的威望也逐漸可以養成，凡此都是為了如何拖的一種打算。如果對內靠蔣總統一人的威望以資鎮撫，對外也靠蔣總統一人的威望以資維繫，一旦到了蔣總統終於不能不倦勤的一天，那個時候急切求一替人而不可得，台灣在內外形勢交逼之下，便難免不發

84　周淑真，《中國青年黨在大陸和台灣》，同註 14，頁 290。
85　左舜生，〈蔣總統連任問題〉，《自由人半週刊》第 856 期（民國 48 年 5 月 20 日）、左舜生，〈再談蔣連任問題〉，《聯合評論週刊》第 41 號（民國 48 年 5 月 29 日）。

生空前的危險，乃至無法可以渡過這一難關，這是我個人四五年來所抱的一種隱憂，到了今天，我不能不坦率的說出」。[86]

12 月中，國民黨派胡健中至港，主要任務在勸此間國大代表返台投票，為蔣連任勸說。左舜生不為所動，並私下對胡健中表示：「如蔣先生完全不顧一切，後果實極嚴重，中華民國傾覆，大家同歸於盡」。[87]

49 年 2 月 19 日：左舜生與李璜、張君勱、張發奎、黃宇人、勞思光、伍藻池、謝扶雅、許冠三、李金髮、王厚生、趙聰等數十人，於《聯合評論》上刊載〈我們對毀憲策動者的警告〉一文，堅決反對蔣毀憲競選第三任總統。文中提到：「我們在這裡警告國民黨當權派，及在台灣的國大代表：我們要認清，這一毀憲連任的事件，在歷史上將成為分別邪正和決定成敗的大關鍵；它考驗中國人的智慧，也考驗中國人的良心。我們切盼國民黨當權派能夠懸崖勒馬，也深望各位國大代表能夠自愛自重，不要做毀憲禍國的歷史罪人，不要讓敵人稱心快意而坐收其利」。[88]

總之，有關青年黨對民主憲政的堅持，連一向被視為親國民黨與蔣關係良好的陳啟天也說：「四十三年及四十九年國民大會兩次集會，皆有人主張修憲。但我們恐因此動搖政本，不敢贊同。即國民大會所擬提前實施創制複決兩權辦法，我們也認為是否宜於在台實施，尚有慎重考慮的必要。這是我們維護憲法的一個例證。我們認為反攻復國大業非常艱鉅，必須蔣總統繼續領導，始易於早日完成。所以我們又贊成修改戡亂時期臨時條款，規定：動員戡亂時期，

---

86 左舜生，〈對蔣總統連任問題一個最後的陳述〉，《聯合評論週刊》第 62 號（民國 48 年 10 月 23 日）。

87 傅正主編，《雷震秘藏書信選》（台北：桂冠版，1990 年 9 月初版），頁 419-420。

88 〈我們對毀憲策動者的警告〉，《聯合評論週刊》第 78 號（民國 49 年 2 月 19 日）。

總統之緊急處分，不受憲法第三十九條或第四十三條所規定程序之限制；總統得連選連任，不受憲法第四十七條關於總統連任一次的限制。待大陸光復以後，再恢復該條的適用效力。這是我們顧全大局的一個例證。」

又民國 49 年 2、3 月間，當第三次國民大會在台北開幕，改選總統、副總統時。會中曾論及憲法與憲政的問題，對此，陳啟天代表青年黨再度發表談話謂：「吾人此次參加國民大會之主旨，在一面維護憲法，一面顧全大局。為維護憲法，故吾人不贊成修改憲法及臨時條款。為顧全大局，吾人亦願與各方協商，以便促成全國大團結之實現。」

此次大會主張修憲者之目的有二：其一為擴大國民大會之職權，其二為取消憲法第四十七條總統連選得連任一次之限制。如擴大國大職權，則整個憲政制度必為之大變，陳啟天說，青年黨從不贊成此類目的之修憲，也反對國民大會行使創制複決兩權。至取消總統連選得連任一次之限制，雖在當前情勢上有其必要，然若直接修憲，則恐牽動憲法全局，故吾人亦不敢贊同。[89]

至於大會中所討論的修憲案，則著重於臨時條款修正案。在臨時條款內，新增兩項規定：其一、為「總統、副總統得連選連任，不受憲法第四十七條連任一次之限制。」其二、為「設置國民大會憲政研討委員會，研擬創制複決兩權之行使辦法及有關修改憲法各案，以備總統作為決定召集國民大會臨時會會期之參考。」其中第一條最重要，因為修改臨時條款即等於修改憲法，它代表著維繫國家根本大法憲法之尊嚴。

會中，青年黨雖有心維護民主憲政，但在國大代表人數只佔全體國大百分之六的情形下，自毀承諾並未堅持反對修改臨時條款，美其名是顧全大局，實際上是屈服於國民黨的壓力，此為相當遺憾

---

[89]　陳啟天，《寄園回憶錄》（台北：商務版，民國 54 年 12 月初版），頁 60。

之事。因為怕得罪蔣與國民黨，噤若寒蟬連反對的勇氣都沒有，實有失反對黨的身份。對此朱文伯不無自我解嘲的說：「當中國青年黨的國大代表參加四十九年三月召開的第一屆國民大會第三次會議時，看到聽到那些曲解與搖撼國家大經大法的言論與文字時，由於人少勢單，只有肉跳心驚，目瞪口呆而已」。[90]在國民黨強勢操控下，這場論爭終以修改憲法臨時條款，蔣介石成功連任第三任總統而收場。

蔣就任第三任總統後，民國 52 年 11 月 15 日，國民黨第九次全國代表大會在台北召開，左舜生對國民黨仍有期待，以「忠言逆耳利於行，良藥苦口利於病」之心情提出建言，希望國民黨當局務必體察「反攻必須與清明良好的政治配合始得有效，也才能一勞永逸」。

而清明良好之政治端視政府有無實現民主的誠意，左舜生說：「以我這樣一個主張逐漸實現民主的人，決不反對一黨執政，但我確也無法贊成無所不專的一黨專政。因為果然做到了一黨專政而無所不專，則所謂在野黨，便決沒有生存的餘地。一個在事實上不容許在野黨存在的立憲國家而空談團結，這是一件不會使大家感到興趣的事」。[91]

民國 55 年 3 月，國民大會第四次會議在台北市中山堂召開，國民黨的徐堪、張知本領銜，提出了一個增訂臨時條款案，欲在原條款第三項之下，增列下述條文：1、動員戡亂時期，得設置動員戡亂委員會，決定動員戡亂有關問題之大政方針，並有處理戰地政務之全權。2、動員戡亂委員會為適應動員戡亂需要，得增減、調整中央政府所屬各機關，並對於依選舉產生之中央公職人員，因

90　朱文伯，〈追念曾慕韓先生對本黨國大代表的指示〉，收入朱文伯，《懷舊集》，同註 10，頁 98。

91　左舜生，〈寫在國民黨九全大會的開會期中〉，《聯合評論週刊》第 270 期（民國 52 年 11 月 15 日）。

人口增加或任期屆滿，而能增選或改選之自由地區及光復地區，均得制定辦法實施之。

　　這一提案見報後，不僅國大代表為之驚訝，立、監兩院亦大為震撼，咸認為這等於凍結了憲法條文，一致反對。青、民兩黨代表召開聯席會議，發表書面聲明，要求執政黨重加考慮。如果強制提付表決，兩黨代表不惜退席，以示抗議。執政黨知道事態嚴重，乃由蔣介石親自出馬，邀請民、青兩黨人士及無黨籍的于斌、王雲五等開會洽商，希望大家支持，予以通過。

　　晤談中，陳啟天以茲事體大，當著蔣介石的面，力陳本案牽動太大，既牽動法律，又牽動憲法，容易使人產生誤會，如照本案做去，則恐動搖法統，內而影響全國人心，外而影響國際觀感，對國家及國民黨均無益，希望政府鄭重考慮。蔣聽後，對本案略加詮釋，繼續徵詢大家意見。其後，陳啟天又表示：「如果修改為調整中央政府之行政及人事機構，而不涉及其他機構，則我可以贊同。」與會人士及國大代表，對陳氏之維護憲法，顧全大局的精神非常佩服。[92]

　　主張設置動員戡亂委員會，對於中央政府所屬各機關的增減、調整、編制與職權，得由總統訂頒辦法實施之。當時執政黨內部亦有人覺得茲事體大，如有變動，恐怕要動搖國本。陳當蔣之面，力陳利弊得失，謂中央政府所屬各機關，包括總統府及五院在內，未免範圍太廣，牽動太大，宜加修改，以免影響憲政體制及政府基礎。他建議將該案修改為「總統為適應動員戡亂之需要，得調整中央政府之行政與人事機構。」這樣由五院縮小範圍，僅包括行政院及考試院的銓敘部，立監兩院不受影響，憲政體制完整無缺。時在座的

---

[92] 郭榮生，〈念修老〉，陳啟天先生紀念集編輯委員會編輯，《陳啟天先生紀念集》（台北：中國青年黨中央黨部發行，民國 74 年 8 月出版），頁218-219。

王雲五及于斌兩氏，也都贊成修改。結果原提案人採納了各方的意見，撤回原案，酌予修改，以二次修正案提出國大會議，卒獲通過。[93]

其後，青年黨的李公權又對民主憲政制度之設計提出：1、制定省縣自治通則──台灣的地方自治，應該由行政命令進入法律，省主席實際就是省長的產生，可以由委派進入選舉。促使省縣自治通則提出來討論，使我們的法治更進一步，模範、楷模的遠景更具體。2、制定選舉法──政府遷台以來，所辦的各種選舉，除 58 年中央公職人員的增補選，61 年中央公職人員的增額選舉，有憲法及其臨時條款的依據，及立法院、監察院院長、副院長的選舉，各有法律依據外，其餘各級地方自治的選舉，都是以行政命令來辦理的，並無法律的依據。要奠定理想法治的基礎，在省縣自治通則制定以前，宜先制定選舉法，使地方自治的各種選舉，取得法律的地位，使我們民主憲政的規模邁進一步，也讓省縣自治通則有從容討論的餘地。3、制定國家賠償法。[94]這些均是青年黨為國家長治久安所提出之憲政藍圖規劃，切合台灣現實需求，為民主憲政立基之鴻圖遠見。

六、結論

總的來說，青年黨對民主憲政的堅持，主要表現在維護國家民主憲政體制，反對修憲，但可支持增訂臨時條款，俾使法統維繫於

---

[93] 朱祖貽，〈憶修平吾師〉，陳啟天先生紀念集編輯委員會編輯，《陳啟天先生紀念集》，同上註，頁 223-224。

[94] 李公權，〈以「大有為的施政」獻言政府──為中國青年黨建黨五十週年紀念而作〉，《中國青年黨建黨五十週年紀念特刊》（台北：中國青年黨中央黨部編印，民國 62 年 12 月出版），頁 38-41。

不墜，而為救亡圖存，主張制定反共救國綱領，團結海內外人心，以求早日光復大陸。[95]其對於民主憲政之貢獻，尤其表現在五〇年代的來台初期。當時，青年黨以台灣和香港兩地互相唱和。在台灣，積極參與雷震的籌組反對黨運動，雖然到緊要關頭，該黨主要人物並未加入雷震的「中國民主黨」，但在醞釀及鼓吹階段，該黨仍奉獻心力不小。

至於在香港，左舜生和李璜曾參與反共、反蔣的「第三勢力」運動，五〇年代末，蔣欲違憲競選第三任總統，左舜生基於維護民主憲政的立場與尊嚴，更是連篇累牘的在報章雜誌為文抨擊蔣之違法違憲，其力道堪稱海內外第一。然也因此，使青年黨在台灣之處境備受艱難，不時遭受到國民黨的分化與打壓。

李璜晚年一段沉痛追訴，最足以代表箇中滋味，李璜說：「我們青年黨在台灣三十年來所受的執政黨不平等待遇，可以說是一言難盡，滿腹牢騷。有少數同志無法忍受，或為之鬱鬱以死，或為之廢然去國。我們維護這部得來不易的憲法，不管千迴百折，總得要推進民主憲政，非此不足以立國，更不足以實現本黨五十年來的『愛國、反共、民主』的一貫宗旨。」[96]由李璜這段痛苦的告白，亦道出青年黨無怨無悔，為維護民主憲政的一番辛酸歷程。

---

[95] 吳昌樑，〈景仰高風，永垂不朽──為紀念修平先生逝世周年而作〉，陳啟天先生紀念集編輯委員會編輯，《陳啟天先生紀念集》，同註 97，頁 286-287。

[96] 〈朝野亟需共識但討論切忌情緒化──社論〉，《民主潮》第 32 卷第 12 期（民國 71 年 12 月 26 日），頁 2。

國家圖書館出版品預行編目

中國青年黨研究論集 / 陳正茂. -- 一版. --
臺北市：秀威資訊科技, 2008. 05
　　面；　公分. --（史地傳記類；AC0008）

ISBN 978-986-221-020-8（平裝）

1.中國青年黨　2.歷史　3.文集

576.2307　　　　　　　　97008576

史地傳記類　AC0008

中國青年黨研究論集

作　　者 / 陳正茂
主　　編 / 蔡登山
發 行 人 / 宋政坤
執行編輯 / 黃姣潔
圖文排版 / 鄭維心
封面設計 / 莊芯媚
數位轉譯 / 徐真玉　沈裕閔
圖書銷售 / 林怡君
法律顧問 / 毛國樑　律師
出版印製 / 秀威資訊科技股份有限公司
　　　　　台北市內湖區瑞光路 583 巷 25 號 1 樓
　　　　　電話：02-2657-9211　　傳真：02-2657-9106
　　　　　E-mail：service@showwe.com.tw
經 銷 商 / 紅螞蟻圖書有限公司
　　　　　台北市內湖區舊宗路二段 121 巷 28、32 號 4 樓
　　　　　電話：02-2795-3656　　傳真：02-2795-4100
　　　　　http://www.e-redant.com

2008 年 5 月 BOD 一版
定價：450 元

讀 者 回 函 卡

感謝您購買本書，為提升服務品質，煩請填寫以下問卷，收到您的寶貴意見後，我們會仔細收藏記錄並回贈紀念品，謝謝！

1.您購買的書名：＿＿＿＿＿＿＿＿＿＿＿＿＿＿＿＿

2.您從何得知本書的消息？

　　□網路書店　　□部落格　　□資料庫搜尋　　□書訊　　□電子報　　□書店

　　□平面媒體　　□ 朋友推薦　　□網站推薦 □其他＿＿＿＿＿＿

3.您對本書的評價：(請填代號　1.非常滿意 2.滿意 3.尚可 4.再改進)

　　封面設計＿＿　版面編排＿＿　內容＿＿　文/譯筆＿＿　價格＿＿

4.讀完書後您覺得：

　　□很有收獲　□有收獲　□收獲不多　□沒收獲

5.您會推薦本書給朋友嗎？

　　□會　□不會，為什麼？＿＿＿＿＿＿＿＿＿＿＿＿＿＿＿＿

6.其他寶貴的意見：＿＿＿＿＿＿＿＿＿＿＿＿＿＿＿

＿＿＿＿＿＿＿＿＿＿＿＿＿＿＿＿＿＿＿＿＿＿＿＿＿＿

＿＿＿＿＿＿＿＿＿＿＿＿＿＿＿＿＿＿＿＿＿＿＿＿＿＿

＿＿＿＿＿＿＿＿＿＿＿＿＿＿＿＿＿＿＿＿＿＿＿＿＿＿

讀者基本資料

姓名：＿＿＿＿＿＿＿＿＿　年齡：＿＿＿　性別：□女 □男

聯絡電話：＿＿＿＿＿＿＿　E-mail：＿＿＿＿＿＿＿＿

地址：＿＿＿＿＿＿＿＿＿＿＿＿＿＿＿＿＿＿＿＿

學歷：□高中(含)以下　　□高中　　□專科學校　　□大學

　　　□研究所(含)以上 □其他＿＿＿＿＿＿

職業：□製造業 □金融業 □資訊業 □軍警 □傳播業 □自由業

　　　□服務業 □公務員 □教職　　□學生 □其他＿＿＿＿＿

To：114

　　台北市內湖區瑞光路 583 巷 25 號 1 樓

　　秀威資訊科技股份有限公司　　　　收

寄件人姓名：

寄件人地址：□□□

秀威與 BOD

BOD（Books On Demand）是數位出版的大趨勢，秀威資訊率先運用 POD 數位印刷設備來生產書籍，並提供作者全程數位出版服務，致使書籍產銷零庫存，知識傳承不絕版，目前已開闢以下書系：

一、BOD 學術著作—專業論述的閱讀延伸
二、BOD 個人著作—分享生命的心路歷程
三、BOD 旅遊著作—個人深度旅遊文學創作
四、BOD 大陸學者—大陸專業學者學術出版
五、POD 獨家經銷—數位產製的代發行書籍

BOD 秀威網路書店：www.showwe.com.tw
政府出版品網路書店：www.govbooks.com.tw

　　永不絕版的故事・自己寫・永不休止的音符・自己唱